tsmc
세계 1위의 비밀

세계 1위의 비밀

1판 1쇄 펴냄 | 2024년 11월 20일
1판 2쇄 펴냄 | 2024년 12월 10일

지은이 | 린훙원
옮긴이 | 허유영
발행인 | 김병준·고세규
편 집 | 박승기
디자인 | 맨드라미·이소연
마케팅 | 김유정·차현지·최은규
발행처 | 생각의힘

등 록 | 2011. 10. 27. 제406-2011-000127호
주 소 | 서울시 마포구 독막로6길 11, 2, 3층
전 화 | 02-6953-8342(편집), 02-6925-4188(영업)
팩 스 | 02-6925-4182
전자우편 | tpbook1@tpbook.co.kr
홈페이지 | www.tpbook.co.kr

ISBN 979-11-93166-78-9 (03300)

tsmc
세계 1위의 비밀

린훙원 지음 | 허유영 옮김

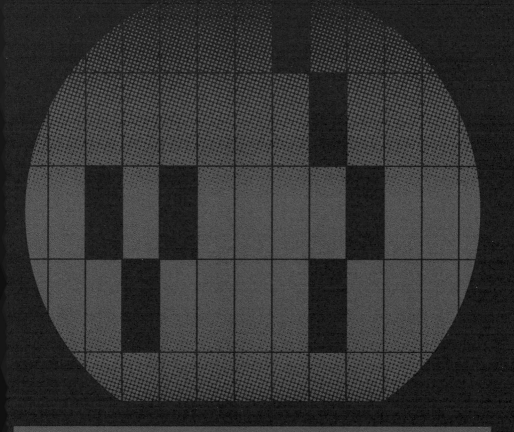

생각의힘

차례

>>>

4부   R&D와 기술

>>>

일러두기

1. 이 책은 晶片島上的光芒: 台積電 半導體與晶片戰, 我的30年採訪筆記(2023)를 우리말로 옮긴 것이다.
2. 단행본은 겹화살괄호(《 》), 신문, 잡지, 영화, 방송 프로그램 등은 홑화살괄호(〈 〉)로 표기하였다. 대괄호([ ])는 이해를 돕기 위해 원서에 없는 내용을 덧붙인 것이다.
3. 옮긴이 주는 본문에서 각주로 적고 표기하였다.
4. 인명 등 외래어는 국립국어원의 표준어 규정 및 외래어 표기법을 따르되 일부는 관례와 원어 발음을 존중하여 그에 가깝게 표기하였다.
5. 국내에 소개된 작품명은 번역된 제목을 따랐고, 국내에 소개되지 않은 작품명은 원어 제목을 독음대로 적거나 우리말로 옮겼다.

《TSMC, 세계 1위의 비밀》이
한국 반도체 산업에 던지는 화두

권석준 ‖ 성균관대학교 화학공학과 교수
《반도체 삼국지》 저자

내가 콘래드 양Conrad Yang 타이완 국립대 교수를 처음 만난 것은 2023년 IEEE 반도체 소자 관련 학회에서였다. 나는 그가 했던 기조 강연을 기억한다. 그는 TSMC가 현재 가고 있는 미세 공정 로드맵을 보여주었고, 각 로드맵에서 예상되는 주요 기술적 문제들을 명확하게 짚어내었다. 유려한 영어 말솜씨는 아니었지만, 그가 한 단어 한 단어 집중해서 강조했던 정보들은 마치 방금 현장에서 꺼내 온 것처럼 생생했고 또한 기술적으로도 풍부한 정보를 담고 있었다.

그를 다시 만난 것은 2024년 초 타이완台灣 타이베이에서 있었던 어떤 컨퍼런스에서였다. 그 컨퍼런스는 경제안보의 관점에서 반도체 산업이 가지는 특수성, 그리고 중요성에 대한 논의를 한국, 타이완, 일본 동아시아 세 나라 학자들이 논의하며 토론하기 위한 장이었다. 타이완 측 대표 연사에 콘래드 양 교수가 포함되어 있었는데, 알고 보니 그는 전직 TSMC R&D 총책임자라는 경력이 있는 중요한 인물이었다. 타이완에서 개최된 학회라 그런지, 콘래드 양 교수는 타이완의 반도체 산업, 특히 TSMC 이야기를 더 많이 했고, 단순히 기술적 측면뿐만 아니라, 글로벌 경제 관점, 그리고 안보의 관점에서 TSMC가 갖는 중요성에 대해 다양한 의견을 피력했다.

그를 최근에 다시 만난 것은 2024년 여름 서울에서였다. 서울대 국가미래전략원이 초청한 컨퍼런스에서 타이완 대표로 참석한 콘래드 양 교수는 TSMC를 비롯한 타이완의 반도체 산업이 왜 타이완의 국가안보와 국익 실현에 최우선적인 포지션을 가지고 있는지를 기술적 맥락과 국제정치적 맥락을 결합한 관점에서 다시금 잘 설명했다. 회의가 끝나고 나는 콘래드 양 교수와 저녁 식사 시간 동안 잠깐 술자리를 가지며 그동안 궁금했던 점을 질문하며 대화를 나눌 귀중한 기회가 있었다. 콘래드 양 교수가 했던 이야기 중에 인상 깊었던 몇 가지 대화는 지금도 기억에 생생하다.

그가 했던 이야기 중 가장 흥미로웠던 점은 TSMC에서는 우리가 흔히 생각하는 최첨단 기업이 할 법한 R&D를 그렇게 세게 하지는 않는다는 것이었다. 나는 TSMC 같은 세계 최고 수준의 시스템 반도체 생산업체가 어떻게 R&D를 (상대적으로) 등한시할 수 있는지 재차 물어봤는데, 돌아온 대답은 간명했다. TSMC는 반도체 제조 공정 현업에서 끊임없이 발생하는 다양한 기술적 문제를 제때 해결하는 것만 해도 전사의 R&D 자원을 다 동원해야 해서 이미 벅차다는 것이었다. 그래서 선행 기술을 개발하고 다양한 기초과학기술 연구까지 R&D 범위를 넓히기는 쉽지 않다는 것이었다. 대신, TSRI 같은 자사 소속 연구회 혹은 연구 집단을 활용하여 잠재력이 있는 기술을 어젠다로 설정하여 주기적으로 테스트하고, 쓸모 있는 기술은 현업에 바로 적용시킨다는 이야기를 했다. 나는 그 부분에서 TSMC가 왜 정말 파운드리에 목숨을 걸고 있고, 또 어떻게 경쟁력을 최선단에서 유지하고 있는지, 그 비결의 편린을 확인하였다. 그리고 다시 지난 2024년 9월에 나는 타이완 정부 초청으로 타이베이와 신주과학단지를 방문하였고, 신주에 위치한 TSMC의 최선단 공정 파운드리 팹, 그리고 수백 곳에 달하는 TSMC의 협력사에서 동시다발적으로 진행되는 여러 기술 프로젝트들의 성과와 그 의미를 직접 관찰하며 그의 말이 사실임을 확인하였다.

글로벌 1위 시스템 반도체 생산업체이자 파운드리의 본산인 TSMC가 가진 경쟁력에 대한 이야기는 이제는 우리나라에도 널리 잘 알려져 있다. '고객과 경쟁하지 않는다', 'TSMC는 호국신산(나라를 지키는 신령스러운 산)이다', 'TSMC는 타이완의 실리콘 방패Silicon shield다' 같은 구호는 이미 여러 미디어 기사를 통해 잘 알려져 있다. 창업자 모리스 창Morris Chang(장중머우張忠)의 수많은 일화, 삼성전자와 TSMC의 파운드리 대결 구도, TSMC에 대한 미국의 입장 등에 대해서도 한국의 독자들은 이미 여러 미디어를 통해 많이 들어보았을 것이고, 특히 최근처럼 한국의 반도체 상황이 좋지 않다는 불안한 소식이 연이어 들려올 때면, TSMC가 가진 그 경쟁력을 우리는 왜 확보하지 못하고 있는지를 분석하는 글들이 방송과 유튜브를 가득 채운다.

그렇지만 TSMC가 가진 경쟁력을 마치 코끼리의 다리나 코만 만지면서 분석하는 방식의 단편적 접근은 한계가 명확할뿐더러 오히려 오해가 누적되어 분석을 아니함만 못할 수도 있다. TSMC에 대한 경쟁력을 분석한 책이 그간 없었던 것은 아니나, 사실 그 실상과 회사 내부의 특수성을 제대로 분석한 책은 전무하다고 봐도 무방하다. 그럴 수밖에 없는 것이 TSMC는 자사의 기술 정보는 물론, 내부의 문화나 전략 등이 외부로 노출되는 것을 극도로 경계하기 때문이다. 이러한 관점에서 이번에 한국에 번역 출판되는 린훙원의 《TSMC, 세계 1위의 비밀》은 TSMC이 가진 경쟁력의 진짜 근원을 여러 층위에서 제대로 들여다볼 수 있는 흔치 않은 기회를 제공해 준다.

TSMC가 취하는 전통적인 포지션은 책에서도 언급했고, 또 이미 잘 알려지기도 한 '위탁생산 전문화'다. 이것은 일견 '갑'으로서의 팹리스 업체들, 예를 들어 애플, 엔비디아NVIDIA, 輝達, 구글 같은 IT 분야 테크 자이언트들이 설계한 첨단 반도체의 생산을 TSMC가 '을'로서 전적으로 그리고 거의 독점적으로 수행하는 비즈니스 구도에만 주목하게 만든다. 일반적인 '갑-을' 관계에서는 주도권이 주로 갑에게 있고, 을은 대개 갑의 입맛에 맞게 비즈니스 관계를 이어가는 것이 관행처럼 되어 있다.

그런데 TSMC가 반도체 생산 분야에서 취하는 전략은 단순한 '을'로서의 위탁 전문 업체 포지션을 고수하는 것이 아니다. 그들은 '공급자 우위 시장 전략'을 철저하게 고수한다. 즉, '갑'으로서의 고객사들이 '을'인 자신에게 더 철저하게 의존하도록 만드는 전략이다. 물론 이것은 TSMC가 사실상 이러한 대형 고객사들로 하여금 자신 외의 다른 파운드리, 예를 들어 삼성 파운드리나 인텔, 글로벌 파운드리 등을 선택할 만한 동인을 찾지 못할 정도로 충분한 기술적 초격차와 양산 과정의 원가 경쟁력을 가진 거의 유일한 회사로서의 자격을 증명할 경우에만 가능한 일이다.

이 책의 미덕은 이러한 TSMC의 독특한 자격 증명이 어떠한 방식으로 가능했는지를 세밀하게 취재하고 분석한 것에 있다. 예를 들어, TSMC는 단순히 AI 반도체나 애플 실리콘 같은 첨단 시스템 반도체를 생산하기 위한 전공정BEOL에만 특화된 것이 아니라, 그것을 실제 칩으로 생산하는 후공정, 특히 CoWoS Chip on Wafer on System 같은 첨단 패키징 공정에서도 세계 최고 수준의 기술력을 가지고 있는데, 전공정과 후공정 모든 분야에서 이 정도 초격차를 동시에 가진 기업은 전 세계를 통틀어도 TSMC 외에는 없다. 설사 애플이나 엔비디아가 원가 절감을 위해 TSMC 대신 삼성전자의 파운드리를 사용한다는 결정을 한다고 해도, 결국 삼성의 공정을 거친 웨이퍼를 다시 TSMC로 운송해 와서 마무리 공정을 해야 하는 상황에 처할 수밖에 없으므로, 그럴 바에는 그냥 처음부터 TSMC의 공정을 이용하는 선택을 하게 만든다. 이러한 전략이 바로 TSMC만이 가지고 있는 '공급자 시장 우위 전략'의 한 맥락이다.

특히 2010년대 초반 이후, TSMC는 단순한 위탁 생산이나 패키징뿐만 아니라, 팹리스 고객사들에게 일종의 '오마카세'를 제공하기 시작했다. 팹리스 고객사들이 만들고자 하는 칩의 성능 요구 조건은 명확하지만, 대부분의 팹리스 회사들은 성능 조건에만 치중할 뿐, 그 주변 기기와 공정 세부 기술, 성능 구현을 위해 필요한 수많은 회로 IP 정보를 잘 모르는 경우가 태반이다. TSMC는 공정과 제조 전문임에도 불구하고, 웬만한 팹리스보다 훨씬 더 설계를 잘 알고 있고, 팹리스 회사들이 겪는 성능 구현 문제에 대한 IP 솔루션도 많이 가지고 있다. 그래서 마치 실력이 월등한 일식 요리사가 고객의 취향에 맞게 알아서 코스를 준비하고 도구와 재료를 미리 선별해 놓는 것처럼, TSMC도 팹리스 고객을 위해 성능 구현에 알맞은 코스를 일별하여 최적화된 타이밍과 원가 기반의 칩을 제조한다. 이는 점점 성능 요구 조건이 가혹해지고 복잡해지는 AI 반도체 같은 고성능 반도체 시대에서는 더욱 중요한 장점이자 TSMC만의 초격차를 만들어주는 근간이 되는 것이기도 하다. 이 책에서는 이러한 비결이 어떻게 성립되었는지, 그리고 그 전략이 왜 TSMC만의 차별점을 만들어내었는지를 철저하게 추적하고 설명한다.

책에서 밝히고 있는 TSMC의 비결 중 또 언급되어야 할 부분은 앞서 언급한 콘래드 양 박사가 강조한 부분과 일맥상통하는 R&D 문화다. TSMC는 삼성전자나 인텔 같은 다른 종합 반도체 제조회사만큼 국제 저널에 출판할 연구 논문을 많이 쓰지 않는다. 그것은 사실 TSMC의 연구진이 다른 회사 연구진보다 논문 쓸 실력이 모자라거나 데이터가 부족해서라기보다는, 굳이 TSMC의 기술적 노하우와 데이터를 외부에 공개할 필요가 없어서라고 보는 것이 더 맞을 것이다. TSMC는 자신들의 풍부한 IP 경험과 솔루션, 신소재 테스트 데이터 등을 철저하게 IP화 시켜서 관리하고, 이를 고객에 특화된 칩을 설계하는 포트폴리오에 반영한다. TSMC가 사실 제일 경계하는 기업은 이제는 삼성전자가 아니라 중국 최대의 파운드리 회사인 SMIC Semiconductor Manufacturing International Corporation, 中芯인데, 그도 그럴 것이 TSMC에서 애써 관리해 온 기술 노하우와 정보가 문서의 형태가 아닌, 전문 연구진의 집단적인 이직의 형태로 한 번에 넘어갈 수 있기 때문이다. 실제로 2023년에 SMIC가 구현에 성공한 7나노 공정은 2018~2019년 사이에 TSMC가 선보인 1세대 7나노 공정 (FF+, FFF 공정)과 많은 부분 유사한데, 그 시점에 이직한 TSMC의 엔지니어들이 그 이면에 있었기 때문에 가능했음은 주지의 사실이다. TSMC가 이러한 기술 유출을 어떻게 관리하고 있는지를 책에서 확인할 수 있는데, TSMC의 전략이 완벽하지는 않지만 최근에 긴장도가 높아지는 양안관계의 특수성을 생각할 때 TSMC가 취하는 전략이 왜 IP 정보 보호 같은 방향으로 갈 수밖에 없는지 알 수 있다.

이 책 역시 최근에 격화되는 미·중 기술패권전쟁, 그리고 중국의 반도체 내재화와 굴기 정책의 함의를 잘 짚어내고 있다. 이는 TSMC로 하여금 반도체 산업 자체를 타이완의 최중요 산업이 될 수밖에 없는 정책의 한 축에 참여하게 하는 방향으로 타이완의 대외정책이 변모하고 있는 이유를 잘 보여준다. 이는 친미 성향의 타이완 민진당이나, 친중 성향의 타이완 국민당의 정강과는 전혀 별개의 일이다. 내가 참석했던 그간의 타이완 관련 반도체 경제안보 컨퍼런스에서 늘 상수처럼 언급되는 주제는 바로 양안관계의 긴장이 너무 높아져 만에 하나 위기 상황이 발생할 경우, TSMC의 운명이 어떻게 될 것이냐는 점이다. 일각에서 이야기하는 전쟁 같은 극단적인 시나리오까지 갈 것도 없이, 위기 상황 속에 타이완에 위치한 TSMC의 주요 파운드리 팹 라인 가동에 차질이 생길 경우, 첨단 반도체 공급에 큰 차질이 생긴다. 예를 들어 특히 5나노 이하급 첨단 반도체 생산의 70% 이상이 타이완 현지에서 이루어지는데, 그중 절반 정도만 공급이 불가능해져도 전 세계 AI 반도체 생산의 절반 이상이 멈추게 된다. 따라서 그 피해는 타이완뿐만 아니라, 타이완의 시스템 반도체 생산에 의존하는 전 세계 주요 국가들에게 고루 미치게 된다. 특히 AI 반도체를 통해 혁신 경제 엔진을 이어가려는 미국 입장에서는 타이완발 위기가 자국의 국익에 심대한 악영향을 줄 수 있는 요인이 되며, 이는 타이완과 미국 사이에서 TSMC를 놓고 벌이는 경제-지역-산업 안보가 연계된 양측의 주요한 협상의 의제가 되기도 한다. 이 책에서 이러한 모든 디테일을 다루고 있는 것은 아니지만, TSMC가 타이완을 포함한 동아시아 지역에 속한 모든 나라들의 안보, 나아가 전 세계 경제 시스템에 미치는 영향을 분석하려는 사람들에게는 충분한 인사이트를 주고 있다고 생각한다. 특히 미국 대선 이후 동아시아 안보에 대한 미국 정책의 변동 가능성을 논할 때 타이완의 첨단 반도체 공급망 안정성은 빼놓을 수 없는 주요 어젠다가 되는데, 그에 대한 분석을 위해서라도 이 책은 일독의 가치가 있다.

사실 최근에 내가 만나거나 논의를 지속하고 있는 타이완의 로저 리우[Roger Liu] 같은 경제안보 전문가들, 제레미 창[Jeremy Chang] 같은 산업정책 전문가들은 TSMC에 과도하게 의존하는 타이완의 경제 및 안보 상황이 갖는 구조적 불안정성에 대해 한 편으로는 우려하고 있음을 확인할 수 있다. TSMC라는 절대 강자, 그리고 그 뒤를 받치고 있는 UMC[United Microelectronics Corporation, 聯華電子], PSMC, 미디어텍, 뱅가드, 폭스콘 같은 다양한 경쟁력 있는 타이완의 IT 기업들은 대부분 반도체 산업에 특화되어 있다. 이들은 공통적으로 대량의 전기와 산업용수를 필요로 하지만, 현재의, 그리고 앞으로의 타이완의 인프라 상황은 녹록지 않다. 특히 탈원전을 추진해온 타이완의 상황은 대량의 전기 확보를 필요로 하는 TSMC의 운명을 타이완 바깥으로 분산시키는 방향으로 몰고 가는 원인이 된다.

TSMC가 처한 고민은 또 있다. 아무리 기술적으로 초격차를 가지고 있고 양산 기술에서도 노하우가 많이 축적된 파운드리 전문회사라고 하더라도, 이들은 여전히 공정에 필요한 전문 장비와 소재를 대부분 미국, 일본, 네덜란드 같은 해외에서 수입한다. 특히 네덜란드의 ASML 같은 리소그래피 스캐너 생산에 특화된 전문 회사에 대한 의존도는 거의 100퍼센트에 가까운데, 문제는 이 ASML마저도 이제 트랜지스터 선폭을 줄이기 위한 기술적 방식의 한계에 점점 더 근접하고 있다는 것이다. TSMC가 추구하는 기술적 솔루션은 지난 30년 넘게 안정적으로 꾸준하게 발전해 온 기술적 개선에 근간을 두고 있는데, 이러한 발전의 해법이 정체될 경우 TSMC가 가진 기술적 경쟁력 역시 조만간 정체되는 상황을 맞을 수 있다. 사실 이러한 TSMC의 고민은 결국 한국 반도체 산업의 고민과 연관되어 있기도 하다. 삼성전자 파운드리 역시 TSMC와 같은 방식으로 기술력을 발전시킬 경우 똑같은 고민을 맞닥뜨리게 되고, 해외 공정 장비 의존도를 줄이지 못하면 수익성 강화 전략도 한계에서 벗어나기 어렵기 때문이다.

이 책에서 종합적으로 논하고 있는 TSMC 경쟁력을 한국의 일반 독자들은 물론, 산업계의 전문가들, 정책 입안자들, 리더들도 충분히 침잠하여 한 줄 한 줄 되새길 필요가 있다. 강력한 경쟁 상대가 옆에서 쉬지 않고 뛰면서 끊임없이 도전자들과 대결을 피하지 않으며 앞서가는 것 상황 자체는 한 편으로는 한국 입장에서는 힘겨운 경쟁의 어려움을 안겨주지만, 또 한 편으로는 매우 좋은 레퍼런스가 된다. 그들이 취하는 현업 라인 위주의 집중적 문제 해결 방식, 그리고 전문적이면서도 헌신적인 연구개발자들의 노력은 분명 긴장이 조금은 풀어진 한국 반도체 산업계에 던지는 좋은 자극제가 될 것이다. 한 편으로는 위대한 경쟁자이자, 또 한 편으로는 동반자로서 결국 같이 발전해 나가야 하는 한국과 타이완의 반도체 산업을 큰 틀에서 바라볼 필요가 있다. 그런 의미에서 이 책은 매우 시의적절하게 한국의 앞으로의 경제 발전 전략은 물론, 반도체 산업의 경쟁력 확보 방안에 귀중한 힌트를 줄 수 있을 것이다. 삼성전자의 위기론이 매일같이 나오고, 한국 반도체 산업의 지속가능성에 대한 회의론이 미디어의 지면을 장식하는 이 시점, 한국의 반도체 산업이 다시 기본으로 돌아가고 기술력이 경쟁력의 근간이라는 식상하지만 피할 수 없는 명제를 다시금 떠올리면서 이 책을 곱씹어 볼 필요가 있다.

책임 있는 태도로 확실한 결론을 보도하다

장상이蔣尚義 │ 전 TSMC COO
현 폭스콘Foxconn, 鴻海 반도체 부문 CSO

신간《TSMC, 세계 1위의 비밀》을 먼저 읽을 기회를 준 린훙원林宏文 선생에게 감사의 뜻을 전한다. 그는 책 속에 내 이름이 여러 번 언급되어 있다며 내게 초고를 읽고 수정할 부분이나 의견을 제시하고 글도 써달라고 했다.

그에게 원고를 받은 주말 오후, 점심을 먹고 약간 졸음기가 돈 상태로 아이패드를 들고 안락의자에 앉아 원고 파일을 열었다. 식곤증으로 금세 잠이 들 거라는 예상과 달리 원고를 얼마 읽지 않아서 졸음이 싹 가셨고 해가 질 때까지 단숨에 다 읽어버렸다. 이 책이 나도 잊고 있던 많은 기억을 다시 깨우고 내가 모르고 있던 일까지 새롭게 알려주었기 때문이다. 원고를 읽으며 '와, 이 사람이 이런 일까지 어떻게 알고 있지?' 하고 감탄한 적이 한두 번이 아니다.

사람이 하는 일은 완전무결할 수 없다는 것이 내 오랜 생각이다. 이 책의 내용이 중요한 사실에 있어서 내가 분명히 알고 있는 바와 다르지 않다면, 저자의 관점이 어떻든 모두 받아들일 수 있다. 그래서 린훙원 선생이 여러 번이나 내 의견을 물었지만 단 한 부분이라도 수정하면 좋겠다는 의견을 내놓지 않았다.

이 책의 1부는 역사 강의를 듣는 것 같다. 모리스 창 회장을 중심으로 TSMC의 설립 준비 단계와 설립 초기의 힘들었던 상황부터 칩 시장에서 격전을 벌였던 시대를 거쳐 업계의 관심을 모았던 0.13마이크로미터 성과, 인텔 및 삼성과의 3강 구도, 오늘날 세계에서 가장 앞선 반도체 로직 공정 기술을 가진 기업이 되기까지 시간 순서대로 중요한 이정표들을 되짚어 보며 사실적으로 기록했다. 훌륭한 성공신화를 감동적으로 써냈다고 하겠다.

2부에서 5부까지가 이 책의 특징을 잘 보여준다. 저자가 자신이 알고 있는 여러 개별적인 사안들을 분류하고 정리했는데 해외 명문 경영대학원의 케이스스터디 교재를 보는 듯하다. 1부는 역사를 사실적으로 기록하는 데 주력했다면, 2~5부에는 저자가 자료를 수집하고 정리한 뒤 충분히 소화하고 탐구해서 도출해 낸 결과물이 담겨 있다.

모리스 창 회장은 회사에서 직원들을 대상으로 강연을 자주 했는데 그 중에 학습법에 대한 강연이 아직도 기억난다. 학습법 중 첫 단계는 자료와 데이터를 수집하는 것이었다. 창 회장의 뜻을 충실히 전달하기 위해 그가 당시에 썼던 영어 단어를 그대로 인용하겠다. 그는 이른바 학습이란 여과와 정리의 과정을 거쳐 데이터를 더 의미 있는 정보로 업그레이드한 뒤 충분한 사고를 통해 가장 중요한 knowledge와 insight로 제련해 내고, 이 knowledge와 insight를 또 한 차례 internalize(내면화)한 후에 단단히 기억해야만 나중에 필요할 때 자유자재로 활용할 수 있다고 했다. 이런 관점에서 볼 때 이 《TSMC, 세계 1위의 비밀》은 내가 읽었던 다른 책들에 비해 더 많은 사고와 제련을 거친 책이라고 말할 수 있다.

또 다른 관점에서 보자면, 나도 분석보고서와 책을 많이 읽었다. 그런데 특히 전문 분야에 관한 책의 경우 업계 내부에서 활동하지 않는 외부 저자의 책들은 자신이 수집한 몇 안 되는 자료를 가지고 추론해 결론을 분석해 낸 것들이었다. 그런 저자들은 논리적이고 설득력이 있지만 틀린 결론을 내놓는 경우가 있다. 저자가 관련 지식을 수집하지 못했거나 충분히 이해하지 못해 과도하게 해석하기 때문이다. 하지만 린훙원 선생은 그런 부분을 아주 잘 해냈다. 그가 분석한 항목들은 모두 책임 있는 태도로 자신 있는 결론을 내놓았으며 과도하게 해석하지 않았다. 자오퉁交通 대학교 정보통신공학과 출신이라는 점이 큰 장점으로 작용한 것 같다.

많은 노력을 기울여 이 책을 집필한 린훙원 선생에게 TSMC에서 오랫동안 근무한 사람으로서 기쁜 마음을 전한다. 아울러 이 책을 읽는 독자들에게도 고마움을 전하며 독자들도 나와 같은 기쁨을 느낄 수 있길 바란다.

2023년 5월 20일

타이베이台北시

대기업의 성장을 묵묵히 지킨 관찰자의 일기

노지마 쓰요시野嶋剛 ‖ 일본 베테랑 언론인
‖ 작가

최근 일본에서 가장 많은 강연 의뢰를 받는 주제가 '타이완의 반도체 정책'과 'TSMC의 경쟁력 비결'이다. '타이완 반도체'가 요즘 일본인 사이에서 최대 화두로 떠올랐다. 유감스럽게도 일본에 반도체 관련 서적은 많지만 타이완 반도체를 주제로 한 책은 한 권도 없다. 타이완 반도체의 30년 역사를 충분히 상세하게 설명할 수 있는 작가가 나를 포함해 한 명도 없기 때문이었다.

물론 일본에도 반도체와 타이완 경제를 연구하는 사람들은 있지만 30년 역사를 일목요연하게 정리하고 조명할 수 있는 연구자는 거의 없다. 전반적인 산업정책과 반도체 기술의 관점에서 타이완 반도체와 TSMC를 속속들이 알고 있는 사람은 타이완에서도 소수에 불과하며, 이 책의 저자인 린훙원이 바로 그중 한 사람이다.

린훙원은 내가 가장 신뢰하는 타이완 반도체 전문가다. 나한테 있어서 그는 챗GPT 같은 사람이다. 일본에서도 타이완 언론의 기사를 볼 수는 있지만, 반도체 산업에서 실제로 무슨 일이 일어났는지, 타이완 정부의 태도와 TSMC의 의도는 무엇인지 등등을 자세히 파악하기는 쉽지 않다. 그럴 때마다 린훙원은 '대체 어떤 일이 일어났는가' 하는 문제에 대해 간결하고도 이성적인 해답을 제공해 준다. 그의 관점은 언제나 간단명료하면서도 사안의 핵심을 정확히 파고든다.

타이완의 민주화는 '미스터 데모크라시'라고 불리는 리덩후이李登輝 전 타이완 총통의 공로가 크지만, 타이완의 경제 발전은 그의 전임 총통이자 장제스蔣介石의 아들인 장징궈蔣經國가 이끌었다. 타이완이 1980년대에 비약적인 경제 발전을 이루어 아시아의 네 마리 작은 용 중 하나가 되기 전, 장징궈 총통이 취임 직후 이른바 '10대 건설'이라는 내수 투자 확대 정책을 펼쳤다. 이것이 타이완의 역사를 바꾼 획기적인 정책이었다. 공산당에 반격해 중국 대륙 통치권을 빼앗아 오겠다는 명분으로 책정해 놓았던 예산을 내수에 투입하면서 타이완 정부의 정책이 내치 중심으로 전환되었음을 의미하기 때문이다.

반세기 후 타이완은 이 도박에서 승리를 거두었다. 반도체는 타이완 경제의 대명사라고 해도 과언이 아니며, 타이완의 가장 귀중한 자산이 되었다. 또한 TSMC가 반도체와 글로벌 경제의 중심에 있음은 누구도 부인할 수 없다. 시가총액 12조 타이완달러인 TSMC는 항상 설비 투자와 R&D에 아낌없이 투자한다. 삼성, 인텔, TSMC 세 거물이 주도하던 시대는 지나가고, 3나노와 2나노 사이의 미세화 경쟁에서 TSMC가 먼저 선두로 치고 올라갔다. TSMC는 타이완에서 '호국신산護國神山(나라를 지키는 신령한 산)'이라고 불릴 정도로 세계 무대에서 타이완의 입지를 높여주었고, 타이완에 긴급 상황이 발생한다면 '반드시 타이완을 보호해야 한다'는 분위기를 만들어냈다.

우리가 타이완이라는 반도체 국가와 TSMC에 대해 자주 논하지만, 사실상 TSMC가 어떤 길을 걸어왔는지에 대해서는 아는 바가 별로 없다. TSMC 탄생의 비하인드 스토리는 창업자 모리스 창의 자서전을 통해 엿보거나 TSMC의 재무제표를 통해 찾을 수밖에 없었다. 하지만 우리에게 필요한 것은 TSMC의 성장을 직접 지켜본 사람을 통해 얻는 자료이며, 린훙원의 이 책이 바로 우리가 원하던 귀중한 자료다.

일본인들은 반도체를 중시하고 TSMC를 주시하면서도 사실 TSMC에 대해 아는 것이 많지 않다. 이 책은 1990년대에 세계 반도체 생산을 주도했던 일본이 몰락한 이유와 타이완이 일본을 제치고 세계 반도체 생산의 중심이 된 비결을 알려주고 있다. 일본에서 이 책은 일본에서도 출간되어야 한다.*

---

* 2024년에 《TSMC 세계를 움직이는 비밀TSMC 世界を動かすヒミツ》라는 제목으로 일본에서 출간되었다.

tsmc

세계 1위의 비밀

실패의 교훈에서 더 큰 성공 기회를 찾은 TSMC

《TSMC, 세계 1위의 비밀》한국어판이 출간되어 매우 기쁘다. 지금까지 책 다섯 권을 출간했지만 한국어판이 출간되는 것은 이번이 처음이다. 내 꿈을 현실로 만들어준 생각의힘 출판사에 고마움을 전한다.

나는 1993년부터 타이완〈경제일보經濟日報〉에서 IT 산업 담당 기자로 근무했고, 그중에서도 반도체 산업과 가장 인연이 깊었다. 그때는 TSMC가 설립된 지 얼마 안 됐을 때였는데 하루도 빠짐없이 신주과학단지에 입주한 기업들을 취재하며 타이완 산업망의 발전과 글로벌 시장의 경쟁 구도를 관찰하고 열심히 기사를 썼다. 지금까지 31년 동안 쓴 산업기사와 칼럼이 수백만 자 분량이다.

2022년 크리스 밀러 Chris Miller 교수가 쓴《칩 워 Chip War》를 읽었다. 미소 냉전을 연구한 역사학자 밀러 교수가 반도체 산업의 발전사를 훌륭하게 정리한 책이지만 빠뜨린 부분이 있었다. 타이완 반도체 산업의 발전 과정에 대해 언급하지 않고 그 중요성에 대한 인식도 부족하다는 점이다. 타이완은 전 세계 반도체 산업이 수직통합에서 수평분업으로 전환되는 데 가장 큰 공을 세운 기업이 아닌가.

그래서 나는 《TSMC, 세계 1위의 비밀》을 출간한 이유가 무엇이냐는 질문을 받을 때마다 미국, 일본의 학자와 분석가가 쓴 책은 많지만 국제정치와 미·중 반도체 전쟁을 중심으로 분석한 책이 대부분이고, 기업과 산업의 발전이라는 관점에서 분석한 책이 없기 때문이라고 대답한다. 나는 TSMC와 반도체 산업을 30년 간 직접 발로 뛰어 취재한 경험을 토대로 독자들에게 시장을 더 가까이에서 보여주고, 미국, 유럽, 일본 등의 전문가와는 다른 타이완의 시각에서 반도체 산업을 바라볼 수 있다.

타이완은 어떻게 대체 불가능한 반도체 강국이 되었는가? TSMC가 어떻게 전 세계 첨단 공정 생산능력 중 90퍼센트 넘게 차지하게 되었는가? 이것은 반도체 산업을 이해하는 데 매우 중요한 포인트이다. 나는 기자로서 일선 현장을 직접 취재하고 관찰했기 때문에 서점에 나와 있는 대부분의 책에 실려 있지 않은 부족한 부분을 보완할 수 있다. 이것이 바로 이 책을 쓰게 된 이유다.

타이완 반도체 산업의 발전 과정과 AI 산업에 대한 영향력은 현재 전 세계의 매우 중요한 화두이다. 각국에서 반도체 투자 붐이 일고 각국이 산업의 자주성과 공급망 탄력성을 이유로 반도체 산업에 수십억, 수백억 달러를 쏟아붓고 있다. 타이완 기업의 사업 방식과 성공 원인을 알지 못하면, 솔직히 말해서 그 막대한 투자는 본전도 못 건질 공산이 크다. 이 얼마나 위험하고 엄중한 일인가.

《TSMC, 세계 1위의 비밀》은 2023년 7월 타이완에서 출간된 뒤, 2024년 4일 일본어판도 출간되었다. 일본어판이 출간된 후 여러 차례 일본을 방문해 산업계, 학계, 정부 기관, 언론 등과 교류하면서 일본인이 TSMC의 성공비결에 무척 관심이 많다는 것을 알았다. 그들은 지금까지 어디서도 듣지 못한 이야기를 내 책을 통해 알았고, 타이완과 일본 기업의 경영이념이 어떻게 다른지도 자세히 알았다고 했다.

이 책은 타이완과 일본에서 많은 독자들에게 주목받았는데, 특히 "TSMC가 어떻게 성공했는가?" "타이완 반도체 산업의 성공 비결은 무엇인가?" "지정학적 요인이 반도체 산업에 어떤 영향을 미칠 것인가?"라는 세 가지 질문에 관해 이 책에서 제시한 해답이 가장 많은 관심을 받고 중요하게 논의되었다.

나는 30여 년간 기자로서 한국 IT 산업의 발전 상황도 계속 관찰해 왔다. 2012년에는 삼성의 성공 비결을 분석한 《거물기업 삼성: 쌀가게에서 글로벌 대기업이 된 21가지 비결商業大鯔SAMSUNG: 21堂課三星從賣米小舗到賣全世界》이라는 책을 타이완과 중국에서 출간했다. 당시 타이완은 중국의 엄청난 성장세와 삼성이라는 강적과의 경쟁에 밀려 많은 산업이 타격을 입고 있었다. 타이완의 D램DRAM, 패널, LED, 태양에너지 기업이 대부분 파산하거나 거액의 적자에 시달리고 있었고, HTC의 스마트폰도 삼성, 중국 기업과의 경쟁에 속수무책으로 패했다. 그때가 타이완 IT 산업의 암흑기였다.

최근 들어 타이완의 반도체 산업이 세계적으로 주목받고 있고, 젠슨 황 엔비디아 CEO도 "타이완은 이미 AI의 중심에 있다"고 말했다. 사실 그 비결은 타이완이 일찍 쓰디쓴 실패를 경험했다는 점에 있다. 처참한 실패 후 오랜 구조 조정과 체질 전환을 거쳐 마침내 타이완에 적합한 성공의 길을 찾은 것이다.

지금 가장 성공한 기업으로 불리는 TSMC도 한때 자회사인 뱅가드를 통해 D램을 생산했다가 강적인 한국과의 경쟁에 완패한 경험이 있다. 모리스 창 TSMC 창업자도 결국 D램 사업에서 철수한 뒤 자신이 더 잘할 수 있는 반도체 파운드리 사업에 다시 집중한 덕분에 더 큰 성공을 거둘 수 있었다.

세상 사람들은 지금 타이완의 성공한 모습만 보지만, 30년 넘는 내 기자 생활을 돌이켜 보면 성공보다는 실패를 지켜볼 때가 더 많았다는 점을 강조하고 싶다. 이 책은 타이완이 어떻게 그 실패를 딛고 일어났는지, 어떻게 실책에서 교훈을 얻었는지 자세히 기록해 독자들에게 보여주고 있다.

현재 삼성도 경영상의 어려움에 처해 있지만 나는 삼성의 경영진은 이 시련을 극복할 지혜와 능력을 갖고 있다고 믿는다. 삼성은 과거에도 그랬듯이 강한 의지로 위기를 극복해 모두를 실망시키지 않을 것이다.

얼마 전 전영현 삼성 DS 부문장이 임직원과 투자자들에게 보낸 공개 사과문을 읽었다. 삼성이 현재 어떤 도전에 직면해 있는지 솔직히 밝히고 설명한 글이었다. 타이완 반도체 산업이 어떻게 스스로를 변화시키고 개조했는지 살펴본다면 한국 독자들에게 좋은 참고가 될 수 있을 것이다.

타이완 반도체 산업은 어떻게 성공했을까? 나는 몇 가지 요인이 있다고 생각한다. 과거 40년간 전 세계 반도체 산업이 수직통합에서 수평분업으로 전환되는 흐름 속에서 타이완은 그 기회를 놓치지 않고 변화에 부응했다. 또 타이완의 기업은 대부분 자체 브랜드 없이 파운드리 사업을 하고 있다. 자체 브랜드를 갖고 있던 기업은 브랜드를 분리시켜 독립적으로 경영하게 했다. 그 덕분에 기업과 고객이 경쟁자가 아니라 동맹의 관계를 맺고 상생을 추구할 수 있었다.

타이완인의 성실성도 큰 역할을 했다. 고객을 최우선으로 하고 고객이 무슨 요구를 하든 최대한 만족시키며 제조업이지만 서비스업과 같은 마인드로 일했다. 타이완인은 일본인의 규율성과 미국인의 창의성, 중국인의 근면함을 겸비했고 여기에 더해서 융통성과 창업가 정신도 있다. 이런 특징이 절묘하게 어우러져 타이완 반도체 산업이 글로벌 무대에서 눈부신 활약을 보여줄 수 있었다.

이 책을 집필하면서 TSMC 창업자 모리스 창 선생과의 수많은 인터뷰에서 그와 나누었던 대화를 돌이켜 보았다. 오래전 TSMC가 글로벌 대기업으로부터 거절당했던 힘든 시기를 어떻게 극복했는지, '국민의, 국민에 의한, 국민을 위한'이라는 미국의 정신으로 어떻게 TSMC를 이끌었는지, 2000년 중국이 거침없는 기세로 성장하고 있던 그때에 어떻게 SMIC의 미래를 정확히 내다볼 수 있었는지, 어떻게 SMIC와의 두 차례 소송전을 벌였는지, 또 2009년 어떻게 CEO로 복귀해 경쟁자인 삼성, 인텔과의 격차를 크게 벌려놓았는지 등등.

그중 제일 기억에 남는 것은 1993년 내가 막 언론계에 발을 들여놓았을 때 했던 인터뷰였다. TSMC가 상장되기 전이었는데 창 회장은 무척 여유로운 모습으로 타이베이의 사무실에서 나와 대화를 나누었고, 신출내기 기자의 열정적인 질문에 모두 진지하게 대답해 주었다. 인터뷰가 끝난 뒤 그는 담배를 물고 나와 이런저런 얘기를 나누었다. 자신이 요즘 무슨 운동을 하고 있는지, 하버드 대학교 1학년 시절 100미터 수영 시험을 얼마나 힘들게 통과했는지 등등.

유리창으로 비스듬히 들어온 햇빛 사이로 희푸른 담배 연기가 모락모락 피어오르던 30년 전 그날의 오후가 아직도 또렷한 기억으로 남아 있다. 그때의 나는 그렇게 다정한 어른이 훗날 세계 일류 기업가가 될 줄 몰랐고, TSMC가 지금의 이런 모습으로 성장할 줄도 예상하지 못했으며, 그로 인해 내가 타이완 반도체 산업의 30년 발전사의 산증인이 될 줄은 더더욱 예상하지 못했다.

타이완에 모리스 창과 TSMC가 있고, 또 반도체 업계의 호국군산들이 있다는 건 큰 행운이다. 내가 그 역사를 가까이에서 지켜보고 책으로 기록해 타이완, 일본, 한국, 유럽, 미국 독자들에게 참고 자료를 제공할 수 있어서 얼마나 영광스러운지 모르겠다. 이 책의 한국어판이 한국 독자들에게 유익한 책이 되길 바라 마지않는다.

2024년 10월 19일 타이베이에서
린훙원

감출 수 없는 광채, 어느 쪽을 따를 것인가

30년 반도체 산업 취재를 회고하다

1993년 반도체 산업 기사를 쓰기 시작해 〈경제일보〉를 거쳐 〈비즈니스 투데이Business Today, 今周刊〉까지 올해로 꼭 30년이 됐다. 그동안의 기자 생활에서 타이완 반도체 산업의 성장과 많은 기업의 글로벌 시장 진출을 지켜보며 경기 순환과 기업의 흥망을 관찰하는 법을 배웠다. 하나의 산업이 성장하는 전체 과정에 참여할 수 있었음을 매우 기쁘게 생각한다.

하지만 최근 지정학적 리스크가 고조되고 미·중 대립과 반도체 전쟁이 치열해지며 과거 세계의 관심을 받지 못했던 타이완이 '전 세계에서 가장 위험한 곳'이 되었다. 그 분쟁의 발단은 바로 타이완이라는 반도체 섬의 감출 수 없는 광채 때문이다. 타이완은 전 세계 반도체의 70퍼센트를 생산하고 있다. 특히 최첨단 반도체 공정의 90퍼센트를 독점한 TSMC에 더더욱 세계의 관심이 집중되고 있다.

또 한편으로는 TSMC가 미국, 일본 정부의 요구에 따라 현지 투자를 진행하면서 타이완 내부에서 기술 및 인재 유출에 대한 우려가 나타나고 있다. 나는 칼럼과 매체를 통해 업계의 상황을 더 가까이에서 제공하고자 노력했고, 그 일환으로 30년간 반도체 산업을 취재한 경험을 기록하고 정리해 책으로 남기기로 결심했다. 이 책을 통해 많은 이들이 TSMC와 반도체 산업, 더 나아가 타이완이 걸어온 길과 앞으로 나아갈 방향을 더 깊이 이해할 수 있길 바란다.

각자 가진 관점이 다르고 지정학적인 영향에 대해서도 많은 토론이 이루어지고 있지만, 다년간 반도체 산업을 관찰해 온 내 경험을 바탕으로 이 책에서 두 가지 중요한 관점을 제시하고자 한다.

첫째, 나는 TSMC가 뚜렷한 목표와 훌륭한 기업문화 및 경영 시스템을 갖춘, 크고 강한 기업이기 때문에 지정학적인 리스크를 비롯한 여러 가지 도전에 잘 대응할 수 있다고 생각한다. 이는 내 오랜 취재와 관찰 경험에서 나온 판단이다. 지금 TSMC가 거둔 성공은 과거의 수많은 노력이 모인 결과다. 정치적인 리스크가 출현하더라도 산업의 전반적인 경쟁 구도는 TSMC에게 유리하기 때문에 TSMC가 우위를 계속 유지하며 여러 리스크를 잘 해결할 수 있을 것이라고 믿는다.

둘째, 타이완의 산업이 상당히 탄탄하게 발전해 왔고 산업의 가치사슬도 온전하게 구축되었다는 점이다. 과거에 여러 위기가 닥칠 때마다 산업이 한 단계 업그레이드되고 더 강해진 덕분이다. 타이완은 글로벌 반도체 및 전자 공급망에서 위탁생산자의 역할을 수행하며 세계 각국의 동료로서 입지를 다졌다. 우리는 누군가의 사업을 빼앗으려 하지 않으며, 고객이 경쟁에 승리할 수 있도록 서비스하는 비즈니스 모델을 갖고 있다.

대표적인 사례로 TSMC는 설립 이래 지금까지 인텔의 자리를 넘본 적이 없고 인텔의 주문을 받아 생산하는 역할만 충실히 이행했으며, 인텔은 지금도 자기 제품을 갖고 CPU 분야의 패권을 유지하고 있다.

그러므로 지정학적 리스크 속에서도 타이완은 반도체 산업이 발전한 다른 국가들과 상황이 다르다. 작은 나라인 타이완은 대국처럼 시장의 패권을 쥐려는 야심을 품지 않았으며 누군가의 자리를 빼앗으려고 시도한 적도 없다. 패권을 손에 넣으려는 한국, 중국 또는 과거의 일본과는 다르다. 타이완은 글로벌 공급망 가운데 위탁생산에만 집중하기 때문에 모든 이에게 친구 같은 존재다.

나는 이 책을 통해 이 두 가지 중요한 관점을 피력하고, 아울러 TSMC가 걸어온 길 위의 중요한 사건과 경영에 관한 작은 이야기들을 정리해 타이완 반도체 산업의 글로벌 경쟁력이 어디에 있는지 서술하고자 했다.

원고 내용을 정리하고 구상하면서 보니 최근 출간된 반도체 관련 서적 중 대다수가 미국, 일본 등의 학자와 애널리스트가 쓴 책이었다. 그런 책들은 국제정치, 미·중 전쟁, 반도체 전쟁 등의 관점에서 타이완의 반도체 산업을 분석한 것이 대부분이고, 기업과 산업의 관점에서 TSMC와 타이완 반도체의 경쟁력, 앞으로 닥칠 도전에 대해 다룬 책은 극소수였다. 미국, 일본 전문가들과 달리, 오랜 취재 경험을 바탕으로 한 타이완 본토의 관점이 독자들에게 유용한 자료가 될 수 있길 바란다.

R&D 6기사, 30년 전 어느 오후의 추억

나는 TSMC가 증시에 상장되기 전부터 반도체 산업을 취재했다. 그동안 쓴 기사와 칼럼을 다 합치면 어림잡아도 100만 자를 훌쩍 넘을 것이다. 1994년 증시 상장을 앞둔 TSMC가 컨딩竹丁에서 처음으로 열었던 기자간담회는 아직도 또렷이 기억에 남아 있다. 1998년에는 초청기자단의 일원으로 TSMC의 미국 웨이퍼 공장 웨이퍼테크WaferTech를 방문해 취재했고, 2001년에는 당시 TSMC의 R&D 6기사騎士*를 인터뷰하며 여섯 명이 나란

---

*TSMC에서 반도체 기술 연구개발을 주도해 기술 자립을 실현한 여섯 명의 엔지니어를 일컫는 말로 린번젠林本堅, 양광레이楊光磊, 장상이蔣尚義, 쑨위안청孫元成, 량멍쑹梁孟松, 위전화余振華다.

히 선 역사적인 사진을 찍었다.

〈비즈니스 투데이〉에서 근무하던 2009년 당시 릭 차이^{Rick Tsai} (차이리싱蔡 力行) TSMC CEO가 처음이자 마지막으로 응한 언론 인터뷰를 진행했고, TSMC가 량멍쑹(자오하이쥔趙海軍과 공동 CEO)을 상대로 소송을 제기했을 때에는 내가 2012년 출간한 삼성에 관한 책에서 량멍쑹과 삼성의 관계에 대해 짧게 언급했던 연유로 법원에 증인 자격으로 소환되기도 했다.

지난 일을 돌이켜 보면 엊그제 일처럼 눈앞에 선하다. 나는 열심히 과거의 기억을 되살려 내 원고를 집필하고, 과거에 써놓았던 메모를 뒤져가며 오늘날의 TSMC를 있게 한 여러 가지 이야기를 발굴해 냈다. 모리스 창의 경영철학, 경쟁전략, 경영자 교체, 지정학적 환경과 미·일 투자 및 협력, 글로벌 반도체 시장의 경쟁 구도, 글로벌 반도체 산업에서 타이완이 지닌 중요성 등에 대한 개인적인 관점을 제시해 독자들이 과거와 현재를 이해하고 미래를 내다보는 데 도움을 주고자 했다.

이 책이 출간되기까지 많은 격려를 아끼지 않은 친구 노지마 쓰요시에게 고마움을 전한다. 그는 타이완에 올 때마다 매번 시간을 내어 나와 많은 얘기를 나누었다. 작년 8월 그가 TSMC 일본 공장이 2024년에 양산을 시작할 예정이라면서 일본인들이 모리스 창과 TSMC에 대해 궁금해하지만 일본에 아직 관련 서적이 없다며 내게 책을 써보라고 권했다.

나와 나이가 비슷한 노지마 쓰요시는 〈아사히신문〉 타이베이 특파원 시절에 아들이 룽안^{龍安} 초등학교에 다녔는데, 내 아내가 그 학교에서 자원봉사를 할 때 그의 아들에게 중국어를 가르쳤던 인연이 있다. 노지마 쓰요시도 〈아사히신문〉을 떠난 뒤 칼럼과 책을 쓰며 다양한 활동을 해왔으므로 나와는 공감대가 많은 편이다. 또 우리 둘 다 '우수저널리즘상'을 수상하는 등 서로를 꾸준히 응원하고 격려해 온 지음^{知音}이다.

하지만 노지마 쓰요시는 관심 분야가 더 광범위하다. 타이완과 일본의 산업, 정치, 사회, 문화 등 다양한 분야를 관찰하며 왕성한 집필 활동을 하고 있는 그에게 항상 감탄한다. 나는 그에게 많은 것을 배웠고, 이 책을 집필하는 동안에도 그의 격려가 큰 원동력이 되었다. 이 책의 중국어판이 출간된 후 일본어판이 출간될 수 있도록 일본 출판사를 물색해 주고 있는 그에게 감사를 전한다.

또 제일 먼저 내게 이 책을 써보라고 권한 언론계 동료 천후이링陳慧玲에게도 감사를 전한다. 그녀는 반도체 산업에 관한 책을 많이 읽었지만 정작 가려운 곳을 긁어주는 책은 없었다며 반도체 업계를 비교적 잘 알고 있는 사람이 책을 쓴다면 많은 독자들이 읽고 싶어할 것이라고 했다. 직접 여러 권의 책을 쓰기도 했던 그녀의 권유가 내게 큰 격려가 되었다.

굿모닝프레스 출판사의 선윈충沈雲驄 대표에게도 고마운 마음을 전한다. 그는 기꺼이 함께 머리를 맞대고 원고의 집필 방향을 고민해 주었다. 집필 기간 내내 그를 비롯한 출판사 식구들의 많은 조언이 큰 도움이 되었다.

아울러 TSMC에서 근무했던 여러 친구들의 많은 협조와 지적에 감사하고, 〈비즈니스 투데이〉, 〈비즈니스 넥스트Business Next〉, 〈SR미디어SRmedia〉, 〈CIO IT 리더십CIO IT 經理人〉 등 여러 매체 편집부에도 고마움을 전한다. 이들 매체에 실렸던 내 칼럼 여러 편을 이 책에 활용하였다. 2부의 10장 "'기술 혁신'만이 아니라 '기술 혁신에 대한 투자'도 중요하다", 4부의 '메모리 분야의 세 가지 흐름과 사전 포석'은 〈비즈니스 넥스트〉에 실렸던 칼럼을 보완하고 수정한 것이다.

2부의 '긴 노동시간, 낙후된 소프트웨어, 인색한 직원 복지'와 4부의 '명문대가 TSMC의 직업훈련소가 되다?', 5부의 '우리는 왜 싸우는가? 누구를 위한 싸움인가?', '타이완 반도체가 정말 글로벌 1위일까?'는 〈SR미디어〉에 실렸던 칼럼을 수정한 것이고, 4부의 'R&D 6기사 중 넷만 남은 이유', 5부의 'TSMC는 몰락한 도시바의 전철을 밟을 것인가?'는 〈비즈니스 투데이〉의 칼럼을 수정한 것이다.

　마지막으로 아내에게 고맙다. 아내는 이 책의 일본어판 출간 계획이 있다는 것을 알고 일본어판 출간기념회가 열리면 꼭 동행하겠다고 누누이 말했다. 아내의 작은 소망을 이뤄주기 위해서라도 책을 완성하지 않을 수 없었다.

　이 책을 집필하면서 모리스 창 회장과의 중요한 인터뷰들을 회상했는데 그중 제일 기억에 남는 것은 1993년 내가 막 언론계에 발을 들여놓았을 때 했던 인터뷰였다. TSMC가 상장되기 전이었는데 창 회장은 무척 여유로운 모습으로 타이베이의 사무실에서 나와 대화를 나누었고, 신출내기 기자의 열정적인 질문에 모두 진지하게 대답해 주었다. 인터뷰가 끝난 뒤에도 그는 담배를 물고 나와 이런저런 얘기를 나누었다. 자신이 요즘 무슨 운동을 하고 있는지, 하버드 대학교 1학년 시절 100미터 수영 시험을 얼마나 힘들게 통과했는지 등등.

　유리창으로 비스듬히 들어온 햇빛 사이로 희푸른 담배 연기가 모락모락 피어오르던 30년 전 그날의 오후가 아직도 또렷한 기억으로 남아 있다. 당시의 나는 그토록 다정한 어른이 훗날 세계 일류 기업가가 될 줄 몰랐고, TSMC가 지금의 이런 모습으로 성장하리라고 예상하지 못했으며, 그로 인해 내가 타이완 반도체 산업의 30년 발전사의 산증인이 될 줄은 더더욱 예상하지 못했다.

　독자들이 이 책에 담긴 이야기에서 깨달음을 얻고 기업이 성공으로 가는 길을 찾을 수 있을 것이라고 믿는다. 타이완에 모리스 창과 TSMC를 비롯해 나라를 떠받치는 반도체 기업들이 있다는 것은 큰 행운이며, 내가 그들의 여정을 책으로 정리해 많은 이들과 경험을 공유하고 학습의 기회를 제공할 수 있다는 것도 크나큰 행운이다. 이 책에 누락된 부분이나 부족한 점이 있다면 독자들의 많은 양해와 지적을 바란다.

찬란하게 빛나는 섬

타이완 반도체 산업의 3+1 성공비결

지난 30년간 반도체 및 IT 산업을 취재하며 산업과 기업을 관찰한 경험칙을 세우려고 꾸준히 노력했다. 이 중요한 시기에 타이완 반도체 산업을 둘러보고, TSMC와 모리스 창이 어떻게 성공했으며 타이완 반도체 산업이 어떻게 글로벌 시장을 주도하게 됐는지 이해하고, 반도체 산업의 현재와 미래를 탐색해 보는 여정의 안내자가 된 마음으로 이 책을 썼다.

여정을 시작하기에 앞서 타이완 전자 산업의 전반적인 성공 원인을 정리해 보겠다. 타이완 IT 및 반도체 산업의 주요 성공 요인은 세 가지를 꼽을 수 있다.

노동자의 근면성 + 초과 노동 + 저렴한 인건비 = 높은 가성비

첫째, 근면 성실한 노동자와 높은 가성비다. 이것은 산업 성공의 가장 기본적인 요건이다. 타이완인들은 근면하고 직업 정신이 투철해 맡은 일은 반드시 훌륭하게 해낸다. 야근수당 없이도 늦게 퇴근하고 심지어 업무를 집까지 가져가기도 한다. 또 타이완의 임금 수준이 전체적으로 높지 않아 기업의 운영비가 적다. 이렇게 가성비가 우수한 직원들이 있으므로 기업이 강한 경쟁력을 갖출 수밖에 없다.

부지런히 초과 노동을 하면서도 인건비가 저렴한 직원들이 기업의 중요한 경쟁력이 되었다. 이런 경쟁력을 가졌기 때문에 타이완은 남들이 이윤이 적다고 꺼리는 제품들도 기꺼이 생산할 수 있고 심지어 그것으로 돈을 벌기도 했다. 타이완 전자 산업의 운영비가 전반적으로 낮기 때문에 미국, 유럽, 일본 등의 업체는 제품 가격을 낮추면 수익을 낼 수 없을 때도 타이완 업체는 수익을 낼 수 있었다.

내가 초창기에 유럽과 미국의 컴퓨터 제조업체들을 취재할 때 그들은 타이완의 CD-ROM, 마우스, 키보드의 낮은 가격을 보고 계산하더니 자기들이 직접 만들 필요가 없겠다고 했다. 그들이 직접 생산하는 것보다 타이완의 완제품을 구매하는 편이 원가가 더 적게 들었기 때문이다. 하지만 타이완 기업의 입장에서는 그렇게 저가의 제품도 대량 생산을 통해 원가를 절감하기만 하면 많은 이윤을 창출할 수 있었다.

미국 기업 브로드컴^{Broadcom}의 한 관계자가 했던 말이 아직도 기억난다. 그는 타이완 리얼텍^{RealTek}의 제품 가격이 믿을 수 없을 만큼 싸다면서 브로드컴이 그 가격에 판매한다면 팔수록 손해 보는 장사일 것이라고 했다. 브로드컴은 결국 로엔드^{low end}(저가품) 시장을 포기할 수밖에 없었지만, 타이완 업체들은 그렇게 낮은 가격에 판매하고도 수익을 내며 승승장구했다.

실제로 초창기 많은 실리콘밸리 직접회로^{Integral Circuit, IC} 업체들이 매출총이익률을 50~60퍼센트 이상에서 맞추려 했고, 40퍼센트 이하인 제품은 생산하지 않았다. 관리비, 마케팅비, 연구개발비 등 운영비를 제외하면 이익이 남지 않기 때문이다. 반면 대다수 타이완 업체들은 매출총이익률이 30

퍼센트가 되도록 IC 가격을 낮추는 대신, 비용을 최대한 절약해 이익을 짜 냈기 때문에 당연히 로엔드 시장의 대부분이 타이완 업체들에게 돌아갔다.

유럽과 미국 업체들은 가치 창출에 주력하며 지속적인 제품 업그레이드를 통해 돈을 벌었다. 한 예로 인텔은 계속해서 신세대 CPU를 출시했고, 그럴 때마다 제품 가격이 올라갔다. 고수익을 낼 수 있는 신제품 개발이 그들의 주요 전략이었고, 제조원가 절감은 상대적으로 뒤로 밀릴 수밖에 없었다. 당연히 인텔의 기술은 업계 최고 수준이었지만 제조에서는 2~3위에 머물렀고, TSMC의 제조 능력이 인텔을 능가한 뒤 시장은 TSMC가 차지하게 됐다.

전문적인 분업, 집중적인 개발, 우수한 인력이 합쳐져 완승을 거두다!

타이완의 두 번째 성공 비결은 전문적인 분업이다. 모든 산업을 더 세분화한 뒤 각각의 하위 산업을 분리해 독립적으로 키웠다. 모두 한 가지 일에 집중해 하위 시스템과 부품을 각개격파 방식으로 집중 육성한 덕분에 개미 군단이 케이크 하나를 온전히 옮기는 일이 가능했던 것이다.

초기에 인텔은 CPU를 판매하면서 메인보드까지 직접 생산했다. 온전히 돌아가는 컴퓨터를 소비자에게 보여주어야 했기 때문이다. 하지만 나중에 앤디 그로브 Andy Grove 인텔 CEO가 타이완을 방문했을 때, 하위 시스템인 메인보드만을 독립시켜 하나의 산업으로 육성시킴으로써 에이수스 ASUS, 華碩 같은 메인보드 전문기업이 탄생한 것을 보고 놀라움을 금치 못했다. 메인보드가 단독으로 하나의 산업이 된 것도 놀랍지만 그런 방식으로 상당한 수익을 거둘 수 있을 줄 예상하지 못했기 때문이다.

물론 인텔도 나중에는 메인보드를 직접 생산하지 않고 CPU, 칩셋 등 반도체 사업에만 집중했다. 인텔이 새 칩을 출시할 때마다 타이완의 메인보드 공급업체들이 가장 빠른 속도로 그 칩에 맞는 메인보드 모델을 내놓아 컴퓨터 업체들이 빠르게 제품을 출시할 수 있었다. 그 결과 인텔은 떡을 먹고 타이완 전자 기업들은 떡고물을 먹는 방식으로 시장에서 함께 수익을 얻을 수 있었다.

인텔은 메인보드뿐만 아니라 퍼스널컴퓨터에서 파생된 모든 하위 시스템과 부품들이 타이완에서 하나의 산업을 이룰 수 있다는 사실을 생각하지 못했다. 연결 케이블, 컴퓨터 팬, RAID redundant array of independent disks (복수배열 독립디스크), 모니터 등 컴퓨터 한 대에서 파생된 수백 종의 산업과 수천 개의 기업이 타이완을 PC 왕국으로 만들어놓았다.

전문적인 분업의 바탕에는 두 가지 중요한 이념이 있었다. 첫째, 한 분야에 화력을 집중해 발전시킨다. 각각의 독립된 제품을 가장 우수하게 만들어 가장 저렴하게 판매함으로써 누구도 감히 경쟁하지 못하고 직접 생산을 포기한 뒤 타이완 제품을 구매하게 한다. 둘째, 산업을 잘게 쪼개 독립시켜 더 우수한 인재를 확보한다. 에이수스 같은 기업은 타이완의 일류 인재가 모여 메인보드를 만드는 데만 몰두했다. 반면 유럽과 미국의 대기업의 경우 메인보드는 중요한 부분이 아니기 때문에 가장 우수한 인력을 그 분야에 배치하지 않았고 상대적으로 관심도 적었다. 반면 타이완 기업은 타이완대학교, 자오퉁대학교, 칭화대학교 등 타이완 명문대를 졸업한 엘리트를 채용해 집중적으로 연구했기 때문에 당연히 남들이 내지 못하는 성과를 거둘 수 있었다.

반도체 산업의 분업은 더 세밀하다. IC 설계, 제조, 패키징 및 테스트는 가장 상위 분류이고, IC 설계만 해도 전자 설계 자동화 Electronic Design Automation, EDA, IC 설계서비스, 반도체 설계 자산 Silicon Intellectual Property, SIP, 레이아웃 lay-out,

레티클^{Reticle}*, 테스트 등 수많은 하위 분야로 나뉜다. 앞에서 인텔이 CPU
와 칩셋을 생산했다고 했는데, 타이완의 비아 테크놀로지스^{VIA Technologies, 威盛}
등도 그 시장에 진출했다. 비록 비아 테크놀로지스는 성공하지 못했지만
당시 인텔에 어느 정도 위협이 되었다. 또 미디어텍^{MediaTek, 聯發科}이 처음 뛰
어든 분야는 CD-ROM 칩셋이었다. 그 결과 당시 일본과 네덜란드 대기업
이 장악하고 있던 시장의 판도를 뒤바꿨는데, 그들의 성공 요인도 역시 전
문적인 분업과 집중적인 육성, 우수한 인재였다.

물론 반도체는 전문적으로 분업화된 산업이고, 타이완은 그중 작은 일
부분을 담당하고 있으며 글로벌 공급망에 의해 지탱되고 있다. 예를 들면
타이완의 파운드리 산업은 네덜란드, 일본, 미국 등의 장비와 미국, 일본,
독일의 원자재를, IC 설계 산업은 미국, 영국 등의 소프트웨어와 반도체
설계 자산을, 패키징 및 테스트는 미국, 일본 업체의 장비를 많이 사용하고
있다. 타이완은 자기 전문 분야에만 집중하기 때문에 글로벌 산업 분업 체
계 속에서 많은 나라들과 협력해야만 성공할 수 있다.

내부의 치열한 경쟁을 통과한 강자만이 글로벌 무대에 오른다

세 번째 성공 비결은 타이완 전자 산업의 하위 분류에 있는 모든 업종에
서 국내 시장의 치열한 경쟁을 거쳐 살아남은 강자만이 글로벌 경쟁에 뛰
어들 수 있다는 점이다.

"내부에서 먼저 치열하게 경쟁해야만 글로벌 무대에 나가 경쟁할 수 있
다!"는 경영학의 대가 마이클 포터^{Michael E. Porter}의 이 관점을 타이완의 전자
및 반도체 산업에 적용하면 완벽하게 맞아떨어진다. 내부의 치열한 경쟁

---

* 노광 공정에서 회로도가 그려진 틀을 웨이퍼 위에 놓고 광원을 비추어 이를 통과한 빛이 웨이퍼에 회로도
를 새기게 되는데, 회로도가 그려진 틀을 레티클 또는 포토마스크라고 함.

속에서 막강한 경쟁력을 갖추고 탄탄한 산업망을 구축했기 때문에 타이완이 글로벌 무대에 우뚝 설 수 있었다.

치열한 경쟁의 바탕에는 각 산업의 성장기에 이루어진 대규모 투자가 있었다. PC, 반도체, 태양에너지, D램, 패널, 광학렌즈부터 소형 광디스크, 마우스, 디지털카메라 등 각 업종이 밀물처럼 차례로 일어나고 많은 업체들이 시장에 진입해 각축을 벌였다. 전자 산업 자체가 글로벌 시장을 겨냥하고 있기 때문에 국내 경쟁의 최종 승자는 글로벌 시장에서도 손에 꼽히는 기업이 되었다.

전자 산업의 경쟁은 인맥이나 특허권, 독점을 통한 수익 창출이 아니라, 혁신, 효율, 원가 절감을 통한 경쟁이기 때문에 강한 경쟁력을 가진 기업만이 살아남을 수 있고, 가장 전문적이고 효율 높은 기업이 승리한다. 강자는 성공하고 약자는 도태되는 시스템은 혁신적이고 열심히 노력하는 기업에게 가장 큰 동기 부여가 된다.

연관효과도 경쟁을 촉진하는 요인이었다. 동종 업계 종사자들이 예전 동료 또는 학연으로 연결되어 빈번하게 교류하면서 어떤 기업이 좋고 어떤 기업이 나쁜지 투명하게 알려진다. 어떤 기업이 자사주나 배당주를 많이 주는지 한 번만 물어보면 알 수 있을 정도로 정보가 공개되는데, 이런 환경에서 형성된 기업가정신과 자본시장에서 자연적으로 생겨난 적자생존의 메커니즘이 산업을 부단히 발전시킨다.

내부의 이런 치열한 경쟁을 거치며 핵심적인 산업망이 형성되었다. 사실 IT 분야에 속한 모든 제품의 부품 및 주변 기기는 이 작은 섬 타이완에서 공급업체를 찾을 수 있다. 외국 기업 바이어가 부품 구매를 위해 타이완을 방문한다면 신베이新北, 타오위안桃園, 신주를 한 번만 쭉 돌아다녀도 필요한 모든 물건을 살 수 있을 것이다.

이런 산업 클러스터가 타이완 곳곳에 있다는 것도 중요한 성공 비결이다. 예를 들면 타이완 중부에는 정밀공작기계와 자전거 산업이 있고, 가오슝高雄과 타이난台南에는 볼트와 너트 산업이 있다. 산업 클러스터는 놀라운 힘을 발휘한다. 한 업종에 속한 모든 부품을 생산해 낼 수 있는 단계까지 발전하면 소비자가 필요한 모든 물건을 한 번에 구매할 수 있으므로 매우 편리하다.

위에서 말한 세 가지가 타이완 전자 산업의 핵심 성공 요인이다. 타이완의 모든 전자 산업 성공 스토리는 이 세 가지 요인으로 해석할 수 있으며, 반도체 산업도 예외가 아니다.

우위에 서고 싶다면 R&D, 기술, 장기적인 노력이 필요하다

이 세 가지 요인 외에도 반도체는 다른 IT 산업에 없는 특징을 가지고 있다. 바로 더 정밀하고, 더 복잡하며, 난이도가 더 높다는 점이다. 이런 특징 때문에 반도체는 진입장벽이 매우 높은 산업이다. R&D와 기술, 장기적인 투자가 없이는 우월한 경쟁력을 가질 수 없다. 그러므로 이것도 타이완 반도체 산업이 가진 특별한 경쟁력이라고 할 수 있다. 타이완 반도체의 세 가지 성공비결에 이 요건을 추가해 타이완 반도체의 '3＋1' 성공비결이라고 할 수 있겠다.

반도체 산업이 복잡한 것은 설계, 제조, 패키징 및 테스트 등 수백 가지 프로세스가 있는 데다가 자본집약형이자 기술집약형 산업으로써 많은 자본과 장기적인 계획 운용이 필요하기 때문이다. 예전의 랩톱 컴퓨터와 휴대폰의 경우 빠른 교체 주기와 저마진을 통해 이익을 얻는 구조였기 때문에, 제조업체가 운영비를 절감하고 속도와 순발력으로 승부하며 수익을 창출할 수 있었다. 하지만, 반도체는 그보다 훨씬 많은 R&D 투자와 첨단 기술, 장기적인 노력이 뒷받침되어야만 우위에 설 수 있다.

이런 이유 때문에 타이완은 반도체 산업보다 덜 복잡한 산업에서 상대적으로 성과를 내지 못했다. 한 예로 광전자 산업 가운데 태양에너지, LED, 패널, 광디스크 분야는 난이도가 상대적으로 낮고 수익도 낮아서 후발업체들이 빠르게 따라잡을 수 있다.

기술집약도가 낮은 태양에너지 산업은 초기에 장비업체들이 전 공정 턴키turn-key 서비스를 제공했다. 기본적으로 장비를 구매하면 대량 생산이 가능하고, R&D를 통한 개발 및 가치증대가 가능한 제품은 소수에 불과하다. 부가가치 창출 정도가 크지 않은 산업의 경우 지금까지는 살아남을 수 있었다 해도 앞으로는 타이완이 우위를 점할 수 없을 것이다.

중국이 국가 차원에서 육성하고 있는 태양에너지 산업은 글로벌 시장 점유율이 80퍼센트를 웃돈다. 에너지 산업이 국가 발전에서 중요한 전략적 의의를 지닌 데다가, 비용을 투자하면 쉽게 생산량을 끌어올릴 수 있는 분야이기 때문이다. 앞으로 타이완은 이런 산업은 최대한 피하면서 복잡하고 난이도가 높은 산업에 주력해야 한다. 반도체가 바로 난이도가 높은 최고의 산업이다.

반도체 업계에도 난이도가 낮고 차별성이 크지 않지만 생산량은 많은 하위 분야가 많은데 이런 분야에서는 타이완이 성과를 크게 내지 못했다. 대표적인 예가 메모리 산업이다. 메모리 산업은 한국이 제일 앞서 있다. 일찍이 메모리 산업을 선택한 한국은 1980년대 일본이 미국의 제재를 받는 틈을 타 두각을 나타내기 시작했고, 그 후 지속적인 투자 확대와 다양한 경쟁전략으로 경쟁자들을 따돌렸다. 파운드리 방식으로 생산하는 제품은 거의 모두 맞춤형 로직 IC로 모든 제품이 차별성을 갖고 있기 때문에 이런 산업이 타이완에 적합하다.

타이완 반도체 산업의 3+1 핵심 성공 요인을 이해했다면 그다음으로 타이완 반도체 산업이 이런 배경과 조건에서 어떻게 성공했는지 더 깊이

들어가 보겠다. TSMC는 타이완 반도체 업계에서 가장 우수한 기업이므로 TSMC를 중심으로 레이아웃, 전략과 경영 및 관리, 문화와 DNA, R&D와 기술, 지정학적 환경까지 다섯 가지 측면에서 TSMC와 타이완 반도체의 경쟁력을 분석하고자 한다.

30년간의 반도체 산업 취재 경험을 종합해 도출하고 정리한 경험칙이 반도체의 과거와 현재를 이해하고 미래에 나아갈 방향을 모색하는 데 도움이 될 수 있기를 바란다.

tsmc
세계 1위의 비밀

tsmc

세계 1위의 비밀

1 부

배치와
전략

tsmc

세계 1위의 비밀

01 | 아버지가 TSMC 입사를 권한 이유

TSMC의 명칭에 관하여

〈경제일보〉에서 반도체 산업 기사를 쓰기 시작한 1993년부터 지금까지 TSMC는 줄곧 타이완 산업계에서 매우 중요한 기업이었다. 내게도 가장 중요한 취재 대상이었기 때문에 중요한 기사를 놓칠까 봐 날마다 TSMC에서 일어나는 모든 일에 관심을 가졌다.

TSMC에 대해 처음 들은 것은 대학을 졸업하고 얼마 안 됐을 무렵 대학 동창에게서였다. 나는 1990년 자오퉁대학교 정보통신공학과를 졸업했고 TSMC는 1987년에 설립됐으므로 내가 졸업하던 해에 TSMC는 3년 차 기업이었다. 대학교 3, 4학년 때 학교에서 대규모 채용설명회가 열렸는데 신주과학단지 입주기업들도 많이 참여했다. 많은 학생들이 각 기업의 부스를 돌아다니며 구경했고, 행사가 끝난 뒤 어떤 기업들이 있었는지 서로 얘기를 나누었다. 사실 나는 그때 어떤 기업들이 참여했는지 전혀 기억하지 못했고, 물론 TSMC는 더더욱 기억나지 않았다.

내가 채용설명회에 관심이 없었던 것은 대학 시절 정보통신공학이라는 전공이 적성에 맞지 않는다고 느꼈기 때문이다. 나는 이공계에 관심도 없고 재능도 없었다. 대부분의 시간은 교지 편집부에서 편집을 하며 보냈고, 매죽梅竹 전*이 열릴 때는 기자로 활동했다. 대학 3, 4학년 2년 동안 칭화대학교 사회학과 수업에 가서 청강을 했기 때문에 신주과학단지 입주기업에 취업할 생각이 조금도 없었고, 당연히 채용설명회에 어떤 기업이 참여했는지도 관심이 없었다.

나중에 '타이지台積'라는 회사가(초기에 TSMC를 부르던 약칭이다. 상장된 후부터는 지금의 중국어 약칭인 '타이지뎬台積電'이라고 부르기 시작했다) 자오퉁대학교의 전자공학과, 제어공학과, 통신공학과, 전자물리학과 등 전기 관련 학과 학생들에게 직접 채용공고를 보냈는데, 특히 당시 가장 인기학과였던 전자공학과에는 졸업생 전원에게 자사의 채용을 홍보하는 안내문을 보냈다는 것을 알았다.

당시 제어공학과에 다니는 한 친구는 TSMC와 윈본드Winbond, 華邦電子에 지원했다가 모두 합격 통보를 받았다. 두 회사 중 어디가 더 좋은지 몰라서 아버지에게 물어보니 아버지가 이렇게 말했다고 한다. "타이지가 더 좋겠다. 타이톄台鐵**, 타이인台銀***처럼 국영기업의 이름 같구나. 국영기업이 안정적이니까 그 회사로 가렴."

친구는 정말로 TSMC를 선택했다. 몇 년 뒤 퇴사하고 유학길에 올랐지만, 나중에 컨설팅 및 창투 업계에서 일할 때 TSMC에 근무했던 경력이 큰 도움이 되었다고 한다. 그 친구는 사실 아버지의 그 말 때문에 TSMC를 선택했던 것은 아니고 여러 선배들에게 조언을 구한 뒤에 내린 결정이었다고 했다. 모리스 창이 텍사스 인스트루먼트Texas Instruments와 공업기술연구원

---

* 타이완 신주시에 가깝게 위치한 칭화대와 자오퉁대가 매년 2~3월에 개최하는 정기전.

** 타이완철도유한공사의 약칭.

*** 타이완은행의 약칭.

출신이고, 엔지니어들도 공업기술연구원 출신이므로 실력이 탄탄할 것이라며 TSMC가 유망하다고 추천하는 선배들이 많았다고 한다. 그 친구는 TSMC에 입사한 것이 탁월한 선택이었다면서 타이지덴이라는 이름 때문에 좋은 인상을 받은 것도 사실이라고 했다.

TSMC의 T, Texas에서 Taiwan으로

TSMC의 정식 명칭은 타이완반도체제조회사台灣積體電路製造公司, Taiwan Semiconductor Manufacturing Company 이고, 정식 영문 이니셜은 TSMC다. 회사 명칭에 '타이완'을 넣은 것은 타이완에서 출발해 전 세계를 상대로 사업을 하겠다는 포부를 내비친 것이었다.

국가의 명칭을 사명에 넣은 기업이 적지 않다. 초창기 미국 반도체 기업 중에 내셔널 세미컨덕터National Semiconductor (지금은 텍사스 인스트루먼트에 합병됨)가 있었고, 현재 중국 최대 파운드리기업인 중신궈지中芯國際 (SMIC의 중국어 명칭)의 '중中'도 당연히 중국을 의미한다.

TSMC는 물론 국영기업이 아니지만 1987년 설립 당시 타이완 정부의 투자를 받았다. 초기 자본금 가운데 48퍼센트를 정부에서 투자받고, 나머지 27.5퍼센트와 약 25퍼센트는 각각 필립스와 다른 민간 기업이 출자했다. TSMC의 최초 핵심 엔지니어들도 국책 연구기관인 공업기술연구원 출신으로, 공업기술연구원과 공업기술연구원 실험실의 연구원 약 20명이 동시에 TSMC로 자리를 옮겼다. 타이완 정부가 TSMC 설립에 돈과 인력을 모두 투입한 셈이다. 이 밖에도 반도체 산업 성장기에 타이완 정부가 투자, 세금 혜택 등의 방법으로 정책적 지원을 해주었으므로 TSMC는 타이완 정부의 출자로 설립되고 꾸준한 지원을 받은 기업이라고 해도 틀린 말은 아니다.

하지만 모리스 창은 2023년 3월 《칩 워》 저자 크리스 밀러와의 대담에서 밀러가 TSMC 설립 당시 타이완 정부의 역할을 과하게 강조했다며 책 내용을 수정할 필요가 있다고 말했다. 그는 TSMC가 정부의 지원으로 성공한 기업이 아니라고 주장했다.

모리스 창에 따르면, TSMC 설립 당시 타이완 정부가 초기 출자에 참여한 것은 사실이지만 투자에 적극적인 편은 아니었고 당시 리궈딩李國鼎 경제부 장관만이 전폭적으로 지지했다. 모리스 창과 친분이 있는 리궈딩이 유일하게 그를 믿고 지지해 주었고, 타이완 정부의 TSMC 투자도 리궈딩이 힘써준 덕분이었다.

모리스 창은 또 TSMC가 1994년(설립 후 7년째 되던 해)에 상장했는데 상장 직후에 타이완 정부가 주식을 대량 매도했으며, TSMC가 1997년 미국 뉴욕증권거래소에 상장한 것도 정부의 주식 매도를 위한 일이었다고 했다. TSMC 설립 당시 출자했던 필립스도 나중에 주식을 전량 매도했지만 타이완 정부와는 역할이 달랐다. 나중에 모리스 창이 정부가 더 이상 주식을 팔지 말고 보유할 것을 요청한 뒤로 행정원 국가발전기금이 지금까지 TSMC의 지분을 60퍼센트 가까이 보유하고 있다.

TSMC가 국가 산업정책의 수혜를 본 것은 사실이지만 TSMC의 성공적인 모델과 방식은 현재 타이완 정부가 주요 지분을 통제하고 있는 국영기업들과 다르다. 가장 중요한 차이점은 많은 국영기업이 민영화된 후에도 경영자 임명에 있어서 정부의 정치적 개입을 받고 있는 것과 달리, TSMC는 기본적으로 타이완 정부가 개입할 여지가 없다는 점이다. 전문경영인 모리스 창이 이끄는 팀이 주도권을 갖고 있고, 글로벌 경쟁에서 탁월한 성과를 거두었기 때문이다.

밀러는 TSMC라는 회사명에 대해 또 흥미로운 얘기를 했다. 1976년 작성된 텍사스 인스트루먼트 내부 문건을 보면, 당시 텍사스 인스트루먼트

부사장 및 반도체 부문 사장이었던 모리스 창이 내부 경영회의에서 고객이 설계한 반도체의 제조만을 담당하는 회사를 설립하자고 건의했었다는 것이다. 텍사스 인스트루먼트가 그의 건의를 실행에 옮기지는 않았지만 훗날 TSMC의 파운드리 사업의 초기 구상이 그때부터 시작됐음을 짐작할 수 있다. 밀러는 당시 텍사스 인스트루먼트가 모리스 창의 건의에 따르지 않은 것을 아쉬워하며 그의 건의를 받아들였다면 TSMC의 T가 지금의 Taiwan이 아닌 Texas의 약자가 됐을 것이라고 했다.

린마오슝林茂雄 전 TSMC R&D 이사도 재미있는 이야기를 했다. 1980년대 이전에는 타이완의 많은 기업들이 중국철강, 중국조선, 중국석유 등 '중국'을 넣어 이름 짓는 경우가 많았는데 모리스 창이 회사명에 '타이완'을 넣은 것은 확실히 그의 선견지명이었다. 지정학적인 긴장 상태가 고조된 지금의 상황에서 세계에서 가장 중요한 타이완 기업이 '중국 반도체'라는 이름을 가졌다면 그로 인해 불필요한 논쟁과 시비가 생겼을 것이다.

TSMC라는 영문 이니셜도 가끔 tsmc라는 소문자로 표기할 때가 있다는 걸 눈치 빠른 독자들은 눈치챘을 것이다. 왜 그럴까? 영미 국가들도 가끔 여러 가지 이유로 자국의 명칭을 소문자로 쓰는 경우가 있다(자세를 낮추는 표현 등). 하지만 내가 알기로 TSMC가 소문자로 표기하는 이유는 대문자 T는 긴 가로선 때문에 억눌린 느낌이 있고, 소문자 t는 돌파하고 머리를 내미는 것 같은 이미지가 있기 때문이다.

물론 이름을 잘 지었다고 해서 모든 회사가 성공하는 것은 아니다. 이름을 잘 짓고도 실패해 문을 닫는 기업들이 수두룩하다. TSMC의 작명 센스나 내 대학 동창 아버지의 이야기는 재미있는 에피소드에 불과하다.

내가 알고 있는 TSMC와 모리스 창에 관한 작은 비하인드 스토리를 독자들과 공유하고 싶어 TSMC라는 이름에 얽힌 이야기로 책의 첫 장을 열었다.

02 | 모리스 창은 웨이퍼 위탁생산이 아니라 '실리콘 주조'라고 했다

비즈니스 모델은 가장 가치 있는 혁신이다

TSMC는 '파운드리' 산업의 대표주자로 널리 알려져 있지만, 다년간 발로 뛰어 취재하고 다니면서 TSMC를 수준 낮은 '위탁생산' 업체일 뿐이라고 깎아내리는 얘기를 많이 들었다.

그런 인식 때문인지 몇 년 전 타이완대학교 화학과 석사생의 90퍼센트가 졸업 후 TSMC에 취업한다는 사실을 알게 된 한 교수가 "석사 과정을 폐지하라"고 화를 냈다고 한다. 위탁생산이나 하는 TSMC의 직업훈련소 역할을 계속 하기 싫다는 이유에서였다.

위탁생산을 위주로 하는 타이완 전자 업계에 매출총이익률이 3~4퍼센트에 불과한 기업들이 있는 것은 사실이다. 그 때문에 반도체 위탁생산도 수익이 낮은 로엔드 산업으로 오해받고 있다.

TSMC가 막 상장했을 무렵, 모리스 창이 한 기자간담회에서 '웨이퍼 위탁생산'이라는 단어로는 TSMC가 전체 산업망에서 갖고 있는 위치를 제대로 설명할 수 없다면서 '실리콘 주조'라는 용어로 바꾸어야 한다고 했다.

모리스 창의 이 말에 간담회 현장에 있던 기자들이 일제히 침묵하다가 잠시 후 폭소가 터져 나왔다. '실리콘 주조'라는 단어가 타이완 방언의 '죽었다'는 말과 발음이 비슷하기 때문이었다. 하지만 모리스 창의 카리스마 때문에 모두 그걸 어떻게 설명해야 할지 난감했다. 잠시 후 한 용감한 기자가 그에게 그 단어의 발음이 불길하다고 말했고, 그 후로 모리스 창도 '실리콘 주조'라는 단어를 더 이상 언급하지 않았다.

지금 생각해도 재미있는 에피소드다. 사실 발음 문제만 아니었다면 모리스 창이 말한 '실리콘 주조'가 '웨이퍼 위탁생산'보다는 어감이 훨씬 낫다.

하지만 '위탁생산'이라고 해서 모두 수준이 낮은 것은 아니다. 강한 기술력으로 산업에서 중요한 위치를 차지하고 있는 위탁생산 기업들이 많고, 그중 가장 대표적인 것이 TSMC다. 반대로 브랜드 이미지가 좋고 인지도가 높다고 해서 모두 탄탄한 기업인 것은 아니며, 형편없는 기술력에 이익률이 낮은 기업들도 많다.

TSMC 파운드리는 PC, 휴대폰, 네트워크통신, 패널 등 과거 타이완의 다른 전자 산업과는 확연히 다르다. TSMC가 최첨단 기술력을 가진 유일무이한 공급자 우위 시장을 개척했기 때문이다.

위탁생산을 하는 타이완 기업 중 대부분은 고객사보다 더 강한 R&D 및 기술 실력을 보유하지 못했다. 한 예로 타이완 네트워크통신 산업의 최대 리스크는 동종 업계의 경쟁이 아니라 고객사에 있다.

대형 고객사들은 위탁생산업체보다 더 강한 기술력을 갖고 있다. 한 예로 신호 무결성signal integrity과 냉각 기술의 경우, 전자는 전자신호의 전송품질이 왜곡되지 않도록 통제하는 것이 관건이고, 후자는 고속 통신이 100G와 400G 시대로 진입하면서 중요해졌다. 이런 핵심 기술들은 타이완 위탁생산업체보다 글로벌 대기업의 R&D 부문이 훨씬 앞서 있다. 대기업이 공급업체를 교체하고 다른 위탁생산업체를 물색할 수 있다는 것이 타이완 네트워크통신 산업의 최대 리스크다.

비단 네트워크통신 산업뿐 아니라 타이완의 위탁생산 업종이 대부분 똑같은 문제에 직면해 있다.

하지만 자체적으로 핵심기술을 보유한 TSMC는 상황이 다르다. 삼성, 인텔 등 다른 경쟁사들도 기술은 갖고 있지만 수율이 낮기 때문에 결국 TSMC가 유리하고, 애플, 엔비디아, AMD 등 글로벌 대기업들은 웨이퍼 제조 기술과 장비가 없기 때문에 TSMC에서 공급받아야만 한다. 이것이 TSMC의 파운드리가 다른 위탁생산과 가장 다른 점이다.

다시 말해, 다른 위탁생산 업종은 대부분 고객사가 좌지우지하는 '수요자 우위 시장'이지만, TSMC는 '공급자 우위 시장'을 갖고 있다. TSMC에 대한 고객사의 의존도가 매우 높을 뿐 아니라 TSMC가 시장을 독식하고 있기 때문이다. TSMC의 최대 고객사인 애플이 리스크 분산을 위해 제2, 제3의 공급업체를 육성하고자 적극적으로 노력했던 적도 있지만, TSMC의 기술이 다른 공급업체보다 월등하기 때문에 TSMC에는 다른 업체와 같은 조건을 제시하기 힘들었다.

결론적으로 '위탁생산'이라고 부를 것인지 말 것인지는 중요하지 않으며, 고객에게 없는 기술을 보유함으로써 고객이 자신에게 의존하게 만드는 것이 승부를 결정짓는 관건이다.

돈을 들고 함박웃음을 지으며 은행에 간다

모리스 창은 2017년 7월 공상협진회工商協進會*에서 열린 강연에서 TSMC는 훌륭한 비즈니스 모델을 통해 수익을 창출한 전형적인 '비즈니스 모델 혁신' 기업이라고 했다.

---

* 우리나라의 경제인연합회와 유사한 단체.

그 강연의 주제는 '성장과 혁신'이었다. 모리스 창은 제품과 기술 분야의 혁신도 중요하지만 가장 중요하고 가치 있는 혁신은 비즈니스 모델의 혁신이라고 말했다. 네트워크 시대인 지금은 성공적인 비즈니스 모델 혁신 사례가 많지만 '비즈니스 모델 혁신'이라는 단어가 탄생하기도 전에 이미 성공적인 비즈니스 모델 혁신을 실현한 두 가지 사례가 있는데 바로 미국의 스타벅스와 TSMC였다.

1980년대 초 스타벅스는 단순하면서도 효과적인 경영전략으로 빠르게 성장했다. 커피에 대한 소비자의 기준을 높여 가격을 끌어올린 것이다. 스타벅스가 등장하기 전 5성급 호텔의 커피 한 잔 가격은 약 50센트, 고속도로 휴게소의 커피 한 잔은 20센트였다. 반면에 스타벅스는 커피 품질을 높인 뒤 가격을 단숨에 2달러로 올렸지만 고객의 발길은 줄어들지 않았다.

TSMC는 또 다른 비즈니스 모델 혁신의 성공 사례다. 모리스 창에 따르면, 1990년대에 동종 반도체 업계의 주 고객은 IBM, 휴렛팩커드 같은 컴퓨터 단말기 생산업체였지만 TSMC는 그런 기업들과 거래하지 않았다. TSMC의 주 고객은 텍사스 인스트루먼트, 인텔, 모토로라 등 자체적으로 반도체를 생산하는 기업들이었다.

모리스 창은 이렇게 말했다. "그런 반도체 기업들은 거의 모든 제품을 직접 생산했지만, 직접 생산하기 싫은 몇몇 제품은 남에게 맡겼다. 그래서 그들을 찾아가 우리에게 그 제품의 생산을 맡겨달라고 했다." "그게 우리의 시작이었다. 나중에 시대가 바뀌면서 직접 IC를 설계하고 제조는 TSMC에 맡기는 혁신 기업들이 점점 많아지기 시작했고, 그 흐름을 타고 TSMC가 비약적인 성공을 거두었다."

지금 우리가 '위탁생산'이라는 용어를 모리스 창이 원하는 '실리콘 주조'로 바꿀 수는 없지만, 많은 경영대학원에서 TSMC를 훌륭한 성공사례로 활용할 수 있을 것이라고 믿는다. 타이완의 TSMC가 어떻게 글로벌 반도체 산업에서 완전히 새로운 비즈니스 모델을 가지고 입지전적인 성공 스토리를 쓸 수 있었는지, 기업의 혁신을 연구하는 학자들에게 중요한 자료가 될 것이다.

모리스 창은 이렇게 말했다. "사람들이 우리를 위탁생산업체라고 불러도 상관없다. 우린 돈을 들고 함박웃음을 지으며 은행에 가니까."

03 ‖ 모든 단계가 옳은 선택의 연속이었다

빛은 어떻게 시작되었는가?

타이완 반도체 산업의 오늘이 있기까지 결코 수월한 길이 아니었다. 무에서 유를 창조한 기업이 정부 산업정책에 당당히 한 분야를 차지하고 미국 기업과의 협상을 주도하였다. 정식으로 기술 라이센싱을 통해 미국에 직원을 파견해 훈련을 받은 뒤 타이완에 돌아온 것이다. 이들을 중심으로 공업기술연구원에서 시험 생산을 한 뒤 최종적으로 민간 기업으로 기술을 이전해 완전한 형태의 새로운 산업망을 구축했다.

현재 타이완 반도체 산업은 타이완섬의 중앙산맥처럼 우뚝 선 채 조용히 타이완을 지키며 세계 무대에서 광채를 발하고 있다. 이것은 타이완이 처음부터 땅속 깊이 뿌리를 박고 훗날 세계를 놀라게 할 거대한 산업의 기초를 다져놓은 덕분이다. 그 과정에서 많은 사람이 큰 역할을 했고, 모든 갈림길마다 최고의 판단과 선택이 이루어졌다. 그 결정적인 순간의 일들과 그 순간을 만들어낸 사람들을 다시 돌이켜 보는 것도 큰 의미가 있을 것이다.

우선 타이완 반도체 산업이 어떻게 이렇게 성공했는가 하는 문제는 세 단계로 나누어 살펴볼 수 있다. 각 단계마다 옳은 선택을 했고, 각 단계가 끊김 없이 이어지며 마치 순조롭게 바통터치를 하듯 산업이 연속성 있게 발전했다.

1단계: RCA의 기술 라이센싱

1단계는 RCA의 기술 라이센싱이다. 이때 타이완의 반도체 기술이 0에서 1로 올라섰다.

1976년 3월 타이완 정부는 중국계 미국 학자 판원위안潘文淵의 협조를 받아 전문가 평가를 거친 뒤 RCA Radio Corporation of America를 기술이전 대상으로 선택했다. RCA는 기술이전료 250만 달러와 기술사용료 100만 달러에 공업기술연구원과 10년간의 기술이전 계약을 체결하고, 그 외에 타이완의 인력 양성에도 협조하기로 동의했다.

이 단계에서 타이완 정부는 장기적인 안목으로 공업기술연구원의 전자기술자문위원회Technical Advisory Committee, TAC가 검토하고 정책을 결정할 수 있도록 권한을 위임했다. 돌이켜 보면 그때 TAC가 내린 세 가지 옳은 결정이 훗날 타이완 IC 산업 발전에 기반을 닦는 데 큰 역할을 했다.

첫 번째 결정은 CMOS 공정을 선택한 것이다. 1970년대는 IC가 발명된 지 20년도 안 된 초창기로 PMOS, NMOS, Bipolar 등 모든 공정에 강점과 결점이 있었고, 기업들이 R&D와 생산을 함께 수행하고 있었다. 당시 TAC는 미래의 전자 제품이 경량화, 초박화, 소형화, 휴대성 강화 추세로 나아가고 절전 기능도 중요해질 것이라는 판단하에 CMOS를 선택했다. 하지만 리스크를 줄이기 위해 처음에는 NMOS와 Bipolar 공정 훈련에도 인력을 파견했다.

두 번째 결정은 IC 제조의 전 공정 기술을 모두 이전받기로 한 것이다. RCA의 기술 라이센싱에 설계, 레티클 제조, 장비 유지보수, 테스트, 패키징, 품질 관리, 공장 관리, 원가계산, 생산일정 관리, 재고 관리 등이 모두 포함되었다. 당시 세계 최고의 CMOS 기업은 휴즈Hughes와 RCA였고, 여러 차례 협상을 거쳐 최종적으로 RCA가 모든 기술을 이전하기로 합의했다.

1976년 4월 스친타이史欽泰, 쩡판청曾繁城, 차오싱청曹興誠, 차이밍제蔡明介, 류잉다劉英達, 양딩위안楊丁元, 장칭쥐章靑駒 등 타이완의 1기 교육생 13명이 미국 RCA에 파견된 것을 시작으로 총 40여 명이 미국에 가서 교육을 받았고, 그들이 훗날 타이완 IC 산업을 이끄는 중요한 인재가 되었다.

타이완 정부에게 기술사용료를 받은 RCA는 실제로 매우 적극적으로 타이완에 기술을 이전해 주었다. 당시 미국에 파견된 교육생들은 모두 한 기숙사에서 생활하며 낮에는 공장에서 기술 교육을 받고 밤에는 서로 질문을 주고받으며 활발한 토론을 했다.

타이완 교육생들은 반도체에 대한 뛰어난 학습 능력과 높은 학습 동기를 갖고 있었다. 당시 RCA에 각종 기술 자료가 잘 정리되어 있었고 출입자 명단에 이름을 등록하기만 하면 모든 자료를 복사해서 가지고 나올 수 있었기 때문에 교육이 끝난 뒤 귀국할 때 많은 자료의 복사본을 가지고 돌아왔다.

TAC의 세 번째 결정은 RCA로부터 기술이전을 받은 뒤 타이완공업기술연구원에 양산을 목표로 한 시범공장을 건립한 것이다. 당시 타이완 정부는 비용 절감을 위해 실험적인 성질의 소형 공장만 지은 것이 아니라, 그 반대로 3인치 웨이퍼를 월 1만 개씩 생산할 수 있는 규모의 시범공장을 지었다. 이는 미래의 상용화 생산을 위한 준비였다. 대규모 생산능력을 갖춰야만 양산 후에 발생할 수 있는 각종 문제를 발견해 신속하게 피드백하고 수정할 수 있기 때문이다. 그렇게 해서 공업기술연구원에서 3개월간 양산을 진행한 결과 RCA를 능가하는 생산수율을 낼 수 있었다. 모두의 예상을 훨씬 뛰어넘는 성과였다.

TAC의 이 세 가지 결정으로 타이완은 RCA의 모든 기술을 복제해 타이완에서 온전히 뿌리내리게 했다. 수박 겉핥기 식으로 배우거나 얕은 수단만 배운 것이 아니라 당시 가장 앞선 미국의 IC 기술을 그대로 타이완으로 옮겨놓았다. 요즘처럼 글로벌 산업 경쟁이 치열한 상황에서는 결코 불가능한, 국경을 초월한 기술 라이센싱이었다. 당시 타이완 정부가 350만 달러(약 1억 4,000만 타이완달러)의 기술사용료를 지출해 오늘날 5조 타이완달러 규모의 반도체 산업의 기틀을 마련했으므로 매우 값진 투자였음은 말할 것도 없다.

2단계: 기술이전으로 UMC가 탄생하다

공업기술연구원의 시범공장에서 몇 년 동안 RCA 기술을 충분히 연마한 후 그 기술을 다시 민간기업에 이전하면서 반도체 산업 발전은 2단계로 접어들었다. 기술이전을 받은 1호 기업은 1980년에 설립된 UMC였다.

당시 공업기술연구원 산하 전자공업연구소는 성공적인 기술이전을 위해 RCA가 전자공업연구소에 요구했던 것과 똑같이 UMC에도 '완전 복제copy exactly'를 요구했다. 하지만 UMC가 1980년 공장을 짓기 시작할 때 미국과 일본에서는 이미 4인치 웨이퍼 공장이 양산을 시작하고 있었기 때문에 UMC는 공업기술연구원의 3인치 웨이퍼가 아닌 4인치 웨이퍼를 사용하겠다는 입장을 고수했다. 그 대신 예기치 못한 변수를 줄이기 위해 최대한 전자공업연구소과 동일한 브랜드의 장비를 사용하기로 했다.

이 결정으로 UMC는 생산능력이 크게 확대되고, 7마이크로미터에서 3.5마이크로미터, 2마이크로미터까지 기술이 향상되었으며 제조원가도 크게 절감했다. 1983년 공장이 정식 양산 체제에 돌입한 이듬해에 미국에서 유선 전화 사업의 독점 구도가 깨지면서 칩 시장이 뜨겁게 달아올랐다.

그 수혜를 입으며 1984년부터 수익을 내기 시작했다.

또한 UMC는 공업기술연구원에서 파생된 중요한 분야인 제품 설계를 맡았다. 이 역시 나중에 UMC에서 많은 IC 설계 업체들이 분리되어 나오면서 타이완이 IC 설계 산업에서 중요한 지위로 올라설 수 있었다.

하지만 당초 공업기술연구원 전자공업연구소는 UMC에 제조 기술만 이전해 주고 UMC가 제품을 생산하려면 전자공업연구소와 RCA의 허가를 받도록 할 생각이었다. 그런데 제품 설계 능력이 없으면 영원히 남에게 의존해야 하기 때문에 당시 차오싱청 사장이 공업기술연구원의 차이밍제를 UMC로 영입했고, 이 일로 인해 UMC와 전자공업연구소의 관계가 한동안 불편했다.

하지만 결과적으로 차오싱청의 결정이 옳았음이 증명되었다. 훗날 UMC가 IC 설계 인재를 대거 배출했기 때문이다. 만약 전자공업연구소가 IC 설계 분야를 독점했더라면 그렇게 무성하게 가지를 뻗고 열매를 맺기 힘들었을 것이다. 오늘날 타이완의 IC 설계 산업은 세계 2위 규모이고, 세계 10대 IC 설계 기업 가운데 미디어텍, 노바텍Novatek, 聯詠, 리얼텍, 하이맥스Himax, 奇景 네 곳이 타이완 기업이다. 그중 미디어텍과 노바텍이 UMC에서 분사된 기업이다. 이 두 기업 외에도 이른바 '렌聯 패밀리'*(UMC 출신이 창업한 기업)가 많다. 리얼텍과 PTCPrinceton Technology Corporation, 普誠의 창업자가 모두 UMC 출신이고, 패러데이Faraday, 智原, 픽스아트 이미징PixArt Imaging, 原相, 홀텍Holtek, 盛群, ITEITE Tech, 聯陽, 데이비컴Davicom, 聯傑, SiSSilicon Integrated Systems, 矽統 등도 UMC에서 나온 사람들이 주축이 되어 설립되었다.

---

* UMC처럼 중국어 회사명 앞글자가 모두 '렌'자로 되어 있어서 붙여진 별명.

3단계: TSMC의 설립. 새로운 비즈니스 모델의 탄생

1984년 공업기술연구원 산하 전자공업연구소가 VLSI(초대형 집적회로) 육성프로젝트에 착수한 뒤 1987년에 TSMC가 파생되었다. 이로써 타이완 반도체 산업도 무에서 유를 창조하고 오늘날의 세계적인 지위를 갖게 되는 길에 본격적으로 올라섰다.

TSMC의 설립은 규모와 수준에 있어서 모두 UMC를 훨씬 능가했는데 물론 이는 타이완 반도체 산업의 기반이 차츰 완전해진 덕분이기도 하다. 공업기술연구원장인 모리스 창이 직접 시장에 뛰어들어 TSMC 회장에 취임했을 뿐 아니라, 공업기술연구원의 시범공장 책임자였던 쩡판청을 비롯해 100명 넘는 엔지니어가 TSMC로 이동했다. 공업기술연구원의 6인치 VLSI 공장도 TSMC에 임대료를 받고 임대해 주었다. 이 밖에도 TSMC는 필립스의 지분출자와(지분율 27.5퍼센트) 기술출자를 받아내 필립스의 핵심 특허기술을 사용할 수 있었다.

순수한 파운드리 서비스를 위주로 하는 TSMC의 탄생으로 타이완 IC 산업망의 수직적 분업 방식이 더 분명해졌다. 전체 IC 산업도 설계, 제조부터 패키징 및 테스트에 이르기까지 완전한 산업망이 구축되어 각 분야마다 글로벌 시장에서 왕성하게 활로를 개척했다.

2021년 타이완 파운드리 산업은 전 세계 시장의 64퍼센트를 차지했는데, 그중 TSMC의 점유율은 53퍼센트로 독점적이었고, 7나노 이상 최첨단 공정은 거의 TSMC가 시장을 독점했다.

TSMC가 설립되던 해에 월신리화 Walsin Lihwa, 華新麗華 그룹도 양딩위안과 장칭쥐 등을 차례로 영입해 윈본드를 설립했고, 다음 해인 1988년에는 민우 Miin Wu, 吳敏求가 미국에서 엔지니어 수십 명과 그 가족들까지 데리고 귀국해 매크로닉스 Macronix International, 旺宏電子를 설립했다. 타이완 반도체 산업의 창업 열기가 점점 고조되자 국내의 각 대학들도 전자, 전기, 재료 등 반도체 관련 학과를 잇달아 개설해 많은 인력을 제공했고, 각 웨이퍼 제조업체와 IC 설계 업체들도 해외에서 전문가를 대거 영입해 IC 산업의 실력이 크게 향상되었다.

이 세 단계를 거치며 타이완 반도체는 0에서 1로 올라서 산업의 기초를 다졌고, 이후 다시 1에서 100까지 올라가며 산업의 기적을 창조했다. 그 과정에서 타이완 정부부터 민간 기업까지 수많은 사람의 헌신과 이름 없는 영웅들의 피땀 어린 노력이 있었다. 그들이 아니었다면 반도체 섬이 눈부신 광채를 낼 수 없었을 것이다.

04 호국군산*의 그림자에 가려 잊혀서는 안 되는 공신

판원위안과 후딩화胡定華의 멸사봉공

모리스 창은 한 좌담회에서 타이완 정부가 당초 '흔쾌히' TSMC에 투자한 것은 아니었으며, 유일하게 리궈딩만 자신을 믿어주었다고 말했다. 하지만 과거 반도체 산업 육성에 참여했던 많은 사람들이 그의 이 발언에 동의하지 않는다. 당시 그 일에 참여했던 97세 고령의 예완안葉萬安 전 행정원 경제건설위원회 부주임도 기고글을 통해 모리스 창의 이 발언에 의문을 제기했다.

내가 볼 때 모리스 창의 이 발언은 패기만만한 그의 성격에서 나온 것으로 당시 자기 느낌을 표현하고자 했던 것 같다. 똑같은 일이라도 저마다 받는 느낌이 다르고 판단도 다르기 마련이다. 내가 볼 때 TSMC가 타이완에 아주 크게 이바지한 것도 사실이고 모리스 창도 존경할 만한 기업가이지만, 타이완 반도체 산업에 TSMC와 모리스 창만 있는 것은 아니다. 수많은 사람이 있었고 숱하게 많은 일이 있었으며, 그들 모두 타이완의 산업 발전

---

* 護國群山. '나라를 지키는 산봉우리들'이라는 뜻으로, 반도체 산업에 기여한 공신들을 모아서 부르는 말.

에 뚜렷한 발자취를 남겼다.

반도체 산업을 오랫동안 취재하면서 쑨윈쉬안孫運璿, 리궈딩, 판원위안, 후딩화, 스친타이 등등 결정적인 역할을 한 사람들의 이야기를 많이 들었다. 대부분 이들의 이름이 익숙할 것이다. 리궈딩 당시 정무위원(장관급)이 타이완 전자 산업과 경제 발전에 크게 공헌했음은 굳이 내가 더 말할 필요도 없다. 많은 인물 중에 가장 인상 깊었던 두 인물을 꼽자면 RCA의 기술 라이센싱을 책임졌던 판원위안과 국책 반도체 프로젝트를 주도적으로 실행한 후딩화다.

타이완 반도체 산업에 중요한 공을 세운 인물 중에서도 판원위안 박사는 상당히 특별한 인물이다. 그는 중국 상하이 자오퉁대학교를 졸업하고 미국으로 건너간 해외파 학자다. 미국에서 오랫동안 일하며 RCA에서도 근무한 경험이 있었지만 타이완에서 일하거나 거주한 경험은 없었다. 사 1973년 당시 장징궈 행정원장이 페이화費驊 행정원 비서실장에게 중요한 임무를 맡겼다. 과학기술 분야에서 획기적인 발전을 거둘 수 있는 프로젝트를 선정해 육성하라는 것이었다. 이때 상하이 자오퉁대학교 토목과 출신의 페이화는 대학 동문인 판원위안에게 도움을 요청했다.

판원위안은 타이완 IC 산업 육성 프로젝트의 기초를 세워준 뒤 미국에서 직장을 그만두고 타이완으로 이주했다. 당시 그에게는 오로지 열정뿐이었다. 물심양면으로 타이완 정부에 협조하면서도 단 한 푼의 보수도 받은 적이 없었다.

앞서 타이완 청년 40여 명이 미국에서 교육받고 돌아와 타이완 반도체 산업을 일으켰다고 했는데, 그 일을 가능하게 했던 최대 공신이 바로 판원위안이다. 타이완 '집적회로의 아버지'인 그를 기리기 위해 TSMC, UMC, 윈본드, 후딩화 등 기업과 개인들이 공동 출자해 '판원위안기금회'를 설립하고 '판원위안상'을 만들었다. 이 상은 현재 타이완 IT 업계의 최고 영예인 평생공로상이다.

또 한 명의 공신으로 후딩화를 꼽을 수 있다. 그는 타이완 반도체 산업이 눈부신 광채를 발할 수 있도록 기틀을 마련한 인물일 뿐 아니라 부와 명예도 마다하고 자신의 공을 내세우지도 않은 IT 업계의 대선배다.

후딩화는 타이완대학교 전기과를 졸업하고 자오퉁대학교에서 전자공학 석사학위를 받은 뒤 미국으로 건너가 미주리 대학교에서 전기공학 박사학위를 취득하고 돌아왔다. 1973년 서른 살의 후딩화는 자오퉁대학교 전자공학과 교수로 부임했으며, 얼마 후 공업기술연구원 전자공업연구소 설립을 주도하는 임무를 맡았다가 1976년 공업기술연구원의 국책 반도체 프로젝트의 책임자로 임명되었다.

공업기술연구원이 국책 반도체 프로젝트를 수행할 때 후딩화가 UMC, TSMC 등의 설립을 돕는 일을 맡았는데, 그가 가르쳤던 제자들이 많았기 때문에 모두 그를 '후 선생님'이라는 존칭으로 불렀다. 그는 공업기술연구원의 기업 설립 프로젝트를 통해 배출된 기업인, 엔지니어들과 모두 잘 아는 사이였지만 공업기술연구원을 떠난 뒤 UMC와 TSMC에 참여하지 않았다. 그 대신 창투업에 뛰어들어 투자운용사인 H&Q타이완의 사장으로 부임했다가 나중에는 스스로 챔피언컨설팅 Champion Consulting, 建邦顧問公司 을 설립했다. 그가 제일 좋아하는 일이 과학기술 혁신이었기 때문이다.

기술 장벽이 높고 혁신 난이도가 높은 기업들을 적극적으로 지원했던 그는 매크로닉스, 자이젤 Zyxel, 合勤 , 안데스 Andes Technology, 晶心科技 등에 투자했다. 매크로닉스는 틈새시장인 비휘발성메모리 Non-volatile memory, NVM 분야의 기업이고, 자이젤은 모뎀을 연구개발하는 네트워크통신 기업이며, 안데스는 타이완에 몇 안 되는 CPU 설계 기업이다.

2019년 후딩화 선생이 별세했을 때 나도 두 편의 글을 써서 그를 기렸다. 그 글에서 오늘날 타이완 반도체의 성공은 여러 가지 요인이 모여서 만들어낸 결과지만 무엇보다도 당시 타이완 정부가 원대한 안목을 가지고 후딩화 같은 사람을 중용하여 젊은이들에게 열심히 뛸 수 있는 무대를 만들어주려고 했기에 국가 산업 육성 프로젝트를 완벽하게 성공시킬 수 있었다고 썼다.

젊은 인재를 위해 글로벌 무대를 개척하다

타이완 반도체 산업이 걸어온 길을 돌이켜 보면 1976년 RCA의 기술 라이센싱부터 시작해 정책을 논의하고 입안하는 모든 과정에 많은 선배들의 지혜가 있었다. 정무위원 리궈딩, 행정원장 쑨윈쉬안, 판원위안 등 해외에서 귀국한 TAC 전문가들 그리고 나중에는 모리스 창 등 글로벌 기업에서 경험을 쌓은 전문가들이 귀국해 함께 힘을 합쳤다. 이 선배들이 아이디어와 장기적인 관점을 내놓기도 했지만, 무엇보다 중요한 점은 젊은이들이 마음껏 능력을 펼칠 수 있는 무대를 만들어주었다는 사실이다.

스친타이, 쩡판청, 차오싱청, 차이밍제, 류잉다, 장칭쥐, 양딩위안, 천비완陳碧灣 등 당시 미국에 파견된 교육생은 대부분 20대 청년들이었다. 국책 반도체 프로젝트를 책임진 후딩화도 당시 겨우 서른셋의 젊은 나이였다. 이 두려움을 모르는 젊은이들이 열정과 패기로 타이완 반도체 산업의 기반을 닦고 그로부터 40여 년간 이어진 황금기를 열었다.

바이오, 에너지, 전기차, AI네트워크, 군수 산업 등 타이완이 현재 적극적으로 육성하고 있는 많은 산업들도 과거 반도체 산업 육성에 성공한 경험에서 길을 찾을 수 있을 것이라고 믿는다. 40여 년 전 타이완은 중요한 국책 프로젝트를 30대 초반의 후딩화와 20대 청년들에게 과감하게 맡겼다. 지금의 지도자들도 청년들에게 무대를 내어주는 통 큰 아량과 원대한 안목을 갖고 있을까?

05 | 제조업을 서비스업으로 삼아야 높은 이윤을 창출할 수 있다

국민의, 국민에 의한, 국민을 위한

모리스 창이 TSMC 설립 당시의 경험에 대해 얘기하면서 창업 과정에서 참고했던 몇 가지 원칙에 대해 말한 적이 있다고 한다. 한 스타트업 기업가를 인터뷰할 때 그가 자신의 창업 결정과 아이템 선정이 모리스 창의 영향을 받았다며 그 얘기를 들려주었는데 내게도 매우 감명 깊었다.

내가 2009년부터 진행하는 환위라디오방송 FM96.7 〈양밍자오퉁대가 도와드립니다陽明交大幫幫忙〉라는 프로그램에 탄샤오후談肖虎 TDV Triple Domain Vision, 一二三視 사장이 초대손님으로 출연한 적이 있다. 공업기술연구원을 두 번 퇴직하고 창업한 그는 과거 공업기술연구원에서 근무할 당시, 막 미국에서 귀국해 공업기술연구원장으로 취임한 모리스 창의 연설을 듣고 창업에 대한 생각이 바뀌었다고 했다.

당시 모리스 창은 공업기술연구원 동료들에게 산업계의 실제 수요를 조사해 연구 주제를 선정해야 한다고 했는데, "국민의, 국민에 의한, 국민을 위한"이라는 말을 인용하며 했던 이 말이 탄샤오후에게 큰 영향을 미쳤다.

"국민의, 국민에 의한, 국민을 위한"이란 미국 16대 대통령 링컨의 역사적인 게티즈버그 연설에 나오는 문구이다. 이 짧은 연설은 미국의 건국 정신을 담은 첫 번째 단락과 남북전쟁의 신성한 사명에 대한 두 번째 단락, 전사자를 애도하는 세 번째 단락으로 이루어져 있으며 이렇게 끝을 맺는다.

That this nation, under God, shall have a new birth of freedom—and that government of the people, by the people, for the people, shall not perish from the earth.

번역문은 아래와 같다.

신의 가호 아래 이 나라는 새로운 자유의 탄생을 보게 될 것이며, 국민의, 국민에 의한, 국민을 위한 정부는 이 지상에서 결코 사라지지 않을 것입니다.

우리 집이 바로 당신의 집입니다
아니, 당신 집보다 더 편안한 곳입니다

TSMC를 설립할 때 모리스 창은 기본적으로 '국민의, 국민에 의한, 국민을 위한'이라는 세 가지 원칙에 따랐다. 고객의 수요를 출발점으로 삼아 고객이 자기 집처럼 느끼는 반도체 회사를 만들고(국민의), 고객의 수요에 맞춰 경영하고(국민에 의한), 성공의 결실을 고객과 함께 누린다는(국민을 위한) 목표를 세웠다. TSMC의 성공은 이 세 가지 원칙을 철저히 지켰기 때문에 가능한 일이었다.

링컨 대통령은 국가의 주인은 국민이라고 했지만, 모리스 창의 입장에서 국민은 곧 고객이다. 고객의 수요를 정확히 파악해 고객에게 필요한 제품, 고객의 문제를 해결해 줄 수 있는 제품을 만들었다.

모리스 창이 창업하기 전에 이런 일이 있었다. 그의 친구가 IC 업체를 창업하려고 하는데 직접 웨이퍼 공장을 짓자니 거액의 투자금이 필요했다. 그런데 위탁생산하는 웨이퍼 공장을 물색해 제조를 맡기고 자신은 IC 설계만 했더니 투자 유치의 부담이 크게 줄어들었다. 그 친구의 일을 통해 모리스 창은 IC 업계에 위탁생산 수요가 매우 많다는 사실을 알고 전문적인 파운드리 사업의 무궁무진한 발전 가능성을 확신했다. TSMC는 고객에게 서비스하기 위한 파운드리 사업을 구상하고, 고객이 TSMC의 공장을 마치 자신의 웨이퍼 공장처럼 이용할 수 있게 만들기로 했다.

초창기 다른 동종 업체들의 주 고객은 IBM, 휴렛팩커드 같은 컴퓨터 단말기 생산 기업이었지만, TSMC는 그런 기업들과 거래하지 않았다. TSMC의 주 고객은 텍사스 인스트루먼트, 인텔, 모토로라 등 자체적으로 반도체를 생산하는 기업들이었다. 모리스 창은 TSMC를 설립하는 날부터 단 한 번도 인텔을 경쟁자로 대하지 않고, 인텔의 주문을 따내는 데만 주력했다.

TSMC는 '고객이 가장 만족하는 위탁생산 공장'으로 포지셔닝하고 자체적으로 제조공장을 보유하지 않은 IC 설계 기업, 이른바 팹리스^{Fabless}를 고객사로 유치했다. TSMC는 고객의 집과 같은 가상의 공장을 만들어놓고, 고객이 패스워드를 입력하기만 하면 언제든 TSMC가 제공하는 전산 시스템에 접속해 현재 웨이퍼 생산 상황을 조회할 수 있게 했다. 페덱스 고객이 자기 우편물의 배송 상황을 조회하듯이 자신이 발주한 웨이퍼가 현재 TSMC의 어느 공장에서 어떤 공정을 진행 중인지 알 수 있게 한 것이다.

또한 TSMC의 엔지니어가 고객사의 직원처럼 고객의 어려운 문제를 적극적으로 해결해 주었다. 고객이 전화 한 통만 하면 TSMC의 엔지니어가 알라딘 램프 속 지니처럼 나타나 문제를 해결해 주니 고객의 입장에서는 직접 공장을 지어 생산하는 것보다 더 나았다.

이런 서비스 덕분에 고객은 최신 공정이 있으면 TSMC에 주문하고, 해결하기 힘든 가장 어려운 문제가 있을 때도 TSMC에 맡겼다. 그때마다 TSMC의 엔지니어가 척척 해결해 주었으므로 기존에 생산 공장이 있었는데도 공장을 처분하고 TSMC에 주문하는 기업들이 늘어났다.

고객들은 어려운 문제가 있을 때마다 TSMC의 문을 두드렸다. 급히 출하해야 하는 물량이 있으면 먼저 처리해 달라고 요청하고, 더 급할 때는 긴급발주super hot run를 신청해 먼저 생산해 달라고 하기도 했다. 그러면 TSMC는 신속하게 내부 생산 라인 스케줄을 수정해 고객이 빠르게 출하할 수 있도록 협조하는 동시에, 다른 고객의 주문에 영향을 미치거나 기업 간 이해충돌이 일어나지 않도록 조정했다. 이렇게 힘든 발주를 처리하기 위해 TSMC 엔지니어들은 잠자는 시간 외에는 항상 바쁘게 일한다. 물론 이런 긴급발주는 상대적으로 높은 가격을 받는다.

사실 이 정도가 되면 TSMC는 더 이상 고객의 가상 공장이나 제조업이 아니라 서비스업이라고 해도 과언이 아니다. 서비스업의 마인드로 제조업을 했기 때문에 고객에게 더 높은 가치를 창출해 주고 TSMC도 큰 수익을 낼 수 있었다.

'국민에 의한'이라는 것은 국민이 국가를 다스리는 주체라는 뜻이다. 국민은 선거제도를 통해 유능한 사람을 선출한 뒤 자신들의 뜻과 바람에 따라 다스리게 한다.

TSMC의 경영도 기본적으로 그와 비슷하다. 고객이 어떤 기술을 원하고, 어떤 공정을 필요로 하며, 예산은 얼마인지 낮은 자세로 경청하고, 고객이 신뢰할 수 있는 대리인이 되어 고객에게 필요한 제품을 만들어준다. 고객의 수요가 유일무이한 목표인 것처럼 충실하게 만족시켜주는 것이다.

고객은 항상 최첨단의 공정 기술로 생산해 낼 수 있는 최고의 제품으로 시장경쟁에서 승리하길 바라기 때문에 TSMC는 최신 공정의 연구개발에 꾸준히 투자하고 거액을 들여 최신 웨이퍼 생산 공장을 건설한다. 새로운 서비스가 너무 비싸서 고객이 받아들일 수 없다고 하면 고객이 받아들일 수 있는 선까지 원가를 낮추기 위해 노력한다.

장상이 전 TSMC R&D 부문 수석 부사장이 이런 얘기를 한 적이 있다. TSMC가 CoWoS Chip on Wafer on System 패키징 기술을 개발했는데 가격이 고객사의 예산을 크게 웃돌았다. 고객사인 퀄컴Qualcomm은 이 패키징의 단가를 최소한 1제곱밀리미터당 1센트까지 낮춰야만 받아들일 수 있다고 했다. 계산해 보니 당시 단가가 1제곱밀리미터당 7센트였다. 그러자 TSMC는 최첨단 InFO Integrated Fan-Out 패키징 기술을 후속 개발해 단가를 1제곱밀리미터당 1센트까지 낮춘 뒤 고객에게 판매했다.

이렇게 성심성의를 다해 고객에게 서비스하고 고객을 위해 '불구덩이라도 뛰어드는' 문화는 타이완에 9·21대지진이 발생했을 때 막강한 위력을 발휘했다. 유럽이나 미국, 일본에서 그런 대지진이 발생했다면 직원의 안전을 위해 다음 날 아침까지 기다렸다가 공장 복구작업을 시작했을 것이다. 하지만 타이완 신주과학단지의 많은 엔지니어들은 공장 안에 있는 고객의 제품을 걱정하며 그날 밤 회사로 달려와 장비를 공장 밖으로 옮겼다. 그렇게 해서 2주 뒤 공장이 완전히 복구되었고, 한 달 뒤에는 정식 양산 체제를 회복했다. 이렇게 빠른 속도에 전 세계가 놀라움을 금치 못했다.

이것이 타이완 엔지니어의 정신이다. 미련하고 자신을 혹사하는 방식인 것 같지만 이것이 바로 타이완 IT 업계가 성공할 수 있었던 핵심 비결이다. 자기 공장을 고객의 공장처럼 만들고, 자기 엔지니어가 고객의 엔지니어처럼 일하게 하는 서비스 마인드로 어떻게 성공하지 않을 수 있을까?

충족되지 못한 수요를 해결하고,
진정한 고객이 누구인지 정확히 판단하다

　마지막으로 '국민을 위한'이란 국민이 국가 발전의 성과를 누리게 한다는 뜻이다. TSMC는 파운드리 사업의 중심이 고객에게 있다고 생각한다. 자체 제품을 내놓지도 않는 TSMC가 해마다 그렇게 많은 연구개발을 진행하고 장비에 거액을 투자하는 것은 우선 고객을 위한 일이다. 고객이 성공해야 TSMC도 성공할 수 있고, 고객이 성공하지 못하면 TSMC도 실패할 수밖에 없다. 완전한 이익공동체이므로 성과도 당연히 함께 누린다.

　모든 기업이 고객과 자사의 이익을 동일시하는 것은 아니다. 하지만 TSMC는 이 점에 있어서 매우 확고한 신념을 가지고 있으며, 이는 전문적인 파운드리 기업인 TSMC만이 실현할 수 있는 목표다. 삼성, 인텔 등 자체 제품과 브랜드를 가진 다른 기업은 그럴 수가 없다. 그들에게는 고객의 성공이 곧 자신의 성공이 아닐 수도 있기 때문이다. 고객의 제품이 성공하지 못해야 자사의 제품 판매에 이득이 되는 경우가 종종 있을 수밖에 없다. 그러므로 삼성과 인텔의 파운드리는 고객과 이해관계가 상충하는 사업이다.

　근래 몇 년간 나는 바이오테크 산업의 발전에도 관심을 가져왔다. IT 산업이 고객의 수요를 알아야 하듯이 바이오테크와 의료 산업도 마찬가지다. 여러 바이오테크 기업들을 취재해 보니 바이오테크와 의료 산업도 시장 수요를 파악하고, 미충족 의료 unmet medical need 를 해결하는 방향으로 기술을 개발해야 하는 산업이다. 10년이라는 시간을 쏟아부어 연구개발과 임상시험을 하며 수억 달러를 투자해 개발한 신약이 실제 의료 수요를 만족시킬 수 없다면 거액의 투자금과 연구원의 노력이 전부 물거품이 되기 때문이다.

　제약기업 센터랩Centerlab, 晟德의 린룽진林榮錦 회장은 시장의 수요를 파악한 뒤 현재 시장에 어떤 경쟁자가 있는지도 분석해야 한다고 했다. 경쟁사의 약물이 설계상으로 어떤 특징이 있는지 파악하고 가장 시급한 문제를 해결할 수 있는 틈새시장을 찾아내야 한다는 것이다.

또 최종적으로 제품을 누구에게 판매할 것인지도 판단해야 한다. 타이완의 바이오테크 기업들은 대부분 규모가 작기 때문에 R&D부터 판매까지 전 과정을 단독으로 해내기 힘들다. 그러므로 나중에 이 약물을 인수하려는 제약회사가 있을지, 이 약을 누가 제일 잘 팔지를 우선적으로 판단해야 한다.

다시 말해, '국민의, 국민에 의한, 국민을 위한'이라는 세 원칙은 IT 산업이든 바이오테크 산업이든, 창업을 계획하는 사람과 이미 회사를 경영하는 기업가 모두에게 훌륭한 가이드라인이자, 자신의 회사가 잘 경영되고 있는지 평가할 수 있는 지표다.

탄샤오후는 '국민의, 국민에 의한, 국민을 위한'이라는 말을 인용한 모리스 창의 조언을 듣고 큰 깨달음을 얻은 뒤, 산업계에 실질적으로 필요한 것이 무엇인지 자신의 창업 계획을 처음부터 다시 고민하기 시작했다고 했다.

스타트업 기업가들은 대부분 연구개발 분야의 연구원 출신이다. 그들은 주로 자신이 어떤 기술을 갖고 있는지를 중점적으로 강조할 뿐 고객의 수요가 무엇인지는 자세히 모르기 때문에 아무리 많은 기술과 제품을 내놓아도 고객의 문제점을 해결해 주지 못하는 경우가 많다. 수요에 맞지 않는 제품은 팔리지 않는다. 기술만 갖고는 아무 쓸모가 없다.

기술을 이용해 유용한 제품을 개발해 내고 그 제품으로 가치 있는 서비스를 만들어냄으로써 성공적인 비즈니스 모델을 구축해야만 성공한 기업이 될 수 있다. 하지만 아쉽게도 그렇게 하지 못하는 기업이 많다.

06 | 웨이퍼 업계의 쌍두마차가 출격하다

TSMC가 앞뒤에서 강적의 협공을 받던 시기

TSMC는 설립할 때부터 오직 파운드리 사업에만 집중해 현재 파운드리 분야에서 세계 1위 기업이며, 최첨단 공정 기술은 더더욱 독보적인 수준이다. 타이완의 또 다른 파운드리 기업으로 한때 TSMC와 대등한 경쟁을 벌였던 UMC는 TSMC와는 걸어온 길이 다르다.

UMC는 자체 제품을 보유한 IDM^{Integrated Devices Manufacturer}(종합반도체기업)에서 쪼개져 나와 파운드리만 발전시킨 기업이다. 이 전환 과정과 TSMC와의 치열한 경쟁은 타이완은 물론 글로벌 반도체 산업의 분업 모델에 중요한 의의가 있다.

1980년대 전 세계 반도체 산업을 주도하는 나라는 미국이었지만, 일본 기업들이 미국 메모리 산업을 위협할 만큼 성장해 있었고 한국과 타이완은 아직 초기 발전 단계였다.

UMC는 1980년 5월에 설립되었다. 같은 해 10월 신주과학단지가 완공되기 몇 달 전이었다. UMC의 첫 직원인 류잉다는 도로 포장도 끝나지 않은 과학단지로 출근을 시작했다. 타이완의 반도체 산업이 막 싹을 틔우던 그때, UMC는 공업기술연구원을 요람으로 탄생한 첫 반도체 기업이었다.

UMC는 국책 프로젝트를 통해 설립된 첫 민간기업이었으므로 공업기술연구원의 엔지니어들도 성공을 확신하지 못했고 대부분 UMC로 이직하기를 꺼렸다. 공업기술연구원 내부에서 누가 UMC로 옮길 것인지 오랫동안 결론을 내지 못했다고 한다.

어떻게 류잉다가 UMC의 첫 멤버로 선택되었을까? 당시 후딩화 전자공업연구소장이 어느 날 류잉다를 부르더니 팡셴치方賢齊 공업기술연구원장까지 인사 발령안이 올라가 이미 결재가 떨어졌다고 했다. "내가 자오퉁대 전자공업연구소에 다닐 때 후 소장님이 지도교수였지요. 반발하지 못하고 결정에 따르는 내 성격을 아셨던 겁니다." 류잉다는 웃으며 이렇게 말했다.

UMC가 설립되기 전 공업기술연구원의 시범공장은 RCA에게 기술 라이센스를 얻은 3인치 생산 공장(나중에 4인치 생산 공장으로 업그레이드됐다)이었다. 당시 공업기술연구원은 3인치와 4인치 기술을 UMC에 이전해 주었지만, UMC의 첫 생산 공장은 직접 건설한 4인치 공장이었다. 처음에는 월 생산능력이 1,000개밖에 되지 않고, 당시 유행한 크리스마스 카드에 들어가는 음악칩처럼 낮은 수준의 소비성 IC만 생산할 수 있었다.

처음에는 여러 가지 제약 때문에 안정적인 생산이 불가능했다. 차오싱청이 사장으로 부임한 뒤 공업기술연구원에 제품 라이센스를 얻어내고 당시 공업기술연구원에서 IC 설계를 담당하고 있던 차이밍제를 UMC에 영입한 뒤 1982년에 비로소 생산 공장이 본격 생산 체제에 돌입할 수 있었다. 그 후 UMC는 미국의 유선 전화 시장 개방이라는 호재를 놓치지 않고 전화기 IC 시장에 진출했다. UMC는 1995년에야 IDM에서 파운드리 전문기업으로 비즈니스 모델을 전환했다.

TSMC에 대항하기 위해 대대적인 합종연횡을 펼치다

UMC의 전환은 1987년 설립된 TSMC의 빠른 성장세와 밀접한 관련이 있다.

파운드리만을 전문으로 하는 비즈니스 모델이 성공하며 TSMC가 거침없는 성장세로 UMC를 추격하기 시작했다. UMC도 파운드리 사업이 빠르게 성장해 차츰 자체 제품 매출과 비슷해지자 파운드리 수주량을 확대하기 위해 비즈니스 모델 전환 및 기업 분사를 결정했다.

UMC의 분사에는 또 하나의 매우 중요한 이유가 있었다. 파운드리 공장에 자체 브랜드 생산 라인이 함께 있으면, 고객은 그들이 자기 제품을 베껴서 출시하지 않을지 걱정하고 의심할 수 있었다. 고객의 이런 우려를 불식하기 위해 UMC는 자체 제품 사업을 따로 떼어 독립시켰다. 그렇게 해서 '렌 패밀리' IC 설계 기업들이 잇달아 탄생했고, UMC는 TSMC와 똑같은 파운드리 전문 기업이 되었다.

UMC가 비즈니스 모델 전환을 추진하고 있을 때 차오싱청은 시장을 뒤흔드는 승부수를 내놓았다. UMC가 미국, 캐나다의 IC 설계 기업 11개와 공동 출자해 8인치 파운드리 기업 3개를 설립하기로 한 것이다. 롄청^{聯誠}, 롄루이^{聯瑞}, 롄자^{聯嘉}가 바로 그들이다. UMC는 두 기업이 35퍼센트씩 지분을 출자하고, 추가로 기술출자를 통해 15퍼센트씩 지분을 갖는 방식을 통해 비즈니스 모델 전환으로 인한 자금 부족 문제를 단번에 해결했을 뿐 아니라 고객과 수주량까지 확보해 TSMC의 생산 규모를 빠르게 따라잡았다.

1995년 글로벌 반도체 시장에 호황기가 찾아왔다. 파운드리 생산능력이 급증한 수요를 따라잡지 못해 공급 부족이 심해지자 TSMC는 발주 고객들에게 보증금^{deposit}을 요구했다. 대금을 선불로 받아 고객을 붙잡아두려는 전략이었다. 고객들은 공급량을 확보하기 위해 울며 겨자 먹기로 TSMC의 요구를 받아들였지만 여기저기서 불만이 터져 나왔다.

UMC가 이 기회를 놓치지 않고 IC 설계 기업들에게 연합을 제안하자 예상을 뛰어넘는 반응이 나타났다. 불과 석 달 만에 10여 개 기업이 러브콜에 응답한 것이다. 그들은 TSMC에 지불했던 보증금을 UMC와의 합자를 위한 투자금으로 돌리겠다고 했다. 반도체를 안정적으로 공급받을 수 있을뿐 아니라 훗날 투자금을 회수할 수도 있으니 일석이조였기 때문이다.

UMC는 고객사와의 합자 프로젝트를 2년 동안 진행하면서 IC 설계 부문을 순차적으로 모두 분리시켰고, 그 결과 미디어텍, 노바텍, ITE, 데이비컴, 랜드산LANDSAN, 聯笙, 패러데이, 홀텍 등이 탄생했다.

1999년, 차오싱청은 또다시 'UMC 5사 합병'을 발표해 업계를 놀라게 했다. UMC를 중심으로 계열사인 롄청, 롄자, 롄루이, 허타이合泰 등 4개 파운드리 기업을 합병한 것이다. 합병 후 UMC의 생산 규모가 TSMC의 85퍼센트까지 확대되어 두 기업의 격차가 크게 축소되었다.

간단히 말해, 우선 자체 브랜드 생산 부문을 분리시켜 외부 고객사와 공동 출자로 기업을 설립한 뒤 다시 합병을 통해 모기업으로 흡수시키는 전략으로 UMC는 생산능력을 획기적으로 확대해 TSMC를 따라잡는 성과를 거두었다. 1995년 UMC가 파운드리 기업으로 전환했을 당시 시장 점유율은 10퍼센트 미만이었지만, 4년 뒤 5사 합병 후 시장 점유율이 단숨에 35퍼센트로 껑충 뛰었다. 당시 TSMC의 시장 점유율인 45퍼센트와 크게 차이가 나지 않았다.

1995년 UMC의 비즈니스 모델 전환과 1997년 IC 설계 기업 분사는 타이완 반도체 업계의 이정표 같은 사건이었다. UMC와 TSMC가 치열한 경쟁을 벌이며 나란히 글로벌 무대에 진출하자 글로벌 파운드리 산업에서 타이완이 중요한 위치로 올라섰다. 당시 UMC에서 분리된 IC 설계 기업들이 지금 모두 글로벌 시장에서 굵직한 기업으로 성장했고, 특히 미디어텍과 노바텍은 세계 10대 팹리스 안에 든다.

UMC의 비즈니스 모델 전환은 타이완 IT 업계에서 또 하나의 중대한 의의를 갖고 있다. 이 일이 선례가 되어 나중에 타이완 PC 산업에서도 여러 기업의 분사가 이루어졌다.

현재 타이완의 가장 유명한 PC 브랜드 에이서[acer, 宏碁]와 에이수스도 초창기에는 자체 제품 생산과 위탁생산을 병행했지만 자체 브랜드를 키우는 동시에 IBM, 휴렛팩커드, 델[Dell] 등 미국, 유럽 기업들의 수주를 받아 위탁생산을 하자 사업 간에 뚜렷한 이익충돌이 나타났다. 이 문제를 해결하기 위해 에이서는 2000년 PC 및 노트북 컴퓨터 브랜드인 에이서와 미국, 유럽 기업의 위탁생산만 하는 위스트론[Wistron, 緯創]으로 분리되었고, 에이수스도 2007년 자체 브랜드를 가진 에이수스와 위탁생산 기업인 페가트론[Pegatron, 和碩]으로 나뉘었다.

성장하는 타이완과 한국, 활력을 잃은 일본

타이완의 분업 모델은 글로벌 반도체 및 정보통신 산업 발전에 중요한 역할을 했으며, 한국, 일본, 중국 등 아시아 국가의 산업 발전에도 본보기가 되었다.

타이완 반도체 산업이 성장하기 시작한 1980년대에 일본 기업들도 이런 IDM 모델을 갖고 있었지만, 일본 반도체 기업들은 파운드리 사업이 아닌 자체 브랜드 생산에 주력하며 경기가 침체되거나 생산 라인이 유휴 상태일 때만 외부 기업의 발주를 받아 위탁생산을 했다. 그 때문에 IC 설계 기업들이 일본 반도체와 장기적인 파트너십을 맺기가 어려웠다.

일본 반도체 산업이 일찍부터 웨이퍼 생산 공장이 없는 팹리스들과 활발하게 거래하기는 했다. 하지만 위탁생산은 그들의 중요한 비즈니스 모델이 아니므로 고객사와 장기적인 파트너십을 맺을 수 없었기 때문에 빠르게 성장하는 미국과 유럽의 팹리스들이 타이완 기업으로 발길을 돌렸다. 이로 써 일본은 로직 IC 분야를 발전시킬 기회를 놓치고 말았다. 게다가 1980 년대에 일본 메모리 산업의 빠른 성장세에 위협을 느낀 미국이 일본을 상 대로 제재를 가하기 시작했고, 일본의 대형 반도체 기업들은 서서히 몰락 했다.

한편 재벌 기업의 주도로 메모리 사업에 주력해 온 한국 반도체 산업이 빠르게 일본을 제치고 그 자리에 올라섰다. 현재 삼성과 하이닉스는 메모 리 업계의 1위와 2위 자리를 차지하고 있다. 하지만 한국은 타이완처럼 브랜 드와 제조를 확실히 분리하지 않았고, 2003년에야 삼성이 로직 IC 위주의 파운드리 산업에 뛰어들어 지금도 TSMC를 따라잡기 위해 노력하고 있다.

중국 반도체 산업은 타이완을 모델로 삼았다. 2000년 리차드 창^{Richard} ^{Chang (장루징張汝京)}전 WSMC^{Worldwide Semiconductor Manufacturing, 世大} 사장이 상하이에 설립한 SMIC부터 타이완 최대 석유화학그룹 포모사^{Formosa, 台塑} 그룹 왕융 칭^{王永慶} 회장의 아들 왕원양^{王文洋}이 중국에서 설립한 홍리^{宏力} 반도체까지 기 본적으로 타이완 파운드리 산업을 본보기로 삼았다. 중국의 PC 산업도 타 이완의 경험을 벤치마킹했다. 류촨즈^{柳傳志} 중국 레노버^{Lenovo, 聯想} 창업자는 1997년 타이완을 방문해 스전룽^{施振榮} 에이서 회장을 만나고 돌아간 뒤 해 외 시장 개척을 잠시 뒤로 미루고 중국 내수 시장 위주로 사업을 확장했다.

UMC가 5사 합병을 단행한 2000년이 바로 UMC가 TSMC를 가장 가 깝게 따라잡았던 때였고, 그 후 TSMC는 또 다시 UMC와의 격차를 벌렸다.

TSMC는 업계 최대 기업으로서 고객사의 지식재산권을 보호하는 시스 템이 잘 마련되어 있고, 기술, 수율, 납기, 서비스 등에도 더 앞서 있었기 때문에 세계적인 대기업들은 TSMC와 거래했다. 당시 타이완의 비아 테크 놀로지스와 미국의 모토로라, 엔비디아, 로크웰^{Rockwell} 등이 TSMC의 최대 고객이었고 UMC는 뒤에서 힘겹게 추격할 수밖에 없었다.

웨이퍼 업계의 쌍두마차는 어떻게
점점 격차가 벌어지게 됐을까

UMC가 2000년 이후 점점 TSMC와의 경쟁에서 멀어지게 된 데는 몇 가지 중요한 원인이 있다.

우선 2000년부터 TSMC와 UMC 모두 0.13마이크로미터 구리 공정 연구개발에 착수했다. TSMC는 자체 개발 방식이었고, UMC는 IBM와의 공동 연구를 선택했다. 그 결과 TSMC는 개발에 성공했지만 UMC는 IBM와의 협력 때문에 2년이나 늦었다. 한 세대를 뒤지게 되자 고객의 주문이 줄어들 수밖에 없었고, UMC와 TSMC의 격차가 크게 벌어졌다.

1997년 롄루이에 대형 화재가 발생해 공장이 전소된 것도 큰 원인이었다. 보험사로부터 보상금을 받아 재정적인 큰 손실은 면했지만 IC 설계 업계 고객들 사이에서 롄루이의 신뢰도가 크게 실추되었다.

사실 롄루이의 화재뿐만 아니었다. UMC와 IC 설계 기업들의 합자기업 설립이라는 파격적인 전략이 당시 시장에서 환영받기는 했지만, 실제 추진 과정에서 예상치 못한 문제가 돌출했다. 공동 설립한 세 기업 중 UMC 출신의 장숭더張崇德 롄청 사장은 UMC의 인력과 장비가 빠르게 적응할 수 있도록 UMC에서 사용하던 장비를 사용했지만, 각각 TSMC와 윈본드 출신인 쉬진룽許金榮 롄루이 사장과 원칭장溫清章 롄자 사장은 자신들에게 익숙한 TSMC와 윈본드 시스템을 기반으로 했다. 그 때문에 UMC의 5사 합병 이후 각 장비의 파라미터Parameter와 시리얼넘버가 서로 달라서 병합하는 데 많은 시간이 소요되었고 고객들도 각종 인증을 다시 진행해야 했다. 또한 각 업체가 사용하는 컴퓨터 시스템도 달랐기 때문에 5사 합병에 많은 시간과 에너지가 소모되었다. 이 모든 것이 UMC와 TSMC의 격차가 점점 벌어진 원인으로 작용했다.

그렇기는 하지만 당시 UMC의 과감한 전략은 반도체, PC 산업 등 여러

IT 분야에 광범위한 영향을 미쳤으므로 기록해 둘 만한 가치가 있다. 타이완 IT 산업도 이런 치열한 내부 경쟁을 통해 분업 시스템, 서비스 및 효율 추구를 특징으로 글로벌 산업망에 크게 기여했다.

07 │ TI-Acer와 WSMC를 합병하다, 타이완에 인수합병 전쟁의 전운이 감돌다

2000년의 반도체 인수합병 전쟁

TSMC의 발전사에서 인수합병은 거의 없었고 스스로 유기적인 성장을 거쳐 지금의 규모를 이루었다. 하지만, TSMC도 2000년경 8일 동안 두 건의 합병 계획을 발표한 적이 있다.

20세기가 막을 내리기 32시간 전인 1999년 12월 30일, 전 세계가 밀레니엄 시대의 도래를 숨죽이며 기다리고 있던 바로 그때, TSMC가 TI-에이서^{TI-Acer, 德碁} 반도체 합병 계획을 발표했다. 그리고 불과 8일 뒤 TSMC는 UMC와의 합병설이 돌던 WSMC를 1:2의 주식 교환비율로 합병하기로 했다고 발표해 반도체 업계를 더 큰 충격에 빠뜨렸다.

단 8일 사이에 TI-에이서와 WSMC를 합병한 이유가 무엇일까? 당시 반도체 업계의 치열한 경쟁 상황과 원인 및 영향에 대해 타이완 반도체 산업사의 한 페이지로 기록해 둘 만하다고 생각한다.

산업의 거시적인 배경을 돌이켜 볼 때, 이 두 건의 합병은 모두 1999년 부터 추진되었다. 당시 세계적으로 정보통신 산업이 호황을 누리며 파운드리 주문량도 대폭 증가하고, UMC와 북미 IC 설계 업계 고객들의 합자공장 설립으로 UMC의 시장 점유율이 빠르게 증가해 TSMC의 85퍼센트까지 따라잡았다. 이런 움직임에 위협을 느낀 TSMC가 전략적으로 외부에서 합병 기회를 물색했던 것이다.

TSMC가 TI-에이서를 합병한 이유, 지리적 이점

TI-에이서는 미국 텍사스 인스트루먼트와 타이완 에이서가 공동 설립한 기업으로 원래 D램 생산을 위주로 했지만, 나중에 텍사스 인스트루먼트가 D램 사업에서 철수한 뒤 다른 파트너 물색에 난항을 겪자 파운드리 사업으로 방향을 바꾸기로 결정했다.

당시 에이서와 TI-에이서 회장을 겸직하고 있던 스전룽은 모리스 창과 오랜 친분을 갖고 있었고, 모리스 창에게 영입되어 오랫동안 TSMC의 이사로 근무한 경험도 있었기 때문에 TSMC에 도움을 청했다.

1999년 6월 TSMC가 에이서가 보유하고 있던 TI-에이서의 지분 30퍼센트를 인수하고 쩡판청, 천젠방陳健邦 등을 파견해 본격적인 비즈니스 모델 전환을 추진했다.

몇 개월 간의 노력으로 TI-에이서의 비즈니스 모델 전환이 효과를 나타내기 시작했다. 당시 파운드리 시장의 수요가 증가하자 TSMC는 TI-에이서 지분을 추가 인수하기로 하고, 2000년 6월 31일을 합병 기준일로 정했다. 합병 및 주식 교환을 통해 에이서가 보유하고 있던 TI-에이서의 지분 전체가 TSMC의 주식으로 전환되고 에이서는 TSMC의 주요 주주가 되었으며, 이로써 TSMC와 에이서의 밀접한 동맹 관계가 더 강화되었다.

TSMC의 주식 한 주당 TI-에이서의 주식 여섯 주의 비율로 교환되었다. TSMC는 30억 타이완달러도 안 되는 비용으로 380억 타이완달러 규모의 TI-Acer의 자산을 사들이고, 8인치 웨이퍼 연간 생산능력이 280만 개에서 300만 개로 늘어나 반도체 거물 인텔의 뒤를 이어 세계 2위 규모가 되었다. 그 때문에 합병이 발표된 후 시장에서는 TSMC의 경사를 축하했지만 TI-Acer 내부에서 너무 헐값에 팔았다며 거센 불만이 터져 나오기도 했다.

반도체 업계의 '요조숙녀, 군자호구'

TSMC가 WSMC를 합병한 과정에는 대기업 간의 더 치열한 경쟁이 드라마틱하게 펼쳐졌다.

TSMC가 TI-에이서 합병을 추진하고 있을 때 시장에서 UMC가 WSMC를 인수하려고 한다는 루머가 퍼졌다. WSMC는 당시 타이완 파운드리 업계 3위 기업으로 꽤 큰 첨단 공정 생산 시설을 갖고 있었기 때문에 반도체 경기 호황을 타고 몸값이 올라갔다. 시장에서 TSMC와 UMC가 WSMC를 답사하러 갔다는 루머가 떠돌고, 심지어 인텔의 이름까지 오르내렸다. WSMC의 대주주에 타이완 최대 투자은행 CDIB^{China Development Industrial Bank, 中華開發}와 윈본드도 있었는데, 당시 CDIB 사장을 겸직하고 있던 후딩우^{胡定吾} WSMC 부회장은 WSMC에 대한 뜨거운 관심을 "요조숙녀, 군자호구^{窈窕淑女, 君子好逑}(곱고 얌전한 아가씨는 군자의 좋은 배필이로다)"라는 시경^{詩經}의 한 구절에 비유하기도 했다.

그중 제일 먼저 인수를 포기한 곳은 인텔이었다. 지분 소유 방식 등의 문제에서 합의에 도달하지 못했기 때문이다. 인텔과 후딩우, 윈본드를 소유한 재벌가 자오^焦씨 등 WSMC 주주 간의 협상이 최종 결렬된 후, 경쟁자는 TSMC와 UMC만 남았다. 바로 이때 TSMC가 TI-에이서 인수를 발표하자 시장의 관심이 일제히 UMC로 쏠렸다. 차오싱청, 쉬안밍즈^{宣明智} 당시 UMC 사장 등이 여러 차례 부인했지만, 2000년 1월 3일 UMC의 5사

합병이 정식 발효되면 하루 이틀 내에 WSMC와의 합병을 발표할 것이라는 루머가 시장에서 파다하게 떠돌았다.

그러나 결과적으로 곱고 얌전한 아가씨의 배필은 UMC가 아니었다. TSMC가 주식을 1:2의 비율로 교환하여 WSMC와 합병한다고 발표했다. 당시 시장에서는 WSMC의 8인치 웨이퍼 총생산량이 TI-에이서의 두 배인 40만 개였으므로 UMC가 WSMC를 인수했다면 업계 1위와 2위가 바뀌었을 것이라는 분석도 있었다. TSMC가 TI-에이서와 WSMC를 인수한 것은 기업 경쟁과 판도 확장이라는 관점에서 볼 때 당연한 선택이었다.

TI-에이서와 WSMC를 인수하기 전, TSMC가 생산능력 확충을 위해 다방면으로 노력했지만 고객의 수요에 비하면 여전히 30퍼센트 가까이 부족한 상황이었다. 고객 우선의 기업 정신을 표방해 온 TSMC에게는 주문을 받지 못할 경우 기업신뢰도를 심각하게 해칠 수 있는 문제였다.

합병 기자회견에서 모리스 창은 이 합병이 숙적 UMC와는 아무런 인과관계도 없다고 선을 그었지만, 당시 업계에서 UMC를 제외하면 TSMC를 위협할 만한 적수가 거의 없었다.

TSMC의 WSMC 인수 소식이 전해지자 사람들은 차오싱청이 그 소식에 어떤 반응을 보였는지 궁금해했다. 솔직한 성격의 차오싱청이 침묵하지 않을 것이라는 모두의 예상대로 WSMC 인수 소식이 발표되고 이틀 뒤 차오싱청이 UMC 임직원들에게 자신의 성격이 그대로 담긴 공개서한을 보냈다.

임직원 여러분 안녕하십니까?
　　이번 TSMC의 WSMC 인수 소식 중 상식에 어긋나는 주식 교환비율 때문에 업계가 소란스럽습니다. 성실하게 일한 직원들은 납득할 수 없고, 투기꾼들만 득의양양합니다. 머니게임이 우리 업계의 전통인 실용 정신에도 큰 타격을 입혔습니다.
　　최근 WSMC가 본사와 합병할 것이고 주식 교환비율도 결정됐다는 등의 루머가 떠돌았지만 우리는 공식적인 입장을 일절 내놓지 않았고, 주식 교환비율을 제안한 적도 없습니다. 본사는 허타이와 NPNX(Nippon Steel Semiconductor)[*]를 인수한 경험이 있기 때문에 합병을 통한 생산능력 확충에 어려움이 많음을 알고 있습니다. 반면 본사의 공장 신설 속도는 세계에서 가장 빠릅니다. 이 두 가지 전략을 비교할 때 WSMC가 먼저 우대조건을 제시하지 않는 한, 본사는 WSMC 인수에 특별한 관심이 없습니다. 현재 나타난 결과로 볼 때, 시장에 돌았던 루머는 TSMC와의 협상에서 유리한 위치를 차지하려는 CDIB 측의 연막작전이 아니었나 하는 합리적인 의심이 듭니다. 시장에서 흔히 쓰는 이런 잔꾀에 TSMC가 쉽게 넘어갔다는 사실을 믿을 수가 없습니다. 이번 WSMC 인수가 잘못된 선례로 남아 반도체 생산 공장을 지어놓고 경영이 부진하면 팔아서 이득을 취하려는 투기심리를 자극하지 않을까 우려됩니다. 앞으로 타이완에서 이런 투기행위를 근절하고 반도체 산업의 윤리를 다시 세우기 위해 본사는 앞으로 타이완에서 그 어떤 웨이퍼 제조기업도 인수하지 않을 것임을 정식으로 선언합니다. 지금부터 매각을 원하는 웨이퍼 제조기업은 모두 TSMC와 협상하여 투기를 차단하길 바랍니다. 앞으로 본사의 생산능력 확충은 직접 건립 또는 다른 기업과의 공동 건설 방식과 공정 및 수율 향상을 위주로 할 것입니다. 이를 통해 생산능력과 매출총이익을 동시에 끌어올려 경기 침체의 리스크에 대응하겠습니다.

반도체 기업의 투자 규모가 나날이 확대됨에 따라 경영실적이 국가 경제에 끼치는 영향도 점점 중요해지고 있습니다. 따라서 반도체 기업 경영에 신중을 기해야 합니다. 추호의 투기심리도 없어야 하고, 호황기에도 다음에 찾아올 불황기를 대비해야 합니다. 호황기라고 해서 경솔하게 행동한다면 거시 상황이 역전되었을 때 고통스러운 결과를 자초하게 됩니다. 이에 본사 경영진은 '책임경영'이라는 네 글자에 따라 전 임직원과 서로 격려하며 신중하게 회사를 이끌어가고자 합니다. 모두 새해 복 많이 받으십시오.

회장 차오싱청
사장 쉬안밍즈
CEO 장숭더
2000년 1월 10일

---

[*] 신일본제철Nippon Steel Corporation의 반도체 자회사.

차오싱청의 이 편지는 바로 그날 모든 언론과 업계 전체로 퍼져 나갔다.

이 합병전은 업계 안팎에서 많은 토론과 다양한 의론을 불러일으켰다. 내가 지켜본 바로 당시 TSMC는 생산능력과 기술 면에서 앞서 있기는 했지만 그 격차를 벌리지 못하고 있었다. 따라서 TSMC의 입장에서 WSMC 합병은 UMC가 WSMC를 인수해 몸집을 불리고 자신을 위협하는 상황을 피하기 위한 결정이었다.

2000년은 글로벌 IT 산업에서 매우 중요한 해였다. 그해 IT 업계의 경기에 최고 호황이 찾아와 미국 나스닥지수가 사상 최고치를 경신했다. 하지만 2000년 3월 주가가 폭락하고 IT 거품이 붕괴되면서 업계 전반에 생존경쟁이 시작되었다. 그 역사적인 해에 타이완 반도체 산업도 큰 호황을 누렸으며 TSMC와 UMC의 뜨거운 경쟁이 가장 많이 뉴스에 오르내렸다.

WSMC가 TSMC에 합병된 뒤, WSMC 창업자 리차드 창은 중국으로 건너가 다시 상하이에 SMIC를 설립했고, WSMC 직원 100여 명도 그를 따라 SMIC로 자리를 옮겼다. 그 때문에 중국과 타이완 사이에 인재 스카우트 경쟁의 막이 오르고, 나중에는 TSMC의 영업비밀 침해 소송 사건까지 불거지게 된다.

08 SMIC는 TSMC에게 위협이 되지 못할 것이다

모리스 창의 신묘한 예언

2000년 타이완 반도체 산업이 거센 기세로 발전했다. 그해에 TSMC는 TI-에이서와 WSMC를 인수하고, UMC는 5사 합병으로 TSMC를 추격했으며, WSMC 창업자 리차드 창은 회사가 TSMC에 인수된 후 직원 100여 명을 데리고 중국으로 건너가 현재 중국 최대 파운드리 기업이 된 SMIC를 설립했다.

당시 중국 경제가 빠른 성장세를 구가하며 타이완 기업의 중국 투자가 활발하게 이루어졌다. IT 업계에서는 더더욱 '상하이 이민' 붐이 일었다. SMIC 설립에 중국과 타이완은 물론 세계적으로도 이목이 집중됐다. 중국 진출을 희망하는 IT 인력들에게 SMIC는 상당히 매력적인 선택지였으므로 SMIC의 미래 전망에 많은 관심이 쏠렸다.

모리스 창을 인터뷰할 때 SMIC의 향후 발전 가능성에 대한 의견을 물은 적이 있다. 나는 "SMIC가 나중에 파운드리 업계에서 TSMC의 왕좌를 위협할 가능성이 있겠습니까?"라고 단도직입적으로 질문했다.

당시 모리스 창의 대답은 이랬다. "SMIC는 TSMC에게 위협이 되지 못할 것입니다. 회사를 운영하기가 상당히 힘들 거예요. 호황기에는 돈을 조금 벌거나 본전은 유지하겠지만 불황에는 큰 적자를 낼 겁니다."

20여 년이 지난 지금 돌이켜 보면 당시 모리스 창의 예언이 정확히 들어맞았다. SMIC는 지금까지 성장해 오면서 몇 해만 약간의 흑자를 냈을 뿐 상당 기간 적자를 냈고, 2020~2022년 대호황기가 되어서야 어느 정도 흑자를 거두었다.

사실 당시 나는 모리스 창의 대답을 반신반의했고, 다른 업계 인사들도 그의 의견에 동의하지 않았을 것이라고 생각한다. 그때 중국 경제의 거침없는 성장세에 세계가 놀라고 있었기 때문이다. 타이완의 많은 산업이 인재 유출과 중국과의 치열한 경쟁에 직면해 있었고, 많은 사람들이 SMIC의 전망을 낙관하며 그들이 머지않아 타이완 반도체 산업에 큰 위협이 될 것이라고 예상했다.

하지만 SMIC의 성장 과정을 돌이켜 보면 모리스 창의 그 예언은 산업의 발전과 경쟁 상황을 깊이 있게 통찰한 결과였음을 알 수 있다. 무엇보다도 중요한 것은 당시 그가 이미 파운드리 산업의 미래를 확신하고 있었고, TSMC가 10년 넘게 다져온 경쟁력에 자신감을 갖고 있었다는 사실이다.

일류 고객이 있어야 일류의 파운드리도 있다

모리스 창이 SMIC의 미래를 비관적으로 내다본 데는 세 가지 중요한 원인이 있다.

첫째, 우선 모리스 창은 TSMC의 탄탄한 기반에 대해 절대적인 자신감을 갖고 있었다.

TSMC는 처음부터 파운드리 분야로 포지셔닝하고 고객을 성공시키면 자신도 성공한다는 이념을 세웠다. 파운드리의 주요 고객은 유럽과 미국,

특히 미국 기업들이었다. 기업의 문화를 바탕으로 타이완의 우수한 생산 인력을 충분히 활용해 미국계 일류 고객사에 우월한 서비스를 제공함으로 써 파운드리 업계를 제패한 것이다.

반면 중국에 본사를 두고 있는 SMIC는 중국의 IC 설계 산업이 아직 초 기 수준인 탓에 소규모 고객사가 많고 최첨단 공정이 필요하지도 않았기 때문에 꾸준히 실력을 갈고 닦을 만한 기회가 별로 없었다. 기술과 서비스 에 대해 높은 요구를 하는 하이엔드 고객이 많지 않아 고객과 함께 성장할 기회가 없었던 것이다. 그러니 세계 일류 고객에 대한 서비스를 목표로 한 TSMC를 쉽게 따라잡을 수 있었겠는가?

둘째, TSMC에게 있어서 파운드리 기업의 가장 중요한 성공 요건은 바 로 고객이었다. 세계 일류 고객이 있어야 세계 일류 파운드리 기업이 있을 수 있고, 3류 고객은 3류 파운드리 기업만 찾을 수밖에 없다. 일류 고객은 모두 TSMC로 몰리기 때문에 다른 경쟁자들은 그들을 추월할 기회조차 얻 기 힘들었다.

다시 말해, TSMC보다 13년 늦게 설립된 SMIC뿐만 아니라 TSMC보 다 7년 일찍 설립된 UMC도 파운드리로의 전환과 집중이 완전하지 못한 탓에 TSMC를 추월할 수 있는 조건을 갖출 수가 없었다.

UMC는 2000년까지 전환, 합자, 분사 후 5사 재합병을 통해 생산 규모 를 TSMC의 85퍼센트까지 단숨에 끌어올렸지만, 그 후 UMC와 TSMC의 생산 규모 격차가 점점 다시 벌어졌다.

당시에는 UMC가 유연하고 신속한 전략과 생산능력 확충을 통해 TSMC를 금세 따라잡을 것이라는 전망이 많았고, 나 역시도 그렇게 생각 했다. 하지만 UMC는 2000년대 0.13마이크로미터 구리 공정에서 TSMC 에 뒤처진 뒤 TSMC와의 실력 차이가 점점 벌어졌다.

지금 돌이켜 보면 그때 나도 생각이 짧았다. UMC의 유연한 전략은 사실 핵심 사업에 대한 확신이 부족하다는 뜻이었다. 생산능력은 여러 경쟁 조건 중 하나일 뿐이고, 기술, 지식재산권, 서비스, 브랜드, 기업문화 등 더 중요한 조건이 많다. 고객은 그런 모든 조건을 고려해서 장기적인 파트너 십을 맺을지 결정한다. 단지 생산능력 하나만으로는 정확한 판단을 내릴 수 없다.

모리스 창은 SMIC가 TSMC를 따라잡지 못할 것임을 예견했을 뿐 아니라, SMIC가 '대부분 적자를 내고 경기가 호황일 때만 조금 수익을 낼 것'이라는 점도 정확히 예측했다. 당시 모리스 창은 그렇게 전망하는 이유를 자세히 설명하지 않았지만 아마도 중국의 산업 발전 추세에 대한 전반적인 판단에서 나온 예측이었을 것이다. 예를 들면 중국 정부가 공격적인 산업 정책을 수립하고 기업의 투자 및 관리에 강하게 개입할 것이라고 예상했던 것 같다. 이것이 비관론의 세 번째 원인이었다. 산업 발전 초기에는 정부의 강력한 주도와 개입이 도움이 될 수 있지만, 장기적으로는 득보다 실이 클 수밖에 없고 SMIC의 성장 과정도 마찬가지였다.

SMIC는 처음부터 정부가 과도한 관심을 쏟으며 너무 깊이 개입하는 바람에 잦은 인사 교체와 경영진 개편으로 내부에 복잡한 파벌이 형성되었다. 게다가 중국의 지방정부들이 너도나도 반도체에 투자해 공장이 우후죽순 생겨났지만 서툰 관리 탓에 SMIC에 대신 관리해 달라고 요청할 수 밖에 없었다. 하지만 SMIC의 인력이 상하이, 베이징, 광저우 등 드넓은 중국 땅에 흩어져 있는 공장들을 돌아다녀야 했기 때문에 상당히 비효율적이었다.

반도체 선두그룹에 들지 못하다?
선두그룹과 2위 그룹의 차이

한 국가의 산업 경쟁력은 산업 환경과 정책의 영향을 받지만 무엇보다도 전문경영인이 충분히 능력을 발휘할 수 있는 공간을 만들어주고, 여기에 자본시장의 힘이 더해지는 것이 중요하다. 그래야 산업이 건전하게 발전할 수 있다고 생각한다. 이런 조건들이 갖춰지지 않거나 미흡해 정부의 장기적인 지원이 필요하다면 좋은 결과를 내기가 매우 어렵다.

기술집약형이자 자본집약형 산업인 반도체 산업은 TSMC, 삼성, 인텔 같은 대기업만이 글로벌 무대 진출 티켓을 얻을 수 있다. 중국 반도체 산업은 중국 정부가 새 투자 프로젝트를 유행처럼 좇기에 급급할 뿐 아니라, 거시적인 환경에서도 자유로운 경쟁 메커니즘이 부족하다는 문제가 있다. 이것이 중국 반도체 산업이 안고 있는 가장 큰 문제이자 SMIC가 선두그룹에서 멀리 뒤처져 있는 원인이다.

물론 SMIC가 TSMC를 따라잡지 못하는 데는 기업 자체의 문제도 있다. SMIC가 설립되고 성장하는 과정에서 많은 이야기를 들었다. WSMC가 합병된 후 실의에 빠진 리차드 창은 선교사의 마음으로 상하이로 건너가 새로 터전을 마련한 뒤 옛 동료 100여 명을 불러 열심히 시장을 개척했다. 비록 SMIC의 전 직원이 구심력으로 뭉쳤지만, 구심력이 아무리 강해도 기업 경영상의 각종 문제로 인한 타격을 상쇄할 수는 없었다. 특히 특허침해로 인한 TSMC와의 두 차례 소송에서 모두 패소하면서 배상금과 함께 지분도 내어주어야 했다. 이 사건은 SMIC에 치명적인 타격을 입혔다. 이 두 건의 특허침해 사건만 보아도 SMIC는 스스로 R&D에 장기적으로 투자하려는 의지가 없었음을 알 수 있다. 그저 지름길을 찾아 TSMC의 인력을 빼가고 제품을 표절하는 방식으로 기술을 얻었기 때문에 당연히 TSMC를 추월할 기회를 얻기 힘들었다.

현재 SMIC는 세계 5위 파운드리 기업(1~4위는 TSMC, 삼성, UMC, 글로벌 파운드리스Global Foundries 순)이고, 중국 반도체 제조에서 핵심적인 역할을 하고 있지만, 대주주들이 저마다 다른 계산을 갖고 있어서 내부의 파벌이 통합되지 못하고 경영인이 자주 교체된다. 이 때문에 SMIC는 선두그룹인 TSMC, 삼성, 인텔에 비해 크게 뒤처져 있으며, 미·중 반도체 전쟁으로 인해 앞으로의 전망도 그리 낙관할 수 없다. SMIC가 도약하려면 피나는 노력을 기울여야 할 것으로 보인다.

모리스 창의 SMIC에 대한 예언으로 돌아와 보자. 20여 년 전 모리스 창이 지금의 중국 반도체 산업 상황까지 예견했을 것 같지는 않지만 그가 깊은 분석을 바탕으로 남들보다 멀리 내다보는 노련한 식견을 갖고 있었음은 분명하다. 현재 모리스 창은 미국(중국 반도체의 발전 속도에 제약을 가하고 있다)을 지지하고 있으며, 중국 반도체가 타이완에 비해 최소한 5~6년 뒤처져 있다고 말한 바 있다. 그의 이 견해도 훗날의 대세에 대한 예언일까?

09 | 삼성은 위협적인 상대지만, 존경할 만한 상대는 아니다

강적 한국에 대한 모리스 창의 평가

오랫동안 모리스 창을 취재했지만 그가 언론 앞에서 역정을 내는 것은 거의 본 적이 없다. 하지만 딱 한 번 그가 정말로 화를 내는 것을 본 적이 있다. 기자의 입에서 나온 단어 하나가 그를 화나게 했다.

당시 상황은 이랬다. 한 기자가 모리스 창에게 삼성과 TSMC에 대한 견해를 물으며 이렇게 말했다. "회장님께서 예전에 삼성이 존경할 만한 상대라고 말하신 적이 있습니다…." 그 기자의 말이 끝나지도 않았는데 모리스 창 회장이 그의 말을 잘랐다. "난 삼성이 존경할 만한 상대라고 하지 않았소. 삼성은 '위협적인' 상대요. 영어로 'formidable' 바로 이 단어요."

그는 왜 삼성이 '위협적인' 상대이지 '존경할 만한' 상대가 아님을 강조했을까? 어째서 '존경할 만하다'는 단어 하나에 그토록 정색을 했을까? 그는 그 자리에서 그 이유에 대해 말하지 않았다. 모리스 창과 삼성의 관계를 살펴보려면 30여 년 전으로 거슬러 올라가야 한다.

1989년 이건희 전 삼성 회장이 타이완을 방문했을 때 모리스 창과 스전룽에이서 회장이 그를 조찬에 초대했다. 모리스 창에 따르면, 당시 이건희 회장이 스전룽의 TI-에이서 투자 계획을 이미 알고 있었고, 타이완이 메모리 사업에 진출하지 않길 희망하며 그들을 한국에 초청해 삼성 공장을 보여주고 싶다고 했다.

그때 이건희 회장이 이렇게 말했다고 한다. "우리 공장을 둘러보시면 메모리 생산이 얼마나 막대한 자본과 인력이 필요한 사업인지 아실 겁니다. 그걸 알면 아마 투자를 포기하고 우리와 협력하기로 결정하실 거라고 믿습니다."

삼성은 1983년에 메모리 생산을 시작했고, 모리스 창은 속으로 그들의 공장을 구경해도 좋을 것 같다고 생각했다. 그래서 그와 스전룽 그리고 당시 공업기술연구원 전자공업연구소장이었던 스친타이가 함께 서울에 가서 삼성 공장을 참관했다.

수많은 공장을 가보았던 모리스 창은 30분만 둘러보아도 상대의 잠재력을 알 수 있었다. 그는 텍사스 인스트루먼트의 최첨단 일본 메모리 공장과 비교해도 전혀 손색이 없는 수준이었다고 평가했다. 그들이 사흘간 공장을 참관하고 셋째 날 타이완으로 돌아오기 전 이건희를 만난 자리에서 이건희가 이렇게 말했다. "이게 얼마나 많은 자본과 인력이 투입되어야 하는 일인지 아시겠죠?"

하지만 스전룽과 모리스 창은 삼성과 메모리 산업에서 협력하지 않았다. 그들이 삼성 공장을 참관하고 돌아와 몇 개월 뒤 스전룽은 TI-에이서 설립을 발표했다. 공업기술연구원 전자공업연구소도 전자공업 제1기 집적회로 시범설립계획(1975~1979년), 전자공업 제2기 육성계획(1979~1983년), VLSI 계획(1983~1988년)을 완료하고, 서브마이크론계획(1990~1994년)에 착수할 계획이었다. VLSI계획을 통해 TSMC가 설립되었듯이, 서브마이크론계획을 통해 뱅가드 Vanguard International Semiconductor Corporation, 世界先進 가 설립되었다. 모리스 창이 이 두 기업을 모두 이끌었고, TSMC는 뱅가드의 D램 메모리 육성계획에 투자했다.

나중에 TI-에이서와 뱅가드 외에도 난야 테크놀로지스^{Nanya Technology, 南亞科}, 프로모스^{ProMOS Technologies, 茂德}, 파워칩^{Powerchip Technology, 力積電}, 윈본드 등 타이완 메모리 기업들이 등장했으며, 이들은 모두 미국, 일본, 독일 등에서 기술 라이센스를 취득했다.

물론 훗날 삼성은 반도체, 통신, 패널, 휴대폰 등 여러 분야를 넘나들며 놀라운 기세로 발전했고, 세계적인 초대형 종합반도체기업이 되었다. 삼성은 글로벌 메모리 산업의 1위 자리를 굳건히 한 뒤, 2009년 파운드리 분야에 뛰어들어 TSMC와 경쟁하기 시작했다.

하늘이 준 기회, 삼성의 '타이완 죽이기 계획'

2013년, 모리스 창이 타이베이에서 열린 미국상공회의소 아태지역 연례회의에 참석해 '타이완 하이테크 산업'이라는 주제로 강연을 했다. 당시 타이완은 D램, 패널, LED, 태양에너지 등 4대 산업의 붕괴에 직면해 있었고, 나는 〈비즈니스 투데이〉의 커버스토리를 통해 D램 및 패널 산업에 최악의 불행이 닥치자 삼성 내부에서 타이완 기업을 시장에서 도태시키려는, 이른바 '타이완 죽이기 계획'이 진행 중이라고 보도했다.

삼성이 타이완 죽이기에 나선 주된 원인은 2008년 금융위기 이후 타이완의 패널 및 D램 산업이 거액의 적자에 직면했기 때문이었다. 삼성은 경쟁자 타이완을 시장에서 밀어낼 수 있는 절호의 기회가 왔다고 판단했다. 우선 삼성 TV 사업부가 AU옵트로닉스^{AU Optronics, 友達}, 치메이 옵토일렉트로닉스^{Chi Mei Optoelectronics Corporation, 奇美電}(나중에 이노룩스^{Innolux Corporation, 群創}에 인수됨)에 대한 발주를 돌연 취소하고, 그 후에는 유럽과 미국에서 타이완 업체들을 상대로 반덤핑 제소를 제기하는 바람에 타이완 패널 업체 경영진이 미국에서 징역형을 받고 복역했다. 한편 D램 분야에서도 저가 경쟁, 각종 끼워팔기 영업, 로엔드 시장을 의도적으로 경쟁사에 떠미는 전략으로 타이완과 일본의 D램 동맹을 완전히 와해시켰다.

모리스 창은 그날 강연에서 IC 설계, 웨이퍼, D램, PC, 패널, 태양에너지, LED, 모바일 디바이스 등 8대 산업을 차례로 분석하고, 혁신과 가치 창조가 가장 중요한 성공 요건이라는 것을 시간이 증명해 줄 것이며, 막대한 자본 투입은 오히려 기업에게 부담이 될 때도 있다고 했다.

강연이 끝난 뒤 그는 삼성의 타이완 죽이기 계획에 대한 의견을 묻는 기자의 질문에 TSMC는 삼성을 위협적인 상대로 인식하고 시시각각 경계해 왔다고 말했다. 그는 "패널과 D램은 거액의 자본이 필요한 분야입니다. 하지만 타이완의 D램 산업은 처음부터 방향을 잘못 설정해 막대한 자금을 투자하고도 혁신을 실현하지 못했습니다. 범용 제품을 만들어 저가 시장에서 경쟁하기에 급급했기 때문에 결국 합병되고 점점 더 상황이 어려워졌습니다"라고 말했다.

모리스 창은 은퇴 후인 2021년 경제지 〈웰스Wealth, 財訊〉와의 인터뷰에서 당시 이건희를 만났던 얘기를 했다. 그는 "이건희는 비록 반도체 전문가가 아니지만 반도체의 잠재력을 알고 있었고, 휴대폰의 잠재력도 알고 있었습니다. 그는 시대의 흐름을 주도한 영웅입니다"라고 말한 뒤 "한국에 이건희가 있다면 타이완에는 내가 있습니다. 과감하게 실행하고, 용감하게 리스크를 감당하고, 새로운 비즈니스 모델을 창조한 사람이 바로 나입니다"라고 했다.

모리스 창은 언행에 신중한 인물이었다. 그도 속으로는 삼성의 경쟁 수단에 대해 비판적인 생각이 많았겠지만, 입으로 하는 비판은 무의미하고 비즈니스에서 상대를 철저히 제압하는 것이 자기 실력을 증명하는 가장 좋은 방법이었다.

삼성은 한때 타이완 기업들에게 가장 큰 경쟁 상대였다. 수많은 기업이 삼성과 경쟁해 본 경험이 있고, 많은 기업이 그 경쟁에서 패배했다. 오랫동안 삼성을 연구하고 쓴 《거물기업 삼성》이라는 책에서 나는 삼성이 2008년 금융위기 이후 불과 4년 만에 타이완 D램, 패널, 휴대폰 업계의 경쟁자들을 수두룩하게 무너뜨렸다고 했다. 그 책이 출간된 후 나는 타이완 각 산업 협회와 기업에 초청받아 40여 차례 강연을 하며, 타이완 기업이 어떻게 삼성을 인식하고, 거센 기세로 성장하는 삼성에 어떻게 대응해야 하는지에 대해 이야기했다.

내가 〈비즈니스 투데이〉에 쓴 〈삼성의 타이완 죽이기 계획〉이라는 기사는 산업계 인사들과 당시 삼성 본사의 경영회의에 참석했던 임원 등을 두루 취재한 뒤, 삼성이 어떤 수단과 단계를 거쳐 타이완, 일본 등의 경쟁자를 시장에서 밀어내려고 하는지 분석한 글이었다.

지금도 종종 삼성에 정말로 '타이완 죽이기 계획'이 있었느냐는 질문을 받는다. 사실 산업 경쟁은 피비린내 나는 전쟁터이고, 경쟁 상대를 시장에서 밀어내 독과점 구도를 형성한 뒤 시장과 가격을 단독으로 결정한다는 전략은 삼성의 여러 경쟁 수단 중 하나였다. 나는 그 기사에서 아주 일부분만 적었을 뿐이다. 삼성의 각종 수단에 당해 패배의 쓴맛을 경험한 기업들에게 그들이 어떤 식으로 삼성에게 농락당했는지 물어본다면, 아마 그 소재만으로도 책 한 권은 너끈히 써낼 수 있을 것이다.

삼성은 수많은 제품을 생산하는 대기업이다. 자체 브랜드 제품도 많고, 각종 부품 사업도 갖고 있으므로 상대를 요리할 수 있는 수단이 아주 다양하다. 예전에는 일본 기업을 상대로 싸워 이겼고, 그 후 타이완과 중국 기업이 도전하자 가차 없이 짓눌렀다. 모리스 창이 삼성을 '위협적인 상대'라고 표현한 것도 바로 이 때문일 것이다.

삼성과 TSMC의 경쟁은 우열을 가리기 힘들다. 메모리 분야에서는 삼성이 2008년 금융위기 이후 일찌감치 타이완과 일본의 경쟁자를 시장에서 밀어내고 10년 넘게 왕좌를 지키고 있다. TSMC가 출자한 뱅가드마저도 모리스 창의 많은 노력에도 더 지탱하지 못하고 2000년 D램 시장에서 철수한 뒤 파운드리 사업으로 전환했다.

반면 파운드리 분야에서는 현재 TSMC가 훨씬 앞서 나가고 있다. TSMC의 글로벌 시장 점유율이 삼성의 약 3배인 50퍼센트를 웃돌고, 첨단 공정 기술은 시장의 90퍼센트를 독점하고 있다. 하지만 2009년에야 파운드리 분야에 뛰어든 삼성은 아직도 패배를 인정하지 않고 공격적인 투자를 계속하고 있다.

IC 설계 기업 에트론Etron Technology, 鈺創의 루차오췬盧超群 회장은 10여 년 전 한국에서 열린 글로벌 반도체 회의에 참석했을 때의 얘기를 들려주었다. 세계 6대 지역 대표가 모두 참석한 그 회의에 모리스 창을 비롯한 타이완 기업가 몇 명도 참석했다. 그때 루차오췬이 모리스 창에게 삼성이라는 강적을 어떻게 생각하는지 나와 똑같은 질문을 하자 모리스 창이 이렇게 대답했다고 한다. "삼성이 설령 고릴라라고 해도 약점은 있는 법이에요. 예를 들어 발가락이 약점이라면 발가락을 힘껏 밟으면 승리할 기회를 잡을 수 있을지도 몰라요."

루차오윈에 따르면, 모리스 창은 일찍부터 삼성을 중요한 경쟁 상대로 여기고 삼성을 추월할 방법을 고민하고 있었다.

세 가지 관점에서 본 타이완과 한국의 전쟁

최근 삼성이 TSMC에 적잖은 부담이 되고 있다. 나는 파운드리 분야에서 TSMC와 삼성의 경쟁은 아직 결론이 나지 않았다고 생각한다. 두 기업의 경쟁을 바라보는 세 가지 관전포인트가 있다.

첫째, 애플의 주문이다. 가장 중요한 고객인 애플을 사이에 두고 TSMC와 삼성이 치열한 대결을 펼친 바 있다. 2015년, 애플의 아이폰iPhone 6s와 6s Plus에 처음으로 애플이 자체 설계하고 삼성과 TSMC가 공동으로 위탁생산한 A9 칩이 탑재되었다. TSMC는 16나노 공정으로 생산하고, 삼성은 14나노 공정으로 생산했다.

하지만 당시 미국 온라인 사이트 iFixit에서 갓 출시된 두 가지 스마트폰을 각각 분해해 보니 TSMC와 삼성이 생산한 A9 칩셋의 모델번호가 달라서 쉽게 식별할 수 있었다. 테스트 결과, 동영상 재생, 소프트웨어 테스트 방식 등의 차이로 인해 TSMC의 칩셋이 삼성 칩셋에 비해 배터리를 최고 30퍼센트 가까이 절약할 수 있었다.

이 소식이 알려지자 세계적으로 'TSMC 버전'과 '삼성 버전'의 성능 차이를 비교하는 테스트가 유행처럼 번지고, 삼성 버전 스마트폰을 구입한 소비자들이 애플 스토어로 달려가 대거 환불을 요구하는 사태가 벌어졌다. 이 사건으로 인해 삼성이 생산한 칩셋의 성능이 상대적으로 떨어진다는 사실이 전 세계에 알려졌고, 애플은 그후 A10 칩셋 생산을 전량 TSMC에 발주했다.

이 양자 대결의 와중에 또 한 가지 중대한 사건이 발생했다. TSMC에서 R&D 부문 수석 연구개발 이사였던 량멍쑹이 2009년 TSMC를 떠난 뒤 2010년 삼성이 운영하는 성균관대학교의 교수로 부임한 것이다. 그는 삼성 내부 직원 교육에 참여하다가 2011년 7월 정식으로 삼성 그룹에 입사해 삼성 LSI 사업부의 최고기술책임자CTO 겸 삼성 파운드리 부문 부사장이 되었다.

TSMC에 대한 실망감을 안고 퇴사한 량멍쑹은 TSMC의 최대 적수인 삼성으로 자리를 옮긴 뒤 성과로서 자기 실력을 증명하고자 했다. 그의 설득으로 삼성은 28나노 공정에서 곧장 14나노 공정으로 질주해 단숨에 3세대를 도약하며 TSMC의 16나노를 추월했다. 시장에서는 훗날 삼성이 TSMC가 독점하고 있던 애플 A9 칩셋의 첫 주문과 퀄컴의 휴대폰 반도체 주문을 따낸 데는 량멍쑹의 공이 크다고 분석했다.

하지만 얼마 후 TSMC는 량멍쑹이 영업비밀을 누설했다며 그를 상대로 소송을 제기해 승소했다. 삼성에서 계속 근무할 수 없게 된 량멍쑹은 2017년 SMIC의 공동 CEO로 영입되어 TSMC를 향한 도발을 계속했다.

삼성이 14나노에서 TSMC를 따라잡아 일부 주문을 가로채자 TSMC도 강한 위기의식을 느꼈다. 한 TSMC 엔지니어는 2014~2015년 TSMC가 반드시 승리해야 하는 10나노 공정에 필사적으로 매달렸다고 했다. 기존의 24시간 연속 생산 체제를 24시간 연속 R&D 체제로 강화했는데, 이것이 잘 알려진 '나이트호크* 프로젝트'다. 이로써 R&D 부문을 3교대 체제로 운영해 삼성과의 격차 확대에 박차를 가했다.

둘째, 스마트폰 업계의 거물 퀄컴의 주문이다. 원래 퀄컴의 주요 파운드리 파트너사는 TSMC였지만 삼성이 공격적인 영업으로 TSMC가 장악하고 있던 구도를 무너뜨렸다. 자체적으로 설계한 스마트폰 칩을 갖고 있지만 일부 퀄컴의 스마트폰 칩을 사용하고 있는 삼성은 퀄컴 칩 구매를 중요한 카드로 이용해 퀄컴이 스마트폰 칩 생산을 삼성 파운드리 부문에 발주하도록 설득했다.

하지만 2022년 11월 퀄컴이 하와이에서 개최한 연례 기술행사 '스냅드

---

* 야행성 조류.

래곤 서밋'에서 차세대 모바일 플랫폼** 스냅드래곤Snapdragon 8 Gen2(2세대)를 공개한 뒤, 파운드리 주문은 전량 TSMC가 수주해 4나노 공정으로 생산했다. TSMC가 퀄컴의 휴대폰 칩 양산을 두 번 연속 독점 수주하자 삼성이 독점하거나 최소한 절반 넘는 주문량을 가져가던 기존의 구도가 깨졌다.

10나노와 5나노 공정은 삼성이 퀄컴 칩 생산을 독점으로 수주했지만, 스냅드래곤8의 Gen1(1세대)과 Gen1+는 TSMC가 절반 넘는 주문을 수주했고, Gen2의 4나노 공정이 되자 TSMC가 독점 공급하게 되었다. TSMC가 4나노 공정과 수율, 기술 성숙도에서 삼성보다 앞섰기 때문이다.

하지만 여기에 한 가지 짚고 넘어갈 것이 있다. TSMC, 삼성, 인텔 3사의 공정 기술 노드 정의에 조금씩 차이가 있기 때문에 3사가 동일한 숫자의 공정 기술을 사용하더라도 기술 노드가 완전히 동일하지는 않다는 사실이다. 예를 들면 인텔의 10나노는 TSMC의 7나노와 비슷하지만, TSMC의 7나노는 삼성의 5나노에 해당한다. 또 TSMC의 5나노와 3나노는 삼성으로 치면 4나노와 2.4나노다.

최근 들어 세계 스마트폰 칩 업계의 거물인 퀄컴이 미디어텍의 거침없는 도전에 직면해 있는데, 그 중요한 원인 중 하나가 미디어텍이 제품 대부분을 TSMC에서 공급받고 있다는 사실이다. 특히 3년의 코로나19 팬데믹기간 동안 반도체 공급 부족이 심각한 상황에서도 TSMC가 동맹 관계에 있는 미디어텍의 대량 주문을 수행해 준 덕분에 미디어텍의 시장 점유율이 퀄컴을 추월할 수 있었다.

셋째, 미국의 전략이다. 정치적인 이유로 삼성과 TSMC가 나란히 미국에 공장을 건설하기로 결정했다. TSMC는 애리조나주에 400억 달러를 투자하기로 했고, 삼성은 우선적으로 텍사스주에 170억 달러를 투자하고 향

** CPU, 메모리, 그래픽 카드 등을 하나의 칩 위에 집적화시킨 시스템 온 칩SoC을 이르며 퀄컴이 2016년 스냅드래곤 820 모델부터 '모바일 플랫폼'이라고 명명하였다.

후 20년간 2,000억 달러를 투입해 반도체 공장 11개를 건설하겠다고 발표했다.

파운드리 경쟁에서 삼성이 TSMC를 따라잡기는 쉽지 않을 것으로 전망된다. TSMC가 지속적인 투자를 하고 있기 때문에 삼성이 투자와 R&D 규모를 더 늘리지 않는 이상 두 기업의 격차를 좁히기가 어려울 것이다.

하지만 가장 중요한 원인은 다른 데 있다. TSMC가 줄곧 강조하고 있는 세 가지 핵심 경쟁력은 기술, 제조, 고객의 신뢰다. 삼성이 기술과 제조는 따라잡을 수 있겠지만 고객의 신뢰에서는 TSMC를 넘어서기 힘들 것이다. 삼성과 달리 TSMC는 자체 브랜드를 보유하지 않고 고객이 성공해야 자신도 성공한다는 기업이념과 포지셔닝으로 무장하고 있기 때문이다.

삼성은 막강한 자기 브랜드를 갖고 있는 데다가 전·후방산업을 모두 보유하고 있기 때문에 고객의 전적인 신뢰를 얻을 수 있는가 하는 문제에서 큰 감점 요인을 갖고 있다. 이 점이 삼성과 TSMC의 경쟁에서 중요하게 살펴봐야 하는 지점이라고 생각한다.

뱅가드, 철수하고 손절할 용기

2000년 초, 당시 TSMC와 뱅가드 회장을 겸직하고 있던 모리스 창은 설립한 지 6년밖에 안 된 뱅가드가 D램 사업에서 철수한다고 발표했다. 그는 기자회견에서 "뱅가드의 D램 사업 철수에 대해 저도 여러분과 마찬가지로 비통한 마음입니다"라고 말했다.

앞에서 뱅가드의 전신이 공업기술연구원 서브마이크론계획이었다고 했다. 1994년 12월 뱅가드가 설립될 때 TSMC도 투자에 참여했고, 2022년 TSMC는 뱅가드의 지분을 28퍼센트 넘게 보유한 최대 주주였다. 타이완 D램 산업 발전 과정에서 D램 생산업체는 거의 모두 민간기업이었고, 유일하게 뱅가드만 정부가 출자한 공업기술연구원의 주도로 설립되었다.

그 때문에 뱅가드가 설립 6년 만인 2000년에 D램 사업 철수를 발표하자 타이완 반도체 업계가 충격에 휩싸였다. 1999년 TI-에이서가 최초로 D램 사업 철수를 발표했을 때보다도 파장이 더 컸다. 글로벌 대기업의 기술 라이센스를 취득한 다른 기업들과 달리 뱅가드는 타이완에서 자체 개발한 D램 기술을 가진 극소수 기업이었으므로 뱅가드의 철수 선언은 타이완

D램 기술이 큰 좌절에 부딪혔음을 의미하는 것이었다.

모리스 창이 "저도 여러분과 마찬가지로 비통한 마음입니다"라고 했을 때 공업기술연구원 시절부터 시작해 D램 산업에서도 10여 년을 분투해 온 200여 명의 뱅가드 직원들은 더 착잡하고 만감이 교차했을 것이다.

타이완 D램 산업이 실패한 가장 큰 원인은 자체 기술을 개발하지 못하고, 자체 기술을 개발한 몇 안 되는 기업들도 한두 세대 기술을 개발하는 데 그쳐 세계 시장의 기술 업그레이드 속도를 따라잡지 못해 도태된 것이다.

또한 D램 산업의 치열한 경쟁과도 어느 정도 관련이 있다. 기업이 안정된 이익을 내지 못하고 큰 흑자와 큰 적자 사이를 오가면 장기적으로 R&D에 투자하기가 힘들다. 호황일 때는 기술 사용을 허락해 준 라이센서licensor 기업이 위탁생산 공장보다 큰 이익을 얻고, 불황일 때는 또 위탁생산 공장이 생산능력 과잉으로 인해 라이센서 기업보다 적자폭이 훨씬 크다. 기술 라이센싱을 위주로 한 타이완 D램 생산 기업들이 발전하기 힘든 중요한 원인이 바로 이것이었다.

게다가 D램 기술을 전적으로 라이센싱에 의존하고 라이센서 기업도 때로는 차세대 기술을 따라잡지 못하는 곤란한 상황이 발생했기 때문에 타이완 D램 생산 기업들이 살아남으려면 다른 기업을 찾아 새로운 기술 라이센스를 취득해야만 했다.

타이완 최초 D램 기업인 TI-에이서를 예로 들어보자, 처음에는 텍사스 인스트루먼트가 기술 라이센싱을 통해 에이서에게 기술을 이전하고 양측이 합자기업을 설립했지만, 텍사스 인스트루먼트가 에이서에게 기술 라이센싱을 진행할 때 이미 D램 연구개발 및 생산을 중단한 상태였으므로 기술이 더 이상 업그레이드되지 않았다. 결국 TI-에이서는 후속 기술 부재로 인해 파운드리 사업으로 전환하고 TSMC에 합병되었다.

포모사 그룹의 출자로 설립되어 지금까지 D램을 생산하고 있는 난야 테크놀로지는 처음에는 일본 기업 오키 전기공업^{Oki Electric Industry}과 기술 라이센싱을 하고, 그 후 미국의 IBM, 독일의 인피니언^{Infineon}, 키몬다^{Qimonda}와 차례로 기술 라이센싱을 했으며, 그 후 다시 미국 마이크론^{Micron}과 협력하는 등 기술 라이센싱과 파트너사가 다섯 차례나 바뀌었다. 기술 발전 과정이 얼마나 험난했는지 알 수 있다.

원본드의 상황도 마찬가지였다. 처음에는 도시바의 기술 라이센스를 취득했다가 후지쯔, 인피니언, 키몬다, 엘피다^{Elpida}로 파트너사가 교체되었다. 난야 테크놀로지와 원본드는 현재 타이완에서 몇 안 되는 D램 생산 기업이지만, 범용 D램은 생산하지 않고 틈새형 D램 위주로 생산하고 있다.

모젤^{Mosel Vitelic, 茂矽}과 독일 메모리 대기업 인피니언이 공동 설립한 프로모스는 오랫동안 심한 적자에 시달리다가 파산을 선언하고 구조조정을 통해 IC 설계 및 소프트웨어 기업으로 전환했다. 최초로 미쓰비시의 기술을 들여온 파워칩도 뱅가드와 마찬가지로 파운드리 사업으로 전환한 뒤 회사명을 파워칩반도체로 바꾸어 2021년 말 증시에 재상장했다.

난야 테크놀로지스가 투자한 이노테라^{Inotera Memories, 華亞科技}와 파워칩이 투자한 루이징^{瑞晶}도 나란히 마이크론에 인수되었고, 일본 기업 엘피다도 마이크론에 인수되었다. 이로써 글로벌 D램 산업은 삼성, 하이닉스, 마이크론 세 기업이 천하를 삼분하는 구도가 형성되었다.

D램 산업이 광채를 발하지 못한 원인

뱅가드는 설립부터 D램 생산을 중단할 때까지 10년이 채 걸리지 않았다. 이 짧은 기간 동안 무슨 이유로 인해 그렇게 되었는지 자세히 들여다볼 가치가 있다.

뱅가드는 자력으로 연구개발한 기술을 보유하고 있었지만, 내가 판단하는 실패 원인은 동종 업계 다른 기업들과 크게 다르지 않다. 역시 경제 규모가 너무 작아 기술 연구개발에 필요한 비용이 큰 부담이 되었다. 게다가 메모리는 원래 경쟁이 치열하고 기술 성숙도가 높은 산업인 데다가 대기업 삼성이 크게 앞서 있었기 때문에 뱅가드는 우위를 점하지 못하고 설립 첫날부터 힘겹게 따라가야 했다.

업체 수가 많고 대부분 소규모인 것도 타이완 D램 산업이 실패한 중요한 원인이다. 2000년 초만 해도 타이완 D램 산업의 세계 시장 점유율은 약 20퍼센트로 한국에 이어 세계 2위 D램 생산국이었다. 하지만 5~6개 기업으로 실적이 분산되고 각 기업의 규모가 크지 않아 독립적인 R&D가 가능할 만큼의 규모의 경제를 갖추지 못했다. 여기에 2008년 금융위기가 닥치자 기업들이 큰 폭의 적자에 직면했다. 당시 타이완 정부에서 TMC Taiwan Memory Corporation를 설립해 합병하는 방안이 논의되기는 했지만 아쉽게도 합의에 도달하지 못했다.

D램은 자본집약산업이다. 타이완처럼 작은 섬에 기업이 이렇게 많고 정책적인 구조조정이 이루어지지 못하면 삼성, 하이닉스 같은 대기업과 경쟁할 수 없다. 새드엔딩은 정해진 결말인 셈이다. 결국 마이크론이 이 틈을 타 적자가 심각한 타이완과 일본 D램 업체들을 전부 합병했다. 미국, 일본, 타이완의 제3세력을 모으자 삼성, 하이닉스와 엇비슷한 규모를 이룰 수 있었다.

타이완 메모리 업계가 낸드플래시NAND Flash* 기술을 소홀히 한 것도 또 한 가지 중요한 원인이다.

낸드플래시와 D램은 서로 기능과 특성이 달라 상호보완 및 시너지 효과를 낼 수 있고, 낸드플래시 응용 분야가 빠르게 확대되어 D램과 맞먹는 속도로 성장했기 때문에 메모리 생산업체의 경영과 발전에 중요한 역할을 했다. 타이완이 낸드플래시 기술을 보유하지 못하고 D램에만 주력한 것이 한 가지 실패 요인이었다.

린위중林育中 전 프로모스 부사장 겸 타이완대학교 물리학과 객원부연구원의 분석에 따르면, 2000~2013년에는 D램과 평면 낸드플래시가 공정 및 설비를 함께 이용할 수 있었고, 2013년 3D 낸드플래시가 등장하면서부터 D램과 분리되었다. 타이완 메모리 산업이 낸드플래시 기술이 없어서 시너지 효과를 내지 못한 것이 상당히 아쉽다.

현재 타이완에는 난야 테크놀로지, 윈본드, ESMTElite Semiconductor Microelectronics Technology, 晶豪科, 에트론 등 IC 설계 기업만 남아 틈새형 D램을 생산하고 있으며, 글로벌 메모리 산업 시장 점유율이 4퍼센트밖에 되지 않는다. 한국의 59퍼센트, 미국의 29퍼센트, 일본의 8퍼센트와 비교하면 한참 뒤처져 있다.

그 후 난야 테크놀로지는 이노테라를 매각한 뒤 자체 공정 기술 개발에 주력해 2020년 10나노 개발에 성공했다고 발표했다. 윈본드와 매크로닉스는 노어플래시NOR Flash**를 생산해 각각 세계 1위와 2위를 차지하고 있고,

---

* 반도체의 셀이 직렬로 배열되어 있는 플래시 메모리의 한 종류. 용량 확장이 용이하고 쓰기 속도, 집적도 측면(단가와 연관됨)에서 강점이 있으나 동작 속도가 느린 단점이 있다.

** 반도체의 셀이 병렬로 배열되어 있는 플래시 메모리의 한 종류. 읽기 속도와 데이터의 안정성이 강점이나 회로가 복잡해서 집적도가 떨어지고 대용량화가 어렵다. 저밀도로 인해 단가가 높고 쓰기 속도가 느린 단점이 있다.

ESMT, 에트론 등 다른 기업들도 일부 메모리를 생산하고 있다.

전체적으로 볼 때 글로벌 메모리 업계에 타이완 기업이 많지 않은 편이다. 로직 IC와 파운드리 분야를 타이완이 주도하고 있는 것과 비교하면 메모리 산업은 그런대로 위안이 드는 정도일 뿐 더 많은 노력이 필요하다.

타이완 D램 산업의 실패는 하이테크 산업 전체에 귀한 교훈을 남겼다.

D램은 로직 IC와 발전 과정이 매우 비슷하다. 기술이 각 세대를 거치며 발전하려면 많은 자금이 필요하다. TSMC의 파운드리 기술이 7나노에서 5나노, 4나노, 3나노 등으로 발전하는 동안 각 세대마다 개발부터 양산까지 최소한 2~3년이 걸리고 경쟁 문턱이 점점 높아졌다. D램도 마찬가지이므로 규모가 크고 충분한 수익을 거둔 기업들만 다음 세대 기술로 계속 발전시킬 능력이 있다.

그러므로 후발주자는 상당한 자금력과 확고한 목표가 있지 않으면 이미 앞서 있는 상대를 추월하기가 여간 힘든 게 아니다. 한국 기업들은 1990년대 말부터 글로벌 경쟁력을 확보하기 시작해 차츰 일본 기업을 밀어내고 R&D와 제조 분야에서 탄탄한 실력을 쌓았다. 업계에 새로 진입한 기업이 그들을 추월하기가 상당히 힘든 이유다.

타이완 D램 산업의 과거 발전 모델은 글로벌 대기업과의 기술 라이센싱을 통한 위탁생산이 대부분이었다. 자체 제품을 갖고 기술 개발과 브랜드 판로 개척을 하지 못한 것도 문제지만, 무엇보다도 큰 문제는 매년 라이센서 기업에 막대한 기술사용료를 지불해야 한다는 사실이었다. 기술사용료로 지불한 금액만 200억 타이완달러가 넘었다.

평균치로 계산하면 타이완 D램 기업들이 매년 매출의 약 10퍼센트를 라이센서 기업에 로열티로 지불했다는 결과가 나온다. 2004년 프로모스의 실적을 예로 들면, 그해 프로모스의 영업이익 100억 타이완달러 가운데 로열티로만 45억 2,000만 타이완달러를 지불했을 것이라는 계산이 나온다. 프로모스의 영업이익이 적자를 기록했더라도 로열티는 33억 3,000만 타이완달러나 지불해야 했을 것이다.

이 때문에 인치밍尹啟銘 당시 경제부 장관은 타이완 D램 산업을 산업 자립도는 낮고 집약도는 높은 데다가 매년 거액의 기술이전 비용까지 내야 하는 산업이라고 표현하며, 생산액은 크지만 핵심기술 부재로 인해 이익이 크지 않다고 평가했다.

나는 타이완이 D램 산업에서 맛본 좌절이 훗날 다른 산업 참고 가치가 있는 경험치가 되었을 것이라고 생각한다. 자원이 많지 않은 타이완은 수익이 난다고 해서 특정 산업에 너도나도 투자해서는 안 된다. 당시 D램 산업에 과도한 투자가 몰린 데다가, 생산업체마다 차별화된 비즈니스 모델 없이 기술 라이센싱을 통해 기술을 얻는 방식에만 의존한 것이 훗날 실패를 부른 요인이었다.

게다가 한국 대기업들이 이미 D램 업계를 주도하고 있었으므로 D램 산업에 진출하려면 그 기업들과의 정면 경쟁을 피하는 전략을 세웠어야 했다. 미디어텍이 창업 초기에 PC 주변기기인 CD-ROM 칩셋을 선택한 것은 인텔이 강력하게 버티고 있는 PC 핵심 제품 시장에서 멀리 떨어질수록 좋았기 때문이다. 나중에 미디어텍이 휴대폰 반도체 개발을 선택한 것도 마찬가지로 그 분야가 인텔이 성공하지 못한 분야이기 때문에 시장의 주변부에서 우위를 구축한 뒤 차츰 틈새시장을 구축하려는 전략이었다.

모리스 창은 과거 텍사스 인스트루먼트에서 근무할 때 한국과 일본의 D램 대기업들이 미국 기업을 시장에서 밀어내는 과정을 직접 지켜보았으므로 D램 산업의 경쟁에 대해 아주 잘 알고 있었다. 타이완으로 돌아와 TSMC를 설립하고 뱅가드 경영을 맡았을 때 그는 타이완이 D램 분야에서 삼성과 경쟁하기가 쉽지 않음을 알고 있었을 것이다. 그에 비해 로직 IC와 파운드리 방식에 주력하는 TSMC는 비즈니스 모델 혁신을 통해 삼성을 넘어설 기회를 얻을 가능성이 있었다. 모리스 창이 TSMC와 뱅가드 회장을 겸직하고 있던 기간 동안 쩡판청과 릭 차이도 한 번씩 뱅가드 사장을 맡았다. TSMC 내부 임원들은 TSMC에서 가장 유능한 인재인 두 사람을 뱅가드로 보낸 것은 그들이 TSMC의 사장으로 적임자인지 확인하기 위한 모리스 창의 시험이었음을 모두 알고 있었다.

내가 볼 때 뱅가드가 아무리 피나는 노력과 거액의 자금을 쏟아부었어도 메모리 시장은 타이완에게 유리한 전쟁터가 아니었으므로 승리했을 가능성이 크지 않다. 그보다는 강적이 차지하고 있는 분야를 피하고 자신이 가장 잘할 수 있는 항목을 선택해 전력을 다하는 편이 좋은 실적을 낼 가능성이 더 컸다. 그러므로 뱅가드가 일찌감치 손절하고 D램 산업에서 철수한 것은 옳은 선택이었다.

포기할 줄도 알고 손절해야 할 때가 언제인지도 아는 것이 경영의 길이다. 뱅가드는 글로벌 경쟁력이 없었으므로 더 버티다가 늦게 철수했다면 뱅가드와 TSMC뿐만 아니라 타이완 반도체 산업 전반에 더 큰 피해를 끼쳤을 것이다. 앤디 그로브 인텔 회장은 "포기하는 용기도 필요하다"고 말했다. 1985년 인텔도 일본 기업들의 포위 속에서 D램 사업에서 철수하기로 결정했다. 지금 돌이켜 보면 모리스 창과 앤디 그로브 모두 정확한 선택을 한 것이었다.

11 ‖ 대동맹을 통해 위너 서클을 구축하다

인텔, AMD, TSMC의 삼각관계

·인텔, AMD, TSMC의 삼각관계에 대해 말하기 전에 이 글을 쓰고 있는 현재 시점, 즉 2022년 4분기 이들의 재무제표를 살펴보자.

TSMC가 발표한 순이익은 약 100억 달러인 2,959억 타이완달러로 전년 대비 77.84 퍼센트 증가했으며, 2023년에도 증가할 것으로 예상된다.
인텔은 6.64억 달러 적자를 기록했고, 2023년 전망도 어둡다.
AMD는 2,100만 달러의 소폭 흑자를 냈으며 2023년 2분기부터 PC 사업의 이익이 증가할 것으로 보인다.

간단한 숫자 비교만으로도 파운드리를 통한 분업과 새로운 비즈니스 모델이 반도체 산업의 면모를 빠르게 바꾸며 산업 전반에 대전환이 일어나고 있음을 엿볼 수 있다.

인텔은 'AMD+TSMC' 동맹에 밀려 시장 점유율이 계속 떨어지고 있다. 2020년이 결정적인 해였다. 바로 그해에 인텔과 AMD의 시장 점유율에 처음으로 데드크로스가 나타났다. 인텔이 판매하는 노트북 컴퓨터의

CPU칩은 거의 모두 14나노(TSMC의 10나노에 해당) 공정 기술로 생산했지만, AMD는 TSMC의 7나노로 생산해 데스크톱 시장의 절반을 가져갔다. 인텔과 AMD의 제품 설계 능력은 막상막하이므로 특별한 일이 없다면 인텔이 시장에서 이렇게 완패할 리 없다. 하지만 IC 제품의 성능을 좌우하는 공정 기술에서 인텔이 TSMC에 비해 1.5세대, 시간으로 치면 3년 넘게 뒤처져 있었던 것이 패배 원인이다.

이 밖에도 PC 분야에서 인텔의 경쟁자는 AMD만이 아니다. 애플이라는 강적이 우뚝 버티고 있었다. 2020년, 인텔의 큰 고객이었던 애플이 자사의 모든 컴퓨터 제품에 들어가는 CPU를 자체 설계한 칩으로 교체하겠다고 선언했다. 그리고 바로 그해 말, 애플의 M1 CPU가 탑재된 노트북과 데스크톱 신제품 세 모델을 출시했는데 기존의 인텔 버전에 비해 성능이 3.5배나 우수했다.

종전 인텔의 신세대 제품은 앞세대 보다 성능이 10퍼센트가량 소폭 향상되었지만, 애플이 설계한 신세대 칩은 단숨에 150~200퍼센트의 성능 향상을 실현했다. 애플 M1의 등장으로 기존에 시장을 독점하고 있던 인텔은 참패의 쓴맛을 보아야 했고, 그 후 MS, 알파벳Alphabet, 아마존, 메타 등 대기업들도 잇따라 자체적으로 칩을 설계하기 시작했다.

인텔은 애플이라는 큰 고객을 잃었을 뿐 아니라 '애플+TSMC'의 파트너십에 완패했다. 애플은 TSMC에 대량 주문을 하며 2020년부터 계속 TSMC의 최대 고객이 되었고, 2021년에는 TSMC 전체 매출의 26퍼센트가 애플에서 나왔다.

'팹리스+TSMC'라는 새로운 비즈니스 모델이 반도체 산업의 생태계를 바꿔놓았는데, 컴퓨터 업계보다 더 일찍, 더 엄청난 변화가 나타난 분야가 바로 2007년에 시작된 스마트폰 산업이다.

스마트폰 혁명 이후, IC 설계 외에도 중요한 영향력을 가진 반도체 설계 산업이 생겨났다. 다시 말해, '퀄컴+TSMC'나 '미디어텍+TSMC'의 협력이 성공을 거두었을 뿐 아니라, 절전 효과와 우수한 성능의 솔루션을 제공하는 반도체 설계 기업 ARM도 등장했다.

ARM은 1990년 영국 케임브리지에서 설립되었으며 최대 주주는 일본 소프트뱅크다. 현재 전 세계 스마트폰 등 모바일 디바이스에 탑재되는 칩 가운데 90퍼센트는 모두 라이센싱을 통해 ARM의 반도체 설계 자산을 사용하고 있다. 기업들이 ARM의 핵심 IP(설계 자산)를 스마트폰 칩에 채택함으로써 'IC 설계+반도체 설계 자산+파운드리'라는 더 세밀한 분업체제가 나타난 것이다. 각자 자신이 가장 잘할 수 있는 분야를 맡아 최선을 다했기 때문에 스마트폰 산업이 13년이라는 긴 시간 동안 고속 성장을 유지하며 모바일 인터넷의 대항해시대를 창조할 수 있었다.

인텔이 1999년부터 휴대폰 반도체 연구개발에 투자했지만 실패를 거듭해 스마트폰 시대에도 이렇다 할 실적을 내지 못하고 있음을 상기해 보자. 설계에서 뒤처졌을 뿐 아니라, 대량 생산과 빠른 원가 절감이 필요한 휴대폰 반도체 분야에서 인텔의 양산 능력이 TSMC를 따라가지 못했다. 인텔은 결국 2019년 스마트폰용 통신반도체 사업부를 애플에 매각했다.

결과적으로 인텔이 하지 못한 일을 애플이 직접 착수해 큰 성공을 거둔 것이다. 결정적인 차이는 모든 것을 직접 하려고 했던 인텔과 달리, 애플은 TSMC를 통해 위탁생산을 하고 ARM의 IP를 채택했다는 점이다.

현재 인텔은 스마트폰 시장에서 완전히 철수했지만 주력제품인 컴퓨터 및 서버용 반도체 분야에서 애플의 거센 도전에 직면해 있다. 퀄컴도 '올웨이즈 커넥티드 PC'Always Connected PC'나 크롬북 등 비주류 제품이나 로엔드 제품의 반도체를 내놓아 인텔의 시장을 또 나눌 것으로 예상된다. 퀄컴의 반도체에는 ARM 반도체 설계 자산이 아닌, 퀄컴이 2021년 인수한 누비아Nuvia의 반도체 설계 자산이 채택되었고 이미 델 등에서 사용하고 있다. 퀄컴의 이런 새로운 움직임은 '반도체 IP+IC 설계+파운드리'의 성공 방정식과 매우 흡사하다.

팡쑹런方頌仁 다윈벤처스Darwin Venture Management Corporation, 達盈管理顧問公司 공동창업자는 자신이 미국 텍사스 인스트루먼트에서 근무했던 1990년대에 텍사스 인스트루먼트의 공정 기술이 0.18마이크로미터였는데, 회의 때마다 두 기업을 벤치마킹해야 한다는 얘기가 나왔다고 했다. 두 기업 중 하나는 '스몰 i'이고, 또 하나는 '스몰 t'였다. '스몰 i'와는 Performance(성과)를 비교하고, '스몰 t'와는 cost(원가)를 비교했는데, 텍사스 인스트루먼트의 cost가 두 분기 연속 스몰 t에 패했다.

팡쑹런이 '스몰 i'는 'intel(인텔)'이었다고 했지만 모두의 호기심은 '스몰 t'가 어느 기업이었는지에 쏠렸다. 그 답은 바로 타이완의 tsmc였다. 당시 텍사스 인스트루먼트의 엔지니어들은 타이완의 작은 기업에 패했다는 사실을 믿지 못했다. 텍사스 인스트루먼트의 성과가 인텔에 패했다면 납득할 수 있지만, 제조원가에서 이름 없는 TSMC에게 패했다는 사실은 충격 그 자체였다. 그리고 그때 팡쑹런은 아시아 반도체 산업이 힘차게 비상할 것이라고 판단한 뒤 사표를 던지고 타이완으로 돌아와 UMC에 입사했다.

단체전에서 위력을 발휘한 TSMC

반도체 업계에서 인텔이 TSMC에 왕좌를 내어준 것은 모리스 창이 말한 비즈니스 모델 때문이었다.

인텔은 제품을 전량 자신의 생산 공장에서 생산했다. 그런데 생산 라인이 많지 않기 때문에 구세대 공정 기술이 차츰 성숙해지면 생산할 제품이 점점 줄어들어 구세대 공정의 생산 라인 관리가 쉽지 않았다. 반면 TSMC와 UMC는 구세대 웨이퍼 공정도 그것을 필요로 하는 고객의 주문을 받을 수 있었고, 게다가 그 구세대 공정들은 이미 감가상각이 완료되었기 때문에 기업의 훌륭한 수익원이 되었다.

TSMC는 애플, 엔비디아 등 세계 최고 고객들과 거래하며 공정 기술을 최고의 상태로 만드는 한편, 구세대 공정은 차량용 IC, 전력용 IC 등 적당한 고객을 찾아 생산 라인을 채울 수 있었던 것이다. 이것이 바로 고효율, 고성장의 파운드리 비즈니스 모델이다.

모리스 창은 젠슨 황^{Jensen Huang} (황런쉰黃仁勳) 엔비디아 CEO의 말을 인용해 TSMC와 고객 400명이 함께 춤을 추고 있는데 인텔만 처음부터 끝까지 혼자 독무를 추고 있다고 말했다.

TSMC 설립 초기에 모리스 창이 젊은 시절 조금 친분이 있었던 인텔 창업자를 찾아가 투자를 부탁했다가 거절당한 일이 있었다. 당시에는 IDM이 세계 시장을 주도하고 있었기 때문에 D램 생산업체, 로직 IC 및 아날로그 IC 생산업체 등도 모두 IDM 형태였다. TSMC를 설립할 때 대주주로 참여한 필립스 역시 설계와 제조를 함께 하는 IDM이었다.

필립스는 필립스 아시아 본부가 타이완에 있고, 타이완의 제조능력에 탄탄한 신뢰를 갖고 있었기 때문에 TSMC에 투자하기로 결정했다. 뤄이창 羅益強 당시 필립스 아시아 사장의 적극적인 지지도 큰 역할을 했다. 하지만 필립스도 TSMC가 그렇게 큰 성공을 거둘 줄은 예상하지 못했고, 1997년 보유하고 있던 TSMC 지분 전체를 팔고 의료 사업에 집중했다.

TSMC의 R&D 부문 이사였던 린마오슝은 초기에는 TSMC의 수주량이 불안정한 문제가 있어서 상대적으로 생산량이 많은 D램 위탁생산으로 비어 있는 생산 라인을 채울지 고민했었다고 회고했다. 당시 TSMC의 2대 사장이었던 독일계 미국인 크라우스 비머^{Kraus Wiemer}가 독일 지멘스^{Siemens}를 찾아가 D램 기술이전 및 위탁생산을 요청하기도 했다.

린마오슝과 TSMC 엔지니어팀도 1993년 지멘스 뮌헨 본사에 직접 찾아갔지만 회의가 시작된 지 30분도 안 돼서 쫓겨났다. 타이완에서 뮌헨까지 20시간이나 비행기를 타고 갔지만 빈손으로 돌아올 수밖에 없었다.

이런 작은 비하인드 스토리를 공개하는 것은 당시 TSMC가 수많은 글로벌 대기업에게 문전박대당했다는 걸 사람들에게 알아주길 바라는 마음 때문이다. TSMC는 이런 홀대에도 낙담하지 않고 피나는 노력으로 지금의 성공을 일궈냈다.

아이러니하게도 당시 TSMC 임원을 내쫓았던 독일이 2020년부터 2년 동안 코비드COVID 시기에 차량 용 IC의 심각한 공급 부족으로 자동차 산업이 큰 타격을 입자 태도가 달라졌다. 독일 경제부가 직접 나서서 타이완 정부와 TSMC에 자신들의 주문을 우선적으로 공급해 달라고 부탁한 것이다.

린마오슝은 초기에 글로벌 대기업에서 번번이 문전박대당한 것은 그 대기업들이 자체 공장을 보유하고 있어 위탁생산을 할 이유가 없었기 때문이라고 설명했다. 하지만 그 기업 임원들은 당장 주문은 하지 않아도 TSMC에 지속적인 관심을 가지며 관계를 유지했다.

린마오슝에 따르면, 글로벌 대기업 임원들의 TSMC에 대한 관심은 아마도 훗날 그들이 회사를 떠나 창업할 때 IC 설계는 직접 해도 웨이퍼 공장을 직접 지을 수는 없으므로 TSMC 같은 파운드리 기업에게 위탁생산을 해야 한다는 걸 알고 있었기 때문일 것이다. 현재 실리콘밸리에서 IC 설계 회사를 창업한 사람들 가운데에는 당시 TSMC가 방문했던 대기업의 임원들이 적지 않다.

돌이켜 보면 파운드리는 이미 거스를 수 없는 산업의 흐름이었다. 인텔, AMD, TSMC의 판도 변화는 반도체 산업의 분업화 추세를 보여주는 가장 구체적이고 생생한 증거이다.

오래전 모리스 창이 TSMC 대동맹tsmc Grand Alliance이라는 개념을 제안한 적이 있다. 2차 세계대전 당시 미국과 유럽 국가들이 독일, 이탈리아, 일본의 침략 야욕에 대항하기 위해 결성한 연합군에서 착안한 개념이다. 현재 TSMC 대동맹에는 AMD, 엔비디아, 퀄컴, 브로드컴, 미디어텍 등 오랜 고객은 물론이고, 애플, MS, 테슬라, 아마존, 알파벳 등의 빅테크와 반도체 설계 기업 ARM, 전자 설계 자동화 기업 시놉시스^{Synopsys}, 장비업체 ASML^{ASML Holding} 등도 새로 추가되었다. 반도체 산업의 판도를 뒤엎은 TSMC의 힘은 바로 이런 분업과 대동맹을 통한 파트너십에서 나왔다.

그러므로 TSMC가 인텔을 패배시킨 것이 아니라 TSMC 대동맹이 위력을 발휘하고 있다고 하는 편이 더 정확하다. 이 대동맹에 속한 위너 서클은 지금도 계속 확장되고 있다. 아직 대동맹에 가입하지 않은 기업들은 외톨이가 된 심정을 느낄 것이다!

12 ‖ 승계에 실패하고 다시 돌아와 전성기를 열다

기업 승계에서 얻은 교훈

56세에 TSMC를 설립한 모리스 창은 74세인 2005년에 TSMC의 CEO직을 릭 차이에게 넘겼다. 그는 4년 뒤 다시 릭 차이에게서 CEO직을 넘겨받아 복귀했다가 2018년 마크 리우Mark Liu (류더인劉德音)와 웨이저자魏哲家에게 자리를 물려주고 정식으로 TSMC를 떠났다.

모리스 창의 첫 승계는 왜 실패했을까? CEO직을 반납하고 내려온 릭 차이의 거취를 어떻게 처리했을까? 모리스 창은 복귀한 뒤 어떻게 TSMC의 새로운 전성기를 열었을까?

우선 릭 차이에 대해 얘기해 보겠다. 그는 미국 휴렛팩커드에서 근무하다가 TSMC 설립 2년 후인 1989년 쩡판청의 권유로 TSMC에 영입되었다. TSMC 입사 후 강한 추진력을 인정받아 부사장까지 고속 승진하며 내부에서는 '리틀 모리스 창'이라는 별명을 얻었다. 2001년 사장 겸 COO(최고운영책임자)로 승진하자 외부에서는 그가 모리스 창의 후임이 될 것으로 관측했다.

과연 2005년 모리스 창은 릭 차이를 CEO에 임명했다. 그 후 4년의 임기 동안 TSMC의 실적이 꾸준히 유지되었으므로 릭 차이가 CEO직을 안정적으로 수행했다고 할 수 있다. 하지만 2008년 금융위기가 닥치자 모리스 창의 승계 계획이 흔들리기 시작했다.

당시 세계적인 금융위기로 경기가 급격히 위축되자 신주과학단지 입주 기업들의 수주량이 심각하게 줄어들고, TSMC도 실적 하락을 피할 수 없었다. 그러자 릭 차이는 첨단 공정 40나노 설비 구매를 잠시 보류하고 실적평가제도를 통해 실적이 부진한 직원을 중심으로 전 직원의 5퍼센트를 감원했다.

갑작스럽게 해고된 직원들은 다즈*㙔에 있는 모리스 창의 자택으로 달려가 피켓을 들고 철야농성을 벌였다. '행복한 기업'을 만들기 위해 애썼던 모리스 창이 분노해 릭 차이를 밀어내고 다시 CEO직에 복귀하기로 결정했다.

직원을 진심으로 대하고, 감원도 떳떳해야 한다

모리스 창의 복귀는 TSMC 역사에서 매우 중요한 사건이다. 이 사건에서 눈여겨볼 만한 점이 네 가지 있다.

첫째, 모리스 창이 다시 경영일선에 나선 것은 '직원을 진심으로 대한다'는 TSMC의 경영이념을 지키기 위한 결정이었다.

TSMC는 오랫동안 이른바 PMD Performance Management and Development (성과 관리 및 개발) 평가시스템을 갖고 있었는데, 텍사스 인스트루먼트와 공업기술연구원의 제도를 섞어서 만든 뒤 여러 차례 수정한 것이었다. 그런데 릭 차이가 CEO가 된 뒤 경영진이 PMD를 핑계로 실적이 하위 5퍼센트인 직원들에게 유예기간도 없이 당장 퇴사할 것을 권고하자 TSMC 직원들이 술렁였다.

당시 내부 상황을 알고 있던 임원에 따르면, 텍사스 인스트루먼트에서 근무할 때 수많은 직원을 해고했던 모리스 창은 감원에 반대하지는 않았다. 하지만 그는 감원을 해도 떳떳하게 해야 한다면서 설득력 있는 평가 시스템을 제안했다. 해고된 직원들의 철야농성 사건이 발생하자 릭 차이를 비롯한 경영진은 "PMD를 엄격하게 실행했을 뿐"이고 "직원들이 자진해서 회사를 떠났다"고 해명했다. 아마도 모리스 창이 릭 차이에게 회사를 승계하는 계획을 재검토하기로 결정한 이유는 바로 이 점일 것이다.

둘째, 모리스 창은 릭 차이를 교체한 실제 이유가 무엇인지 한 번도 말한 적이 없다. TSMC의 여러 임원들과 인터뷰하며 들은 내용을 종합해 보면, 감원 사건은 표면적으로 드러난 도화선에 불과했다는 의견이 대부분이다. 릭 차이가 CEO직을 수행하는 4년 동안 모리스 창의 마음에 들지 않는 부분이 있었을 것이다. 이를테면 단기실적을 과도하게 중시하는 분위기라든가, 공급업체를 상대로 가격을 깎는다든가, 먼저 가격을 정해 고객에게 통보하는 방식 같은 것들이다. 하지만 이것도 다 추측일 뿐이고 진정한 이유가 무엇인지는 모리스 창 본인만이 알고 있다.

직위는 몰수했지만 부하직원의 체면을 배려하다

모리스 창이 릭 차이의 거취를 어떻게 처리했는가 하는 점이다. 릭 차이는 갑자기 권력의 정점에서 내려오게 된 상황을 심정적으로 받아들이기 힘들었을 것이다. 회사의 수장이었던 릭 차이를 모리스 창은 어떻게 위로했을까?

릭 차이 교체를 발표하는 기자회견에서 모리스 창은 릭 차이가 정확히 어떤 잘못을 했는지 말하지 않았고, 그저 감원사건에 대해 "몹시 유감"이라고만 했다. 게다가 릭 차이에 대해 언급할 때마다 그가 TSMC에서 가장 중요한 인재임을 강조했다.

모리스 창은 릭 차이에게 TSMC의 이사 자리를 내어주고 연봉도 깎지 않았으며, 그를 신사업의 사장으로 앉혔다. 심지어 나중에 자신이 은 퇴할 때 릭 차이를 당연히 후임 인선에 포함시킬 것이라고 말했다. 나중에 TSMC는 신사업을 TSMC SSL^TSMC Solid State Lighting과 TSMC Solar로 분리 한 뒤 릭 차이를 회장으로 임명했다.

눈치 빠른 사람들은 이 신사업이 그럴듯하게 들리지만 사실 리스크가 크고 반도체 파운드리에 비해 규모가 훨씬 작은 사업이라는 사실을 알아 챘을 것이다. 모리스 창이 릭 차이의 체면을 배려해 그럴듯한 자리에서 TSMC를 위해 계속 일하도록 해준 것이다.

그 후 릭 차이는 TSMC에서 4년을 더 근무했다. 2013년 11월 모리스 창이 다시 CEO직에서 내려올 때 TSMC 이사회는 마크 리우와 웨이저자 를 공동 CEO로 임명했다. 재미있는 점은 릭 차이도 당시 신임 CEO 임명 을 승인한 이사회 구성원 중 한 사람이었다는 사실이다. 그 표를 던지고 얼 마 안 돼서 릭 차이는 타이완 행정원으로부터 중화전신中華電信 회장으로 임 명되어 TSMC를 떠났다.

직원 수만 명을 관리하던 그가 직원이 20여 명밖에 안 되는 작은 사업 의 책임자로 옮겨 갔을 때 얼마나 낙담했을지 상상할 수 있을 것이다. 하지 만 남들이 참을 수 없는 것을 참으려면 초인적인 인내심과 의지가 필요하 다. 당시 그런 시련을 겪은 릭 차이는 중화전신 회장을 지내고 내려온 뒤 또다시 미디어텍의 CEO로 영입되며 사회적인 영향력을 회복했다.

과감한 베팅으로 단숨에 선두에 오르다

셋째, 모리스 창이 CEO로 복귀한 뒤 어떻게 전열을 가다듬고 투자를 확대해 경쟁자들을 따돌렸는가 하는 점이다.

2009년 6월 CEO직에 복귀한 모리스 창은 금융위기로 인해 경기가 위축되었는데도 대대적인 투자를 진행했다. 이는 나중에 경쟁자들을 멀리 따돌리고 단숨에 업계 선두로 치고 올라가기 위한 포석이었다.

모리스 창이 복귀하고 처음 한 일은 은퇴한 장상이를 다시 불러 R&D 부문 책임자로 임명한 것이고, 그다음은 2010년 자본 지출을 59억 달러까지 두 배로 늘린 것이다. 모리스 창이 이사회에 이 안건을 상정했을 때 사외이사 두 명이 반대했는데 그중 한 사람이 토머스 엔지버스[Thomas J. Engibous] 전 텍사스 인스트루먼트 회장 겸 CEO였다. 하지만 모리스 창은 이사회를 설득하는 데 성공했다.

TSMC가 자본 지출을 크게 늘리기로 결정하자 자본시장과 애널리스트들은 놀라움을 금치 못했다. 금융위기의 여파로 시장이 꽁꽁 얼어붙은 2009년 상반기, 단 한 건도 수주하지 못하는 업체들도 많은 상황에서 모리스 창의 이런 과감한 베팅에 외국 기업가들도 놀라워했다.

2010년 글로벌 경기가 회복세를 보이자 반도체 시장 매출이 31.8퍼센트나 증가했다. 역대 가장 큰 폭의 증가율이었다. 앞을 내다본 모리스 창의 결단으로 28나노 공정 생산능력을 대폭 확충해 놓았던 TSMC는 이 증가세에 힘입어 28나노 시장 점유율이 80퍼센트를 기록하며 호황의 가장 큰 혜택을 누렸다.

사실 여든이 다 된 모리스 창이 CEO로 복귀하는 방안에 대해 이사회에서 우려가 없지 않았다. 하지만 수차례 논의를 거쳐 모리스 창을 믿어주기로 결론을 내리고, 자본 지출을 대폭 확대하는 그의 결정도 지지해 주었다. 결과적으로 모리스 창이 CEO로 복귀했다가 2018년 사임하기까지 장장 9

년간 TSMC는 기초가 더 탄탄해졌고, 그도 더 편안한 ㅁ,음으로 TSMC를 떠날 수 있었다.

거만한 인터뷰가 화를 부르다?

마지막으로 눈여겨볼 만한 점은 릭 차이가 CEO로 있을 때 처음이자 마지막으로 했던 언론 인터뷰다. 때는 2009년 5월이었고, 그를 인터뷰한 사람은 바로 나였다. 당시 나는 〈비즈니스 투데이〉 기자로서 그를 인터뷰한 뒤 "철혈경영인 릭 차이鐵血管理蔡力行"라는 제목의 커버스토리를 실었다.

나는 릭 차이 인터뷰를 통해 역사의 일부분에 참여했다는 사실이 영광스러웠다. 그런데 릭 차이가 그날 인터뷰에서 TSMC CEO로서 마땅히 지켜야 할 겸손의 원칙을 위반했고, 그 점이 모리스 창의 심기를 거슬러 어쩌면 나중에 그가 교체된 이유 중 하나가 되었을 거라는 이야기를 여러 사람에게 들었다. TSMC에서 오랫동안 근무한 한 친구는 "많은 사람들이 그때 그 인터뷰를 관심 있게 지켜보았어. 그런데 TSMC 임원이 그렇게 거만한 태도로 인터뷰한 건 처음이었지. 다들 릭이 큰 실수를 저질렀음을 직감했을 거야"라고 말했다.

그 친구는 또 이렇게 말했다. "하지만 나중에 복귀한 모리스 창이 TSMC를 한 단계 업그레이드시켰으니 그 인터뷰 기사가 TSMC를 호국신산으로 만드는 간접적인 공을 세운 셈이지."

물론 나는 그렇게 생각하지 않고, 내가 무슨 공을 세웠다고 생각하지도 않는다. 다만 모리스 창의 기업 승계 과정을 관찰하고 기록하면서, 한 기업을 물려주는 일이 결코 쉽지 않다고 느꼈다. 후임자를 선택할 때 고려해야 할 부분도 많고, 취임과 퇴임 사이에 여러 가지 현명한 준비와 결정이 필요할 것이다. 모리스 창이 퇴임했다가 복귀하고, 다시 퇴임할 때까지 TSMC

를 전성기로 이끈 과정은 많은 기업가들에게 본보기가 될 수 있을 것이다.

나중에 릭 차이는 당시 모리스 창의 결정을 어떻게 생각했을까?

2017년 10월 말 TSMC 창립 30주년 기념식이 열렸을 때, 1년 전 미디어텍 공동 CEO로 영입된 릭 차이도 기념식에 참석했다. 그는 모리스 창의 은퇴에 대한 소감을 묻는 기자에게 "모리스 창 회장은 타이완 발전에 큰 공로를 세운 분입니다. 회장님을 그 누구보다도 존경합니다"라고 말했다. 또 모리스 창이 마크 리우와 웨이저자를 후임 CEO로 선택한 것에 대해서는 "매우 유능한 분들입니다" "회장님의 훌륭한 결정입니다"라며 의연하게 대답했다.

릭 차이는 실패 앞에서 좌절하지 않았고, 미디어텍을 성공적으로 이끌어 퀄컴을 향한 힘찬 도전을 계속하고 있다. TSMC에서 겪은 실패는 그의 인생을 더 풍부하게 만들기 위해 지불한 수업료였던 셈이다.

13 | 우수 인력의 유출을 막다

마크 리우와 웨이저자의 기업 승계의 길

2018년 87세의 모리스 창이 정식 은퇴를 선언했다. 그가 후임자를 선택해 기업을 승계한 방식은 타이완 기업들에게 중요한 본보기를 남겼다.

오래전 모리스 창을 인터뷰할 때 그가 미국 GE General Electric (제너럴 일렉트릭)의 기업 승계 이야기를 한 적이 있다. 그는 GE의 승계는 실패한 승계라고 했다. 전설적인 기업가 잭 웰치 Jack Welch CEO가 서너 명의 후보 중 제프 이멜트 Jeff Immelt 를 후임으로 선택하자 선택받지 못한 다른 고위 임원들이 전부 GE를 떠났다. 모리스 창은 모두 훌륭한 인재였던 그들이 떠난 것은 GE에게 엄청난 손실이었다고 말했다.

따라서 모리스 창이 기업 승계를 준비할 때 가장 중요하게 고려했던 사항은 바로 '인재 유출을 막는 것'이었다. 그는 후보들 사이의 네거티브 경쟁을 유발하지 않으면서 후보들에게 임무를 주고 누가 어떤 자리에 적합한지 관찰하는 방식으로 승계를 하고자 계획했다. 모리스 창의 입장에서 그들은 모두 이미 성숙하고 경력이 풍부한 전문경영인들이었으므로 누구를 후임으로 선택하든 간에 단 한 사람도 회사를 떠나지 않고 남는 것이 중요했다.

그의 첫 시험은 2012년 마크 리우와 웨이저자, 장상이를 공동 COO로 임명한 것이었다. 각각 TSMC의 가장 중요한 사업부인 생산, 마케팅, R&D를 책임지고 있던 이들을 공동 COO로 임명하고 그들 셋이 6개월씩 돌아가며 다른 사업부를 맡아볼 수 있게 했다.

그들이 돌아가며 사업부를 맡는 동안 여러 가지 상황이 발생했다. 원래 R&D 책임자였던 장상이는 R&D 과제를 훌륭하게 진행시켰지만, 다른 두 사람이 맡았을 때는 문제가 속출했다. 모리스 창은 시사지 〈커먼웰스 CommonWealth, 天下〉와의 인터뷰에서 세 사람이 사업부를 돌아가며 맡는 방식은 성공하지 못했음을 인정했다.

마크 리우와 웨이저자에 비해 나이가 몇 살 많았던 장상이가 CEO가 되고 싶은 욕심이 없다는 뜻을 여러 차례 모리스 창에게 전하자, 남은 기간의 시험은 자연스럽게 마크 리우와 웨이저자가 R&D 및 마케팅 사업에서 더 경험을 쌓는 기회가 되었다. 2013년 만 67세 나이의 장상이가 은퇴하자 마크 리우와 웨이저자가 공동 CEO로 임명되어 모두가 알고 있는 지금의 공동 대표 체제가 되었다.

후임 선발 과정에서 모리스 창은 외부 인사를 낙하산 식으로 데려올 생각은 처음부터 없었다. 외부에서 사람을 구하면 내부 임직원의 사기가 크게 떨어질 것이라고 생각했기 때문이다.

TSMC는 미국 문화가 강하다고 알려져 있고 미국에서 유학하고 기업에 근무한 경력을 가진 임원들도 많다. 하지만, 모리스 창은 TSMC의 기업문화 중 '타이완 문화'가 70~80퍼센트를 차지하기 때문에 낙하산 인사로 영입된 사람도 적응하기 힘들 것이라고 생각했다.

외부 인사 영입과 외국인 낙하산 인사를 제외하고 내부에서 승진시킬 인물을 찾으려다 보니 자연히 웨이저자와 마크 리우 두 사람이 유력한 후보가 되었다. 모리스 창은 두 사람의 성격과 특징이 상호보완 관계가 될 수 있는 승계 체제를 설계했다. TSMC의 가장 중요한 두 직책은 회장과 CEO 인데, 그들을 어떤 방식으로 배치해야 두 사람 모두 회사에 계속 남아 있을 지에 대해 많은 고민을 했다.

그는 〈커먼웰스〉와의 인터뷰에서 웨이저자는 자신감 있고 호탕하며 유 머러스하고 결단이 빠른 성격이고, 마크 리우는 매사에 심사숙고하고 점잖 으며 시간이 충분한 사안은 꼼꼼하게 살피고 고민하는 사람이라고 했다. 두 사람의 성격이 아주 달랐기 때문에 모리스 창은 이사회의 최종 결의가 있기 바로 전 해에 비로소 마크 리우를 회장으로, 웨이저자를 CEO로 결정 했다.

CEO는 단순한 '집행장'이 아니라 '총재'라고 불러야 한다

타이완에서는 CEO를 '집행장執行長'으로 번역하지만 모리스 창은 이것이 정확한 번역이 아니라고 생각했다. 그가 생각하는 CEO는 결코 '집행만 하 는' 단순한 직책이 아니기 때문이다.

CEO의 직무에 대한 이해를 돕기 위해 모리스 창은 CEO라는 말의 유 래에 대해 얘기했다. CEO라는 말을 처음 만든 사람은 미국의 건국공신이 자 헌법 초안 작성에 참여했던 알렉산더 해밀턴Alexander Hamilton 이다. 미국 독 립 이후 해밀턴은 뉴욕에서 은행을 설립했다.

은행의 주인이지만 직접 경영까지 하고 싶지 않았던 그는 전문적인 경 영인을 영입했다. 이 경영인의 직함을 무엇으로 정할까 고민하던 그는 미 국 헌법을 떠올렸다.

미국 헌법에 따르면 미국은 행정, 입법, 사법, 이 세 가지 권력이 서로 견제하며 균형을 유지하는 국가이고, 미국 대통령은 'Chief Executive'라 고 불렀다. 그래서 그는 은행의 전문경영인을 Chief Executive Officer

라고 부르기로 했고, 이렇게 CEO라는 용어가 탄생했다.

모리스 창은 'executive'라는 단어가 'execute(수행하다)'와 비슷하기 때문에 CEO를 '집행장'으로 번역한 것 같다면서, 사실 '집행장'이라는 단어의 뜻이 실제 직무와 차이가 크다고 했다.

미국 헌법에서 최고 행정권력을 가진 대통령을 'Chief Executive'라고 부르지만, 대통령은 단순히 정책의 '집행자'만이 아니라 정책의 '제정자'이기도 하기 때문에 '집행장'이라는 번역은 잘못됐다는 것이다. 그러면서 CEO는 단순히 집행만 하는 사람이 아니라 정책 제정과 집행이라는 두 가지 권력을 쥐고 있는 사람이므로 '총재總裁'라고 부르는 것이 더 타당하다고 했다.

모리스 창은 TSMC에 '총재'라는 직책이 없기 때문에(그 자신이 실질적인 총재였으므로) 마크 리우와 웨이저자를 공동 CEO라고 칭하면서도, 자신이 은퇴하면 해밀턴이 상상한 그런 역할이 필요할 것이므로 '총재'라는 직함을 제안했다고 밝혔다.

하지만 일반적으로 미국 기업은 회장과 CEO 두 가지 직책이 중심이 되고, 두 직책의 책임도 분명히 구분되어 있다. 보수로 따져도 회장이 CEO보다 훨씬 적은 연봉을 받는다. 마크 리우가 실권이 없는 허수아비 회장이 되지 않고 두 사람이 분업 형식으로 협력할 수 있도록, 모리스 창은 회장과 총재라는 두 직책의 책임 범위를 새롭게 조정했다. 두 사람이 중요한 책임을 함께 짊어지고 상호보완적인 관계에서 각자의 역할을 할 수 있게 하고 연봉도 완전히 동등하게 책정했다. 두 사람이 동등한 관계에서 상호보완하는 공동 수장제에는 둘 중 어느 하나도 회사를 떠나지 않고 TSMC를 위해 계속 일해주길 바라는 의미가 담겨 있었다.

회장 마크 리우는 이사회를 이끌며 정부와 대중을 상대로 한 최고대표가 되고, 고객사, 공급업체, 대동맹 회원사에 대해서는 총재인 웨이저자가 최고대표의 역할을 했다.

미국 기업에서는 중요한 경영안건에 대해 CEO가 전적으로 책임지지만, 모리스 창은 회장 마크 리우도 TSMC 내부의 가장 중요한 세 가지 전략회의, 즉 자본지출전략회의, 가격결정전략회의, 마케팅전략분기회의에 반드시 참석하도록 했다. 미국 기업의 회장은 일반적으로 이런 회의에 참석하지 않는다.

모리스 창이 정의한 '총재'는 기본적으로는 CEO에 가깝지만, CEO라는 직책을 중요하게 여긴다는 점을 강조하기 위해 중국어 명칭을 '총재'라고 정했다. 또 회장이 총재보다 권력이 약하다는 오해를 차단하기 위해 마크 리우도 중요한 의사 결정에 참여하게 함으로써 마크 리우와 웨이저자의 권력 균형을 맞췄다. 이런 모든 방식은 두 후임자 스스로 동등한 직책을 갖고 있다고 느끼게 하려는 것이었다. 동서양의 특색을 융합한 모리스 창의 이런 독특한 방식은 순조로운 기업 승계를 위한 모리스 창의 세심하고 치밀한 전략이었다.

CEO의 최대 책임은 외부 환경을 회사에 알리는 것

모리스 창은 은퇴 후 칭화대학교 강연에서 TSMC의 CEO를 선출할 때 어떤 점을 고려했는지 밝혔다. 그는 이렇게 말했다. 기술의 중요성은 잘 알고 있지만 경영과 시장 마케팅도 중요하다. 경영이 없으면 사업도 없고, 이익을 창출할 수도 없다. 사업은 기업 생존의 바탕이므로 CEO는 기술뿐 아니라 가격 결정과 조직 통솔에 대해 필수적으로 알아야 한다. CEO의 가장 큰 책임은 외부 환경을 회사에 알리고 회사의 자원을 이용해 외부의 도전에 대응하는 것이다. CEO는 기업 내부와 외부를 연결하는 가장 중요한 통로로서 고객을 만족시키는 동시에 주주도 기쁘게 해주어야 한다.

이 발언을 통해 모리스 창이 두 후임자를 선택한 이유를 알 수 있다. 그는 〈커먼웰스〉와의 인터뷰에서도 마크 리우와 웨이저자 두 사람의 훌륭한 상호보완 역할에 대해 언급했다. 웨이저자가 총재이지만 마크 리우도 중요한 의사 결정의 최종결재자로서 자본 지출, 합병, 감원, 부사장 이상 임원에 대한 인사 등 여러 가지 중요한 사안이 이사회에서 최종 통과될 수 있도록 충분한 시간을 갖고 고민한다고 했다. 웨이저자가 실수를 해도 그 다음에 마크 리우라는 최종결재자가 있는 것이다.

두 사람의 의견이 다르면 어떻게 할까? 모리스 창은 이렇게 말했다. "두 사람 사이에 심각한 이견이 있으면 이사회가 중요한 역할을 하겠지요."

만약 심각한 의견 대립이 발생해 한 사람이 다른 한쪽을 교체하려고 한다면 어떻게 될까? 조직의 권력 모델로 볼 때 TSMC는 회장제 기업이다. 회장이 외부적으로 기업을 대표하고 총재를 교체할 권한도 있지만, 총재는 회장을 교체할 수 없다. 이론상으로는 그렇지만, 회장이 총재를 교체하려고 한다면 최종 결정권을 가진 이사회에서 결정하도록 이사회 구성원을 설득할 수 있다. 현재 TSMC 이사회는 모두 글로벌 대기업의 임원이나 국제적으로 명망 있는 인사들로 구성되어 있다. 두 사람의 의견 대립이 해결할 수 없을 만큼 심각하다면 최종적으로 이사회가 나서서 교체를 결정할 수밖에 없다.[*]

모리스 창은 마크 리우와 웨이저자를 두 후임으로 선택하고 공동수장제라는 권력 모델을 수립한 뒤 전격 퇴임했다. 은퇴 후 그는 회사와 관련된 그 어떤 직책도 맡지 않고 자신이 말한 '3불不'원칙, 즉 "이사를 맡지 않겠다", "고문을 맡지 않겠다", "명예회장을 맡지 않겠다"는 약속을 지키고 있다.

이것이 모리스 창의 특별한 점이다. 많은 창업주들이 은퇴 후에도 회사

---

[*] 올해(2024년) 6월 마크 리우가 회장직에서 물러나고 웨이저자가 회장 겸 총재로서 원톱체제가 됐다.

일에 개입하고 경영진의 일을 간섭하며 권력과 특권을 내려놓지 않으려 한다. 모리스 창의 철저한 공사 구분은 창업가들이 본받을 만한 점이다.

14 TSMC의 기적 창조는 계속될 것인가?

반도체 전쟁 앞에 놓인 세 가지 도전

이 책의 출간일을 기준으로 마크 리우와 웨이저자가 TSMC 회장과 총재로 취임한 지 5년이 된다. 그 기간 동안 코로나19 창궐, 러시아-우크라이나 전쟁, 미·중 반도체 전쟁 등등 전 세계 정치·경제가 큰 파동을 겪었고 TSMC도 직격타를 피하지 못했다. 험난했던 5년간 마크 리우와 웨이저자는 TSMC를 어떻게 이끌었을까?

두 사람이 취임하고 반년 사이에 TSMC는 두 번의 중대한 사건을 겪었다. 내부 컴퓨터 시스템과 일부 생산 라인이 악성 바이러스에 감염된 사건과 감광제 불량으로 웨이퍼 1만 여 장을 폐기한 사건이다.

컴퓨터 시스템의 악성 바이러스 감염은 한 직원이 백신프로그램을 실행하지 않은 채 생산장비를 외부 네트워크에 연결한 것이 발단이 됐다. TSMC가 구축해 놓은 클라우드 자동화 시스템에 생산 시스템이 연결되어 있었기 때문에 바이러스가 순식간에 퍼져나가 신주과학단지, 중부과학단지, 남부과학단지 등 여러 산단에 위치한 공장들이 바이러스에 감염되었고, 결국 3분기 재무제표에 26억 타이완달러에 가까운 손실이 기록되었다.

2019년 1월에는 감광제 공급업체가 불량 원료를 사용하는 바람에 공정에 문제가 생겨 남부과학단지 14B공장에서 생산된 웨이퍼 1만여 장을 폐기했다. 업계의 우등생인 TSMC에 반년 사이 대형 사고가 연이어 터진 데다가 기업 승계가 이루어진 직후였기 때문에 모두 크게 긴장했다.

바이러스 감염 사건이 발생하고 사흘 뒤에 열린 기자회견에서 웨이저자는 해명과 함께 사죄하고 이 사건을 '부주의로 인한 인재'로 규정했다. 불량 감광제 사건에 대해서는 공급망 관리를 강화하고 내부에서 더 효율적인 품질관리를 실시하겠다고 밝혔다.

지정학적인 요인으로 인한 경영 리스크

두 번의 사고로 수업료를 톡톡히 치른 두 경영인 앞에 더 복잡하고 해결하기 힘든 세 가지 도전이 놓여 있다.

첫째, 지정학적인 요인으로 인한 경영 리스크다. TSMC는 세계 최첨단 공정 기술을 보유하고 있는 강점을 극대화하는 한편, 국제정치로 인한 충격을 최소화해야 하는 과제를 안고 있으며, 이것은 파운드리 사업을 운영하는 것과는 완전히 다른 차원의 문제다.

2018년 트럼프 미 대통령이 중국에 무역 전쟁을 도발해 정치적 긴장이 고조되고, 바이든 대통령 취임 후에는 중국 반도체 산업에 대한 봉쇄 조치가 더 강화되었다. 그러자 TSMC를 향한 관심과 기대가 점점 높아지고 공동경영자 두 사람은 예상보다 훨씬 큰 지정학적 리스크에 직면해 있다.

치열한 미·중 반도체 전쟁의 한가운데서 TSMC가 최첨단 공정과 생산 능력을 대부분 독점하고 있는 데다가 군사적으로 긴장된 타이완에 생산 공장이 집중되어 있다는 이유로 애꿎은 화를 당하는 격이다. 또한 2024년부터 차례로 양산 체제 돌입을 앞둔 미국과 일본 공장이 어떻게 고비용 문제를 해결하고 TSMC의 생산실력을 발휘할 수 있을지, 기술 R&D 분야에서 어떻게 타이완의 우위를 유지할 수 있을지도 넘어야 할 난관이다.

일본의 경우, 현재 일본 정부가 적극적으로 지원하고 생산비용이 미국 만큼 높지 않으며, 일본과 타이완의 노동문화가 비슷하기 때문에 일본 합작사인 JASM Japan Advanced Semiconductor Manufacturing은 상대적으로 리스크가 적을 것으로 보인다. 하지만 미국 애리조나 공장은 만만치 않은 도전이다. 미국 정부로부터 더 많은 지원을 받아내야 할 뿐 아니라 미국과 타이완의 생산 효율 격차를 좁혀야 하는 어려운 문제도 있다.

현재 독일 정부도 투자 유치에 적극적이다. 인텔, 글로벌 파운드리스, 삼성이 모두 손실을 내거나 수익이 악화되어 유럽에 대한 투자계획이 늦춰질 것으로 예상된다. 따라서 독일도 일본 정부처럼 파격적인 우대책을 내놓아야 할 것으로 보이지만 TSMC로서는 동시다발적인 해외 투자가 좋은 전략이 아닐 수도 있기 때문에 독일에 대한 투자는 신중하게 고민할 것이다.

미국과 일본 시장에 투자한 것은 마크 리우와 웨이저자의 공동 대표 체제 출범 후 가장 중대한 결단이었고, 향후 가장 큰 경영 리스크가 될 수도 있다. 이 공장들을 순조롭게 운영하고 고비용 문제를 해결하기 위해 최적의 해결 방법을 모색해야 할 것이다. 과거 모리스 창이 미국 웨이퍼테크에 투자했다가 실패한 사례가 있는 만큼, 모리스 창의 핑크빛 꿈이 악몽으로 변하지 않게 하는 것이 두 경영인의 가장 중요한 임무다.

사실 지정학적인 요인을 살펴보면, TSMC의 최대 경쟁자인 삼성과 인텔은 오랫동안 다방면으로 공을 들이고 로비를 해왔기 때문에 TSMC보다 경험도 풍부하고 영향력도 크다. 업계 안팎으로 모두 고릴라 같은 막강한 경쟁자를 상대해야 하기 때문에 정부의 우대책이나 게임의 법칙에서 조금만 삐끗해도 TSMC가 막대한 피해를 받을 수 있다. 정치 상황에 따라 향후 TSMC가 직면하게 될 리스크를 결코 가볍게 여겨서는 안 된다.

인재 및 경영의 글로벌화

둘째, TSMC는 제조 사업에 주력하며 타이완 내에 편중된 투자를 해왔지만 앞으로는 인재와 경영에 있어서 글로벌화를 가속화해야 할 필요가 있다.

TSMC가 삼성과 인텔을 상대로 승리할 수 있는 가장 중요한 원인은 TSMC만의 고독한 싸움이 아니라 전 세계에 걸쳐 전·후방산업이 촘촘하게 연결된 TSMC 대동맹이 똘똘 뭉쳐 싸우고 있다는 것이다. 거대한 개미 군단의 지원과 협력이 있어야만 삼성과 인텔의 폐쇄적인 시스템을 앞지를 수 있다.

이 생태계에 속한 모든 기업이 TSMC의 성공을 바라고 있다. TSMC가 왕좌를 지키지 못하면 공급망 속에 포함된 기업들도 엄청난 재앙을 맞이할 수밖에 없는 공동운명체이기 때문이다. TSMC가 글로벌화를 통해 각국의 인재를 대거 흡수해 더 순조로운 경영을 펼쳐야만 업계의 주도권을 유지할 수 있다.

마크 리우와 웨이저자도 취임 후 세계적인 연구기관과의 협력, TSMC 대동맹 확대, 지속적인 해외 인재 영입 등 글로벌화를 적극 추진했고, 앞으로도 이 전략을 더욱 확대해야 한다.

모리스 창도 TSMC의 글로벌 경영에 대해 언급한 적이 있다. 그는 TSMC가 미국에 투자해도 과거의 텍사스 인스트루먼트처럼 세계적인 영향력을 가질 수는 없지만, 타이완 내에서만 경영해 세계적인 영향력을 갖는 것은 더더욱 어려운 일이라고 했다. 모리스 창의 이 발언은 사실 마크 리우와 웨이저자에게 한 말이었다. 그는 과거에 해내지 못한 일이 두 사람이 짊어져야 할 가장 큰 사명이라고 말했다. 모리스 창이 성공하지 못한 일을 성공시키는 것이 두 사람에게 주어진 최대 시험이자 과제다.

나는 모리스 창을 존경하지만 그의 예측이 틀리기를 바란다. 타이완 최대 경쟁력을 가진 TSMC조차도 '타이완 내에서만 경영해' 세계적인 영향력을 가질 수 없다면 그 어떤 타이완 기업이 그걸 해낼 수 있을까? TSMC 조차도 글로벌화가 불가능하다면 타이완에 큰 충격일 것이고 기업들의 글로벌 시장 진출에도 영향을 미칠 수 있다.

호국신산의 사회적 책임

마지막으로 두 경영인은 타이완의 그린에너지 전략에 협조해 2050년까지 이산화탄소 순배출량을 '0'으로 만들겠다는 목표 달성에 이바지해야 하는 책임이 있다.

반도체 산업은 타이완에서 전력 소모가 매우 많은 산업이다. 최첨단 공정은 더더욱 전기 먹는 괴물이다. 타이완 정부의 전력 보고서에 따르면, 2028년 타이완 전체 전력 부하량을 약 4,200만 킬로와트로 예상할 때 1나노 공장의 전력 사용량이 전체의 약 2.3퍼센트를 차지할 것으로 예상된다. TSMC의 전력 총사용량이 타이완 전체 사용량에서 차지하는 비율도 2025년 12퍼센트, 2028년에는 15퍼센트까지 상승할 전망이다.

그러므로 수도, 전력 등의 인프라가 충분한지, 앞으로 타이완에 필요한 막대한 규모의 재생에너지 전력을 어떻게 공급할 것인지 많은 이들이 우려하고 있다. 게다가 TSMC는 이미 타이완에서 향후 20년간 생산할 그린에너지까지 거의 다 사들였다. 한 기업이 그린에너지 자원을 독점하면 다른 기업들이 반발하기 쉽다. 타이완 최대 민간기업인 TSMC가 가진 재력과 자원을 자원 독점에 사용하지 말고, 다른 기업들에게 더 책임 있는 태도를 보여주어야 한다고 주장할 것이다.

타이완의 호국신산으로 불리는 TSMC는 경제와 증시에 미치는 영향으로 보든, 전체 산업 및 사회에 대한 책임으로 보든, 사회적 책임을 더 적극적으로 이행해야 한다. 과거 모리스 창은 글로벌 기업이라는 후광과 높은 사회적 지위를 갖고 있으면서 사회를 상대로 적극적으로 소통하고 설득하는 능력도 뛰어난 인물이었다. 그는 항상 국제 사회와 소통하고 국내 사회와 대화하는 데 많은 노력과 시간을 할애했다. TSMC의 두 경영인도 앞으로 더 많이 소통하고 대화해야 한다.

여기까지가 TSMC의 공동경영인 앞에 놓인 세 가지 중요한 과제다.

2009년 팀 쿡Tim Cook이 CEO에 취임했을 당시 애플은 이미 탄탄한 기반과 확고한 업계 내 지위를 갖고 있었다. 그의 취임 후 3~5년까지 애플이 거둔 실적은 엄밀히 말해 그의 성과라고 할 수 없었다. 그중 일부는 스티브 잡스가 남긴 자산이었기 때문이다. 하지만 그 후 14년 동안 애플은 성장세를 유지했고 업계 내 지위도 한층 더 올라갔다. 팀 쿡이 스티브 잡스만큼 혁신에 적극적이지 못하고 애플의 신제품을 많이 개발해 내지 못했다 해도, 기존의 기반을 유지하며 더 발전시킨 것만 해도 이미 큰 성공을 거둔 셈이다.

마찬가지로 마크 리우와 웨이저자가 TSMC의 수장으로 취임하고 5년 남짓한 기간 동안 TSMC도 사상 최대 실적을 연달아 경신했지만, 대부분은 모리스 창이 쌓아놓은 기반의 연속이었다. 두 경영자가 거둔 성과를 확인하려면 앞으로 10년 정도 더 지켜보아야 할 것이다.

나는 TSMC도 애플처럼 건전한 경영과 탄탄한 기반을 갖고 있다고 생각한다. 큰 실수를 저지르지만 않는다면 기존의 우위를 유지하며 글로벌 경쟁에서 한 단계 더 도약할 수 있을 것이고, 두 경영인도 과거의 성과를 계속 지켜나갈 수 있을 것이다. TSMC의 사내운동회 때마다 임직원들이 외치는 구호가 있다. "타이지, 타이지*, 기적 창조 영원하라!" 그들이 창조할 기적을 다 함께 기대하고 있다.

---

* TSMC의 중국어 명칭 '타이지덴台積電'을 줄여서 '타이지台積'라고도 함.

15 TSMC 3대 후계자의 윤곽이 드러나다?

신임 TSIA 이사장 클리프 허우에 대하여

이 책을 집필하고 있는 2023년 3월, TSIA ^{Taiwan Semiconductor Industry Association}(타이완반도체산업협회)가 14대 이사 및 감사를 선임하고, 클리프 허우^{Cliff Hou}(허우융칭侯永清) TSMC 수석부사장을 신임 이사장으로 추대했다. 이로써 허우융칭은 TSIA의 이사장을 2선 연임한 마크 리우 TSMC 회장의 뒤를 이어 TSIA를 이끌게 됐다.

TSIA는 타이완 반도체 산업을 대표하는 가장 영향력 있는 협회로 타이완의 간판급 반도체 기업이 모두 회원사로 참여하고 있다. 역대 이사장 명단을 보면 TSIA 이사장으로 추대된 것 자체만으로도 대단한 인물임을 알 수 있다. TSMC를 대표해 출마한 클리프 허우는 TSMC의 여러 부사장 가운데 가장 돋보이는 새 얼굴이자, TSMC가 적극적으로 길러낸 후계그룹 중 한 사람이었다.

타이완의 TSIA뿐만 아니라 미국반도체산업협회(SIA), 한국반도체산업협회(KSIA), 중국반도체산업협회(CSIA) 등 세계적인 반도체 국가마다 유사한 반도체산업협회가 있으며, 그 나라의 내로라하는 반도체 기업들이 회원사로 참여하고 있다.

1996년 설립된 TSIA도 물론 타이완 반도체 산업의 가장 중요한 협회 조직이다. 역대 TSIA 이사장의 면면을 살펴보면 이 협회가 업계의 주도적인 지위에 있음을 알 수 있다. 2년에 한 번씩 이사 및 감사와 이사장을 선출하는데 1·2대 이사장은 스친타이 당시 공업기술연구원장이었고, 3·4대 이사장은 모리스 창 TSMC 회장이 맡았다.

5·6대 프랭크 황Frank Huang (황충런黃崇仁) 파워칩 회장, 7·8대 릭 차이 당시 TSMC CEO, 9·10대 루차오췬 에트론 회장, 11대 웨이저자 TSMC 공동 CEO, 12·13대는 마크 리우 TSMC 회장이었고, 클리프 허우 TSMC 수석부사장이 14대 이사장이 되었다.

이사장 명단을 보면 스친타이, 프랭크 황, 루차오췬을 제외하고 모두 TSMC 대표였으므로 TSMC가 이 협회를 얼마나 중요하게 여기는지 알 수 있다. 게다가 협회 설립 초기에 국책연구원 공업기술연구원장 스친타이가 이사장을 맡았고, 프랭크 황과 루차오췬이 이끄는 두 기업도 TSMC와 긴밀한 협력 관계에 있었으므로, TSIA에서 TSMC가 가진 영향력도 짐작할 수 있다.

TSMC의 대표로 나온 인물들을 더 자세히 들여다보면, 모리스 창이 직접 이사장을 맡았을 때를 제외하고 다른 대표들은 모두 당시 TSMC의 CEO나 총재, 회장 등 최고위직이었다. 따라서 클리프 허우 수석부사장이 신임 TSIA 이사장이 된 것은 그가 TSMC에서 매우 중요한 인물이라는 의미다.

클리프 허우는 미국 뉴욕 시러큐스 대학교 전기전자공학 박사학위를 취득했으며, 타이완 자오퉁대학교 제어공학과와 전자공업대학원을 졸업했다. 학계에서 부교수로 연구 활동을 하고, 공업기술연구원 정보통신연구소에서도 근무했다. 그 후 1997년 TSMC에 입사해, 설계 및 기술플랫폼 수석 이사, 설계 및 기술플랫폼 부사장, R&D 부문 기술 개발 부사장 등 요직을 거쳐 현재는 유라시아 사업 및 기술연구 수석부사장을 맡고 있다.

특징을 보면, 릭 차이, 마크 리우, 웨이저자 등 역대 이사장들은 모두 웨이퍼 공장 운영 분야의 베테랑이었지만 클리프 허우는 설계, R&D, 영업 등의 부문을 거쳤다. 하지만 웨이퍼 공장 운영 경험이 없다는 것이 바로 그의 특별한 점이다.

또 그는 현재 TSMC의 수석부사장 여덟 명 가운데 나이가 가장 젊다. 이미 TSMC의 후계그룹에서 특별한 우위를 차지한 셈이다. 그가 타이완 최대 반도체산업협회 TSIA의 이사장으로 추대되었다는 사실은 TSMC의 다음 후계자 인선이 대외적으로 윤곽을 드러내고 공개 활동에 적극 참여할 것임을 의미하기도 한다.

클리프 허우가 TSIA 이사장에 취임한 뒤 마크 리우가 직접 TSIA 이사 및 감사들에게 그의 일을 많이 도와달라고 특별히 부탁했다고 한다. TSIA 는 SIA 등 해외 산업협회와 각종 소통 및 교류를 진행하고 있는데, 외국 협회 이사장은 대부분 대기업 회장이나 CEO인데 반해 TSIA는 이례적으로 TSMC의 수석부사장이 이끌고 있으므로 마크 리우가 업계인사들의 지원을 부탁했던 것이다.

TSMC의 고위 임원들은 대부분 웨이퍼 공장 운영 분야에서 오랜 경력을 갖고 있지만, 클리프 허우는 운영이나 관리 분야의 경력이 없다. 이것이 그의 약점일 수 있지만, 오히려 그의 장점이 될 수도 있다. 설계 및 R&D 분야에 몸담아 온 그의 경력을 통해, 파운드리가 단순히 공장 운영과 관리만 잘해서 되는 사업이 아니라 설계 기업들과 더 긴밀한 협력이 필요한 사업이고, 이것이 바로 TSMC의 차별점이라는 사실을 부각시킬 수 있기 때문이다.

TSMC 포럼에서 울며 겨자 먹기로 상을 받다

TSMC가 매년 개최하는 3대 포럼을 보면 TSMC의 핵심 경쟁력을 이해할 수 있다.

첫 번째는 매년 9월 열리는 TSMC 기술심포지엄Technology Symposium이다. 모든 고객사와 공급업체가 참가하는 이 심포지엄에서 향후 몇 년간 TSMC의 기술 비전, 공정 기술 양산 일정, 아키텍처, 효율, 공률 손실, 속도 등 여러 방면에서 가진 강점 등이 공개된다. 주로 영업, R&D, 운영 부문 관계자가 이 심포지엄의 책임자가 되며, 최근 심포지엄에도 장샤오창張曉強, 뤄웨이런羅唯仁, 미위제米玉傑 등 해당 분야의 수석부사장들이 참가했다.

두 번째는 오픈 이노베이션 플랫폼Open Innovation Platform, OIP 포럼이다. 매년 10월 개최되는 이 행사는 주로 전자 설계 자동화, 클라우드, 반도체 설계 자산, TSMC의 파트너사 연합인 DCADesign Center Alliance 및 VCAValue Chain Alliance*의 설계서비스업체 등 IC 설계 산업의 가치사슬에 속한 업체들이 참가한다. OIP포럼은 TSMC의 설계 및 기술 플랫폼Design Technology Platform, DTP 부문이 주관하는데, 이 부문을 만든 사람이 바로 클리프 허우다.

세 번째는 연말마다 열리는 공급망 포럼Supply Chain Forum이다. 이 포럼에는 TSMC의 공급업체들을 초대해 더 우수한 서비스와 더 낮은 가격으로 TSMC의 경영효율 향상에 기여한 공급업체를 선정해 시상하고 격려한다. 공급망 포럼은 주로 TSMC의 구매부가 담당한다.

이 포럼 참가는 공급업체에게 큰 영광이지만 사실 울며 겨자 먹기로 상을 받는 것이다. TSMC가 공급업체들에게 엄격한 요구를 하는 데다가 공급업체들끼리 서로 경쟁 관계에 있기 때문이다. 공급업체를 모두 불러놓고 상을 주며 어떻게 하면 공급가격을 더 낮출 수 있는지 머리를 맞대고 토론

---

* 개별 파트너사는 TSMC 홈페이지에서 확인할 수 있다. https://www.tsmc.com/english/dedicatedFoundry/design-center-alliance.

하기 때문에 실제로는 TSMC에 충성을 약속하는 자리인 셈이다.

TSMC의 세 가지 포럼 중 외부의 관심이 가장 많이 쏠리는 행사는 기술심포지엄이지만 사실 OIP 포럼도 매우 중요하다. OIP란 완전한 형태의 설계 기술 플랫폼이다. TSMC는 IC 설계 업체에 필요한 전자 설계 자동화와 반도체 IP 코어Semiconductor intellectual property core를 찾아낸 다음, 자신의 공정 파라미터와 기술 아카이브를 결합해 검증을 거친 설계 포트폴리오를 대량으로 제공한다.

다시 말해, OIP에 핵심 IC 설계가 다 포함되어 있어서 고객이 설계 과정에서 맞닥뜨리는 각종 문제를 효과적으로 줄이고 첫 테이프아웃*의 성공 가능성을 높일 수 있다. 이를테면 일류 요리연구가가 수많은 레시피를 써 놓으면 고객이 그 레시피를 참고해 독특한 요리를 개발하고, TSMC의 주방에서 고객의 요리법에 따라 최고의 음식을 조리해 내는 것이다.

애플이 2016년 삼성에 발주하던 생산물량을 전량 TSMC에 발주했을 때, 물론 첨단 공정 기술을 개발한 R&D 사업부, InFO Integrated Fan-Out, CoWoS 등 첨단 패키징 기술에 투자한 첨단패키징 사업부, 높은 수율과 효율을 자랑하는 웨이퍼 공장 운영 사업부 등 많은 부문이 함께 노력한 결과였지만, 2011~2018년 DTP 부문 부사장으로서 TSMC의 설계기술 및 설계 가치사슬 시스템을 개발한 클리프 허우의 공로도 적지 않다. 클리프 허우를 비롯한 DTP 사업부 직원들이 1~2년 동안 애플에 상주하며 애플의 IC 설계가 TSMC의 생산시스템에 신속하게 도입될 수 있도록 노력한 결과, 애플의 설계가 TSMC의 생산 공장에서 순조롭게 생산되었으며 에너지 절감률, 수율, 효율 등이 크게 향상되었다.

TSMC의 DTP 사업부는 다른 파운드리 기업들이 TSMC를 따라잡지

---

*tape-out. 최종 설계 도면을 양산을 위한 제조 공정으로 넘기는 것.

못하는 중요한 원인 중 하나다. TSMC는 웨이퍼 공장의 생산효율이 높을 뿐만 아니라, 설계 기업 등 가치사슬에 속한 업체들과 긴밀히 협력하기 때문에 복잡하고 다양한 설계가 웨이퍼 공장에서 양산에 성공할 수 있도록 효과적으로 연결해 준다. 이것도 다른 경쟁업체들이 모방할 수 없는 TSMC의 강점 중 하나다.

TSMC의 후계 구도를 살펴보면, 마크 리우와 웨이저자가 이미 일흔에 가까운 나이이므로 향후 5~10년 사이에 또다시 승계를 준비해야 하는데 클리프 허우는 아직 50대의 젊은 나이이므로 후계그룹에 포함될 가능성이 크다.

물론 모리스 창이 마크 리우와 웨이저자 두 사람에게 물려주었으므로 마크 리우와 웨이저자도 최소한 두 명 또는 그 이상의 공동경영 또는 집단 경영 체제를 채택할 가능성도 적지 않다.

게다가 TSMC는 파운드리를 핵심 사업으로 하고 있으므로 경영자도 모두 기업의 핵심인 웨이퍼 공장 운영 분야 전문가다. 나중에 설계 및 R&D 분야의 클리프 허우가 후계자에 포함된다면 틀림없이 부족한 점을 보완하도록 운영 부문 책임자를 그와 함께 배치할 것이다.

물론 TSMC 운영 부문에는 인재가 많다. 친융페이秦永沛 수석부사장, 미국 공장과 일본 공장을 책임진 왕잉랑王英郎과 랴오융하오廖永豪, 과학기술원 사院士**이자 운영 부문 부사장인 장쫑성張宗生 등이 모두 후보가 될 만하다. 다만 3대 후계자가 되려면 조금 젊은 나이여야 할 것이다. TSMC에 다가올 세기의 승계 작업을 다 같이 기대해 볼 만하다.

** 학문적으로 최고 권위를 가진 사람에게 주는 명예호칭.

tsmc

세계 1위의 비밀

2 부

경영과 관리

tsmc

세계 1위의 비밀

01 ‖ 모두에게서 모리스 창의 향기가 느껴지다

우승을 위해 반년 전부터 준비하다

2023년 3월 말, TSMC는 해외사업부 Overseas Operations Office, OOO 를 신설하고, 친융페이 운영 부문 수석부사장, 장샤오창 사업개발 부문 수석부사장, 릭 캐서디 Rick Cassidy 애리조나 사업 부문 수석부사장을 책임자로 임명했다. 또 왕잉랑 운영 부문 부사장과 랴오융하오 운영 부문 부사장을 각각 미국 공장 CEO와 일본 자회사 JASM의 CEO로 임명했다. 이 두 사람은 새로운 업무와 기존의 타이완 웨이퍼 공장 관리 업무를 동시에 책임지기로 했다.

이는 글로벌 전략을 강화하고 해외 사업의 실효성을 높이기 위한 중요한 조직 개편이었다. 미국과 일본 사업의 사령관이 된 왕잉랑과 랴오융하오는 모두 TSMC 내부에서 가장 좋은 성과를 낸 베테랑이자 유능한 실력을 인정받아 고속 승진한 인물이다. 무엇보다도 두 사람은 TSMC의 성공적인 '엔지니어 경영 방식'을 상징하는 전형적인 인물들이다.

우선 왕잉랑을 보자. TSMC에서 오래 근무한 직원이라면 그의 전설 같은 일화들을 많이 들었을 것이다. 그는 TSMC의 초고속 승진 기록을 몇 번이나 갈아치우며 최연소 과장, 최연소 부장, 최연소 부공장장, 최연소 기술

이사, 최연소 공장장 등의 타이틀을 따낸 전설적인 인물이다. 게다가 타이완 10대 우수청년으로 선정되고 국가발명상을 다섯 차례 수상했으며 '모리스 창 회장상'도 다섯 번이나 받았다.

이렇게 많은 기록을 세울 수 있었던 것은 그가 무슨 일에든 최고의 열정과 노력을 쏟아부어 남다른 성과를 내기 때문이다. 심지어 TSMC 사내운동회의 계주 경기도 예외가 아니었다.

TSMC에서는 해마다 전 직원이 참여하는 사내운동회가 열리는데 그중 5,000미터 계주 단체전은 팀워크가 가장 중요한 종목이다. 각 공장별로 남녀 직원 25명씩 총 50명이 한 팀을 이루고 한 사람이 100미터씩 달려 총 5,000미터를 달리는 방식이다.

한 관리직 임원이 계주 경기 때 있었던 일화를 들려주었다. 사내운동회가 다가오면 이 계주 단체전에 우승하기 위해 모든 웨이퍼 공장에서 만반의 준비를 한다. 그가 근무하던 공장은 특별히 육상코치를 초빙해 달리기를 제일 잘하는 남녀 직원들을 선발했다. 당시 남자 직원과 여자 직원의 100미터 달리기 평균 기록이 12초와 13초였다. 대표로 선발된 직원들은 코치에게 열심히 훈련을 받아 전년도 우승팀보다 3초나 기록을 단축했다.

다들 우승을 자신하며 호기롭게 경기에 출전했지만 예상이 보기 좋게 빗나가고 우승은 왕잉랑이 이끄는 공장에 돌아갔다. 게다가 그들은 2위팀을 한 바퀴 넘게 따돌리며 압도적인 우승을 거두어 모두를 놀라게 했다.

나중에 알고 보니 계주 경기에 우승하기 위해 일찍부터 준비한 왕잉랑의 비책이 있었다. 대회 규정상 TSMC에서 6개월 이상 근무한 직원만 선수로 출전할 수 있는데, 왕잉랑이 운동회가 열리기 6개월 전에 타이난 창룽長榮고등학교 육상부를 찾아가 육상부 선수 전원을 그의 웨이퍼 공장에 취업시키겠다고 제안한 것이다. 육상부 남자 선수들의 100미터 달리기 평균 기록이 11초이고 여자 선수도 12초였으므로 일반 직원들은 그들의 적수가 될 수 없었다.

반도체 생산이나 영업에 관한 일도 아니고, 고작 사내운동회의 계주 경기에 그렇게까지 진지할 필요가 있느냐고 하는 사람들도 있을 것이다. 하지만 바꿔 생각하면, 고작 계주 경기 하나도 6개월 전부터 준비할 정도로 열정적인 사람이 다른 일은 얼마나 더 열심히 하겠는가?

사실 왕잉랑이 책임자로 있는 남부과학단지 14공장은 계주 단체전뿐만 아니라 수율 개선, 출하, 원가 절감, 사이클타임^{cycle time}* 등 다양한 순위 경쟁에서 매번 높은 등수를 차지한다. 고등학교 육상부 선수들은 뛰어난 달리기 실력만큼이나 웨이퍼 공장에서 훌륭하게 일했다. 이것이 바로 왕잉랑이 TSMC에서 가장 빠른 속도로 임원 승진을 할 수 있었던 이유다.

왕잉랑은 유학파가 아닌 순수 국내파다. 타이완 칭화대학교 물리학과를 졸업하고 중산中山대학교 재료공학과 석사학위, 자오퉁대학교 전자공학과 박사학위를 취득한 뒤 1992년 TSMC에 입사했다. 그는 남부과학단지 14공장을 운영했으며, 이 공장을 일반 웨이퍼 공장의 6~7배인 세계 최대 파운드리 공장으로 확대했다. 2015년 기술 R&D 부문 부사장으로 승진한 뒤에는 최첨단 10나노, 7나노, 5나노 공정 기술 연구개발에 참여해 기술 개발 및 양산화를 성공적으로 이끌었다.

이 밖에도 그는 기술특허 283개를 보유하고 있으며 이 중 136개가 미국 특허다. TSMC가 SMIC를 상대로 한 특허침해소송에서 승소했을 때도 그가 보유한 특허 4건이 큰 역할을 발휘했다. 특히 그중 저온 공정 기술은 중국으로부터 타이완 반도체 산업을 보호하는 핵심적인 특허 기술이다.

이런 눈부신 활약 덕분에 왕잉랑은 TSMC에서 가장 카리스마 있는 인물로 손꼽히고, 그를 따르는 직원도 많다. 그가 타이난에서 신주로 자리를

---

* 반복 작업에서 단위공정 한 단위를 완성하는 데 소요되는 시간.

옮길 때 그를 따르는 300여 명의 직원도 함께 12공장으로 옮겼다. TSMC 역사를 통틀어 누구도 그 정도로 신망을 받은 적이 없었으므로 그 일을 두고 내부에서 여러 가지 의견이 분분했다. 가장 어려운 미국 공장 사업을 그에게 맡긴 것은 타국에서 또 한 번 강한 리더십을 발휘해 달라는 경영진의 기대가 담긴 결정일 것이다.

당신이 10시에 퇴근하면 엔지니어는 11시에 퇴근해야 하잖아요, 삶의 질을 논할 수 있겠습니까?

TSMC 창립 이듬해에 입사한 랴오융하오도 TSMC에서 탁월한 실적을 낸 운영 부사장이다. 그가 이끄는 타이중臺中 웨이퍼 15공장이 28나노, 10나노, 7나노 공정 기술의 양산화를 성공시킴으로써 TSMC는 세계 최초로 7나노 공정 기술 양산화에 성공한 기업이 되었다. 또 그의 웨이퍼 15공장은 TSMC에서 장비 설치 및 생산능력 확충 최단 기록을 세우고, 단 한 번에 신기술의 양산화에 성공하기도 했다.

예전에 웨이퍼 15공장의 한 부서 관리자가 랴오융하오에게 자기가 맡은 일이 많아서 거의 매일 밤 10시에 퇴근한다고 말했다. 회사를 위해 열심히 일하고 있음을 은연중에 내비치고 싶었던 것이다. 그런데 랴오융하오는 그에게 이렇게 말했다. "당신이 10시에 퇴근하면 엔지니어는 11시에 퇴근해야 하잖아요. 삶의 질을 논할 수 있겠습니까? 남들은 8시에 퇴근하는데 당신은 10시까지 일해야 한다면 당신의 업무효율을 검토해 보는 게 좋겠군요." 그 관리자는 창피함에 얼굴을 붉혔지만 그 일을 계기로 효율을 중시하는 랴오융하오의 관리 스타일이 잘 알려지게 되었다.

랴오융하오가 책임지고 있는 TSMC의 일본 자회사 JASM는 TSMC

가 유일하게 합자로 건설한 해외 공장이라는 점에서 상당히 특별하다. 그는 소니, 덴소 등 일본의 합작 파트너들과 문화적 차이를 극복하고 서로 맞춰가며 함께 사업을 진행해야 한다. 비교적 온화한 스타일의 그가 일본 JASM 공장 책임자로 가장 적합한 인물일 것이다.

왕잉랑과 랴오융하오 두 사람에게서 TSMC의 상당히 독특한 엔지니어 문화를 엿볼 수 있다. 엔지니어 개개인이 각자 최선을 다해 맡은 일을 처리하고 효율과 성과를 추구함으로써 그 결과가 모여 큰 역량이 되는 것이다. TSMC의 6만 5,000명 직원 중 5만 명이 엔지니어이고, 그중 90퍼센트는 석박사 학위를 갖고 있다. 그들은 TSMC의 핵심이자, 타이완 반도체의 '실리콘 실드 Silicon Shield '*를 가능하게 하는 중요한 요인이며, 더 나아가 앞으로 TSMC 미국 공장의 임파서블 미션을 완수할 정예부대이다.

성공의 원동력이 된 엔지니어 경영 문화

TSMC의 해외 공장 인력 파견을 두고 타이완 내부에서 찬반 여론이 나타났다. 비판론자들은 타이완 반도체 산업의 인재 유출을 우려하고, 찬성론자들은 기업의 해외 투자에 수반되는 정상적인 인사이동이므로 크게 우려할 것 없다고 주장한다. 하지만 엔지니어가 TSMC, 더 나아가 타이완 산업의 가장 중요한 자산이라는 사실은 양쪽 모두 전적으로 동의한다.

오래전 장빙헝張秉衡 당시 TSMC 인사 부문 부사장이 이런 얘기를 했다. 세부적으로 들여다보면 TSMC 경영진이 제각각 다르고 개성이 뚜렷한 것 같지만, TSMC 전체를 보면 모리스 창을 많이 닮았다는 것이다. TSMC

---

* 세계 반도체 공급망에서 타이완이 가진 독보적인 위치가 타이완 안보를 지키는 데 중요한 방패 역할을 한다는 개념. 즉, 타이완, 특히 TSMC의 반도체 생산능력 때문에 다른 나라들이 타이완을 군사적·정치적으로 보호하려고 한다는 뜻.

하면 제일 먼저 떠오르는 것이 모리스 창이고, TSMC에서 일하고 있거나 일했던 사람들은 모두 모리스 창의 영향을 받았다. 이것이 바로 TSMC의 기업문화가 가진 뚜렷한 특징이다.

물론 TSMC의 성공은 모리스 창의 관리 방식과 리더십이 일궈낸 결과라고 생각하지만, 일상적인 기업 관리에서는 왕잉랑, 랴오융하오 같은 우수한 엔지니어의 역할을 무시할 수 없다.

TSMC는 오래전부터 엔지니어가 경영을 주도하는 기업문화를 가지고 있다. TSMC 내부에서 엔지니어는 영향력이 절대적이다. 한 예로 장비 구매는 기업의 이익과 직결되는 중대 사안인 장비 구매 결정을 들어보자. TSMC의 장비 구매와 관련된 사안은 과장급 이상 관리자로 구성된 장비구매선정위원회New Tool Selection Committee, NTSC에서 결정하는데, 결정의 근거가 되는 평가보고서와 각종 자료는 각 공장의 엔지니어들이 작성해 제출한다.

반도체 산업을 취재하면서 임원들이 장비를 선정해 구매한 뒤 매일 그 장비를 사용해야 하는 엔지니어들 사이에서 불만이 터져 나오는 경우를 종종 보았다. 부적합한 장비나 브랜드를 구매하기도 하고, 심지어 임원이 장비 제조사로부터 리베이트를 받아 자기 주머니를 채우는 경우도 종종 있었다.

하지만 TSMC에서는 영업이나 구매 담당 임원이 아닌 엔지니어가 장비를 선정한다. 이런 시스템을 구축하기까지 오랜 시간이 걸렸다. 모든 장비 관련 지식을 기록하고, 가장 좋은 기계설비, 원자재, 공정 등을 모두 기록해 공동 노하우를 쌓은 다음, 이렇게 축적된 지식을 신속하게 새 공장에 적용했다. 그러므로 고객의 주문이 TSMC의 어느 공장에서 생산되든 똑같이 우수한 품질이 보장된다.

세계 최고 웨이퍼 공장의 노하우가 TSMC 기술위원회의 데이터베이스에 축적되어 있고, 모든 장비에 관한 표준 작업매뉴얼이 있기 때문에 어떤 장비를 구매할지 아주 쉽게 결정할 수 있다. 그러므로 업계에서 "TSMC의 장비 구매는 엔지니어가 결정한다"고 받아들여진다.

엔지니어가 매우 중요한 역할을 하기 때문에 무슨 일이든 전문적인 판단을 할 수 있도록 해야 한다. 중요한 역할을 하는 만큼 부담도 크고, 날마다 새로운 도전과 맞닥뜨려야 한다. TSMC의 엔지니어에게는 이것이 매일의 일상이다.

예를 들어 고객의 주문을 받으면 보통 웨이퍼 공장 세 곳에 분산시켜 각자 생산하게 하는데, 이 때문에 내부에서 항상 비교의 대상이 되고 경쟁할 수밖에 없다. 치열한 경쟁을 통해 누가 실적이 제일 좋은지 알 수 있고, 뒤처진 공장들은 자극을 받아 더 노력하게 되며, 고객들은 일부 공장에 문제가 생겨도 차질 없이 물량을 납품받을 수 있다.

한 직원은 TSMC의 직원 개개인이 작은 나사 같다고 했다. 기계 전체가 돌아가다가 작은 나사 하나가 헐거워지면 다른 사람이 더 속도를 내서 다른 사람의 몫까지 해낸다. 혼자서만 하는 일이 아니기 때문에 남에게 피해를 주지 않기 위해 더 빠르게 환경에 적응하고, 자기 때문에 전체가 피해를 입지 않도록 열심히 일하는 것이다.

전 직원이 이런 책임감을 갖고 있으면 책임감이 스트레스가 된다. 사실 치열한 내부 경쟁을 유발하는 이런 관리 방식은 모든 공장장과 관리자들을 긴장하게 만들고 스트레스를 가중시키기도 한다.

엔지니어가 회사의 경영을 주도하는 문화가 치열한 내부 경쟁을 유발하기는 하지만, 다른 한편으로는 엔지니어가 관리직으로 승진할 수 있는 좋은 환경을 제공한다. 이런 기업문화가 형성된 뒤 모든 사람이 자랑스럽게 여기며 열심히 실천하면 기업에서 선순환이 일어나게 된다. 기업문화가 기업의 성패를 좌우한다고 하면 반신반의하는 사람이 많겠지만, TSMC의 기업 관리 방식과 기업문화는 정말로 없어서는 안 되는 핵심적인 요소다.

02 | 말한 것은 실행에 옮긴다, 회의를 해야 의미가 생긴다

TSMC의 회의 방식

TSMC의 임직원들에게 회의는 일상이다. 하루 업무 시간 중 회의가 상당한 부분을 차지한다. 그런데 어떻게 회의를 할까? 어떻게 회의를 해야 효과적일까? 회의할 때 어떤 점에 주의해야 할까? 어떤 금기가 있을까?

이런 것까지 생각해 보지 않았거나 무심코 지나치는 사람들이 많겠지만, TSMC의 회의 방식을 살펴보면 회의의 효율성을 높이는 데 큰 도움이 될 것이다.

TSMC 생산 부문에서 8년간 관리자로 근무했던 사람에게 들은 얘기다. TSMC에서 매번 열리는 회의 때마다 제일 처음 순서는 지난 회의의 내용을 다시 살펴보는 것이라고 한다. 지난 회의에서 완료되지 못한 사안이 있으면 담당자가 지난 회의 이후의 진행 사항을 보고하고, 문제를 어떻게 해결할지 결정해야만 다른 의제로 넘어간다.

또 회의에서 보고할 때도 지켜야 하는 원칙이 있는데, 결론을 먼저 말한 뒤에 왜 그렇게 했는지 설명하고, 1분 내외로 끝내야 한다는 것이다. 단 1분의 보고 내용이 보고자의 운명을 좌우하는 셈이다.

TSMC에서 R&D 부문을 총괄하며 '파파'라는 별명으로 불렸던 장상이가 회의에서 결론을 먼저 말해야 한다는 원칙에 관해 자기 경험을 들려준적이 있다. 그도 막 TSMC에 왔을 때는 TSMC의 보고 방식을 모른 채 30분 동안 장황하게 브리핑한 뒤 마지막에 결론을 말했다는 것이다. 엔지니어인 그는 먼저 논제를 던져놓고 어떤 실험방식을 썼는지 자세히 설명한 뒤 그 데이터를 통해 결론을 내는 미괄식 보고가 익숙했다.

"창 회장에게 그런 방식으로 보고했다면 날벼락이 떨어졌을 거예요. 불같이 화를 내며 보고서를 찢어버리고 내쫓았을지도 몰라요." 장상이가 옛날 일을 회고하며 웃었다.

그는 두괄식 보고 방식에 적응하는 데 몇 년이 걸렸다고 했다. 모리스 창은 누구든 보고를 시작할 때 결론부터 듣고 '30분의 시간을 할애해 들을 만한 내용'이라는 생각이 들어야만 부드러운 태도로 끝까지 경청해 주었다.

TSMC의 회의에서는 결론부터 말하지 않으면 1분 만에 회의실 밖으로 쫓겨날 가능성이 크다. 관리자가 다음 회의 때 다시 한번 기회를 준다면 그때는 반드시 결론부터 말해야 한다. 기회는 최대 두 번일 뿐 세 번째 기회는 없다. 두 번째 보고 때도 먼저 결론을 말하지 않으면, 상사도 해결할 수 없을 만큼 난해한 문제가 아닌 이상, 회사에서 짐을 뺄 준비를 해야 할 정도이다.

또 회의에서 보고하려는 내용을 사전에 직속 상사에게 알려야 한다. 보고가 간단명료하지 못하고 산만하면 다른 부서 관리자가 직속 상사에게 미리 보고서를 보여주었느냐고 물을 것인데, 만약 그러지 않았다면 상당히 곤란해진다.

사전에 직속 상사에게 보고 내용을 알리지 않았다면 보고한 사람은 물론이고 그의 직속 상사도 호된 질책을 받게 된다. 부하직원의 보고가 그렇게 엉망진창인 줄도 모르고 있었다면 부서를 제대로 관리하지 못했다는 뜻이기 때문이다.

이 밖에도 TSMC의 회의에는 특별한 점이 하나 더 있다. 보고하는 사람이 다른 부서의 과실을 지적할 때는 반드시 회의 전에 해당 부서에게 그 내용을 알려야 한다는 것이다. 다시 말해 타 부서의 일에 대해 문제를 제기하려면 회의에서 바로 말하는 것이 아니라 사전에 그 부서 관리자를 찾아가 논의해야 한다. 그렇게 해야 해당 부서가 미리 준비를 할 수 있고, 회의 시간에 주제를 벗어나 잘잘못을 따지다가 효과적인 토론도 못한 채 끝나 버리는 일을 방지할 수 있기 때문이다.

웨이퍼 제조는 TSMC의 핵심 분야이자 직원 수가 가장 많은 사업부이며, 포토Photo, 식각 Etch, 박막Thin-film, 확산 Diffusion, 이온 주입Ion implant 등 5대 공정으로 나뉜다. 생산수율, 납기, 품질 등 시시각각 철저한 임무 수행이 요구되기 때문에 TSMC에서도 일의 부담이 가장 크고, 일에 대한 기준도 가장 엄격한 분야다. 따라서 제조 사업부의 회의는 지켜야 하는 원칙도 더 많고, 상당히 긴장된 분위기에서 진행된다. TSMC 내부에서 가장 살벌한 사업부라고 해도 과언이 아니다.

R&D 사업부의 회의는 상대적으로 긴장감이 적고 비교적 화기애애한 분위기에서 진행되지만, R&D 진도와 효율에 관해서는 마찬가지로 매우 엄격하다.

제조 공장 직원들은 직급 구분이 명확해서 엔지니어가 관리자를 부를 때 깍듯이 존칭을 붙여서 부르는 반면, R&D 사업부는 직급 구분이 엄격하지 않아 R&D 부문 부사장을 포함해 모든 직원이 서로 이름을 부르며 대화한다. 물론 단지 호칭의 차이만 있을 뿐 회의의 진도와 효율에 대한 철저한 관리에는 차이가 없다.

TSMC의 말단 엔지니어로 시작해 하급 관리자를 거쳐 부장급 이상 중급 관리자로 승진했다면 일반적으로 혼자서 거의 모든 업무를 처리할 수 있게 되는데, 회의 규정을 잘 이용하면 업무 진척도를 올리는 데 큰 도움을 받을 수 있다. 예를 들어 여러 플랫폼이나 사업부가 함께 참여하는 프로젝트를 주도하는 관리자라면 다른 사업부 관리자에게 융통성 있게 AR^{action} required(업무 요청)을 보낼 수 있고, 이런 회의 문화가 일종의 묵계가 되어 개개인의 업무가 유기적으로 돌아가게 한다면 관리자로서 최고의 능력을 인정받을 것이다.

문제를 지적하는 데서 끝나지 말고 진도와 솔루션을 보고하라

TSMC의 이런 특별한 회의 방식과 원칙은 문제 해결이라는 회의의 근본 목표를 최대한 효과적으로 달성하기 위한 것이다.

앞에서 '해야 하는' 것에 대해 얘기했는데 물론 '해서는 안 되는' 것도 있다. TSMC의 회의에서 하지 말아야 하는 것은 무엇일까?

첫째, 일의 진척도와 방향, 문제 해결 방법을 보고하고, 목표와 방향성을 가진 결론을 내놓아야 하지만 너무 세부적인 부분까지 보고할 필요는 없다.

자기가 얼마나 많은 일을 하고, 얼마나 많은 사람에게 물어보고, 얼마나 힘들게 일하고 있는지, 그 과정에서 얼마나 많은 난관을 넘어야 하는지는 말할 필요가 없다. 관리자는 그런 것에 관심도 없고 들어줄 시간도 없다. 모두 바쁘고 회의도 수시로 하기 때문에 개개인이 회사에 얼마나 많은 기여를 하고 있는지 굳이 말하지 않아도 업무 성과로 확실히 드러난다.

특히 어떤 문제점이 있는지 구구절절 설명해서는 안 된다는 걸 반드시 명심해야 한다. 문제점을 설명하지 말고 일의 진척도와 솔루션만 보고하면 된다. TSMC는 문제를 해결하라고 직원을 뽑은 것이지 푸념하라고 뽑은 것이 아니다.

TSMC에 정말로 회의가 그렇게 많을까?

TSMC 직원에게 물어보면 모두 그렇다고 대답할 것이다. 회의가 많지 않은 사람은 중요한 역할을 맡지 않았거나 곧 짐을 싸서 떠날 사람이다. 량 멍쑹은 TSMC를 떠나기 전 꽤 오랫동안 아무 일도 맡지 않고 아무 회의에도 참석하지 않았다.*

정상적인 TSMC 직원이라면 많은 회의에 참석해야 한다. 누구나 회의의 효율성을 높이고 횟수를 줄이길 바라지만 웨이퍼 공장의 제조 공정이 워낙 복잡하고 세부 사항이 많기 때문에 다 함께 모여서 소통해야만 차질 없이 관리할 수 있다.

매일 회의에서 얼굴을 마주치며 긴밀하게 협조하는 동료들이 연말이 되면 서로의 인사고과에 영향을 미치게 된다. 인사고과가 곧 인센티브를 결정하기 때문에 누구도 건성으로 일할 수 없다.

제조 사업부 직원들의 인사고과에는 직속 상사와 관련 부서 관리자(예를 들면 포토, 식각, 박막, 확산, 이온 주입 다섯 분야 부문장 및 동료)가 모두 참여해 평가한다.

R&D 사업부는 인사고과 방식도 조금 다르다. R&D 사업부 직원들의 실적은 주로 직속 상사가 평가한다. 각 분야마다 각자의 전문성을 갖고 있기 때문에 타 부서 직원이나 동료의 실적을 평가하는 데 무리가 있다. 하지만 승진 경쟁에서는 각 부서 간에 상호 평가를 실시할 때가 있다. 관리자는 전문성도 필요하지만 부서간 소통과 협력이 더 중요하기 때문이다.

TSMC 회의의 중요한 특징을 하나 더 꼽자면, 누구든 자기가 하겠다고 약속한 일commitment은 철저히 완수해야 한다는 점이다. 회의에서 어떤 목표를 제시했다면 책임지고 그 목표를 달성해야 한다. 회의 자체와는 직접적

---

* 량멍쑹은 2009년 잭 순Jack Sun (쑨위안청孫元成)에게 밀려 R&D 부사장으로 승진하지 못한 뒤 실망해 퇴사했다.

인 관련이 없지만 근무태도에 관한 중요한 원칙이다.

다른 반도체 기업을 다니다가 TSMC로 이직한 직원이 이런 얘기를 한 적이 있다. 전 직장에서는 관리자든 평사원이든 습관적으로 목표를 부풀려 말했다는 것이다. 목표를 말했다가 흐지부지되어도 대충 지나가면 그만이었기 때문이다. 하지만 TSMC에 와보니 누구든 본인이 한 말은 책임지고 완수했다. 자기 상사든 타 부서 동료든 모두 원칙을 지켰고, 자기가 한 약속을 완수하지 못한 사람은 '왕창 깨질' 각오를 해야 했다.

TSMC에서 일하는 모든 사람은 무슨 일이든 얼렁뚱땅 넘어갈 수가 없다. 그런 분위기 속에서 그는 기존 습관을 고치기 위해 엄청난 노력을 해야 했다. 목표를 말하기 전에 반드시 자기가 해낼 수 있는 일인지 고민해 보고, 일단 약속한 일은 최대한 완수하기 위해 전력을 다해 일했다.

자기가 한 약속을 반드시 완수하는 것은 TSMC 기업문화의 가장 중요한 특징이다. TSMC의 10대 경영이념을 축약하면 ICIC라는 이니셜이 된다.

Integrity 정직
Commitment 약속
Innovation 혁신
Customer trust 고객의 신뢰

정직, 혁신, 고객의 신뢰를 경영이념으로 삼은 기업은 많지만 '약속'을 강조하는 기업은 많지 않다. 날마다 수많은 기업에서 수많은 회의가 열리지만 회의의 효과가 얼마나 될까? 모이기만 할 뿐 토론은 없고, 토론은 하지만 결정을 내리지 못하고, 결정을 내려도 실행으로 옮기지 못하고 있지는 않은가? 사실 가장 중요한 점이 바로 이것이다. TSMC는 회의를 통해 직원들에게 약속하는 법을 가르치고 약속을 철저히 이행할 것을 요구한다.

앞에서 말한 직원은 몸에 밴 습관을 완전히 고치기까지 아주 오랜 시간

이 걸렸다고 했다. 한 기업의 문화가 직원 개개인에게 큰 영향을 미친다는
사실을 그를 통해 새삼 느낄 수 있다.

03 ‖ 타이완 반도체 산업의 '공급망 탄력성'

대지진을 겪고도 빠르게 복구한 비결

'9·21대지진'은 타이완 역사상 가장 가슴 아픈 사건이다. 백 년에 한 번 있을까 말까 한 이 대지진이 2,000여 명의 목숨을 앗아가고, 타이완의 글로벌 경쟁력을 상징하는 반도체 산업에도 전력 공급 중단, 생산 라인 파손으로 사상 최대 위기가 닥쳤다.

1999년 9월 21일 새벽 1시 47분 타이완에 규모 7.3의 강진이 발생했다. 진앙지는 타이완 중부의 난터우南投 지지集集였다. 당시 뉴밀레니엄의 도래를 앞두고 찾아온 경기 호황에 IT 기업들도 왕성한 기세로 제품을 생산해 내고 있었다. 신주과학단지 내 웨이퍼 제조공장의 가동률이 100퍼센트에 육박했다. 타이완 경제부 산업기술정보서비스Industrial Technology Information Services의 자료에 따르면, 1998년 타이완 파운드리 생산액이 938억 타이완 달러로 세계 파운드리 생산액의 53.9퍼센트를 차지하고, D램 생산액도 세계 생산액의 10.3퍼센트를 차지했다. 타이완의 두 산업이 세계 시장에서 중요한 역할을 하고 있었다.

지진이 발생했을 때 거래시간이었던 미국 증시에서 TSMC의 주식예탁

증서(ADR) 가격이 9퍼센트 급락하고, 엔비디아, 알테라^{Altera}, 애널로그 디바이시스^{Analog Devices}, PMC-시에라^{PMC-Sierra}, 샌디스크^{SanDisk}, 자일링스^{Xilinx} 등 TSMC와 UMC를 통해 위탁생산하고 있는 팹리스의 주가도 일제히 하락했다.

당시 타이완 D램 기업도 대부분 일본 기업의 주요 위탁생산업체였으므로, 윈본드의 전략파트너사인 일본 도시바의 주가도 4퍼센트나 떨어졌다.

반면 마이크론, 삼성, 현대 등은 어부지리를 얻어 주가가 큰 폭으로 상승하고, 파운드리 주문이 한국, 싱가포르 등에 몰릴 것이라는 소문이 돌면서 당시 TSMC와 UMC의 뒤를 이어 3위였던 싱가포르 차터드반도체^{Chartered Semiconductor Manufacturing, CSM}의 주가도 급등했다.

정밀 공정이 요구되는 반도체 공장에게 대지진과 전력 공급 중단은 치명적인 악재였다. 세계 각국이 타이완 반도체 공장 복구 상황에 촉각을 곤두세우고 있는 가운데 한 일본 언론은 재가동까지 최소 한 달이 걸릴 것이라는 전망을 내놓기도 했다.

그런데 모두의 예상을 깨고 타이완 반도체 공장의 복구 작업이 놀라운 속도로 진행되기 시작했다.

그날 밤 수많은 엔지니어가 공장으로 달려와 장비들을 밖으로 옮겼지만 단 한 명의 인명 사고도 일어나지 않았다. 그렇게 해서 약 2주 만에 거의 대부분의 공장이 생산을 재개하고, 한 달 뒤 완전히 정상화되어 생산설비 전체가 생산에 투입되었다. 일부 업체는 연말 성수기 수요도 차질 없이 공급할 수 있었다. 당시 홍콩 시사지 〈파 이스턴 이코노믹 리뷰^{Far Eastern Economic Review}〉는 타이완 반도체 기업들이 신속한 위기 대응으로 손실을 크게 줄였다고 평가했다. 대지진을 계기로 타이완 반도체 제조업의 실력을 전 세계에 보여준 것이다.

그때는 동아시아의 정치적 긴장이 나타나기 전이었고, 미·중 반도체 전쟁도 벌어지지 않았으므로 타이완의 안보 문제를 우려하는 의견도 없었다.

물론 타이완이 전 세계 파운드리 생산능력의 약 70퍼센트를 차지하고, TSMC가 최첨단 공정의 90퍼센트를 차지하고 있는 현재 상황에서 9·21 대지진 같은 강진이 발생한다면, 미국 〈비즈니스 위크 Business Week〉가 '타이완 문제는 왜 중요한가? Why Taiwan Matters?'라는 제하의 기사에서 지적했듯이, 타이완 지진이 세계 경제를 마비시킬 가능성이 크다.

심야의 신주과학단지 도로에 공장으로 향하는 차량 행렬이 이어지다

당시 상황을 돌이켜 보자. 그렇게 엄청난 천재지변을 겪고도 타이완 반도체 산업은 어떻게 빠른 속도로 정상화될 수 있었을까? 타이완 엔지니어들은 어떻게 불과 2주 만에 설비를 재가동시키고 고객들의 연말 수요에 맞춰 납품할 수 있었을까?

나는 여기에 세 가지 중요한 원인이 있다고 생각한다.

첫째, 타이완 기업들의 노련한 위기 대응 능력이다. 타이완 기업들은 9·21대지진이 발생하기 전부터 화재, 정전 등 비상 상황에 대응한 풍부한 경험을 갖고 있었고, 평소에 각종 모의훈련을 실시했기 때문에 강진이 발생하자 각 생산 라인 직원들이 신속하게 대피할 수 있었다. 당시 웨이퍼 공장에서 일하고 있었던 한 직원은 "지진이 일어난 순간 웨이퍼 공장이 좌우로 휘청거리더니 생산 라인에 있던 웨이퍼가 바닥에 와르르 쏟아졌습니다. 공장 내 지진계가 5.3을 가리키는 것을 보자마자 평소 훈련했던 대로 저절로 몸이 반응해 밖으로 뛰쳐나왔습니다"라고 말했다.

지진대에 위치한 타이완에서는 웨이퍼 생산 공장마다 지진계가 설치되어 있어서 진도 4 이상의 강진이 관측되면 즉시 대피 경보가 발령된다. 그와 동시에 화학가스 파이프의 밸브가 자동으로 차단되어 유독가스와 화학 물질 누출을 막고, 비상용 발전기가 즉시 돌아가며 확산로 튜브^{furnace tube} 및 정밀 장비에 지속적인 전력을 공급한다.

한밤중 9·21대지진이 발생했을 때 설비 및 공장 운영 담당 엔지니어들은 모두 퇴근한 후였고, 반도체 공장에 야간생산조만 근무하고 있었다. 직원들이 신속하게 대피한 뒤 24시간 쉬지 않고 돌아가던 공장이 순식간에 적막에 휩싸이고, 비상용 발전기만 윙윙 돌아가며 평소의 20~30퍼센트 정도 되는 전력을 공급했다.

지진에 놀라 일어난 엔지니어들은 상황의 심각성을 직감했다. 한 공장 운영 엔지니어에 따르면, 당시 공장 운영 엔지니어들이 거의 한 사람도 빠짐없이 즉시 공장으로 달려와 긴급조치 방법을 논의했다. 한밤중 신주과학단지의 도로 위에 공장으로 향하는 차량 행렬이 길게 이어졌다.

타이완 반도체 공장 대부분이 신주과학단지에 있었고, 단지 내 웨이퍼 제조공장이 총 스물여섯 개나 됐다. 진앙지가 난터우 지지였기 때문에 중부와 신주과학단지의 공장이 가장 큰 피해를 입었다. 엄청난 물량의 웨이퍼가 못 쓰게 되고 석영관[*]도 곳곳에서 파손되었으며, 수많은 정밀기계가 부서져 각종 장비와 부품들을 수리하고 교체해야 했다.

시사지 〈글로벌뷰^{Global Views}〉의 그해 11월 보도에 따르면, 신주과학단지 3단지에 위치한 매크로닉스 2공장은 지진으로 파열된 급수파이프를 긴급 복구해 당일 새벽 4시에 냉각기 가동을 재개했고, 날이 밝을 무렵 청정실 [클린룸]이 정상을 회복하기 시작했다. 안전상의 우려가 없다고 판단한 직원들이 즉시 현장에 들어가 복구작업을 벌이는 한편, 설비 엔지니어에게 연락해 장비를 점검하고 각국 공급업체에 부품을 주문했다.

---

* 반도체 공정에 사용되는 특수 유리관

수많은 엔지니어가 철야 복구에 힘쓴 덕분에 날이 밝기도 전에 파손 구역을 모두 정리할 수 있었다. 타이완 기업의 노련한 위기대응과 신속하고 효율적인 임기응변 능력이 발휘된 결과였다.

지진 자체로 인한 손실뿐 아니라 전력 공급 중단도 반도체 공장에 치명적인 타격을 입히는 요인이다. 대지진 후 타이완 반도체 공장들이 빠르게 정상화된 두 번째 원인은 타이완전력臺灣電力이 신속한 복구작업으로 예정보다 빠르게 전력 공급을 재개한 것이었다.

타이완전력의 설비도 심각한 피해를 입어 9월 27일 이후에나 신주과학단지에 전력 공급이 재개될 예정이었다. 하지만 신주과학단지 입주기업협의회가 타이완전력 및 정부 각 부처와 적극적으로 교섭한 덕분에 예정보다 빠른 25일에 전력 공급이 재개될 수 있었다.

전력 공급이 재개되기 전까지 각 업체들은 자체 발전기를 가동해 청정실을 정상화했다. 청정실의 온도와 습도를 유지하는 공조기가 오랫동안 가동되지 못하면 장비의 정밀도에 영향을 주고 일부 렌즈는 작동이 불가능해진다. 게다가 산성용액 누출로 장비가 부식된다면 더 심각한 손실을 초래할 수 있다.

평소에는 동종 업계 내에서 경쟁이 치열하지만 위기가 닥치자 서로 자기 일처럼 도와주었다. 업계 내부의 적극적인 상호 협력이 반도체 공장의 신속한 정상화를 가능하게 한 세 번째 원인이었다.

대지진 다음 날 오후 4시 30분, 신주과학단지 전체에 전력 공급이 끊긴 상황에서 WSMC(TSMC에 합병되기 전이었다)의 비상용 발전기에 과열로 인한 화재가 발생했다. 현장에 제일 먼저 도착한 것은 당시 WSMC에서 가장 가까이 있던 파워칩 직원들이었다. 그 후 다른 업체 직원들과 소방대원들도 속속 현장에 도착해 다 같이 힘을 합쳐 1시간 만에 화재를 진압했다.

과학단지에 근무하는 직원들이 예전 동료이거나 동창, 선후배 관계로 대부분 아는 사이였기 때문에 사고가 터졌을 때 다 같이 힘을 합쳐 도와주었다. 1997년 UMC의 자회사 롄루이에 화재가 발생해 100억 타이완달러 투자가 물거품이 되었을 때, UMC와 윈본드가 서로 소송전을 벌이고 있었다. 얼마 후 차오싱청 UMC 회장이 기자회견을 열어 롄루이 화재 때 윈본드가 적극적으로 도와준 것에 대한 보답으로 윈본드에 대한 소송을 취하하겠다고 발표했다.

1995년 일본에서 발생한 한신대지진으로 일본이 상당한 피해를 입었을 때도 지진 지역에서 가까운 오사카와 고베에 일본 3대 가전기업인 파나소닉, 미쓰비시, 샤프의 본사와 반도체 공장이 있었다. 당시 한신 인근 지역의 칩 생산량이 세계 생산량의 10퍼센트를 차지하고, LCD패널 세계 총생산액의 약 20퍼센트가 고베와 그 인근 지역에 집중되어 있었다. 주요 생산업체인 DTI와 호시덴Hosiden의 생산능력에 샤프의 덴리 공장까지 합치면 세계 총생산액의 30퍼센트를 차지했다.

9·21대지진이 타이완과 세계 IT 산업에 입힌 타격은 한신대지진을 능가했다. 타이완이 유럽, 미국, 일본 등 글로벌 대기업의 주문을 받아 위탁생산을 주로 하는 데다가 세계 시장 점유율이 더 높았기 때문이다. 또 타이완에 비해 국토 면적이 넓은 일본은 공장들이 지진 지역에서 비교적 멀리 떨어져 있었지만, 타이완은 공장이 훨씬 밀집해 있어서 피해 정도가 더 컸다.

지금 돌이켜 보면, 지진 피해를 빠르게 복구한 타이완의 이런 능력이 바로 사람들이 말하는 '공급망 탄력성'이다. 글로벌 대기업들이 타국으로 주문을 돌릴 것이라는 시장의 예측은 보기 좋게 빗나갔다. 이 모든 것이 타이완의 탄탄한 제조업 기반과 위기 대응 능력 덕분이었다.

20여 년이 지난 오늘날, 타이완 반도체 산업의 우수한 기술과 세계 시장 점유율 및 연관 효과로 인한 영향력이 그때와 비교할 수 없을 만큼 커졌다. 만약 지금 타이완에서 9·21대지진 같은 강진이 발생한다면 어떻게 될까?

오늘 당장 대지진이 발생하더라도 반도체의 섬 타이완은 역시 놀라운 속도로 피해를 복구하고 정상화될 것이다. 타이완 기업들은 이미 피해 복구의 전선에서 숱하게 단련된 백전노장이기 때문이다.

천재지변보다 두려운 것은 인재다. 타이완과 중국 사이에 전쟁이 발발해 타이완 해협 위로 미사일이 날아다니다가 그중 단 한 발이라도 반도체 공장에 떨어진다면, 공급망 탄력성이 아무리 강해도 결코 돌이킬 수 없는 피해가 발생할 것이다.

04 가격을 제외한 모든 면에서 승리해 경쟁자를 좌절시키다

TSMC 가격전략, 그 신비의 베일을 벗기다

TSMC의 가격전략은 깊이 있게 탐구해 볼 만한 의제라고 생각해 왔다. 30년 동안 반도체 산업을 취재하면서 반도체 가격 경쟁, 가격 인상 및 인하, 가격 설정에 관한 많은 토론을 들었다. 여기서는 TSMC의 가격전략은 무엇인지, 모리스 창은 어째서 CEO(그가 말하는 '총재')의 가장 중요한 임무가 가격 결정이라고 했는지 살펴보도록 하겠다.

사실 TSMC의 파운드리 가격은 연평균 약 4퍼센트씩 거의 매년 인하되었다. 반도체 생산의 학습곡선*이 만들어지면서 수율 및 생산성 향상, 원가 관리를 통해 매년 가격을 낮출 수 있었던 것이다.

매년 가격을 인하해도 TSMC의 성숙 공정은 수익이 매우 좋은 사업이다. 물론 첨단 공정이 개발된 후 학습곡선이 완성되기 전까지는 많은 비용이 들어간다. 하지만 TSMC는 감가상각 내용연수를 업계 최저인 5년으로 하기 때문에 감가상각이 끝난 6년째에 총이익과 순이익이 대폭 증가해 초

---

* 새로운 기술을 도입했을 때 초기에는 많은 노동력, 시간, 비용이 투입되지만 노동자의 경험이 쌓여 숙련도가 증가함에 따라 생산성이 높아져 적은 비용으로도 동일한 결과물을 얻게 되는 현상.

기의 낮은 수익이 상쇄된다.

TSMC의 가격은 줄곧 동종 업계 다른 기업들보다 높았다. 이런 가격 차이는 당연한 것이다. TSMC가 업계 최대 기업이고 시장 점유율이 50퍼센트를 넘기 때문에 가격 협상에서도 강한 발언권을 가질 수밖에 없다. 2위 기업인 UMC는 보통 TSMC보다 70~80퍼센트 낮은 수준에서 가격을 책정한다. 이것은 산업계의 익숙한 가격 '윤리'이고 파운드리 시장에서 인정하는 가격 질서다.

그런데 해마다 4퍼센트씩 가격을 인하하는 TSMC의 가격전략에 최근 3년간 미묘한 변화가 나타나고 있다. 특히 코로나19 팬데믹 기간에 반도체 업계에 예상을 뛰어넘는 호황이 지속되고, 각국의 봉쇄 조치와 러시아-우크라이나 전쟁 등으로 세계적인 인플레이션이 나타나자 TSMC가 이례적으로 2021년과 2023년 초에 두 차례 가격을 인상했다.

2020년 초 신종 코로나바이러스가 번지면서 세계적으로 재택경제Stay-at-Home Economy가 활성화되고 반도체 경기가 호황을 누리자 파운드리 업계의 파워칩, UMC, 글로벌 파운드리스, SMIC 등도 계속 가격을 인상했다. 심지어 TSMC보다 높은 가격을 제시하는 업체도 있었다. TSMC는 이런 상황을 고려해 시장 질서를 지키고, 세컨드 티어 기업들과의 가격 격차를 유지해 자사로 너무 많은 주문이 몰리지 않도록 가격을 인상했던 것이다.

2022년 하반기 인플레이션 심화, 미국의 금리 인상 등으로 세계 반도체 경기가 고점을 지나면서 고객들이 재고 조정에 들어가자 반도체 기업의 수주량이 감소하고 가격도 하락했다. 하지만 TSMC는 2023년 1분기 8인치와 12인치 가격을 각각 8퍼센트와 3~5퍼센트 인상하겠다고 고객사에 통지했다.

TSMC의 가격 인상은 여러 가지를 고려한 결정이었다. 우선 원자재 및 각종 물가가 상승한 인플레이션을 반영하였고, 기술적 우위를 가진 기업으로서 수익을 확대해 미래의 불확실성에 대비하겠다는 경영진의 판단도 있었다. 물론 TSMC가 가격 인상을 결정해도 고객사와 가격을 협상하는 과정이 남아 있었다.

하지만 TSMC가 가격을 인상한 가장 중요한 원인은 따로 있었을 것이다. 5나노, 4나노, 3나노 등 최첨단 공정으로 진입하면서 극자외선^{EUV} 장비는 점점 비싸지고 학습곡선과 난이도는 점점 상승하며 웨이퍼 생산원가 하락 속도는 차츰 느려졌다. 다시 말해, 기존에는 무어의 법칙*에 따라 2년마다 반도체 생산성이 두 배씩 향상되고 가격은 절반씩 하락했지만, 현재는 그 속도가 현저히 둔화되었다. 특히 최첨단 공정 기술 향상의 둔화세가 두드러진다.

젠슨 황 엔비디아 CEO가 "무어의 법칙은 죽었다"라고 말한 것도 그 때문이다. 공정 기술이 미세화되면서 칩 성능은 향상되지만 가격을 더 이상 낮출 수가 없다. 인플레이션의 영향으로 원자재 등 제조원가가 상승하기도 했지만 기술이 이미 한계에 도달해 병목 현상이 나타나고 있기 때문이다.

가격을 무분별하게 올리지 않는다

가격 설정이 단순하게 들릴 수 있지만 사실 아주 복잡한 요인이 작용하기 때문에 몇 가지 원칙으로 결론을 내리기 힘들다. 앞에서 TSMC의 가격 전략을 간략하게 설명했으므로, TSMC가 어떤 원칙을 가지고 가격을 설정하는지, TSMC 내부에서 가격전략을 어떻게 생각하는지 알아보도록 하겠다.

첫째, TSMC는 아주 복잡한 모형을 통해 가격을 산출하고 책정하는데, 우선 여러 나라의 생산원가가 중요한 영향을 미친다. TSMC가 투자한 중

---

* 1965년 인텔의 공동 창업자 고든 무어가 제시한 이론으로 반도체 칩에 집적할 수 있는 트렌지스터 수가 약 2년마다 두 배씩 증가한다는 것.

국, 미국, 일본 공장의 생산원가가 각기 상당한 차이가 있기 때문이다.

만약 고객의 발주량이 많아서 심지어 공장 전체 생산 라인을 다 투입해야 하는 정도라면 생산원가와 리스크를 별도로 계산해야 한다. 한 예로 2020년 인텔이 TSMC에 대량 주문을 하기로 했을 당시, TSMC는 이 주문을 감당하기 위해 신주 바오산寶山에 인텔만을 위한 생산 라인을 증설할 계획을 세우고 별도의 가격 결정 모형을 마련했다. 하지만 팻 겔싱어^{Pat} ^{Gelsinger}가 인텔의 새 CEO가 된 뒤 전략을 바꿔 주문량을 줄이자 TSMC도 신주 바오산 투자 및 가격 설정을 재검토했다.

둘째, 일반적으로 TSMC는 성숙 공정이든 첨단 공정이든 경쟁업체보다 가격이 높다. 앞서 말했듯이 TSMC는 수율, 납기, 서비스 등에서 다른 업체보다 우위에 있으므로 업계 선두 기업의 프리미엄을 누릴 수 있다. 특히 7나노 이상 첨단 공정에서는 경쟁자가 삼성과 인텔뿐이고, 삼성은 주로 저가 전략을 쓰기 때문에 TSMC의 견적가격이 훨씬 높다.

하지만 TSMC의 가격이 다른 기업보다 높기는 해도 경기 호황을 틈타 가격을 무턱대고 천정부지로 올리지는 않는다. TSMC가 매년 가격을 인하하는 것은 가격 인하가 고객에게만 좋은 것이 아니라 내부적으로도 경영효율 개선을 자극하는 효과가 있었기 때문이다. 매년 가격을 낮추면 고객들과 장기적인 파트너십을 맺을 수 있다는 중요한 이유도 있었다. 경기가 좋으면 가격을 대폭 올려 TSMC보다도 높은 가격을 제시하는 업체들도 있지만, 남의 위기를 이용해 이득을 취하려는 이런 방식은 고객과 원원하는 바람직한 방법이 아니다.

게다가 TSMC의 고객사는 모두 글로벌 대기업이기 때문에 주문량이 크게 감소하는 경우는 많지 않고 안정적인 주문량이 꾸준히 유지되는 편이다.

반도체 하나를 생산하는 데 100단계 넘는 과정을 거쳐야 하기 때문에 설계, 주문부터 생산까지 최소한 1년 이상 걸린다. 따라서 고객이 주문을 결정할 때 가격은 수많은 고려 사항 중 하나일 뿐이며, 가격을 조금 낮춘다고 해서 장기간 거래하던 공급업체를 바꾸는 일은 거의 없다. TSMC는 업계 선두 기업으로서 기술, 수율, 서비스 등에서 우월할 뿐 아니라 지속적인 가격 인하를 통해 고객의 이익까지 고려하기 때문에 고객이 점점 더 많아질 수밖에 없다.

물론 고객이 다른 업체로 옮겨 가는 일도 있지만 TSMC에 못 미치는 품질에 대부분 후회한다.

그렇다. '고객이 다른 업체로 옮겨 가는 일'이란 퀄컴이 삼성으로 옮겨 간 일을 두고 한 말이다. 퀄컴이 삼성과 협력한 데는 특별한 이유가 있다. 자사 브랜드 휴대폰에 퀄컴의 칩을 탑재하는 삼성이 퀄컴에 대한 주문을 미끼로 퀄컴의 칩 생산을 삼성에 맡기도록 한 것이다. 퀄컴은 이를 빌미로 TSMC에 가격 인하를 요구했지만 TSMC가 거부하자 모든 물량을 삼성에 주문했다. 하지만 삼성의 웨이퍼 수율이 낮기 때문에 그 결정이 퀄컴에 더 큰 이익이 될지는 미지수다.

업계 내 경쟁에서 TSMC가 가진 가장 탄탄한 방패는 7나노 이상 첨단 공정이다. 이 공정의 생산 라인은 단가가 높고, 경쟁사들은 아직 진출하지 못했거나 성과가 좋지 않은 영역이기 때문이다. 경쟁 상대가 적기 때문에 TSMC는 가격 설정에서 주도권을 쥐고 있다. 현재 첨단 공정의 매출이 TSMC 전체 매출의 절반 이상 차지하고 있다. 이익 기여도는 수율, 생산성, 원가관리의 개선 속도에 따라 결정되며, 학습곡선이 완성되면 이익이 큰 폭으로 증가한다.

그 외에도 TSMC의 가격전략이 계속 효과를 발휘할 수 있는 결정적인 이유가 있다. 바로 미국 기업 애플이다. 현재 애플은 TSMC의 최대 고객으로 TSMC 매출의 26퍼센트를 차지하고 있다. 애플은 PC, 휴대폰, 전력관리Power Management, 마이크로컨트롤러 등 IC를 전량 TSMC에 주문하고, 컴패니언 칩^{companion chip} 공급업체들도 반드시 TSMC에 주문할 것을 요구하고 있다.

애플의 이런 요구는 공급망 관리 중 중요한 부분이다. 한 해 동안 애플이 출하할 수 있는 아이폰 물량은 TSMC가 모바일 베이스밴드 등 칩을 얼마나 생산하느냐에 달려있기 때문이다. 그중 하나라도 부족하면 아이폰을 생산할 수 없으므로 애플이 공급업체들의 칩 생산량을 계속 모니터링하는 것은 당연하다. 애플은 용이한 모니터링을 위해 칩 공급업체들에게 TSMC에 주문할 것을 요구하고 있다. 그래야만 TSMC와 생산 라인 할당 계획을 더 효과적으로 수립할 수 있기 때문이다.

여기까지 TSMC의 대략적인 가격전략을 살펴보았다. 그런데 내가 말한 것은 모두 최근 몇 년간의 가격전략, 즉 TSMC가 시장 점유율과 기술에서 다른 기업들에 비해 월등한 우위를 확보한 후에 구사한 가격전략이다. 그렇다면 TSMC가 업계 최고의 기술을 보유하기 전에는 어떤 가격전략을 사용했는지 궁금해하는 사람들이 있을 것이다.

사실 TSMC는 설립 초기에 2마이크로미터(2,000나노) 공정 기술을 보유하고 있었다. 당시 인텔, 텍사스 인스트루먼트, 모토로라, 필립스의 최첨단 공정인 1마이크로미터에 비해 2.5~3세대 뒤진 상태였다. 하지만 TSMC는 성숙 공정인 2마이크로미터 공정에 타이완의 우수한 인력을 투입해 다른 기업보다 더 높은 수율과 생산성을 낸 뒤 상당히 매력적인 가격에 제품을 판매했다. 고객에게는 가성비가 훌륭한 제품이었고, TSMC로서도 그 가격에 판매해도 괜찮은 수익을 낼 수 있으므로 매년 가격을 인하하는 전략을 유지했다.

이런 방식이 가능했던 비결은 TSMC의 월등한 원가 절감 능력에 있다. TSMC의 최초 대주주였던 필립스는 TSMC의 견적가격이 자사의 공장에서 직접 생산하는 원가보다 낮다는 사실을 알았다. TSMC의 파운드리가

IDM에 비해 가격 경쟁력이 있었기 때문에 필립스는 그때부터 TSMC에 대량 주문을 하고 자체의 공장은 단계적으로 폐쇄하거나 증설을 중단했다.

앞에서 타이완 반도체의 '3+1' 성공비결을 분석하면서 타이완 전자 산업의 첫 번째 경쟁력이 노동자의 근면성, 초과 노동, 저렴한 인건비와 운영비를 꼽았다. 유럽, 미국, 일본 등 외국 기업은 매출총이익률 40퍼센트 이하로는 제품은 판매할 수 없지만 타이완 업체들은 그런 제품으로도 적지 않은 수익을 낼 수 있다. 이것이 타이완 기업의 가장 중요한 경쟁력이자 타이완 전자 산업이 초기에 비약적으로 발전할 수 있었던 핵심 요인이다.

기업 관리의 최고 비밀
: 가격을 제외한 모든 분야에서 경쟁자를 앞서다

모리스 창은 가격 설정에 대해 풍부한 실전 경험을 가지고 있으며, CEO는 가격전략에 대한 주관을 갖고 가격 설정을 주도해야 한다고 여러 번 강조했다. TSMC에는 각종 기술, 서비스 등 파운드리 제품의 가격을 산출해 가격을 결정하고 가격전략을 수립하는 부서가 있다. 이 부서는 기획 부문 직속 부서이며 부사장이 책임자로서 매주 모리스 창에게 보고했다. 이제는 은퇴한 쑨중핑孫中平과 왕젠광王建光이 이 부서의 책임자였고, 지금은 리쥔셴李俊賢이 맡고 있다.

모리스 창은 1999년 TSMC의 11대 전략을 친필로 써서 남겼다(단 1부뿐이다). 기업 관리의 최고 기밀이 담긴 이 글을 본 사람은 지금까지 TSMC의 임원 10여 명뿐이다. 이 글에 열거된 전략 가운데 가장 중요한 것이 바로 가격을 제외한 모든 분야에서 경쟁자를 앞서야 한다는 것이다.

다시 말해, 동종 업계 다른 업체에 비해 높은 가격을 받는 대신, 가격을 제외한 다른 모든 분야, 즉, 기술, 수율, 납기, 서비스 등에서는 모두 경쟁자보다 우월해야 한다는 것이다. 다른 분야에서 다른 업체들보다 우월하기 때문에 가격 결정의 주도권이 TSMC에 있고, 고객들은 TSMC가 제시하는 가격을 받아들일 수밖에 없다. 애플의 아이폰이 다른 브랜드 휴대폰보다 비싸도 소비자들은 아이폰을 선택하는 것처럼, TSMC의 파운드리 서비스도 타 업체보다 비싸지만 고객들이 가성비가 좋다고 느끼게 하는 것이다.

모리스 창은 가격 결정의 중요성을 기업의 인사 구조에 비유해 설명했다. CEO의 연봉은 일반 엔지니어보다 50배나 높고, 생산직 직원보다 400배나 많다. CEO는 어떻게 그렇게 높은 연봉을 받을 수 있을까? 기업의 이익은 제품 가격에서 비용을 뺀 부분이다. 엔지니어 1,000명을 줄여야 비용을 1퍼센트 줄일 수 있는데 유능한 CEO가 가격을 1퍼센트 올린다면 엔지니어 1,000명을 감축한 것과 같은 효과를 낸다. 제품을 비싼 가격에 팔수 있다면 그 CEO는 당연히 고액 연봉을 받을 만한 이유가 있는 것이다.

물론 가끔 치열한 시장경쟁 때문에 가격을 유지하는 것조차 힘들 때가 있다. 가격을 유지하기도 힘드니 가격 인상은 더 말할 것도 없다. 모리스 창은 차별성 없는 상품을 판다면 가격을 스스로 결정할 수 없고 시장과 경쟁자가 결정한 가격에 끌려가게 되지만, 맞춤형 상품을 팔면 가격을 협상할 여지가 있다고 말했다.

TSMC의 파운드리 사업은 삼성의 메모리 같은 범용 제품이 아니라 맞춤형 제품을 만들어 판다. 그래서 TSMC가 가격을 협상할 수 있는 여지가 있고, 업계 선두 기업으로서 흔들림 없는 가격 결정권도 갖고 있다.

모리스 창은 기업을 승계하면서 웨이저자에게 가격 관리를 철저히 하라고 당부하고, 마크 리우 회장도 자본적 지출, 가격 결정, 마케팅 등 세 가지 회의에 참석해야 한다는 규정을 만들었으며, 마크 리우와 웨이저자가 최종 결재자로서 가격 설정에 작은 실수도 없도록 했다. 다른 어떤 기업에서도 보지 못한 이런 규정을 만든 것은 모리스 창이 그만큼 가격 결정을 중요하게 여겼다는 뜻이다.

가격 설정은 신중하고 치밀한 연구가 필요한 일이며, CEO의 능력을 가늠할 수 있는 기준이기도 하다. 듣기로는 모리스 창의 첫 승계가 실패한 것도 가격전략과 관련이 있었다.

2009년 금융위기로 세계 시장에 돈줄이 마르고 경기가 급격히 얼어붙었을 때 CEO였던 릭 차이는 어쩔 수 없이 적극적으로 가격을 인하했다. 하지만 당시 모리스 창은 그의 전략을 탐탁지 않게 여겼다고 한다. 모리스 창이 CEO로 복귀한 뒤 TSMC의 가격전략도 변화가 생겼다. 그는 가격을 낮추지 않고 자본 지출을 크게 늘려 더 높은 수준의 공정 개발을 빠른 속도로 추진했고, 얼마 후 경기가 회복세를 보이자 빠르게 업계 선두 자리를 되찾았다.

앞에서 TSMC가 연평균 4퍼센트씩 가격을 인하하는 전략을 유지한 것은 TSMC의 생산원가가 꾸준히 감소했기 때문이고, 그 덕분에 고객들도 그 혜택을 함께 누렸다고 했다. 하지만 TSMC는 가격을 대폭 인하하는 가격 경쟁으로 경쟁사를 궁지에 모는 전략은 쓰지 않는다. 로직 IC가 모두 범용 제품이 아니라 맞춤형 생산이고, TSMC의 파운드리 사업이 창립 이래 지금까지 오랫동안 높은 성장세를 유지하고 있으므로 가격을 깎으면서까지 경쟁할 필요가 없다.

모리스 창이 텍사스 인스트루먼트에서 반도체 부문 사장으로 있을 때는 가격을 대폭 낮추는 전략으로 경쟁사를 압박했다. 그는 한 강연에서 1974년 어느 신문에 실렸던 기사를 보여주었는데 기사 제목이 'TI continue cutting prices on TTL: Chang(모리스 창: 텍사스 인스트루먼트 TTL[*] 가격을 계속 낮추다)'이었다.

---

[*] 트랜지스터-트랜지스터 로직 transistor-transistor logic. 반도체를 이용한 디지털 제어용 집적회로의 일종.

R&D와 설계에 많은 투자가 필요하기 때문에 반도체 기업들은 대부분 총이익을 50퍼센트 이상으로 맞추려고 한다. 그런데 TSMC는 왜 오히려 가격을 낮추는 것일까?

많은 사람이 궁금해하는 이 문제에 대해 모리스 창은 이렇게 대답했다. "내 전략은 경쟁 상대를 절망시키는 겁니다." 오래전 텍사스 인스트루먼트의 TTL 시장 점유율이 50퍼센트에 육박했음에도 경쟁자가 많았다. 그는 이렇게 말했다. "텍사스 인스트루먼트가 40퍼센트를 벌 수 있으면 경쟁사는 20퍼센트밖에 벌 수 없습니다. 하지만 나는 가격을 계속 낮췄습니다. 게다가 우리에겐 학습곡선의 강점이 있었으므로 경쟁사들에겐 희망이 없었죠."

텍사스 인스트루먼트가 당시 만들었던 TTL은 범용형 제품에 가까웠기 때문에 가격을 대폭 낮추는 방법으로 경쟁사들을 시장에서 밀어냈던 것이다. 이 전략은 삼성이 메모리 등 범용 제품에서 구사하는 전략과 비슷하고 현재 TSMC의 전략과는 다르다.

모리스 창은 텍사스 인스트루먼트에서든 TSMC에서든 항상 가격을 매우 중요하게 여겼고, 가격전략에 대한 자신의 생각을 꾸준히 밝혔다. 그는 모든 타이완 기업가 가운데 가격전략에 대해 가장 솔직하게 말하는 경영자이기도 했다.

어느 업계든 가격전략이 중요하지만 가장 흔히 사용하는 것은 약탈가격[**]과 박리다매 전략이다. 가격 설정에 관한 모리스 창의 철학은 업계를 막론하고 모든 기업에게 많은 깨달음을 줄 수 있다.

[**] 시장에서 경쟁자를 물리치기 위해 손실을 각오하고 가격을 과도하게 낮추는 것. 경쟁자가 철수하고 독점이 달성되면 손실을 메우기 위해 가격을 인상함.

05 ‖ 담뱃재를 털고 보고서를 찢으며 외치다, 나가!

모리스 창이 무적의 경영함대를 구축한 비결

2003년 젠쉐런^{簡學仁} 당시 뱅가드 회장이 모리스 창으로부터 문진을 선물 받았다.

그로부터 약 2년 전 모리스 창이 뱅가드의 D램 사업 철수를 선언하고 파운드리 사업으로 전환했지만 2년 연속 적자를 냈다. 그러자 인내심이 바닥난 모리스 창이 2003년 주주회의에서 뱅가드 회장직을 사임하고 사장 젠쉐런에게 회장직을 물려주면서 이런 문구가 새겨진 문진을 선물했다.

"젠쉐런 선생, 방법을 찾아내시오!"

젠쉐런은 이 문진을 오랫동안 간직했고, 문진에 새겨진 글귀를 볼 때마다 모리스 창의 당부가 귀에 들리는 것 같았다고 한다.

젠쉐런은 뱅가드에서 사업 전환이라는 힘든 임무를 수행했다. 대주주 TSMC의 각종 제약 속에서 D램 사업에서 차츰 철수했지만, 파운드리 사업에서 12인치 공장을 건설하지 못하는 등 TSMC와 경쟁할 수가 없었다. 뱅가드는 한참의 시간이 흐른 뒤에야 기반을 닦고 자사만의 독특한 경쟁력을 확보할 수 있었다.

모리스 창과 일해본 사람들은 그의 곁에서 일하는 것이 결코 쉽지 않다고 입을 모은다. 그의 기준이 너무 높고 엄격하기 때문이다. 그는 TSMC의 비전을 그려놓고 그 비전을 향해 일제히 전진하도록 지휘하면서 누구든 성과를 내지 못하면 큰소리로 호통을 치고 담뱃대를 세게 두드리거나 보고서를 찢어 확 던진 뒤 내쫓아 버린다.

이렇게 높은 기준과 요구에도 TSMC를 떠나지 않고 남아 있을 수 있다면 그것만으로도 유능한 사람이라는 뜻이고, 고위 임원까지 올랐다면 대단한 인재임이 입증된 것이다. TSMC의 임원들이 회사를 떠난 뒤 다른 기업에 영입되든 다른 분야로 옮겨 가든 스스로 창업을 하든 맡은 자리에서 우월한 성과를 내는 것만 봐도 알 수 있다. 릭 차이, 천쥔성陳俊聖, 린쿤시, 후정다胡正大, 쉬진룽, 린번젠, 장상이, 쑨위안, 쑨위안청, 차이넝셴蔡能賢, 장샤오웨이張孝威 등 TSMC에서 부사장 이상 임원을 지낸 뒤 회사를 떠나 각 업계에서 중요한 역할을 하고 있는 인물들이 많다.

TSMC에서 글로벌마케팅, 기업발전 담당 수석부사장이자 CIO(최고정보책임자)였던 린쿤시는 TSMC 기업문화의 핵심을 accountability, 즉 '책임감'으로 꼽았다. 관리자가 어떤 약속을 했다면 결코 어떤 핑계로도 도망치지 말고 사명감을 갖고 완수해야 한다.

이는 앞에서 언급한 TSMC의 경영이념 ICIC Integrity, Commitment, Innovation, Customer trust 중 약속commitment과 비슷하다. 현재 TSMC에서 고위 임원까지 올라간 관리자들은 모두 약속과 임무 완수를 중시하는 사람들이라고 할 수 있다.

마크 리우와 웨이저자의 경영 스타일은 〈글로벌뷰Global Views〉 2023년 12월 호에 생생하게 묘사되어 있다.

마크 리우 회장은 1993년 TSMC에 입사해 밑에서부터 차근차근 밟아 올라간 뒤, WSMC에 파견되어 다시 능력을 갈고 닦아 공동 COO, 공동

CEO 및 회장에 오른 인물이다. 12인치 공장 최초 건립, 첨단기술 사업 추진 등 그동안 맡았던 모든 직무를 훌륭하게 해냈다.

그가 웨이퍼 공장을 순조롭게 운영하고 TSMC 내부의 가장 중요한 임무를 완수했기 때문에 릭 차이가 CEO로 임명되었을 때 이미 마크 리우가 릭 차이의 후임 후보 중 한 사람이라는 사실을 TSMC 임원들은 모두 알고 있었다. 현재 7나노 이상 첨단 공정 기술이 TSMC의 글로벌 경쟁력에서 큰 부분을 차지하고 성장 및 수익의 원동력이 되었는데 그렇게 되기까지 마크 리우가 매우 중요한 역할을 했다.

〈글로벌뷰〉의 보도에 따르면, 마크 리우는 관리운영 능력 외에도 투철한 책임감과 온화한 성품을 겸비한 인물이다. 지금껏 그가 감정적으로 말하는 것을 본 사람이 없다. 마크 리우와 함께 일했던 한 직원은 "모리스 창의 질책이 떨어질 때마다 그는 부하직원을 내세우지 않고 혼자서 다 감당했다"고 말했다.

총재 웨이저자는 진지하고 신중한 성격의 TSMC 경영진들과는 조금 다르게 유머러스한 성격을 갖고 있다. 그는 1998년 TSMC에 영입되기 전 차터드반도체(지금은 글로벌 파운드리스에 인수됨) 수석부사장을 지냈고, TSMC로 옮긴 뒤 8인치 공장 운영, 주류 기술 부문, 영업 부문을 두루 거친 뒤 마크 리우와 마찬가지로 공동 COO와 공동 CEO를 맡았다가 총재가 되었다.

웨이저자가 주류 기술 사업부 책임자였을 때 사람들은 성숙 공정 제품으로는 더 이상 수익을 창출할 수 없다고 생각했지만 그는 8인치 공장을 업그레이드해 지문인식, MEMS Microelectromechanical systems (미세전자기계시스템), 웨어러블, 광검출기 부품, 차량용 반도체 시장에 진출해 새로운 수익원을 개척했다. 나중에 모리스 창이 그를 영업개발 사업부에 배치하자 두말없이 자리를 옮겨 모바일CPU 시장을 적극적으로 개척했고, 퀄컴, 엔비디아 등 대기업의 주문을 따내며 모리스 창에게 융통성과 임기응변능력을 인정받았다.

웨이저자의 유머러스한 성격은 모두에게 긍정적인 에너지를 전파한다. 〈글로벌뷰〉 기사에 따르면, 한 번은 웨이저자가 모리스 창의 질책을 듣고 있다가 갑자기 이렇게 말했다. "회장님, 제 지능을 의심하실 수는 있어도 TSMC에 대한 제 충성은 의심하지 마십시오." 그의 이 말에 분위기가 일시에 누그러졌고 그 자리에 있던 사람들은 모두 그의 원만하고 현명한 성격에 감탄했다.

TSMC R&D 분야에서 가장 오래 일한 장상이는 모리스 창 곁에서 일하며 가장 많은 것을 경험하고 배운 사람이다. 그는 〈비즈니스 위클리〉와의 인터뷰에서 1997년 막 TSMC에 왔을 때 모리스 창에게 TSMC의 빠듯한 자금으로는 일류 대기업들과 경쟁에 이길 수 없으며 2인자밖에는 될 수 없다고 말했다가 승부욕이 부족하다고 질책당한 일화를 얘기했다.

모리스 창이 2006년 퇴임하고 떠난 장상이를 다시 불러 비스에라ⱽⁱˢᴱʳᵃ, 采鈺와 신텍Xintec, 精材 두 자회사의 회장으로 임명했을 때도 장상이의 마음속에서 TSMC 회장은 모리스 창뿐이었다. 그래서 기자간담회 때 무심코 "난 이름만 회장입니다"라고 말했는데 그의 이 발언이 언론에 보도되며 사람들의 입에 오르내렸다. 그 후 장상이가 모리스 창을 대면하러 가면서 질책당할 줄 알고 마음의 준비를 했는데 모리스 창이 전혀 화를 내지 않고 이렇게 말했다. "그런 발언은 적절치 못해요. 속으로는 더더욱 그런 생각을 해선 안 됩니다." 장상이는 모리스 창에게 질책당한 것보다도 그 말이 더 인상적이었으며, 그 후로는 모리스 창 회장처럼 신중하고 진지하게 행동하고 무슨 말을 하든 심사숙고한 뒤에 말했다고 한다.

장상이는 모리스 창을 '아싸리ᵃっさり한' 사람이라고 표현했다. 상대가 이치에 맞는 얘기를 하면 그는 언제나 기꺼이 설득당했고, 원하는 것을 모두 내어주었다. 장상이가 2010년 TSMC R&D 사업부에 복귀했을 때 모리

스 창에게 무어의 법칙을 뛰어넘는 첨단패키징^{Advanced Package} 사업을 하고 싶다면서 엔지니어 400명과 1억 달러 자금을 달라고 했을 때도 모리스 창은 단 한 시간 만에 그의 요청을 들어주었다.

'쥐며느리'와 '바다거북'의 결합으로 한 단계 더 발전하다

모리스 창의 탁월한 리더십과 유능한 인재가 모인 TSMC의 부사장 라인업은 TSMC를 꾸준히 성장시킨 원동력이다. 수많은 인재 중에 잊지 못할 중요한 인물을 꼽자면 TSMC가 창립될 때부터 모리스 창과 함께 일한 쩡판청을 들 수 있다.

쩡판청의 가장 큰 공로는 공업기술연구원의 국내파 인재들을 동원해 TSMC의 기틀을 세운 뒤 해외의 우수인재를 부지런히 영입해 TSMC를 더 높은 수준에 올려놓은 것이다.

당시에 '쥐며느리'와 '바다거북'을 합쳐 TSMC를 한 단계 더 성장시키는 일은 생각만큼 쉽지 않았다.

우선 초기에 TSMC의 인재 영입이 순조롭지 못했다. TSMC가 다소 늦게 설립된 데다가 처음 2년간은 수익을 내지 못했기 때문에 일부 엔지니어들이 다른 반도체 기업에 스카우트되어 떠나기도 했다. 해외 인재를 타이완으로 불러들이는 것은 더더욱 쉽지 않았다. 스톡옵션 없이 TSMC의 기존 연봉으로는 전혀 경쟁력이 없었다.

둘째, 해외 인재를 영입하자 당초 공업기술연구원에서 이직한 직원들 사이에서 불만이 터져 나왔지만 TSMC가 지속적으로 성장하려면 해외 인재를 계속 영입해야 한다는 쩡판청의 생각이 확고했다. 그는 각국에서 열리는 심포지엄에 열심히 참석해 최신 기술을 접하는 한편 열심히 인재를 물색했다. 어디에 인재가 있다는 소문을 들으면 무슨 방법을 동원해서라도 직접 찾아가서 만났다.

1989년 TSMC의 해외 인재 영입이 비로소 큰 진전을 이루었다. 그해에 릭 차이, 차이닝셴, 린쿤시 등이 잇따라 TSMC로 자리를 옮기고, 같은 해 TSMC의 제2공장이 착공되어 초고속 성장의 발판이 마련되었다.

물론 TSMC의 인재들도 동종 업계의 스카우트 대상이 되었다. 2018년 모리스 창의 은퇴 기자회견에서 한 기자가 중국 반도체 업계의 인재 빼가기에 대한 의견을 묻자 그는 TSMC에서는 인재 유출이 없었고 설령 있다고 해도 단 몇 명뿐이며 "그런 사람들은 우리가 보기에 중요한 기술인재는 아닙니다"라고 말했다.

그는 TSMC의 경험으로 볼 때 인재 유출을 막는 세 가지 방법이 있는데, 연봉을 후하게 주고, 각자 자기 일을 좋아할 수 있게 하며, 이 회사가 발전 가능성이 있는 것이라고 느끼게 하는 것이라고 했다.

모리스 창이 은퇴하고 5년이 흐르는 동안 새로운 인물들이 TSMC의 부사장으로 영입되었다. 그중에는 타이완 국내파도 있고 중국, 동남아 등에서 온 인재도 있다. 중국에서 영입된 장샤오창 영업개발 수석부사장, 차오민曹敏 R&D 및 패스파인딩Pathfinding 부사장, 플랫폼R&D 예주후이葉主輝 등이 그들이다.

모리스 창은 기업 승계를 매우 중요하게 여겼다. 그가 텍사스 인스트루먼트에서 근무하던 시절 패트릭 해거티Patrick E. Haggerty 회장도 경영진 가운데 6~10명에게 각별한 관심을 쏟으며 그들의 멘토로서 자주 대화를 나누었는데, 모리스 창도 그중 한 사람이었다.

기업에 우수한 인재가 계속 들어오면 기업 승계가 훨씬 수월해진다. 현재 TSMC에는 우수한 부사장들이 포진해 있으므로 마크 리우 회장과 웨이저자 총재는 풍부한 인재풀을 갖고 있는 것이다. 두 사람도 모리스 창처럼 이미 마음속에 여러 명의 명단을 품고 있고, 회사를 승계할 후계자 인선에 관심이 많다고 자주 밝힌 바 있다. TSMC가 후계자를 찾지 못해 고민할 일은 아마 없을 것이다.

06 | SMIC와의 특허침해 소송, TSMC는 어떻게 승리했는가

영업비밀 보호를 위한 타이완-중국 간 중대한 소송

2009년 말, TSMC와 SMIC가 합의에 도달하며 장장 8년에 걸친 영업비밀침해 소송이 마침표를 찍었다. SMIC는 TSMC에 2억 달러를 배상하고 SMIC의 지분 8퍼센트를 TSMC에 무상으로 내어주는 한편, SMIC 창업자인 리차드 창 CEO가 책임을 지고 사퇴하기로 했다. 또 TSMC는 3년 동안 SMIC의 지분 2퍼센트를 1주당 1.3홍콩달러에 사들일 권리를 얻었는데, 이 지분을 전부 사들이면 SMIC의 지분 10퍼센트를 보유해, 상하이 인더스트리얼 홀딩스Shanghai Industrial Holdings, 上海實業, 다탕텔레콤Datang Telecom Technology, 大唐電信에 이어 SMIC의 3대 주주로 등극하게 되는 것이었다.

TSMC가 지식재산권 보호를 위해 처음 제기한 소송이었고, 타이완과 중국 반도체 업계 1위 기업 간의 대형 특허침해 소송이었으므로 타이완과 중국은 물론 전 세계 반도체 업계의 이목이 쏠렸다. 하지만 TSMC는 승리하고도 마냥 기뻐할 수만은 없었다.

이 소송전은 크게 두 단계로 나뉘는데 1라운드는 2003년부터 2005년까지 2년간 진행되었다.

앞에서 말했듯, 2000년 TSMC가 WSMC를 인수하자 WSMC의 리차드 창 CEO가 직원 100여 명을 데리고 중국 상하이로 건너가 중국 최초의 파운드리 기업인 SMIC를 설립했다. SMIC는 TSMC의 직원을 빼내어 간 것도 모자라 기술도 대량으로 베꼈는데, 류윈첸劉芸茜 전 TSMC 프로젝트매니저가 이직하며 빼돌린 대량의 자료 덕분이었다.

처음에 TSMC는 SMIC가 자사의 직원들을 대거 빼내어 갔다는 사실만 알았을 뿐 영업비밀을 빼돌린 사실은 알지 못했다. SMIC가 중국 최초로 8인치 공장 건설에 착공하며 본보기 기업으로서 중국 정부의 적극적인 지원을 받기 시작했고, 때마침 중국 경제의 고속 성장으로 타이완 인재들의 중국행이 붐을 이루었다. UMC는 타이완 정부의 승인도 없이 2001년 중국 쑤저우蘇州의 허젠 테크놀로지스Hejian Technology Corporation, 和艦科技 설립을 지원했고, TSMC 상하이 쑹장松江 공장은 2007년에야 타이완 정부로부터 건설 승인을 받았다.

TSMC는 한참 후에야 고객을 통해 SMIC가 TSMC의 기술을 베낀 혐의가 있음을 알았다. 특허침해 증거를 확보하기 위해 TSMC는 우선 타이완에서 전 프로젝트매니저 류윈첸에 대한 출국금지를 신청하는 한편, 12인치 웨이퍼 공장 배치도 및 설계도, 웨이퍼 제조 공정과 배합에 관한 자료를 SMIC에 빼돌린 혐의로 류윈첸을 고발했다.

류윈첸의 집을 압수 수색한 검찰은 컴퓨터 하드디스크와 전자우편 계정에서 이탈리아계 마르코 모라Marco Mora 당시 SMIC COO가 류윈첸에게 TSMC 12인치 웨이퍼 공장의 공정 및 장비 목록을 요구한 사실을 확인했다. 하지만 SMIC는 TSMC의 기술을 베낀 사실이 없다고 부인했다.

두둥유杜東佑 당시 TSMC CLOChief Legal Officer(최고법률책임자)는 〈커먼웰스〉와의 인터뷰에서 TSMC가 미국에서 SMIC의 반도체 제품을 수집해 역공학 분석Reverse Engineering을 실시한 결과 SMIC 제품이 TSMC와 거의 동일했다면서, SMIC가 TSMC의 특허를 침해하고 TSMC의 영업비밀을 부당하게 사용했음을 확인했다고 밝혔다. TSMC는 2003년 겨울 미국 캘리포니아주 연방지방법원에 정식으로 SMIC를 고소했다.

1년 뒤 미국국제무역위원회가 SMIC에 서류 제출을 명령했고, 2005년 양측이 첫 당사자간 합의에 도달했다. SMIC가 6년간 TSMC에 1억 7,500만 달러를 배상한다는 내용이었는데, 2003년 SMIC의 매출이 3억 6,000만 달러였음을 감안하면 SMIC로서는 상당한 액수였다.

양측은 이 밖에도 특허 교차라이센스 계약을 체결했지만 TSMC는 이 합의를 이유로 SMIC에 어떠한 영업비밀을 사용하도록 허락하지도, 어떠한 기술을 제공하지도 않았다.

합의를 체결한 후에도 SMIC가 계속해서 TSMC의 영업비밀을 부당하게 사용하자 2라운드 소송이 시작됐다. 2006년 TSMC와 북미 자회사 및 웨이퍼테크가 미국 캘리포니아주 알라메다 카운티 고등법원에 SMIC를 상대로 재차 소송을 제기했다.

소송이 진행되는 동안 TSMC는 SMIC가 자사의 직원을 빼앗아 가면서 비밀자료 1만 5,000건도 함께 빼돌렸다는 사실을 알았다. SMIC는 무려 50만 페이지에 달하는 방대한 자료를 빼돌린 뒤 'tsmc-like'라고 홍보하며 고객들에게 주문을 받아왔던 것이다. 3년 넘게 이어진 이 법정싸움에서 TSMC가 승소하고 양측은 2009년 최종 합의를 체결했다. 1라운드 소송을 포함해 8년에 걸친 긴 싸움이었다.

이른바 tsmc-like란 '기술적으로 TSMC와 완전히 동일하지만 가격은 더 저렴하다'는 점을 내세워 고객을 끌어들인 것이다. SMIC는 기술 개발비를 한 푼도 들이지 않고 TSMC의 0.13마이크로미터, 90나노 등 공정기술을 직접 베끼고 TSMC의 고객을 가로챔으로써 거액을 투자해 기술을 개발한 TSMC에 막대한 피해를 입혔다.

TSMC의 승소로 SMIC는 톡톡한 대가를 치렀고, 비슷한 방법을 쓰려고 했던 다른 경쟁자들에게도 단호한 경고의 메시지가 전달되었다.

승소 후 TSMC는 다른 경쟁자의 특허침해를 방지하기 위해 더 엄격한 기술침해 방지 시스템을 구축했다. 28나노, 16나노 등 차세대 공정 개발을 통해 제품을 지속적으로 업그레이드하고 해마다 신제품을 최소한 1개씩 발표해 성능 및 공률 손실을 계속 개선했다. 그러자 경쟁사들은 새로운 공정의 수율을 개선해도 곧바로 기술 업그레이드에 뛰어들어야 하고, 아무리 기술을 베껴 죽기 살기로 따라와도 점점 벌어지는 격차를 좁힐 수가 없었다.

TSMC의 이 전략은 과거 인텔과 AMD의 CPU 경쟁을 떠올리게 한다. 당시 인텔은 대형 고객사의 요구에 따라 AMD, 내셔널 세미컨덕터 등과 기술 라이센싱 협약을 맺었지만 지속적인 R&D 투자로 제품을 빠르게 업그레이드해 경쟁사들이 인텔을 따라잡을 수 없었다. 이것은 오랜 시간 인텔이 업계 1위 자리를 굳건히 지킨 비결이기도 하다.

TSMC는 왜 SMIC를 무너뜨리지 않았을까?
왜 살길을 남겨주었을까?

이 소송전에서 모리스 창은 특별히 텍사스 인스트루먼트에 근무했던 두둥유를 CLO로 영입한 다음, 역공학으로 SMIC의 특허침해 증거를 확보하는 한편, 다양한 수단을 동원해 법적 공방을 벌였다. 두둥유는 〈커먼웰스〉와의 인터뷰에서 SMIC와의 소송에 매우 특별한 전략을 구사하고 있음을 밝혔다.

두둥유는 이렇게 말했다. "우리의 가장 중요한 제1원칙은 IT 기술과 지식재산권을 보호해 공평한 시장경쟁 환경을 구축한다는 것입니다." 그는 과거 텍사스 인스트루먼트나 IBM이 적극적인 소송을 제기했을 때는 거액의 로열티를 받아내 상대를 파산시키는 데 목적이 있었지만, TSMC는 그럴 의도가 없음을 강조했다.

TSMC는 SMIC의 파산을 원치 않았다. SMIC가 파산해 공장이 매각된다면 TSMC의 공정 기술이 유출될 것이고, SMIC를 인수한 기업은 틀림없이 가격전쟁을 도발해 시장 질서를 무너뜨릴 것이다. 그것은 TSMC에게 최악의 결과였다.

더군다나 반도체는 중국 정부가 적극적으로 육성하는 산업이기 때문에 TSMC가 SMIC를 파산에 이르게 해도 중국 정부는 또 다른 기업을 키울 것이다. 그렇게 되면 TSMC에게는 더 큰 악재가 될 것이므로 당연히 그런 결과를 피해야 했다.

TSMC가 소송을 제기하기 전에 이미 일어날 수 있는 모든 가능성을 다 예상하고 득실을 따진 뒤에 SMIC와의 당사자간 합의를 통해 해결하기로 방향을 잡았던 것이다. SMIC가 이미 빼돌린 TSMC의 공정 기술을 유출하지 않고, 더 이상의 기술 탈취를 시도하지 못하게 하는 것이 TSMC의 입장에서 가장 좋은 결과였다.

손자병법에서도 '구궁막추窮寇莫追'라 하여 피할 곳이 없는 도적은 쫓지 말라고 했다. SMIC를 너무 궁지로 몰았다가는 TSMC의 중국 투자 계획에 변수가 생길 수도 있고, 오히려 중국 파운드리 산업을 빠르게 발전시키는 결과를 낳을 수도 있었다. TSMC는 이런 모든 가능성을 고려하고 대응했다.

SMIC는 이 소송전 이후 경영진이 대폭 교체되면서 기업 성장에 중요한 분수령이 만들어졌다. 창업 이래 연속 9년간 적자를 탈출하지 못하자 리차드 창에게 대주주들의 불만이 누적되었다. 대주주들은 이제 그를 이용해 중국 반도체 산업의 기반을 닦았고 단계적인 공장 건설 프로젝트도 완성되었으므로 그를 교체하려고 벼르고 있었다. 그러던 차에 소송에 패소하자 그 핑계로 경영진을 교체한 뒤 더 전문적인 경영인을 영입해 고속 성장의 길을 열었다.

리차드 창의 뒤를 이어 차례로 SMIC의 CEO가 된 왕닝궈王寧國, 추츠윈邱慈雲, 량멍쑹은 모두 타이완 출신이었다. 왕닝궈는 응용재료학 전문가였고, 나머지 둘은 TSMC에서 근무했던 이들이었다.

TSMC가 SMIC의 지분을 받은 것은 SMIC가 배상금의 일부로 주겠다며 먼저 제안한 것이었다. 물론 TSMC가 대주주가 되면 기술 라이센싱의 기회를 얻을지 모른다는 SMIC의 기대도 있었다. 하지만 TSMC는 자발적으로 지분을 보유한 것이 아니었다. SMIC에 장기적으로 투자할 생각도 없고, SMIC를 장악하려는 의도는 더더욱 없었기 때문에 SMIC 보유 지분을 점차 매도해, 2019년 SMIC가 미국 주식시장에서 상장을 폐지했을 때는 지분이 0.03퍼센트밖에 남아 있지 않았다.

결론적으로 8년에 걸친 TSMC와 SMIC의 특허침해 소송은 타이완과 중국은 물론 세계 반도체 산업에서 하나의 이정표 같은 사건이었다. 중국 반도체 업계의 악의적인 인재 스카우트와 기술 베끼기 악습을 어느 정도 저지하는 효과가 있었고, 또 한편으로는 지식재산권 및 영업비밀을 지키기 위한 TSMC의 적극적인 수단과 소송 방법이 다른 기업들에게 참고 자료가 되었다.

07 | 인재 빼가기를 저지하고 영업비밀 유출을 막다

'칩의 마술사' 량멍쑹 사건

SMIC의 영업비밀 절도 사건이 일단락된 뒤인 2011년, TSMC는 삼성전자에 '영업비밀을 유출한' 혐의로 량멍쑹 전 TSMC 수석연구개발이사를 고소했다. 2015년 타이완 최고법원이 TSMC 승소 판결을 내리기까지 4년이 걸린 이 소송도 타이완의 지식재산권 보호를 위한 중요한 이정표가 되었다.

SMIC의 특허침해 사건이 '기업 대 기업'의 영업비밀 보호에 관한 대표적인 사례라면, 량멍쑹 사건은 '기업 대 개인'의 대표적인 사례다. 이 소송은 개인에 대해 더 명확한 행동규범을 제시했을 뿐 아니라, 이 소송을 계기로 타이완의 영업비밀법 개정이 가속화되었으므로 자세히 연구하고 논의해 볼 만하다.

현재 SMIC 공동 CEO인 량멍쑹은 타이완과 중국 반도체 업계의 유명인사 중 한 사람이다. 그는 미국 캘리포니아 대학교 UC버클리에서 전기공학 박사학위를 취득하고, 1992년(당시 40세)에 TSMC에 입사해 R&D 부문 책임자로 17년간 근무했다. 2000년 TSMC의 0.13마이크로미터 기술 개발을 성공시킨 '6기사' 중 한 사람이기도 하다.

2009년 2월 TSMC R&D 부문 이사직을 그만두고 퇴사한 량멍쑹은 칭화대학교 전자공학과 대학원에서 한 학기 동안 강의한 뒤, 그해 9월 한국인 아내와 함께 처남의 소개로 인연이 닿은 성균관대학교 교수직으로 자리를 옮겼다. 2011년 2월 TSMC와의 경업금지 약정이 만료되자 이 계약을 준수한 대가로 TSMC로부터 4,600만 타이완달러의 배당을 수령한 뒤 같은 해 7월 삼성 파운드리 사업부의 부사장 겸 CTO로 임명되었다.

하지만 TSMC는 그가 삼성에 입사하기 전 성균관대학교 교수로 있을 때부터 이미 TSMC의 기밀을 삼성에 유출했을 것으로 의심하고 2011년 그를 상대로 소송을 제기했다. TSMC는 특허법원에 세 가지 요구사항을 제출했다. 첫째, 량멍쑹이 TSMC 근무 기간에 알게 된 영업비밀을 유출하지 않도록 금지해 줄 것, 둘째, TSMC R&D 부문 구성원에 관한 자료를 삼성전자에 유출하지 않도록 금지해 줄 것, 셋째, 량멍쑹이 2015년 12월 31일까지 정식 근무 또는 기타 방식으로 삼성에서 일하지 못하도록 금지해 줄 것이었다.

재판 상황을 자세히 보도한 〈커머셜 타임스Commercial Times〉 장궈런張國仁 기자의 기사를 보면, 당시 량멍쑹은 자신이 TSMC에서 겪었던 억울한 일을 30분 동안 상세히 털어놓았다. 그는 "난 신용이 없는 사람도 아니고 적과 손잡은 반역자도 아닙니다. 그건 내 인격과 가족에 대한 크나큰 모욕입니다"라고 했고, 일부 대목에서는 감정이 격해져 목이 메이며 눈물을 흘리기도 했다.

2006년 7월 장상이 TSMC R&D 부문 부사장이 은퇴하자 TSMC의 첨단 공정 모듈화에 크게 기여한 량멍쑹은 자신에게 승진 기회가 올 것으로 기대했었다. 하지만 그와 함께 R&D 6기사에 속한 쑨위안청이 장상이의 후임으로 승진하고 량멍쑹은 인프라스트럭처Infrastructure 프로젝트이사로 발령받았다.

량멍쑹은 새 부서로 발령받은 뒤 8개월 동안 할 일이 없었다며 이렇게 말했다. "그들이 내 동의도 없이 인사발령을 했습니다." "회사에서 나를 아는 사람들의 얼굴을 쳐다볼 수가 없었습니다." "해외에 다녀왔더니 내 사무실이 엔지니어 네 명만 앉을 수 있는 작은 사무실로 개조되어 있었습니다."

"예전에는 6층 사무실의 문이 항상 열려 있어서 엔지니어가 언제든 가서 일을 논의할 수 있었습니다. 하지만 사무실이 바뀐 뒤로는 그곳의 문을 열 수가 없었습니다. 그 어떤 자료에도 접근할 수 없도록 차단당했습니다." "거의 모든 사람이 최대한 나와 마주치지 않으려고 했고, 나도 괜히 말을 걸었다가 이상한 꼬리표가 붙을까 봐 걱정했습니다."

량멍쑹은 자신이 16년 동안 TSMC를 위해 일하며 많은 성과를 세웠지만 결국 쫓겨나는 수모를 겪었고, 그로 인해 자존심에 큰 상처를 입었다고 말했다. "그 8개월의 시간 동안 사람들의 시선이 두려워서 회사 식당에서 식사도 하지 않았습니다." "내 경력을 전혀 발휘할 수 없는 부서로 보내졌습니다." "그들이 나를 기만하고 모욕한다고 느꼈습니다. 경영진은 나를 철저히 무시했습니다."

장궈런의 기사에 따르면, 량멍쑹은 격양된 어조로 이렇게 말했다. "내게 본사 R&D 부문을 떠나 유럽으로 가라고 했습니다." "난 받아들일 수 없었습니다." "TSMC를 위해 수많은 일을 했던 내가 부당한 처사를 당한 겁니다." "그 사람들은 내가 무슨 일을 했느냐고 물었습니다. 내가 그런 사람이 아니라고 했죠. 마음을 가라앉힐 수가 없었습니다." "회장과 부사장에게 편지를 보내 내 말이 거짓말이냐고 물어보고 싶었습니다."

량멍쑹은 자신이 TSMC와의 약정을 준수했다면서 "TSMC가 어떻게 이렇게 비정하고 의리가 없을 수가 있습니까? TSMC에 평생을 바친 사람으로서 TSMC에서 다시 일할 수 있기만을 바랐지만 그들은 아무 대답도

해주지 않았습니다"라고 말했다. 그는 또 그 기간 동안 TSMC의 CLO만이 유일하게 자신에게 편지를 보냈다며 고마워했다. 그는 "CLO는 유일하게 나를 붙잡은 분입니다"라고 말하며 당시 CLO에게 "경업금지 규정을 반드시 준수하겠다"고 약속했다고 했다.

그는 마지막에 이렇게 말했다. "재판장님, 그들은 8개월 동안 내게 아무런 일도 주지 않았습니다." "나는 그들의 주장처럼 약속을 어긴 신용 없는 사람도 아니고, 언론에서 떠드는 것처럼 적과 손잡은 반역자도 아닙니다. 그건 내 인격과 내 가족에 대한 크나큰 모욕입니다."

TSMC측 변호인 천링위陳玲玉는 "당신은 TSMC의 비밀을 너무 많이 알고 있으므로 비밀 유출을 막기 위한 불가피한 조치입니다"라고 말했고, 두둥유 TSMC 부사장 겸 CLO도 "회장님께 새로운 계획이 있다는 걸 그도 잘 알고 있었습니다." "난 진심으로 그가 떠나지 않길 바랐습니다. 그는 좋은 친구였습니다." "그는 내게 자신이 삼성에서 일하는 일은 없을 것이라고 했고, 난 그를 믿었습니다"라고 말했다.

장궈런은 두 시간 넘게 진행된 재판에서 나온 중요한 발언을 모두 기록했다. 재판이 끝난 뒤, 연청색 청바지와 연한 색 셔츠 차림의 량멍쑹은 인터뷰를 거부하고 빠르게 법정을 빠져나갔다.

TSMC의 세 가지 요구에 대해 량멍쑹은 자신이 그 어떤 영업비밀도 유출하지 않았고, 겸업금지 의무 기간이 만료된 후에야 삼성에 입사했으므로 약정을 위반하지 않았다고 주장했다.

특허법원은 심리를 거쳐 영업비밀에 관한 두 가지 금지 요구에 대해서는 TSMC 승소 판결을 내렸지만, 겸업금지에 대해서는 TSMC와 량멍쑹이 맺은 겸업금지 약정이 만료되었으므로 헌법에 보장된 노동권을 근거로 량멍쑹이 삼성 또는 다른 기업에서 자유롭게 일할 수 있다고 판결했다. 또한 양측 모두 상소를 제기할 수 있다고 덧붙였다.

표면적으로는 TSMC의 승리였지만, 량멍쑹이 TSMC에서 근무한 17년 간 임금과 상여금으로 6억 타이완달러 이상을 받았고, 2년의 경업금지 기한이 만료되고 약정 이행의 대가로 4,600만 타이완달러 상당의 주식을 받자마자 삼성 부사장으로 스카우트된 것은 TSMC의 입장에서 몹시 쓰라린 일이었다.

얼마 후 TSMC는 최고법원에 상고장을 제출했고, 2015년 8월 타이완 최고법원은 량멍쑹 전 TSMC 수석연구개발이사가 한국 삼성전자에 영업비밀을 유출한 사실이 인정된다며 TSMC 승소 판결을 내렸다. 아울러 특허법원 재판에서 인정되지 않은 겸업금지 조항에 대해서도 량멍쑹이 2015년 말까지는 삼성에서 근무할 수 없다고 판결을 뒤집었다.

최고법원은 TSMC가 외부 전문가를 통해 작성한 〈TSMC, 삼성, IBM 제품 핵심 공정 구조 비교분석 보고서台積電, 三星, IBM産品關鍵製程結構分析比對報告〉를 받아들였다. 이 보고서는 삼성의 45나노, 32나노, 28나노 세대에서 TSMC 와의 기술 격차가 빠르게 축소되었고, 삼성 28나노 공정 P형 트랜지스터 전극의 실리콘 게르마늄 화합물이 TSMC의 다이아몬드형과 더 유사한 구조적 특징을 가지고 있으므로 양측이 양산한 16나노, 14나노 핀펫FinFET 제품도 더 유사할 것으로 예상했다. 따라서 '지문처럼 독특하고 모방하기 힘든 기술적 특징'을 삼성이 베꼈다고 주장했다.

량멍쑹이 겸업금지 약정 만료 직후 삼성 부사장으로 영입된 사건은 세계를 놀라게 했고, 타이완은 이 일을 계기로 영업비밀법 개정에 박차를 가했다. 2013년 1월 30일 정식 시행된 영업비밀법 개정법에는 절도, 무단 복제 등 부당한 방법으로 영업비밀을 취득, 사용, 유출하는 행위에 대한 형사책임을 강화하고, 이를 국외에서 사용한 경우 가중 처벌한다는 내용이 담겨 있었다. 하지만 영업비밀법이 개정되기 전 영업비밀을 침해한 자에 대해서는 민사상의 책임만 물을 수 있었다.

실제로 량밍쑹이 삼성에서 근무하는 동안 삼성의 기술이 빠르게 진전되었고, 2016년 모리스 창도 16나노 기술이 삼성에 추월당했음을 인정했다. 이 발언으로 TSMC의 주가가 폭락하고 신용등급이 하락했다.

하지만 TSMC의 최종 승소는 영업비밀보호 더 나아가 타이완 사법사에 한 획을 그은 중요한 판결이었다. 타이완 최대 반도체 기업인 TSMC가 영업비밀법을 이용해 타이완 IT 산업을 지킨 것은 매우 중대한 사건이었으며, 그러지 않았다면 타이완의 지식재산권을 전부 빼앗겼을지도 모른다.

이 사건에서 양측은 쟁쟁한 변호사를 선임해 대응했다. TSMC 측 변호사는 국제통상법률사무소의 천링위였고, 량밍쑹이 선임한 변호사는 나중에 금융감독관리위원회 위원장, 국가안전회의 사무총장이 된 구리슝顧立雄으로 두 사람 모두 거물급 변호사였다. 나도 이 재판에 증인으로 참석했는데, 2012년 출간한 《거물기업 삼성》이라는 책에 삼성이 운영하는 성균관대학교에서 량밍쑹이 교수로 근무했다는 내용이 있었기 때문이다. 나는 법정에서 그 당시 인터뷰에 대해 진술했다.

현재 량밍쑹은 SMIC의 공동 CEO로서 SMIC의 7나노 공정 개발을 주도하고 있고, 과거 삼성에서 근무할 때도 삼성의 빠른 기술 혁신에 큰 공을 세웠다. 〈월스트리트 저널〉도 그를 '칩의 마술사'라고 부르며 현재 중국 반도체 산업 발전에 중요한 역할을 하고 있다고 평가했다.

재판부를 향해 회사로부터 부당한 대우를 받았다고 눈물로 호소했던 그는 자신이 '반역자'가 아니라고 부인했지만, 현재 그는 TSMC 경쟁사의 기술 업그레이드를 위해 전력을 다하며 과거 자신을 무시했던 사람들에게 복수하기 위해 노력하고 있다.

량밍쑹은 비상한 인물이다. 그의 동료와 상사였던 이들의 입장에서 그는 실력과 재능을 가졌을 뿐 아니라 복잡한 지정학적 환경에서 오랫동안 SMIC의 CEO직을 지킬 수 있을 만큼 생존 법칙을 잘 아는 사람이다. 과거

TSMC의 성장을 이끌었던 주역들이 이제는 타이완과 중국의 반도체 산업을 위해, 미·중 반도체 전쟁을 위해, 자신의 신념을 위해 각자의 자리에서 열심히 일하고 있다.

08 | 이사회 전날 만찬의 스테이크와 위스키

이사회는 어떻게 개최할까?

모든 기업에는 이사회가 있다. 상장기업은 더더욱 분기마다 최소 한 번씩 이사회를 개최한다. 이사회는 어떻게 개최할까? 놓치지 말아야 할 점은 무엇일까? 어떻게 해야 이사와 이사회가 역할을 발휘하게 할 수 있을까? 이사가 반대 의견을 내놓는다면 어떻게 해야 할까?

TSMC는 보기 드물게 이사회 개최 방식을 대외적으로 상세하게 공개하는 기업이다. TSMC가 이사회의 반대나 의견 대립을 어떻게 조율하는지 모리스 창이 직접 여러 번 설명했는데, 다른 기업들이 참고할 만하다.

매년 네 차례 열리는 TSMC의 이사회는 보통 월요일(하루 종일)과 화요일(오전)에 열리고, 화요일 오후에는 사외이사들이 참석하는 감사위원회와 보수위원회를 개최한다. 이사회가 열리기 2주 전, 이사들은 두꺼운 자료를 받게 되는데 자료를 읽고 문제가 있다면 이사회 때 직접 회장과 논의할 수 있다.

이사회 전날(일요일) 저녁, 모리스 창은 이사들을 초대해 함께 만찬을 하며 이번 이사회의 의제에 대해 먼저 설명한다. 이사회 전날 저녁 열리는 3시간의 만찬 자리에서부터 의제 토론과 소통이 시작되는 것이다.

만찬은 타이베이와 신주에서 번갈아 열리는데, 타이베이에서는 그랜드 하얏트 타이베이의 벨에어 바앤드그릴Bel Air Bar&Grill, 신주에서 열릴 때는 로 열호텔에서 열린다. 만찬에서 이사들은 스테이크와 술잔을 앞에 놓고 다양한 의견을 교환한다.

다음 날인 월요일 오전 감독 기능을 가진 조사위원회Examination Committee가 먼저 열리는데, 회장은 참석하지 않고 CFOChief Financial Officer(최고재무책임자)와 CLO가 참석한다. 오후에는 경영진의 실적을 평가하는 보수위원회가 열리는데, 회장의 연봉에 대해 논의하게 된다면 당사자는 참석할 수 없다. 월요일 저녁에도 이사들의 의견 소통을 위한 만찬이 열린다.

정식 이사회는 화요일에 개최한다. 하루 종일 이어지는 회의에서 자본지출, 인사이동, 경쟁전략 등 다양한 의제에 대한 토론이 이루어지며 모든 발언은 정식으로 기록된다.

모리스 창은 이사회 운영 및 의사 결정의 투명성을 매우 중요하게 생각해 기업의 발전 현황과 향후 투자 전략에 관한 의제는 모두 이사회에 보고했다. 그 때문에 TSMC의 이사회는 타이완의 다른 상장기업에 비해 훨씬 긴 시간 동안 열린다. 초창기에는 하루면 충분했지만 TSMC의 규모가 커짐에 따라 점점 시간이 늘어나 지금은 이틀 반 동안 열린다. 모든 이사가 회사의 일을 충분히 이해하고 결정을 내리게 하려는 것이다.

이사와 회장의 의견이 다르면 어떻게 할까?

아마도 모두에게 가장 궁금한 문제는 TSMC 이사회에서 이사와 회장의 의견이 다를 때 어떻게 하는지일 것이다.

그와 관련해 모리스 창이 한 가지 일화를 공개한 적이 있다. 2009년

CEO로 복귀한 그가 자본 지출을 대폭 늘리기로 했을 때, 토머스 엔지버스 전 텍사스 인스트루먼트 CEO가 심한 경기 불황을 이유로 그의 결정에 반대했다. 또 다른 사외이사도 반대 입장을 내놓았지만 모리스 창의 끈질긴 설득 끝에 예산이 통과될 수 있었다.

당시 모리스 창은 반대하는 사외이사에게 이렇게 말했다. "지금 나는 당신을 설득할 수가 없고, 당신도 나를 설득할 수 없습니다. 하지만 기업의 책임자는 나니까 당신이 내 의견에 따라야 합니다."

모리스 창에 따르면, TSMC 설립 후 10년까지는 이사들의 반대에 부딪힌 일이 여러 번 있었다. 그럴 때마다 그는 이사들을 열심히 설득했고, 설득할 수 없을 때는 일단 의안을 취소한 뒤 다음에 다시 논의했다. 창립 후 20여 년을 돌이켜 보면 초반 10년 사이에는 의안을 취소한 경우가 두세 번 있었지만, 모리스 창이 은퇴하기 전 5년간은 반대 의견을 가진 이사들이 매번 그에게 설득당했다.

TSMC의 이사 명단을 보면 풍부한 경험을 가진 세계적인 기업가들이 줄줄이 포함되어 있다. 모리스 창이 은퇴하기 전에는 모리스 창, 쩡판청, 마크 리우, 웨이저자 등 TSMC의 고위 임원진과 정부 측 국가개발기금 대표(현재는 궁밍신龔明鑫)*를 고정적 구성원으로 하고, 여기에 스전룽(에이서 창업자), 피터 본필드 Peter L. Bonfield (전 브리티시텔레콤 CEO), 토머스 엔지버스(전 텍사스 인스트루먼트회장 겸 CEO), 마이클 스프린터 Michael Splinter (전 어플라이드 머티어리얼즈 CEO), 칼리 피오리나 Carly Fiorina (전 휴렛팩커드 CEO) 등의 사외이사로 구성되어 있었다.

TSMC 이사회 구성원 중 산업계 대표 중에는 반도체 업계가 가장 많고, 컴퓨터, 통신 등 여러 분야의 인사들이 있었다. 각 분야 최고 전문가들은

---

* 2024년 5월에 임기가 끝나 현재는 류징칭劉鏡清.

대부분 모리스 창의 추천을 받아 이사회에 들어왔지만 전문적이고 독립적인 판단을 근거로 중요한 의안에 대해 토론하고 최선의 결정을 내렸다.

2023년 TSMC 이사회 구성원 총 10명 가운데 과반수인 6명이 사외이사였다. 사외이사 중에는 피터 본필드, 마이클 스프린터 외에 천궈츠陳國慈(전 TSMC CLO), 하이잉쥔海英俊(델타 일렉트로닉스 회장), 모쉬 가브리엘로브Moshe N. Gavrielov(전 자일링스 CEO), 라파엘 레이프L. Rafael Reif(매사추세츠 공과대학교 총장) 모두 글로벌 기업을 경영한 경험이 있는 전문가들이었다.[**]

한 예로 2000년 TSMC가 TI-에이서를 인수할 때 스전룽 TI-에이서 회장이 모리스 창의 제안으로 TSMC 이사회에 참여했다. 2021년 이사회를 떠날 때까지 20년간 TSMC 이사회의 중요한 결의에 참여한 그는 "TSMC의 모든 사업은 100억, 1,000억 타이완달러가 들어가는 대형 프로젝트다. 이렇게 큰 기업이지만 실제 경영은 모두 회사 내부에서 한다. 이사들은 경영에 관여하지 않지만 의견을 제시하고, 다양하게 고려해야 하는 점들을 지적하기 때문에 치밀하고 신중한 의사 결정이 이루어질 수 있다"고 말했다.

IT 산업의 반도체 활용 추세와 타이완 산업 발전에 관한 법령, 인적자원, 직원 종업원주식배당제도 등에 대해 비교적 잘 알고 있는 스전룽은 이사회에서 많은 의견을 내놓으며 오랫동안 보수위원회 위원장을 맡았다.

스전룽에 따르면, TSMC 초기에 초빙된 사외이사들은 그를 제외하고 모두 해외 인사들이었다고 했다. 그는 모리스 창의 동의 아래 미국 어플라이드 머티어리얼즈의 사외이사를 맡아 활동하며 미국 상장기업의 감사위원회 및 보수위원회 운영방식을 배우기도 했다.

스전룽이 TSMC 보수위원회 위원장이었던 2008년, 타이완 정부가

[**] 2024년 현재 이사회 구성원 총 10명 중 사외이사는 피터 본필드, 마이클 스프린터, 모쉬 가브리엘로브, 라파엘 레이프, 우르술라 번스Ursula Burns 미 상무부 산하 공급망경쟁력자문위원회ACSCC 공동의장, 린 엘젠한스Lynn L. Elsenhans 전 쉘 오일 컴퍼니 CEO, 린촨林全 전 타이완 행정원장 등 7명이다.

종업원주식배당제도 비용화 제도를 시행하자 반도체 업계 최대 기업인 TSMC의 움직임에 기업계의 관심이 집중되었다. TSMC 보수위원회는 면밀한 논의를 거쳐 주주와 직원의 이익 및 산업 전반에 미치는 충격을 모두 고려한 뒤 균형점을 모색함으로써 종업원주식배당제도 비용화를 원만하게 정착시켰다.

모리스 창은 이사회가 열리기 전날 만찬에서 늘 허심탄회한 태도로 모든 참석자의 의견을 충분히 경청했다. 미국 기업계와 IT 업계에서 상당한 영향력을 가지고 있었던 칼리 피오리나가 미국 캘리포니아주 상원의원 경선에 출마해 TSMC의 사외이사직을 그만두게 되었을 때, 그녀는 마지막으로 참석한 이사회 만찬에서 모리스 창에게 "이런 비공식 적인 소통의 자리가 무척 좋다고 생각합니다. 여기서 많은 것을 배웠습니다"라고 말했다.

TSMC 초창기 대주주인 필립스는 2008년 TSMC의 지분을 모두 매각하기 전까지 정부 기금을 제외하면 TSMC의 최대 민간 주주였다. 모리스 창은 이 대주주를 매우 존중했으며, 창립 이후 20년간 CFO를 선임할 때마다 항상 필립스의 의견을 존중했다. 1997년 모리스 창이 장샤오웨이를 TSMC의 CFO로 선임할 때도 먼저 장샤오웨이를 네덜란드 필립스 본사로 보내 로베주 J.C. Lobbezoo 당시 필립스 반도체 사업부 CFO를 만나게 하고 동의를 얻은 뒤에 대외적으로 발표했다.

로베주는 TSMC의 이사회 참석을 위해 타이베이에 올 때마다 이사회 전날 오후에 장샤오웨이를 미리 만나 이사회 의안에 대해 간략한 내용을 브리핑받았다. 이때 해결되지 못한 문제가 있으면 만찬 자리에서도 논의를 계속해 공감대를 형성함으로써 정식 이사회가 열리기 전 최대한의 의견 일치를 이끌어냈다.

TSMC는 이사회를 수립하고 운영함에 있어서 항상 다른 타이완 기업들보다 앞서 있었다. TSMC는 타이완 정부가 사외이사 선임을 의무화하기 전인 2002년에 사외이사를 선임하고, 그 후 사외이사의 수를 계속 늘렸다. 현재 총 10명의 이사 중 6명이 사외이사다. TSMC는 1997년 미국에서 주식예탁증서^ADR를 발행할 때 이미 미국 규정에 맞춰 기업 관리 시스템을 수립했다.

전 CFO인 로라 호^Lora Ho, 何麗梅 인사 부문 수석부사장은 모리스 창이 이사회 개최를 매우 각별하게 챙겼다고 말했다. 모든 사외이사가 직접 참석할 수 있어야 하고, 아주 부득이한 사정이 있을 때만 영상통화를 이용할 수 있었다. 국제적인 거물급 사외이사들도 매번 이사회 참석을 위해 직접 타이완을 방문했다.

TSMC의 이사회 운영 방식은 모리스 창이 여러 글로벌 기업들의 방식을 참고하고 세심한 고민을 거쳐 결정한 것이다. 2001년 12월 그가 미국 골드만삭스 이사회의 유일한 아시아계 사외이사로 선임되었을 당시 골드만삭스 회장은 나중에 미국 재무부장관이 된 헨리 폴슨^Henry M. Paulson 이었다.

골드만삭스 이사회에서 모리스 창과 다른 이사들이 회장의 보수에 대해 의견을 나눈 적이 있었다. 모리스 창은 막강한 권력을 가진 경영진을 견제하고 감독하는 시스템이 필요한데 그것이 바로 이사회의 역할 중 하나이며, 회장은 CEO를 지명하고 해고하는 사람이므로 최소한 CEO와 동일한 보수를 받아야 한다고 생각했다.

"그런데 폴슨에게 내 생각을 말했더니 그가 머리를 긁적이며 그래서는 안 된다고 하더군요. 회장은 CEO보다 책임이 적기 때문이라고 했어요. 그의 말에도 일리가 있죠." 모리스 창은 이렇게 말했다.

그렇다면 회장의 보수는 어떻게 결정될까? 모리스 창은 이렇게 말했다. "TSMC 이사회의 첫 회의는 오전 9시부터 12시까지 열리는 감사위원회입니다. 그들이 회사의 장부를 살펴보는 자리이므로 난 참석하지 않습니다. 오후 2시부터 열리는 보수위원회에서도 나는 투표권이 없습니다. 먼저 인사 부문의 브리핑이 있고 인사 문제에 관해 20분 정도 논의한 뒤, 내가 수석관리자 18명의 연봉과 배당금에 대해 위원회에 건의합니다. 그다음에 내 연봉과 배당금을 결정할 차례가 되면 난 회의장을 나옵니다."

모리스 창이 은퇴한 뒤 마크 리우 회장도 기존 방식을 거의 그대로 따랐다. 모리스 창이 직접 만든 TSMC 이사회의 각종 제도와 방식은 타이완은 물론 외국 기업에게도 중요한 본보기가 될 만하다.

09 | 미국 공장 건립, 타이완인이 미국인을 어떻게 관리할 것인가?

타이완 기업의 동진東進에 대한 준비가 필요하다

2021년 10월 모리스 창이 위산玉山 과학기술협회에서 열린 강연회에 참석했을 때, 강연회가 끝난 뒤 루차오췬 에트론 회장이 TSMC의 미국 공장 건립과 관련해 타이완인이 미국인을 어떻게 관리할 것인지 그에게 물었다.

그때 모리스 창은 이렇게 말했다. "과거에 내가 텍사스 인스트루먼트에서 근무할 때 해외 진출은 아주 자연스러운 일이었습니다. 2차 세계대전에 승리한 미국이 전 세계를 관리하는 것은 지극히 자연스러운 일이었죠. 하지만 타이완 사람이 미국에 공장을 세우고 당시 미국이 해외에서 했던 방식대로 미국인을 관리하는 건 불가능할 겁니다. 타이완 사람이 애리조나 공장을 인텔처럼 관리할 수는 없을 거라고 장담합니다."

"미국 공장을 인텔처럼 관리할 수는 없다"는 말에는 단지 '미국인' 관리만이 아닌 전반적인 운영operation이 모두 포함되어 있을 것이다. 타이완에서 하던 방식으로 애리조나 공장을 관리할 수는 없으며, 노동법, 근로법, 환경·보건·안전EHS, 세무, 복지 등 모든 분야에서 미국의 법규를 따라야 한다.

풍부한 현지 경영 경험 및 지식을 갖고 있는 미국 기업 인텔과 달리, 본국과는 다른 산업 환경과 조건에서 경영해야 하는 타이완 기업은 비용과 성과 면에서 인텔 애리조나 공장을 따라가기 힘들 것이다. 모리스 창의 발언은 TSMC 앞에 놓인 어려운 도전을 보여주는 것이고, 또 이것은 미국에 공장을 건립하려는 모든 아시아 기업이 직면해야 하는 난관이기도 하다. 현지 법규, 안전, 세무, 복지 등의 규정과 조건이 본국과 다를 뿐 아니라, 미국인 직원의 노동 습관과 문화도 큰 차이가 있으므로 기존의 관리 방식을 그대로 미국에 적용할 수 없고 새로운 관리 방식을 모색해야만 한다. 따라서 TSMC가 인텔보다 더 잘해내는 건 결코 쉽지 않은 도전이다.

TSMC의 미국 투자는 물론 쉽지 않은 도전이자, 경영진의 능력을 보여줘야 하는 커다란 시험대이다. 하지만 우월한 기술을 보유하고 매출총이익률이 60퍼센트에 달하는 TSMC조차 다국적 투자에 수반되는 여러 문제를 해결하지 못해 해외 투자와 세계 시장 진출에 실패한다면 그 어떤 타이완 기업이 해낼 수 있겠는가?

모리스 창은 존경받는 기업가이고, 나도 그를 상당히 존경한다. 그가 예견했던 많은 일들이 훗날 실현되며 그의 남다른 안목이 증명된 바 있지만, 이번만큼은 그의 예언이 틀리기를 바란다.

1996년 모리스 창이 미국에 자회사 웨이퍼테크를 설립하면서 꾸었던 핑크빛 꿈은 악몽으로 끝났지만 지금은 상황이 다르다. TSMC는 그때보다 수백 배 강해졌고 경쟁기업들보다 더 많은 것을 감당하고 학습할 수 있는 저력을 가졌다. 나는 TSMC 경영진이 관리 능력을 꾸준히 갈고닦아 미국, 일본, 유럽 등 선진국에서 공장 운영에 성공하고, 더 나아가 타이완 산업을 탄탄하게 뿌리내리게 함으로써 진정한 다국적 경영을 실현할 수 있길 기대한다.

타이완 IT 산업이 한 단계 더 업그레이드된다면 타이완 경제 발전 및 체질 개선에 크게 이바지할 것이며, TSMC의 미국 애리조나 웨이퍼 공장 투자가 바로 타이완 산업 및 경제의 성공적인 변신에 중요한 계기가 될 것이다. 타이완 산업은 이미 완전히 새로운 단계로 발전했으므로 저비용을 주요 경쟁력으로 앞세우던 과거와 결별하고 더 높은 부가가치를 창출하는 방향으로 전환되어야 하며, 그래야만 유럽, 미국, 일본 등 선진국 투자 프로젝트에서 성과를 낼 수 있다.

미국 진출은 타이완 산업의 도약을 위한 발판이다

과거 30년간 타이완 전자 산업은 대대적인 서진西進 전략을 펼쳤다. 타이완 기업들은 중국의 저렴한 노동력과 토지를 이용해 놀라운 속도로 성장했으며, 중국이 세계의 공장이 되는 데 가장 큰 역할을 했다. 중국에서 수출을 통해 가장 많은 외화를 벌어들인 상위 10개 기업 가운데 6~7개가 타이완 기업이고, 그중 폭스콘, 콴타Quanta, 廣達, 페가트론, 컴팔Compal Electronics, 仁寶, 위스트론 등 타이완 5대 전자 기업이 포함되어 있다.

타이완 기업의 운영관리 능력과 중국의 저렴한 원가, 인구 보너스가 합쳐져 시너지효과를 낸 것이다. 폭스콘은 100만 명 넘는 직원을 두고 애플의 아이폰 수억 대를 조립생산하고, 타이완 기업의 노트북 컴퓨터 생산 라인이 세계 시장의 80퍼센트를 차지하는 등 큰 성공을 거두었다.

과거 타이완 기업의 중국 투자는 효율적인 관리를 통한 비용 절감 및 수익 창출이라는 목표를 완벽하게 달성했다. 하지만 중국의 인구 보너스가 사라지고 미·중 무역 전쟁 및 IT 전쟁이 심화되면서 중국 제조업이 점차 경쟁력을 상실하자 타이완 기업들은 어쩔 수 없이 동남아, 인도, 동유럽 등지로 생산 라인을 이전하고 있다.

과거 타이완 기업의 해외 진출은 대부분 각지의 저렴한 생산비용을 이용하는 방식이었지만, 전자 산업이 이미 높은 수준으로 발전한 지금은 이 모델이 오히려 타이완 전자 산업의 심각한 약점이 되었다. 기술 혁신 능력을 갖추지 못한 대다수 기업이 고부가가치를 창출하지 못한 채 얼마 안 되는 외주가공비 processing charges 만 벌고 있는 것이다.

중국 공장 건설로는 더 이상 높은 이익을 창출할 수 없으므로 유럽, 미국, 일본 등 선진국에 대한 투자를 확대해야 하지만, 그들은 타이완보다 생산원가가 훨씬 비싼 나라들이다. 이제 어떻게 해야 할까? TSMC의 미국 투자 결정은 타이완 전자 산업에 새로운 여정이 시작되었음을 알리는 신호탄이었다.

TSMC가 비록 '파운드리'라는 위탁생산 모델을 갖고 있기는 하지만 매출총이익률이 60퍼센트로 5대 전자 기업보다 훨씬 높다. 2024년 TSMC의 매출이 1,000억 달러를 돌파해 타이완 전자 업계에서 1,000억 달러 매출을 달성한 두 번째 기업이 될 것이라는 전망도 있다. 최초로 1,000천억 달러 매출을 달성한 전자 기업은 폭스콘이지만, 폭스콘의 매출총이익률은 6~7퍼센트로 TSMC의 10분의 1밖에 되지 않으므로 순이익은 TSMC가 훨씬 많다.

TSMC가 비록 높은 산업 부가가치를 가진 기업이기는 하지만, TSMC의 황금기를 지탱하는 바탕에는 역시 타이완의 '가성비' 높은-유능하고, 많은 일을 할 수 있으며, 임금이 높지 않은-엔지니어 군단이 있다. 차이밍제 미디어텍 회장의 말처럼, 타이완 반도체 산업의 성공비결은 '전기새마田忌賽馬' 전략*이었다. 타이완의 가장 우수한 말을 앞세워 경쟁자의 2등마와 대결하게 함으로써 경쟁에서 상대적인 우위를 점했던 것이다.

---

* 손자병법의 저자 손빈孫臏이 제齊 나라 장군 전기에게 알려준 필승 전략. 양쪽 말의 실력이 대등한 상황에서 손빈은 전기의 3등마와 적의 1등마, 전기의 1등마와 적의 2등마, 전기의 2등마와 적의 3등마를 붙게 하는 방법을 알려주었다. 첫 번째 경주에서는 전기의 말이 졌지만, 두 번째, 세 번째 경주에서는 전기의 말이 이겨 전기가 승리했다.

현재 타이완은 여전히 인구 보너스를 누릴 수 없고 심각한 노동력 부족이 지속되고 있다. 해외로 진출하지 않고서는 타이완 산업이 더 성장하기 위해 필요한 노동력을 확보할 수 없다. 따라서 TSMC 같은 타이완 최고의 기업도 반드시 해외로 나가야만 하는 부담을 안고 있다.

이에 맞춰 타이완 사회에도 준비가 필요하고, 정부도 기업의 다국적 경영을 적극적으로 지원해야 한다. 인프라, 세무, 인재 확보 등 여러 분야에서 불리한 요소를 줄여 기업 운신의 폭을 넓혀주어야 한다.

미국이 각종 R&D 및 인프라 건설에 거액을 투자함에 따라 앞으로 타이완 전자 산업의 미국 투자 기회가 더 많아질 것으로 보인다. 반도체뿐만 아니라 전기자동차, 서버, 메타버스, 저궤도위성 등 다양한 분야에서 기회가 창출될 것이며, 타이완의 여러 산업이 미국 투자를 통한 변신을 꾀하려 할 것이다.

아울러 전자 산업의 동진[미국, 일본, 유럽 등 선진국 시장으로의 진출]이 확대되면 타이완의 궈톄鍋貼**, 펄밀크티, 커피, 1인 훠궈火鍋, 여행, 요식업, 패션 등 다양한 서비스 산업Living Services Industry도 북미에서 시장을 개척할 수 있다. 과거 타이완 기업의 중국 투자와 함께 중국 시장에 진출했던 타이완의 요식업 프랜차이즈가 이제 북미 시장을 노크할 차례이며, 이는 타이완 서비스 산업이 한 단계 도약할 수 있는 절호의 기회다.

전자 산업과 서비스업 외에 다양한 전통 산업에도 발전의 기회가 열릴 것이다. 공장 설비, 공장자동화를 비롯해 화학, 재료, 전자 부품 등 전자 산업의 전·후방 산업과 철강, 기계, 석유화학, 자동차, 방직 산업에도 새로운 기회가 나타날 것이다. 이런 산업들은 새로운 발전의 전환점과 업그레이드 기회를 더 갈망하고 있다.

** 타이완식 군만두.

TSMC의 미국 공장 건설을 계기로 타이완은 동진 전략에 맞춘 마인드를 갖고 실질적인 준비에 박차를 가해야 한다. '탈타이완화', '인재 유출' 등 무의미한 우려와 논란은 접어두고 타이완 산업에 곧 다가올 도약의 기회를 붙잡기 위해 준비하는 것이 가장 중요하고 시급한 일이다.

10 | '기술 혁신'만이 아니라 '기술 혁신에 대한 투자'도 중요하다

반도체 산업의 60년 혁신 경험에서 얻은 교훈

모리스 창은 은퇴 뒤에 열린 한 연설에서 "혁신보다 투자가 중요하다"고 주장했다. 그는 어떤 혁신 기술이든 최후의 승리자는 가장 많이 투자한 사람이라고 강조하며, 타이완 반도체 업계를 향해 기술 혁신을 위한 지속적인 투자를 부탁했다.

모리스 창의 이 발언은 'IC60마스터포럼IC60 Master Forum' 개회사에서 나왔다. 그는 과거 60년 반도체 산업의 10대 기술 혁신을 회고하며, 중요한 기술을 처음 발명한 기업이 반드시 가장 큰 수혜를 누린 것은 아님을 지적하고, 핵심은 '혁신'이 아닌 '투자'라고 단언했다.

그는 또 당시 계속 진행되고 있는 여섯 가지 혁신 방향을 열거하며 타이완이 지속적인 투자를 통해 파운드리 혁신 이후 60년간 계속 선두 자리를 유지할 수 있을 것이라고 격려했다.

혁신보다 투자가 더 중요하다는 모리스 창의 이론은 신기술 개발보다 기술을 발전시키는 데 필요한 인적, 정신적 자원이 수천 배는 더 많다는 사실에서 나온 것이다. 그 때문에 기술 혁신에 투자해 성공한 기업은 그 기술의 최초 발명자가 아닌 경우가 많다. 벨 연구소가 트랜지스터를 발명한 뒤 텍사스 인스트루먼트와 페어차일드Fairchild 등이 집적회로를 발명했지만, 그로 인한 최대 수혜자는 과감하게 투자했던 텍사스 인스트루먼트와 페어차일드뿐이었다. 메모리 기술도 IBM과 벨 연구소가 발명했지만 진정한 수혜자는 나중에 거액을 투자한 한국 삼성과 일본 기업들이었다. 또 인텔은 마이크로프로세서를 발명한 뒤 지속적으로 투자해 수혜를 누렸지만, 일본 기업들을 비롯해 기술 혁신에 투자하지 않은 반도체 기업들은 그 후 내리막길을 걸었다. TSMC의 파운드리 발명으로 인한 이익은 TSMC와 수많은 팹리스들이 누렸다.

모리스 창은 반도체 산업이 트랜지스터, 집적회로, MOS 기술, 메모리, 마이크로프로세서, 파운드리 등 열 번의 혁신을 거치며 여러 기업에 황금기를 선사했지만, 파운드리 방식은 1985년 발명된 후 기술면에서든 비즈니스 모델로든 혁신이 중단됐다고 말했다.

그는 또 중국, 아랍에미리트 등의 정부 주도로 이루어지고 있는 대규모 투자, 2.5D/3D패키징, 극자외선 포토리소그래피 기술, 인공지능 반도체(GPU 또는 TPU), 새로운 아키텍처, 카본나노튜브, 그래핀 같은 신소재 등 현재 진행되고 있는 중요한 기술 혁신에 관심을 가져야 한다고 말했다.

타이완은 '한 사람의 무림' 딜레마에 직면해 있다

당시 타이완 반도체 산업의 경쟁 상황을 돌이켜 보면 모리스 창의 주장은 확실히 흥미로운 점이 있다. 파운드리 사업이 왕성하게 발전하면서 웨이퍼 공장을 보유하지 않은 팹리스 업체들이 큰 수혜를 누렸다. 1985년 세계 반도체 생산액에서 차지하는 비중이 0에 가까웠던 파운드리 산업이 2017년 27퍼센트까지 증가했고 최근에는 더 빠른 성장세를 보였다. 하지만 파운드리의 성공은 TSMC에만 국한된 얘기이고, 타이완 전체 산업의 경쟁력이라고 말할 수 없다. 물론 패키징 및 테스트 업계의 ASE테크놀로지스홀딩ASE Technology Holding, 日月光(SPIL를 합병하기 전이었다)과 IC 설계 업계의 미디어텍도 각자 분야의 선두기업이라고 할 수 있지만, 경쟁사와의 격차가 TSMC만큼 크지 않다. 이런 선두기업들 외에 절대다수의 반도체 기업은 하락세를 면치 못한 채 간신히 버티며 생존을 위한 사투를 벌이고 있다.

그러므로 TSMC, ASE테크놀로지스홀딩, 미디어텍 등 선두기업을 제외하고 계산하면 다른 타이완 반도체 기업들은 최근 몇 년간 거의 성장하지 못했다. 모리스 창이 다음 60년을 내다볼 때 타이완의 산업경쟁력이 우려할 만한 수준이고, 가장 큰 원인이 바로 '투자 부족'에 있다고 단언한 것이 바로 이 때문이다.

타이완 증시 시가총액 변화 추이를 보면 TSMC의 독주 현상을 더 뚜렷하게 확인할 수 있다. 타이완관리자협회Taiwan Institute of Directors가 발표한 통계자료에 따르면, 2005~2019년 타이완 증시 시가총액에서 TSMC를 제외할 경우 대다수 기업이 저성장의 늪에 빠져 있는 것으로 나타났다. 차이훙칭蔡鴻青 타이완관리자협회 발기인은 자신의 저서 《백년기업의 전략적 변곡점百年企業策略轉折點》이라는 책에서 타이완이 '한 사람의 무림武林'*딜레마에 빠져 있다고 지적하고, 타이완은 어떻게 해야 TSMC 같은 기업을 더 많이 탄생시킬 것인가라는 중요한 도전에 직면해 있다고 했다.

혁신보다 투자가 중요하다는 모리스 창의 주장이 혁신의 중요성을 부정하는 뜻은 결코 아니다. 기업이 신기술을 개발하고 지속적으로 기술 혁신에 투자한다면 당연히 가장 큰 수혜를 누릴 수 있다. TSMC와 인텔, 더 거슬러 올라가면 텍사스 인스트루먼트가 좋은 예다. 그들은 기술이나 비즈니

---

*2014년 견자단甄子丹 주연의 영화 제목에서 유래한 말로 세상에 고수가 단 한 사람뿐이라면 무림 전체에 그 혼자만 남을 것이고, 그렇다면 천하제일 고수라고 해도 고독할 수밖에 없다는 뜻.

스 모델을 발명한 뒤 꾸준한 투자를 통해 기술을 계속 혁신함으로써 업계를 주도하는 대기업이 되었다.

하지만 기술이나 비즈니스 모델을 처음 발명한 기업이 아니더라도 과감하게 투자한다면 역시 기적을 만들어낼 수 있다. 메모리를 발명하지는 않았지만 꾸준한 투자와 연구개발로 메모리 산업 발전을 주도하고 있는 삼성이 대표적인 예다. 장기간 지속적으로 투자한다면 기술 혁신으로도 획기적인 발전을 이룰 수 있다.

투자 부진, 스타트업 위축, 주변으로 밀려나고 있는 타이완 IC 설계업

모리스 창은 그 연설에서 당시 타이완 반도체 산업의 투자 부진 문제를 지적했다. 금융위기 이후 TSMC 등 소수 대기업만 투자를 계속했을 뿐 타이완 반도체 산업의 전반적인 투자가 세계 평균치를 밑돌았다. 그러므로 '투자 부진'이라는 각도에서 바라보면, 2018년 이전 10년간 타이완 반도체 산업의 세계 시장 점유율과 영향력이 제자리걸음을 면치 못한 이유를 알 수 있다.

물론 또 하나의 중요한 원인은 중국 반도체 업계가 적극적인 투자를 앞세워 타이완을 바짝 추격한 것이다. 앞에서도 말했듯이 TSMC의 파운드리 사업 성공으로 TSMC와 IC 설계업이 빠르게 성장했지만, 수혜자인 IC 설계 업체들은 대부분 외국 기업이고 그중에서도 미국 기업이 가장 많았다. 타이완 IC 설계 업체들은 첨단 공정이 필요하지 않기 때문에 오히려 타국 기업에 주문하고, TSMC의 첨단 공정 기술이 필요한 고객들은 타이완의 미디어텍을 제외하면 거의 미국과 중국 기업이었다. 특히 후발주자인 중국 기업들이 첨단 공정을 채택하는 속도가 타이완 기업보다 훨씬 빨랐다. 타이완 기업들이 중국 IC 설계업의 빠른 성장세에 밀려 주변으로 밀려날 위기에 처해 있었다.

시장조사업체 IC 인사이트^{IC Insight}가 발표한 자료에 따르면, 2017년 세계 50대 IC 설계 기업의 매출 가운데 미국, 타이완, 중국 기업이 차지하는 비중이 각각 53퍼센트, 16퍼센트, 11퍼센트였지만, 2010년에는 타이완이 17퍼센트, 중국이 5퍼센트였다. 타이완 기업의 매출은 감소한 반면, 중국 기업의 매출은 2배 이상 증가한 것이다. 50대 기업 안에 든 기업 수로 보아도, 2017년 10개였던 중국 기업이 2018년 상반기에 12개로 늘어났다. 중국이 타이완을 확실히 앞질렀음을 알 수 있다.

타이완과 중국의 전체 IC 설계 기업 수를 비교해 보면 더 놀라운 차이를 확인할 수 있다. 당시 타이완에 남은 IC 설계 업체는 300여 개에 불과했지만, 중국 업체는 2,000개가 넘었다. 타이완이 세계 IC 설계 업계 2위라고는 해도 1위인 미국과의 격차가 상당히 컸다. 타이완 공업기술연구원 등 여러 연구기관의 자료에 따르면, 중국 IC 설계 산업의 생산액은 2017년 또는 2018년에 이미 타이완을 추월했다. 수많은 소규모 업체들이 모여서 만들어낸 결과였다.

IC 설계업은 반도체 산업의 중요한 부분이고, 산업의 혁신을 주도하는 주력부대이기도 하다. 중국은 정부의 지원을 비롯한 투자 규모도 크지만 기업들이 성장과 혁신을 위해 필사적으로 매달렸다. 루차오췬 에트론 회장은 당시 IC 신제품 하나를 개발하는 데 5,000만 타이완달러가 들었는데, 타이완 IC 설계 업체들은 모두 자비를 쏟아부어야 했지만 중국 기업들은 정부의 지원을 받아 한 번에 세 개, 다섯 개씩 개발할 수 있었다고 말했다.

루차오윈은 "타이완 정부와 사회에 IT 업계가 이미 돈을 많이 벌었고 실력도 탄탄하기 때문에 정부가 지원해줄 필요가 없다는 보편적인 인식이 깔려 있지만, 그런 생각이 더 위험하다"고 힘주어 말했다.

IC 설계 산업에 거액의 자금을 계속 쏟아붓고 있는 중국과 달리, 타이완은 기존 기업의 투자 부진과 함께 스타트업이 거의 전멸했다. 이런 상황이 장기화되면서 타이완에는 새로 생기는 IC 설계 업체를 거의 찾아볼 수가 없다.

지금 돌이켜 보면 반도체 산업에서 투자의 중요성을 강조한 모리스 창의 연설은 확실히 선견지명이 담겨 있었다. 그해 미국이 중국을 상대로 무역 전쟁과 IT 전쟁을 시작했기 때문이다.

2018년 3월 트럼프 전 미국 대통령이 중국의 미국 지식재산권 침해에 대응해 중국산 제품에 고관세를 부과한다는 내용의 무역비망록에 서명했다. 이로써 중국산 제품에 600억 달러 규모의 관세 폭탄이 투하되며 미·중 무역 전쟁의 본격적인 막이 올랐다. 이듬해 5월 미국 상무부는 화웨이華為와 70개 계열사를 거래 제한 기업 명단에 포함시켜 화웨이가 미국 정부의 승인 없이는 미국 기업으로부터 부품을 구매하지 못하도록 금지하고, 1년 뒤에는 중국 반도체 산업을 겨냥한 공세를 한층 강화했다.

물론 '혁신보다 투자가 중요하다'는 모리스 창의 이론은 반도체 산업뿐 아니라 모든 산업에 적용될 수 있다. 혁신의 핵심은 실행에 있다. 실행력이 없으면 혁신은 생각에만 머물 뿐이고, 실행력을 발휘하려고 할 때 가장 중요한 것이 바로 투자 확대이다.

미국이 중국을 상대로 반도체 전쟁을 도발하기 전에 모리스 창은 이미 타이완 산업계의 투자 부진을 경고했다. 세계 반도체 업계에서 가장 높은 명망과 영향력을 가진 그가 뛰어난 선각자라는 사실이 또 한 번 증명된 것이다.

11 | 긴 노동시간, 낙후된 소프트웨어, 인색한 직원 복지

어느 TSMC 미국 공장 엔지니어의 건의사항

2021년 말, TSMC 미국 공장에서 근무하는 엔지니어가 타이완에 교육을 받으러 왔다가 세계 최대 직장 평가 사이트인 글래스도어Glassdoor에 올린 글이 열띤 논쟁을 불러일으켰다. 그는 익명으로 올린 이 글에서 TSMC의 근무 환경을 조목조목 비판했다.

이 글에서 그는 타이완에서 교육받는 동안 하루 최소 10시간씩 근무하고 12시간 일한 날도 많았는데, 타이완 직원들은 거의 매일 12시간 넘게 일했다고 했다. 직원기숙사에 지켜야 할 규칙도 많고 통금도 있는 데다가 심지어 방문객이 일정 시간 이상 머물러서는 안 된다는 규정도 있다며 TSMC가 개인의 자유를 존중하지 않는다고 비판했다.

TSMC에서 사용하는 소프트웨어가 너무 옛날 것이고 직원 교육에 사용하는 이러닝e-learning 시스템이 너무 뒤떨어진다고도 했다. 제조업은 소프트웨어 기업에 비해 소프트웨어 개선에 신경을 덜 쓸 수밖에 없다고 치더라도, 기본적인 기능과 약간의 미적 감각이 있는 사용자 인터페이스를 갖춘다면 직원들이 소프트웨어를 더 효과적으로 사용할 수 있고, 업무효율을 높여 근무시간을 줄일 수 있을 것이라고 했다. 그는 또 날마다 회의에 너무 많은 시간을 쏟아 하루 중 3시간 이상을 회의로 보내는 일도 흔하다면서 소프트웨어 기능을 조금만 향상시켜도 이렇게 많은 회의를 할 필요가 없을 것이라고 꼬집었다.

그는 반도체에 대한 열정으로 TSMC에 입사했지만 불행하게도 TSMC가 세계 반도체 산업에는 크게 이바지했어도 직원들에게 돌아가는 것은 너무 적다고 했다. TSMC가 지출하는 비용 가운데 직원들에게 쓰는 것은 극히 일부에 지나지 않으며, 장비 유지보수, 장비 설치, 웨이퍼 실험 등에 대부분의 돈을 쓰고 있었다. 그래서 그는 직원을 늘려 개개인의 업무량을 줄이고 직원들이 정시에 퇴근해 가족과 시간을 보낼 수 있게 해야 한다고 건의했다. 또 최소한 애리조나 공장에서만큼은 이렇게 해야 할 것이며, 그러지 않으면 가까이 있는 인텔 공장과의 인재 경쟁에서 이길 수 없을 것이라고 덧붙였다.

이 미국인 직원의 비판과 건의사항이 매우 구체적인 것으로 보아 허위 사실은 아닌 것 같다. 하지만 솔직히 말해 TSMC의 관리와 근무 환경에 대한 이런 비판은 업계에서 그리 놀라운 일은 아닐 것이다. 이 미국인 신입 엔지니어가 지적한 문제는 이미 다들 알고 있는 것이고, 타이완 전자 산업 전반에 만연한 문제점이라고 할 수 있다.

엄밀히 말하면, 비단 타이완 전자 산업만이 아니라 거의 모든 아시아 기업에 이런 노동문화가 뿌리 깊게 배어들어 있다. 1990년대 세계 반도체 생산능력의 37퍼센트였던 미국의 비중이 지금은 11퍼센트밖에 되지 않는 이유가 매일 12시간 넘게 일하는 타이완, 한국 기업과의 경쟁에서 밀린 것이라고 말하는 사람들도 있다. 이 미국인 엔지니어가 삼성에서 일할 기회가 있었다면 아마 TSMC만 인간성 없는 기업이라고 생각하지는 않았을 것이다. 또는 중국 기업의 근무 환경을 체험해본다면 아시아 기업들이 얼마나 죽기 살기로 야근하는지 실감할 수 있을 것이다. 아시아 기업들이 이렇게 열심히 일하지 않았다면 어떻게 제조업인 파운드리 분야에서 미국인보다 3세대나 앞설 수 있었겠는가? 매일 8시간씩 일하고 칼퇴근을 했다면 어떻게 글로벌 대기업을 따라잡을 수 있었겠는가? 아시아 제조업의 고속 성장은 그처럼 고된 노동을 거부하고, 맛있는 음식은 먹고 싶지만 주방에서 땀 흘려 일하기 싫어하는 유럽인과 미국인들 덕분에 가능했던 것이 아닌가? 아시아인들은 근면성과 성실성으로 초과 노동을 하며 싱싱한 간을 내다 바친 덕분에 미국 제조업이라는 케이크를 한 입 한 입 베어 물 수 있었다.

말은 이렇게 하지만 나도 타이완 기업의 미국 공장 관리는 현지 문화를 따를 필요가 있다고 생각한다. 직원의 근무 시간은 물론이고 모든 규정이 현지 법규와 방식에 부합해야 한다.

이 엔지니어가 지적한 여러 가지 문제는 물론 개선해야 한다. 기숙사 통금이라든가 과도한 규정 등은 조정하고 현지 문화 및 규범에 맞는 방식을 도입해야 한다. 타이완에 진출한 다국적 기업들이 타이완 문화에 맞춰 관리 방식을 바꾸는 것과 마찬가지다. 이것은 TSMC가 해외 투자에서 유념해야 하는 필수 항목이다.

소프트웨어 문제로 회의 시간이 불필요하게 길다는 의견은 구체적인 건의 사항이라고 생각한다. TSMC에서 근무하는 친구들도 그 엔지니어의 의견에 동의했다. 타이완 기업들은 소프트웨어 사용과 개발에 소극적인 편이다. 그는 아마 다른 기업에서 근무할 때 소프트웨어와 인터페이스를 경험하고 관찰해 보았을 것이다. 너무 긴 회의 시간은 TSMC만의 문제가 아니라 타이완의 대다수 직장인이 똑같이 느끼는 문제일 것이다.

TSMC 경영진이 그의 의견을 귀 담아 들을 필요가 있다. 그의 신상을 파악해 징계하는 식으로 대응해서는 안 되며 비판을 개선의 계기로 삼아야 한다.

사실 TSMC의 관리 문화를 공개적으로 비판한 건 그 엔지니어만이 아니었다. 2022년 6월 애리조나 피닉스에서 1년 넘게 근무했다고 밝힌 전직 공정 엔지니어도 TSMC에 대한 의견을 온라인에 올렸다.

그는 이력서를 좀 더 그럴듯하게 만들고 싶은 사람이라면 TSMC가 괜찮은 선택이겠지만, 개인의 성장과 전문성 강화를 중요하게 여기는 반도체 업계 관계자라면 TSMC는 최고의 선택이 아닐 것이라고 했다. 그는 미국인 직원이 생각하는 TSMC의 세 가지 나쁜 점으로 '군대식 관리', '사생활에 관해 이러쿵저러쿵 떠드는 문화', '개인적인 발전의 한계'를 꼽았다.

그는 구체적인 사례를 여러 개 들었다. 예를 들면 직원들끼리 누가 어디가 아프다는 둥, 누가 누구와 데이트를 했다는 둥, 누가 누구의 아빠라는 둥 시시콜콜한 남의 얘기를 좋아하고, 애리조나 공장 관리자는 자기 말이 곧 법이라는 듯이 행동하고, 직원 승진이 너무 느려서 관리자와 엔지니어의 비율이 1:30이나 되며 승진 경쟁이 너무 치열해서 한 번 승진하려면 평균 5년은 기다려야 한다고 했다.

사실 제조업 직원들의 노동문화가 완전히 바뀌는 것은 불가능하다. 좋은 부분을 천천히 늘려갈 수는 있어도 하루아침에 확 바꿀 수는 없다. 나는 모든 기업이 자기만의 기업문화를 가지고 있고, 그 문화를 이해하거나 받아들일 수 없는 사람은 그 기업에서 오래 머물 수 없다고 생각한다. 정말로 8시간만 근무하고 퇴근해 가족들과 시간을 보내고 싶은 사람은 인텔에 가서 일하는 수밖에 없다.

이 논쟁은 몇 년 전 넷플릭스에서 본 〈아메리칸 팩토리^{American Factory}〉라는 다큐멘터리를 떠올리게 한다. 중국 푸야오^{福耀} 유리가 미국에 공장을 건립한 과정을 기록한 이 다큐멘터리는 미국과 중국 제조업의 강점과 약점, 자본과 노조의 힘겨루기, 자동화로 타격을 입은 제조업 상황 등을 보여주고 있다.

그중 미국 자회사의 관리자가 중국 푸젠^{福建}에 있는 푸야오 본사에 교육을 받으러 갔다가 매일 군대식 관리를 받으며 생활하는 직원들을 보고 충격받는 장면이 나온다. 그들은 미국 직원들의 근무태도와 너무 다르다면서 미국은 이렇게 하지 못하기 때문에 제조업 경쟁에서 번번이 패배하는 것이라고 탄식한다.

하지만 아시아 제조업만 초과 노동을 하며 열심히 일하는 것은 아니다. 앞에서 말한 TSMC 미국인 직원이 실리콘밸리의 스타트업, 특히 소프트웨어나 인터넷 기업에 가본 적이 있는지 모르겠지만, 그들도 마찬가지로 매일 야근을 하고 밤샘을 해야만 세계적인 위치에 오를 수 있다.

물론 TSMC는 스타트업 기업이 아니고, 그곳에서 일하는 직원들도 실리콘밸리 스타트업 근무자들과 같은 마인드로 일하지는 않는다. TSMC도 미국에 공장을 건설하고 운영할 때 반드시 현지 법규를 준수할 것이라고 믿는다. 야근수당 없이 직원에게 야근을 시킬 수는 없을 것이다. 이 점을 알고 TSMC의 노동문화를 받아들일 수 있는 사람만이 TSMC 미국 공장에서 일하기를 바란다.

2023년 6월 열린 TSMC 이사회에서 한 기자가 야근 및 교대근무에 대한 일부 미국인 직원의 불만을 묻자 마크 리우 당시 회장은 아주 솔직하게 "야근하기 싫은 사람은 이 업계에서 일하지 말아야 합니다"라고 말했다.

TSMC는 타이완의 빛이며, 타이완 기업문화 및 관리 방식을 가지고 국제 무대에 진출해 최고의 경쟁력을 발휘하는 타이완의 글로벌 기업이 될 것이다. 'work hard(열심히 일하기)'에서 'work smart(똑똑하게 일하기)'로 전환되고 있는 이 시대에 TSMC는 '잘못이 있으면 고치고, 잘못이 없으면 더 분발하는' 태도로 모든 비판을 수용해 더 빠르게 성장해야 한다. 마크 리우 회장과 웨이저자 총재가 TSMC의 향후 10년을 황금기로 이끌어가려 한다면 이 생각에 동의할 것이라고 믿는다.

tsmc

세계 1위의 비밀

3부

부

문화와
DNA

tsmc

세계 1위의 비밀

01 ║ 방문객 출입관리대장의 작은 클립

물심양면으로 서비스하다

TSMC의 경쟁력이 무엇이냐고 하면 대부분 공정 기술을 떠올릴 것이다. 5나노, 3나노 기술이 얼마나 뛰어난지, 삼성과 인텔을 몇 년이나 앞서 있는지 등이다. 물론 그것도 TSMC의 중요한 경쟁력이지만, 나는 흔히 알고 있는 것이 아니라 20여 년 전 TSMC를 취재하러 갔을 때 본 작은 일에 대해 얘기하고 싶다. 아마도 너무 사소한 일이라 많은 사람들이 무심코 지나쳤을 것이다.

1990년대 중반 〈경제일보〉에서 반도체 산업 담당 기자였을 때 TSMC를 방문했다가 로비의 안내데스크에서 TSMC의 세심한 서비스를 목격한 적이 있다.

여느 대기업처럼 TSMC의 안내데스크에도 방문객 출입관리대장이 있었다. 모든 방문객이 거기에 이름, 전화번호, 소속을 기록해야 했고, 물론 나도 마찬가지였다. 그런데 나는 내 정보를 다 적고 나면 앞 페이지를 몇 장 넘기며 어떤 사람들이 방문했는지 훑어보는 버릇이 있었다. 특히 내 경쟁자인 〈커머셜 타임스〉의 황촨전黃釧珍이 왔었는지 염탐했다(하하).

보통은 안내데스크 직원도 내 행동을 저지하지 않았다. 그날 TSMC의 안내데스크 직원도 나를 저지하지 않았지만, 그 대신 장부에 아주 튼튼한 클립이 끼워져 있어서 앞에 서명한 사람의 이름이 보이지 않았다. 클립을 빼보려고 힘주어 밀었지만 꼼짝도 하지 않았다. 그렇게 해둔 이유가 뭔지 궁금해서 당시 TSMC의 홍보팀 직원이었던 쩡진하오^{曾品皓}에게 물어보니 혹시 있을지 모를 불필요한 마찰을 피하기 위해 누가 방문했었는지 알 수 없도록 모든 방문객의 정보를 공개하지 않는다고 했다.

　　1990년대 반도체 산업의 고속 성장세를 주도하고 있던 신주과학단지에서 대부분은 그냥 지나쳤을 사소한 일이지만, 나는 그 디테일한 부분에서 오늘날 TSMC가 거대한 규모와 영향력을 가진 대기업으로 성장한 비결을 발견했다.

　　대부분의 기업에서 방문객 출입관리대장은 그저 다 쓰면 버리는 사소한 기록에 불과할 것이다. 오래전부터 일상적으로 해왔을 뿐 크게 주의를 기울이지 않는다. 날마다 생산하고 출하하는 것만으로도 바쁜데 누가 그런 작은 것에 신경을 쓰겠는가? 수많은 기업에 가보았지만 TSMC처럼 세심하게 신경 쓰는 곳은 없었다.

　　그 작은 클립 하나로도 TSMC가 단순한 웨이퍼 제조기업이 아님을 알 수 있다. TSMC는 가장 기본인 기술과 수율 향상을 위해 노력할 뿐 아니라, 파운드리도 서비스업이라는 이념을 진심으로 실천하며 고객에게 충분히 존중받고 있다는 느낌을 주기 위해 다양한 노력을 기울였다.

　　내가 다른 언론사의 기자가 왔었는지 궁금해하는 것처럼 엔비디아 사람도 AMD 사람이 왔었는지 궁금해서 관리대장을 뒤적여 볼 수 있다. 사실 그건 TSMC와는 관계없는 일이지만, 항상 고객 개개인의 입장에서 생각하는 TSMC는 그 사소한 부분도 지나치지 않고 세심하게 배려했던 것이다. "고객을 위해 불구덩이에도 뛰어들 듯이 빈틈없는 서비스를 제공해야 한다"는 모리스 창의 말처럼 TSMC는 진심을 다해 고객에게 서비스함으로써 고객이 성공해야만 TSMC도 성공할 수 있다는 사실을 잘 알고 있었다.

사실 방문객 출입관리대장에 꽂아놓은 클립은 TSMC의 고객 서비스 속에 스며들어 있는 아주 세심한 배려 중 하나일 뿐이다. 안내데스크에서부터 이런 서비스를 경험할 수 있는 것은 TSMC의 철저한 직원 교육 덕분이었다.

유효기간이 지난 신분증은 그냥 넘어가지 않는다

TSMC의 방문객 출입관리대장에 관한 글을 페이스북에 올리자 수많은 댓글이 달렸다. 그중 휴렛팩커드에서 일한 적이 있는 한 친구가 이런 댓글을 썼다.

"10여 년 전 신주과학단지를 매달 방문했었습니다. 신분증을 맡기고 들어갔다가 나올 때 찾는 걸 깜빡 잊는 바람에 신분증을 가지러 다시 가기 일쑤였어요. 그래서 잔꾀를 생각해 냈죠. 유효기간이 지난 운전면허증을 맡기고 들어간 거예요. 그러면 깜빡 잊고 나와도 급하게 찾으러 갈 필요가 없으니까 훨씬 편했어요. 그런데 신주과학단지의 어느 기업에 가도 무사통과였는데 유일하게 바로 알아채고 다른 신분증을 요구한 곳이 있었어요. 어딘지 다들 짐작하시겠죠?"

그렇다. 바로 TSMC다. 내게도 똑같은 경험이 있다. 나도 유효기간이 지난 운전면허증을 제출하고 출입증을 받곤 했는데, 대부분 안내데스크 직원이 신분증을 꼼꼼히 살펴보지 않고 기계적으로 출입증을 내어주었다. 그런데 TSMC의 안내데스크 직원은 정중하지만 단호한 말투로 "죄송하지만 신분증의 유효기간이 지났습니다. 다른 신분증을 주세요"라고 말했다.

30년 동안 기자 생활을 하면서 수많은 기업을 방문해 안내데스크 직원을 보았기 때문에 조금만 주의 깊게 살펴보아도 그 기업이 얼마나 잘 관리되고 있는지 알 수 있었다. 안내데스크가 정돈되지 않고 출하할 제품이 가득 쌓여 있어서 방문객이 서 있을 자리조차 없는 곳도 있고, 데스크 직원이 문서 수발, 행정, 전화 응대, 심지어 직원들의 점심 식사 주문과 상사들의 차 심부름까지 맡고 있는 바람에 너무 바빠서 방문객을 한참 동안 멀뚱히 세워놓는 곳도 있었다. 그러면 방문객은 전혀 존중받지 못한다고 느낄 수밖에 없는데, 이런 사소한 관리에서 그 회사의 직원 교육 수준이 드러났다.

TSMC는 다른 기업들과 확실히 달랐다. TSMC의 안내데스크 직원들은 단정한 옷차림과 밝은 표정으로 첫인상부터 호감을 주었기 때문에 TSMC에 대해 더 알아보고 싶은 마음이 생겼다.

나중에 물어보니 과연 TSMC에서 안내데스크 직원을 채용할 때 얼굴에서 풍기는 인상과 단정함을 중요하게 본다고 했다. 그래서인지 TSMC의 안내데스크 직원 중에 전직 항공사 직원이 많다고 했다. 기본적인 태도 및 서비스 훈련을 받기 때문이다. TSMC가 제조업을 서비스업처럼 하고 있다는 사실을 여기서도 엿볼 수 있다.

내가 말하고 싶은 것은 TSMC의 경쟁력을 논할 때 반도체 기술과 수율만이 아니라 그들이 가진 소프트파워도 함께 논해야 한다는 사실이다. 내가 TSMC의 안내데스크에서 느낀 고객에 대한 존중은 TSMC의 기업 문화이며 TSMC의 중요한 성공 요인 중 하나다. 제조업을 서비스업처럼 한다는 이념은 궁극적으로 볼 때 완벽을 추구하는 정신이고, 20여 년 전 TSMC의 방문객 출입관리대장에 이미 그런 정신이 깃들어 있었다.

이것은 최근 인텔과 삼성이 TSMC를 따라잡을 수 있을 것인가에 관심이 집중되고 있는 이유이기도 하다. 나는 공정, 수율, 납기, 비용 등 기본적인 기준 외에도, 파운드리가 서비스업이라는 사실을 인텔과 삼성이 얼마나 인식하고 있는지를 중점적으로 관찰하고 있다. 파운드리 기업은 자사의 브랜드 사업이나 반도체 제품 사업이 아니라 고객이 원하고 필요로 하는 것을 최우선으로 여겨야 한다.

02 ‖ 창립 첫날부터 글로벌 기업으로

TSMC는 신주과학단지에 설립된 미국 기업이었다

한번은 일본인 친구 노지마 쓰요시가 일본인들이 모리스 창을 무척 존경하고 TSMC의 성공비결을 궁금해한다고 말했다. 그때 나는 TSMC가 타이완 기업이지만 창립 때부터 기업의 DNA에 미국식 문화가 스며들어 있었고 각종 시스템과 관리도 모두 미국식이었기 때문에 타이완 신주에 본사를 둔 미국식 기업인 셈이었다고 말했다.

모리스 창 선생은 아마 내 의견에 동의하지 않을 것이다. 그는 한 인터뷰에서 TSMC가 미국식 문화를 갖고 있고 미국에서 영입한 경영진이 많다는 의견에 대해 TSMC의 기업문화 중 "70~80퍼센트는 타이완 문화"라고 말한 적도 있다. 물론 그가 그렇게 말한 이유가 있겠지만, 나는 TSMC에 미국식 문화가 있는 것은 부인할 수 없는 사실이라고 생각한다. 다만 미국식 문화에 타이완의 우수한 인재가 더해져 상당히 독특한 기업문화가 만들어졌을 뿐이다.

TSMC는 1987년 창립 당시부터 이미 미국식 문화가 강했다. 당시 회장 겸 CEO를 맡은 창업자 모리스 창은 텍사스 인스트루먼트에서 19년간 근무하고 텍사스 인스트루먼트의 3인자인 수석부사장까지 올랐던 미국 화교였다. 또 창업 초기부터 10년간 사장으로 영입된 제임스 다이크^{James Dykes}, 크라우스 위머, 도널드 브룩스^{Donald Brooks} 세 명이 모두 미국인이고, 미국 반도체 업계에 오랫동안 몸담아 온 전문가였다. 다이크는 해리스 세미컨덕터^{Harris Semiconductor}와 GE 사장이었고, 크라우스 위머는 모리스 창이 텍사스 인스트루먼트에서 근무할 때 그의 부하직원이었다가 차터드반도체 CEO를 지냈다. 브룩스도 페어차일드 사장과 텍사스 인스트루먼트 부사장을 지냈으며 역시 모리스 창의 텍사스 인스트루먼트 시절 부하직원이었다.

또 TSMC가 투자한 뱅가드도 1994년 설립 당시 첫 사장으로 밥 에번스^{Bob Evans} IBM 부사장을 영입하고, 모리스 창이 TSMC와 뱅가드의 회장 겸 CEO로서 두 기업을 모두 이끌었다.

외국인을 사장으로 영입했을 뿐 아니라 모리스 창도 타이완에 막 왔을 때는 중국어보다 영어를 더 잘했으므로 미국식 문화가 자연스럽게 자리잡을 수밖에 없었다. 회사 내부의 서류와 보고서를 모두 영어로 작성하고 임원회의도 영어로 진행했으며, 인사고과, 승진, 배당, 인센티브 등 회사의 기본적인 관리와 운영도 모두 미국 기업들의 방식에 따랐다.

창업자와 사장으로부터 자연스럽게 형성된 기업문화 때문에 TSMC에는 투명하고 공개적인 시스템과 선의의 경쟁을 통해 혁신을 유도하는 환경이 정착되었다. 직원의 승진 심사는 인맥이나 상사와의 관계가 아닌 오로지 실적만으로 평가가 이루어졌다. 또한 타이완에 사외이사 제도가 생기기 전에 TSMC는 이미 사외이사를 두었을 정도로 이사회 운영에 있어서도 선진적이었다.

처음부터 technology leader(기술리더)로 포지셔닝하다

그뿐 아니라 TSMC는 설립 당시부터 반도체 파운드리가 반도체 산업의 분업 구도를 변화시킬 혁신적인 비즈니스 모델이라고 판단하고, 전 세계를 상대로 반도체 생산 주문을 받는 글로벌 기업으로 포지셔닝했다. 특히 주요 반도체 수입국인 미국의 기업들을 우선 공략대상으로 삼았다.

TSMC가 처음부터 세계 일류 반도체 생산 기업을 추월하겠다는 목표를 갖고 있었음을 보여주는 일화가 있다. 1997년 장상이가 TSMC에 영입되었을 때 모리스 창이 그를 처음 만난 자리에서 TSMC를 technology leader(기술리더)로 성장시킬 계획이라고 말했다. 당시 TSMC의 직원을 다 합쳐도 IBM과 인텔의 10분의 1인 120명밖에 되지 않았다. 장상이는 리더가 되려면 돈이 아주 많이 든다면서, fast follower(빠르게 뒤쫓아가는 기업), 즉 2등이 되고자 한다면 그 돈의 3분의 1만 있어도 가능하다고 완곡하게 돌려 말했다.

모리스 창은 그 말을 듣자마자 장상이를 꾸짖듯이 나무랐다. 장상이는 그때를 회고하며 첫 만남에서 그런 말을 했으니 "모리스가 날 형편없는 사람으로 생각했을 것"이라고 했다. 어쨌든 모리스 창이 그때 이미 세계적인 기술리더가 되겠다는 포부를 갖고 있었음은 분명하다.

물론 타이완에는 거창한 포부를 가지고 창업한 반도체 기업이 아주 많고, 나도 오랫동안 취재를 하면서 수많은 기업의 사례를 듣고 보았다. 오래전 휴렛팩커드 타이완에서 일했던 한 선배가 이런 얘기를 들려준 적이 있다. 커원창柯文昌 당시 휴렛팩커드 타이완 사장이 ASE테크놀로지스홀딩을 처음 방문했을 때, ASE테크놀로지스홀딩 창업자 장첸성張虔生이 반도체 패키징 업계의 세계 1위가 되겠다며 휴렛팩커드가 최고의 장비로써 오랫동안 지지해 주길 바란다고 말했다.

이제 막 창업한 작은 회사의 사장이 그런 말을 하자 그 자리에 있던 휴 렛팩커드 관계자들은 야심만만한 창업가의 흔한 허풍으로 여기고 건성으로 흘렸다. 그런데 불과 몇 년도 안 돼서 ASE테크놀로지스홀딩은 합병과 공장 확충에 과감하게 투자했고, 오늘날 정말로 반도체 패키징 및 테스트 업계에서 세계 1위 기업이 되었다.

TSMC는 일단 목표를 세우면 외부의 시선을 아랑곳하지 않고 그 방향으로 우직하게 전진했다. 여러 기업을 취재하러 다니면서 TSMC가 다른 기업들과는 다르다는 생각을 많이 했다. 나뿐만 아니라 다른 언론인들도 TSMC의 미국식 문화가 일반적인 타이완 기업들과 차이가 있음을 느꼈을 것이다.

예를 들면, TSMC는 기자간담회, 실적발표회 등 여러 언론사의 기자들이 참석하는 자리 외에 개별적으로 특정 언론사와의 인터뷰에 잘 응하지 않는다. 내가 타이완 양대 언론사 중 하나인 〈경제일보〉에서 근무할 때도 모리스 창을 단독으로 인터뷰한 횟수가 손에 꼽을 만큼 적다. TSMC는 대외적인 정보 공개 체계가 명확하게 수립되어 있고 경영진이 기자들과 사적인 만남을 거의 하지 않는다. 그 때문에 TSMC는 기자들 사이에서 취재하기 힘든 회사로 알려져 있고, TSMC가 너무 고자세라고 불평하는 기자들도 있다.

하지만 TSMC는 그런 말에 흔들리지 않고 자기 길을 묵묵히 가며 핵심 사업에만 집중하고 있기 때문에 언론과의 빈번한 교류가 필요하지 않다. TSMC는 이미 프로그램 설정이 끝난 거대한 기계처럼 쉬지 않고 걸어왔고 또 지금도 전진하고 있다. 이것이 바로 그들의 성공 비결이다.

미국식 기업 관리 속에 섞인 '타이완 요소'

사람이 있는 곳에는 필연적으로 복잡한 이해관계가 생기기 마련이다. 기업 내부에 이른바 '사무실 정치'가 생겨나고 그에 따라 파벌이 나뉘고 알력 다툼이 나타나는데 TSMC도 물론 예외가 아니다. 설립 초기에는 공업기술연구원파와 해외파 간에 은근한 기싸움이 있었고, 해외에서 영입된 경영진이 점점 많아지면서 해외파 안에서도 여러 파벌이 나뉘었다. 하지만 내부의 이런 파벌 다툼이 TSMC의 경영과 성장에 영향을 미치지는 않았다. 기업문화와 DNA의 영향력이 워낙 강해서 내부의 수많은 논쟁이 크게 번지지 않고 해결되기 때문이다.

TSMC의 3대 사장 도널드 브룩스의 퇴임은 TSMC의 발전사에서 중요한 이정표일 것이다.

1991년부터 1997년 4월까지 브룩스가 TSMC 사장으로 근무한 6년은 TSMC가 가장 가파른 성장세를 보인 시기였다. 1991년 5억 타이완달러였던 매출이 1996년에 194억 타이완달러로 급증한 데는 반도체 사업의 고수인 브룩스의 공이 적지 않았다.

당시 브룩스는 퇴임 의사를 밝히며 퇴임 후 미국으로 돌아가겠다고 했다. 그런데 그가 TSMC를 떠난 지 얼마 되지 않아서 TSMC 경쟁사인 UMC의 이사 겸 북미 담당 사장이 되었다는 소식에 업계가 충격에 빠졌다.

텍사스 인스트루먼트에서 TSMC까지 브룩스와 모리스 창은 30년 넘는 인연을 이어온 사이였다. 둘 사이에 어떤 일이 있었는지는 정확히 알 수 없지만, 브룩스가 경쟁사로 옮긴 사건이 TSMC에 적잖은 타격을 주었음은 당연하다. 모리스 창은 브룩스의 퇴임 후 한동안 사장직을 직접 겸하다가 쩡판청과 릭 차이를 4대, 5대 사장으로 임명했다. 브룩스 이후로 TSMC의 사장은 모두 타이완 사람이었다.

모리스 창이 사장직에 타이완 사람을 앉힌 것은 TSMC가 빠르게 성장하면서 내부에도 인재가 많아져 내부 승진을 통해 경영진을 임명할 수 있는 조건이 마련되었기 때문이다. 또 한편으로는 외부에서 낙하산 인사를 데려오면 문화 차이로 인한 불협화음이 생기고 내부의 사기도 떨어지기 때문이었다.

쩡판청이 사장이 된 후 TSMC는 새로운 10년의 발전기를 맞이했으며, 미국식 기업문화와 타이완 현지 인재들의 더 폭넓은 융합이 이루어졌다. TSMC 설립 당시에는 타이완에서 석박사를 딴 공업기술연구원 출신이 주축을 이루었고 해외유학파가 점점 많아지며 파벌이 나뉘기도 했지만, 오랜 시간이 흐르면서 공업기술연구원 출신과 해외유학파의 차이도 많이 사라졌다.

TSMC의 미국식 문화는 창업 초기 10년 사이에 완전히 뿌리를 내렸다. 1대부터 3대까지 외국인 사장에게 운영을 맡겨 회사의 기반을 다진 것은 모리스 창의 의도된 계획이었다. 하지만 어쨌든 TSMC는 타이완에서 탄생한 기업이고 절대 다수의 직원이 타이완 사람이다. 지금도 외국인 임직원은 소수에 불과하다. TSMC는 타이완의 피가 흐르는 타이완 본토 기업인 것이다.

공개적이고 투명한 미국식 기업 관리 시스템과 아시아 기업 특유의 근면한 정신을 겸비한 TSMC는 타이완 기업도 세계를 품에 안을 수 있음을 증명한 훌륭한 본보기가 되었다. 이 완벽한 결합은 한국, 일본, 중국 등 다른 아시아 국가의 기업들에게도 본받을 만한 사례일 것이다.

물론 TSMC가 평탄한 길만 걸어온 것은 아니다. 고위 경영진의 인사이동으로 인해 여러 번의 잡음이 있었다. 쩡쭝린鄭宗琳 재무 담당 부사장과 브룩스 사장이 퇴사 후 잇따라 UMC로 옮겨 갔고, 2006년 량멍쏭의 퇴사, 2009년 릭 차이 교체 등 굵직한 사건이 있었다. 하지만 TSMC는 매번 신속하고 과감한 결정으로 사태를 극복했다. 일각에서는 TSMC가 너무 매정하다고 말하기도 하지만 여러 번의 갈등을 겪으면서 터득한 TSMC만의 방식일 것이다.

모리스 창은 TSMC의 문화 중 70~80퍼센트는 타이완 문화라고 했다. 솔직히 나는 그의 말뜻을 정확히 이해할 수 없지만, 내 생각에 타이완이 사람 간의 정과 관계, 체면을 중시하는 사회이며 TSMC 역시 그렇다는 뜻인 것 같다. 모리스 창의 강한 카리스마와 미국식 기업문화의 영향을 받은 관리 방식이 특히 초기에는 많은 직원들에게 낯설고 불편했을 것이고, 그 때문에 모리스 창은 TSMC에 '타이완 문화'가 필요하다고 생각한 것 같다.

03 | 멀리 내다보고 감가상각을 빠르게 끝내다

매도 먼저 맞는 게 낫다,
장기적인 안목으로 재무계획을 짜다

조삼모사의 이야기를 알고 있을 것이다. 옛날에 원숭이를 기르는 사람이 어느 날 원숭이에게 먹이를 줄 때 아침에 석 되, 저녁에 넉 되를 주겠다고 하자 원숭이가 성을 내며 항의했다. 그러자 주인이 그럼 아침에 넉 되, 저녁에 석 되를 주겠다고 하자 원숭이가 기뻐하며 찬성했다는 이야기다.

총량은 늘어나지 않았지만 아침에 넉 되를 준다는 말에 원숭이는 먹이는 더 많이 준다고 생각했던 것이다. 이 이야기가 오랜 세월을 거치며 의미가 파생되어, 줏대 없고 변덕이 심한 사람을 일컫는 말로도 쓰이고 있다.

그런데 이 조삼모사의 이야기를 반도체 산업의 투자의 감가상각 방식에 적용하면 또 다른 재미있는 현상이 일어난다.

반도체 산업은 자본 지출 규모가 매우 큰 산업이다. 특히 설비 투자가 가장 큰 비중을 차지한다. 설비는 한번 만들면 오랫동안 쓸 수 있으므로 지출 전체를 첫해 비용에 넣지 않고 몇 년으로 나누어 평균 감가상각률을 계산해 적용한다. 그런데 몇 년으로 나눠야 할까?

기업의 입장에서 설비에 들어가는 비용을 몇 년으로 나누어 감가상각을 적용할 것인지는 단순히 재무 계산상의 차이일 뿐이다. 감가상각의 사용연한이 짧아서 미리 비용을 나누어 해결하면 처음 몇 년 동안 부담이 큰 대신, 비교적 빨리 부담을 털어내고 순이익을 낼 수 있다는 장점이 있다. 이렇게 매를 일찍 맞는 방식은 초기에 부담이 조금 크더라도 미래에 부담을 덜 수 있다.

반대로 감가상각의 사용연한을 길게 늘리면 매년 부담하는 비용이 적어 단기간에는 기업의 재무제표와 실적에 도움이 될 수 있다. 특히 초기 몇 년간 부담하는 비용이 적기 때문에 주당순이익^{EPS}에 큰 도움이 된다. 하지만 일반적으로 뒤로 갈수록 감가상각 사용연한이 끝나는 다른 기업들에 비해 순이익이 상대적으로 적어진다는 단점이 있다.

반도체 업계의 감가상각 사용연한을 보면 TSMC는 5년, UMC는 6년이고, 파워칩은 1.5~19년이다. 지금까지 통계로 보면 기업들의 평균 감가상각 사용연한은 약 10년이다.

평균의 절반인 5년을 사용연한으로 정한 TSMC는 초기 5년간은 비용 부담이 크다. 하지만 6년째부터는 부담이 없기 때문에 동종 업계 다른 기업보다 비용 부담이 훨씬 적다. 파워칩처럼 사용연한이 긴 곳은 초기에 부담하는 비용이 적어 수익이 높게 보이지만 사용연한 후반에 비용 부담이 크기 때문에, 이미 감가상각이 끝난 다른 기업들과의 가격 경쟁에 불리하게 된다.

원숭이가 아침에 먹이 넉 되를 먹는다고 기뻐하지만 저녁에 먹이가 줄어드는 것과 같다. 기간이 늘어날 뿐 부담해야 하는 비용은 어차피 부담해야 한다. 게다가 처음에는 부담이 가볍다가 뒤로 갈수록 커지면, 초기에 기업의 경영과 매출이 좋아 보이는 착시효과가 나타나기 때문에 투자와 지출에 관대해지고 이것이 훗날 기업의 경영에 큰 타격을 줄 수 있다.

감가상각을 통해 기업의 미래를 읽다

일반적으로 반도체 기업의 감가상각은 주로 투자한 자산의 성질에 따라 달라진다. 예를 들어 웨이퍼 공장의 건물을 짓는다면 일반적으로 내용연수를 20년으로 잡고, 전기설비, 청정실 시스템 등은 10년으로 잡는다. 이런 대규모 설비의 내용연수는 대부분의 기업이 비슷하지만 기계설비의 내용연수는 제각각이다.

현재 반도체 기업의 자본 지출 가운데 70~80퍼센트가 정렬기^{Aligner}, 식각기^{etcher} 등 기계설비 투자다. 심자외선^{DUV}과 극자외선^{EUV} 기계는 한 대당 수천만 달러에서 수억 달러까지 한다. 첨단 공정 설비일수록 가격이 비싸기 때문에 내용연수를 몇 년으로 하는지가 비용과 원가에 상당한 영향을 미친다.

TSMC는 감가상각 내용연수가 5년으로 짧은 편이고, 첨단 공정 설비에 막대한 돈이 들어가기 때문에 일반적으로 초기에 감가상각비가 총생산비에서 차지하는 비중이 50퍼센트를 웃돈다. 내용연수가 6년인 UMC는 총생산비 중 감가삼각비가 30~40퍼센트를 차지하고, 파워칩은 10~20퍼센트밖에 되지 않는다. 감가상각비의 차이가 상당히 크다는 것을 알 수 있다.

감가상각 내용연수의 차이는 초기에 수익이 좋아 보이게 만들기도 하고 나중에 순수익을 많이 내게도 하지만, 기업의 가격전략에도 큰 영향을 미친다. 다른 기업보다 감가상각이 일찍 끝나 비용 부담이 줄어든 기업은 더 적극적인 가격전략을 통해 시장을 주도할 수 있기 때문이다. 또한 초기에 적은 감가상각비로 인해 착시효과가 나타났을 뿐인데 경영자는 자기 제품과 서비스에 경쟁력이 있다는 착각에 빠져 기업 관리에 경각심이 사라지고 경솔한 판단으로 기업 경영이 흔들릴 수 있다.

감가상각 방식의 차이는 기업의 자본 지출 계획에도 영향을 미친다. 감가상각 내용연수가 길면 단기적으로는 이익을 많이 낼 수 있기 때문에 가까운 미래만 내다보고 적극적인 자본 지출을 하는 경향이 있고, 감가상각 내용연수가 짧으면 초기 몇 년 동안 비용 부담이 크기 때문에 자본 지출에 더 신중해지고, 장기적인 자본 지출 계획을 수립하게 된다.

감가상각 방식의 차이가 단순히 기업의 수익뿐만 아니라 경영관리 전반에 지대한 영향을 미치는 것이다. 한 기업이 어떤 방식으로 감가상각을 하는지 살펴보면 그 기업의 경영 마인드, 장기적인 계획까지 알 수 있으므로 어떤 방식을 선택할 것인지는 CEO가 심사숙고해야 하는 문제다.

투자자도 눈앞의 이익에만 급급한 원숭이가 되어서는 안 된다. 투자종목을 선택할 때 기업의 최근 매출과 수익만을 볼 것이 아니라 감가상각 방식까지 폭넓게 살펴보아야 한다. 당장 이익을 낸다고 해서 돈을 잘 버는 기업이라고 생각한다면 조삼모사의 함정에 빠질 수 있음을 명심해야 한다.

물론 경영자는 더더욱 원숭이가 되어서는 안 된다. '조사모삼'과 '조삼모사'가 결국 똑같아 보이지만 그로 인해 나타나는 결과는 완전히 다를 수 있다. 장기적인 안목을 가진 CEO라면 감가상각을 빠르게 마치는 쪽을 선택할 것이다. 비용 부담을 길게 미루면 착시효과를 일으키고 이것이 경영진의 경솔한 판단을 유발해 기업에 치명적인 타격을 줄 수 있음을 알고 신중하게 판단해야 한다.

04 │ 타이완이 파운드리 산업 세계 1위를 차지한 이유

우리에게는 원래 위탁생산의 DNA가 있다

파운드리라는 개념을 제일 먼저 생각해 낸 사람은 누구일까? 모리스 창일까? 아니면 차오싱청일까?

반도체 산업을 30년간 취재하면서 이 궁금증을 둘러싼 논쟁을 숱하게 많이 들었다. 그런데 《칩 워》의 저자 크리스 밀러는 지금까지 아무도 생각하지 못한 관점을 제시했다.

차오싱청 전 UMC 회장은 UMC가 파운드리 방식이라는 아이디어를 최초로 내놓았다고 주장했다. UMC 설립 4년 뒤인 1984년, 차오싱청이 미국에 가서 당시 제너럴 인스트루먼트^{General Instrument} 사장으로 있던 모리스 창을 만나 웨이퍼 전문 위탁생산이라는 구상에 대해 조언을 구했는데, 당시에는 부정적으로 대답했던 모리스 창이 3년 뒤 파운드리 사업을 하는 TSMC를 창업했다는 것이다.

하지만 크리스 밀러 교수는 텍사스 인스트루먼트 내부 문건에서 1976년 텍사스 인스트루먼트 반도체 사업부 사장이었던 모리스 창이 내부 경영회의에서 고객이 설계한 칩을 전문적으로 생산해 주는 회사를 설립하자고 제안했던 기록을 발견했다고 했다. 하지만 그의 제안은 실제로 추진되지 못했다.

모리스 창 자신도 당시에 그런 아이디어를 낸 적이 있음을 인정했다. 카버 미드 Carver Mead 교수의 책에서 반도체 설계와 제조를 분리할 수 있다는 내용을 읽고 영감을 얻었다고 했다. 당시 파운드리라고 이름 붙이지는 않았지만, 훗날 타이완에서 크게 발전한 파운드리 비즈니스 모델의 기본 개념이었던 것은 맞다고 했다.

크리스 밀러 교수의 주장이 많은 사람들의 의문을 해소해 주었는지는 모르겠지만, "파운드리라는 개념을 누가 제일 먼저 생각해 냈는가?"라는 질문과 관련해 세 가지 관점을 생각해 볼 수 있다.

고객의 성공을 최우선으로 해야
자신도 성공할 수 있는 '막후조력자'

첫째, 최초의 아이디어를 누가 생각해 냈느냐 하는 문제가 물론 고증해 볼 만한 역사적 가치는 있지만, 보통 사람들이 기억하는 것은 '최초'가 아니라 '최고' 기업이나 제품이다. 누가 제일 먼저 생각해냈는지, 또는 누가 제일 먼저 시작했는지는 사람들에게 그리 중요하지 않다.

스마트폰이 좋은 예다. 2007년 애플의 아이폰이 출시되기 전인 2005년 HTC가 '도팟 Dopod'이라는 이름의 스마트폰을 출시했다. 하지만 그 후 HTC라는 브랜드의 인지도가 떨어지기 시작해 시장에서 소리 없이 사라졌다. 지금 스마트폰이라고 하면 거의 모든 사람이 애플의 아이폰이나 삼성, 아너 Honor, 오포 Oppo, 비보 Vivo, 샤오미 Xiaomi를 떠올릴 뿐 도팟은 아무도 기억하지 못한다.

조금 더 거슬러 올라가면 HTC보다 먼저 스마트폰을 출시한 기업이 있었다. 바로 IBM이다. 1994년 IBM이 '사이먼Simon'이라는 세계 최초의 스마트폰을 내놓았다. 하지만 그게 무슨 의미가 있을까? 사이먼의 존재가치는 사람들에게 IBM을 애도할 기회를 주었다는 것뿐이다.

IBM뿐만이 아니다. 과거에 유럽과 미국의 여러 연구소에서 혁신적인 아이디어와 개념들을 내놓았지만, 정작 그것들을 확장해 현실에 적용시킨 주체는 모두 다른 기업이나 개인이었다. 혁신과 발명이 중요하지 않다는 뜻이 아니라, 누가 그 혁신적인 생각을 최대치로 활용해 최고의 경쟁력을 창출해 내느냐가 핵심이라는 말이다.

둘째, 설사 UMC가 파운드리라는 개념을 제일 처음 생각해 낸 기업이 아니라고 해도 UMC가 타이완 반도체 산업의 발전에 이바지한 사실이 달라지지는 않는다.

UMC는 IDM으로 시작했지만 얼마 안 가서 설계와 제조를 분리했고, 그 덕분에 훗날 타이완에서 가장 경쟁력 있는 IC 설계 기업이 된 미디어텍, 노바텍 등이 탄생했다. UMC는 다른 나라의 반도체 기업보다 더 일찍 산업의 변화를 예견하고 비즈니스 모델을 과감히 전환했다. 타이완 반도체 업계가 앞장서서 산업 전반의 흐름을 주도한 것은 결코 쉽지 않은 일이다.

셋째, 왜 수많은 나라 가운데 하필이면 타이완 기업들이 파운드리라는 개념을 가장 성공적으로 실현했을까?

현재 TSMC가 세계 최고의 기술을 갖고 있고 반도체 산업에서 우월한 위치에 있지만, 파운드리라는 비즈니스 모델은 본질적으로 제조서비스업이다. 타이완은 과거 우산, 크리스마스트리 전구부터 시작해 지금의 컴퓨터, 휴대폰, 반도체에 이르기까지 다양한 부가가치의 제품을 생산했지만 기본적으로 타이완이 맡은 역할은 동일하다.

위탁생산이란 간단히 말하면 타이완 방언에서 말하는 '흑수黑手', 즉 뒤에 숨어서 보이지 않게 도와주는 역할이다. R&D와 생산설비 확충에 꾸준히 투자하면서 고객을 위해 시간과 정력을 아낌없이 쏟아부어야 하는 일이므로 유럽과 미국 기업들은 대부분 그런 일을 원치 않는다. 위탁생산 경험이 풍부한 타이완 사람들만이 전 세계에서 유일하게 피땀 흘려 일하고도 생색나지 않는 그런 일을 기꺼이 하려고 했던 것이다.

또 위탁생산은 기본적으로 고객에게 서비스하는 업이다. 고객이 성공해야만 자신도 성공할 수 있고, 고객이 성공하지 못하면 자신도 절대로 성공할 수 없다. 다시 말해, 위탁생산은 혼자만 좋자고 하는 일이 아니라, 고객에게 정성껏 서비스해야 자신도 성공할 수 있다. 유럽과 미국 기업들은 대부분 자체 브랜드를 만들고 자기만 좋은 기업을 만들려고 할 뿐, 타이완 기업처럼 남을 위해 서비스하길 바라지 않는다.

위탁생산은 타이완 산업이 가진 독특한 DNA다. 예전에 타이완에도 에이서, 에이수스 등 글로벌 시장에 진출한 PC 브랜드가 있었지만 이들 두 기업도 자체 브랜드 사업 외에 위탁생산을 병행했다. UMC도 마찬가지로 비즈니스 모델 전환을 통해 IC 설계와 위탁생산을 함께 했다.

하지만 에이서, 에이수스, UMC는 모두 고객에게 더 완벽한 서비스를 제공하기 위해 자사 브랜드 제품을 생산하는 업체를 따로 독립시켜 위탁생산과 이익충돌이 발생하지 않도록 했다. 반면 삼성은 자체 브랜드의 다양한 제품을 생산하는 동시에 위탁생산도 하고 있다. 위탁생산과 자체 브랜드 사업을 명확하게 구분하지 않고, 위탁생산 사업을 자사의 브랜드 사업에 유리하게 이용하고 있다. 스전룽은 이 차이를 두고 "타이완은 세계의 친구이고, 삼성은 세계의 적"이라고 말하기도 했다.

한 예로 스마트폰이 등장한 초기에 HTC의 스마트폰과 삼성 휴대폰이 시장에서 정면대결을 펼쳤는데, 그때 삼성은 HTC에 패널을 판매하기가 힘들었다. 현재 퀄컴이 삼성에 위탁생산을 주문할 때 삼성 휴대폰에 퀄컴의 칩셋을 탑재한다는 등의 조건을 내세우는 것과 같다. 이것은 삼성이 자체 브랜드 사업과 위탁생산 사업을 분명히 구분하지 않은 채 구사하는 수많은 방식 중 빙산의 일각에 부과하다. 그런 관점에서 볼 때 스전룽의 말은 매우 정확하다.

모리스 창과 차오싱청 중 누가 더 먼저 파운드리 개념을 생각해 냈는지를 두고 논쟁을 벌이기 보다는 타이완이 파운드리의 개념을 세계에서 가장 훌륭하게 활용한 원인이 무엇인지 분석하는 것이 훨씬 낫다고 생각한다.

1976년 모리스 창이 텍사스 인스트루먼트에서 파운드리라는 아이디어를 내놓았을 때, 미국은 제2차 세계대전 후 거침없는 성장세를 누리며 세계 최대 강국으로 올라서 있었고 반도체도 미국에서 제일 먼저 발전하기 시작했으므로, 미국 기업들은 당연히 자기 경쟁력의 핵심인 웨이퍼 생산 기술을 다른 기업에 전수해 위탁생산을 하지 않으려고 했다.

나중에는 유럽, 일본, 심지어 한국 등 선진국도 위탁생산을 하지 않으려 했고, 오로지 작은 섬나라 타이완의 기업들만 기꺼이 위탁생산을 하려고 했다. 아니, 오히려 위탁생산을 핵심 사업으로 여겼다. 그런데 전 세계 사람들에게 서비스하겠다는 타이완의 이런 마인드가 오히려 오늘날 타이완을 휘황한 빛을 발하는 반도체 섬으로 만들어준 것이다!

05 | 돈이 많아도 언행은 조용하게 겸손하게

쩡판청의 솔선수범

1998년 TSMC가 미국 웨이퍼테크에 기자 다섯 명을 초청했을 때 나도 〈경제일보〉 기자로서 취재단의 일원으로 참가했다. 오래된 일이라 기억이 상당 부분 흐릿해졌지만, 웨이퍼테크가 변두리의 소도시에 있었고, 우리가 묵었던 호텔의 분위기가 상당히 근사했다는 것은 기억난다. 나는 그 호텔 방명록에 장문의 방문 소감을 남기기도 했다.

당시 방미 취재단은 TSMC가 북미 시장에서 개최한 기술포럼에도 참석하고, 한창 잘나가고 있던 3D 그래픽 카드 업체 3DFX 인터렉티브3DFX Interactive의 IC 설계 기업도 방문했다. 3DFX 인터렉티브는 나중에 엔비디아에 인수되어 훗날 엔비디아가 그래픽 칩 분야 최고 기업이 되는 데 크게 기여했다.

하지만 아직도 가장 기억에 남는 일은 쩡판청 당시 TSMC 사장이 직접 도요타 캠리를 운전해 우리를 데리고 다녔던 것이다. TSMC의 고객들이 타고 다니는 값비싼 명차들에 비하면 캠리는 굉장히 소박했다. 내가 평소 TSMC 임원들에게 갖고 있던 서민적이고 실용성을 중시하며 친절한 이미지와도 부합했다.

30년간 수많은 기업인을 취재하고 다양한 유형의 사람들을 만나보았다. TSMC 임원들은 연봉으로 보든 업계 내 영향력과 기여도로 보든 남들보다 앞섰지만 상당히 겸손하고 조용하다는 공통점이 있었고, 쩡판청은 그중에서도 대표적인 인물이었다.

총사령관의 곁을 조용하게 지킨 '공동창업자'

TSMC의 창업자인 모리스 창이 가장 중요한 인물임은 말할 것도 없지만, 나는 쩡판청도 TSMC의 '공동창업자'라고 불릴 자격이 충분하다고 생각한다. 비록 TSMC는 그에게 그런 호칭을 부여하지 않았지만 말이다. 1987년 TSMC를 설립할 당시 공업기술연구원장이었던 모리스 창과 공업기술연구원 시범공장 책임자였던 쩡판청이 연구원 117명을 데리고 나와 함께 창업했다.

모리스 창이 기업의 모든 전략을 기획한 총사령관이라면 쩡판청은 TSMC의 웨이퍼 제조 사업을 위해 자기 모든 것을 바친 집행관이었다. TSMC 설립 초기 몇 년 동안 해외 유학파를 영입할 수 있는 여건이 되지 않았기 때문에 쩡판청 혼자 설계, R&D, 공장 운영까지 모든 것을 다 관리했다. 제품 출하가 순조롭지 못하면 공장의 생산 라인을 지키며 매일 한밤중에야 퇴근했다.

책임감이 강하고 성실한 그는 미국 RCA에 기술을 배우러 갔을 때 너무 일에 몰두한 나머지 건강을 해쳐 위의 일부를 절제하기도 했다. TSMC 설립 후에도 자기 몸을 돌보지 않고 전력을 다해 일했다. 설립 초기에는 공장에 예기치 않은 일이 많았다. 그가 외국의 기술포럼 참석차 출장을 갔다가 한밤중 공장에 문제가 생겼다는 국제전화를 받고 곧장 타이완으로 돌아와 문제를 해결한 일도 있었다.

시간이 흘러 TSMC가 어느 정도 실적을 내고 직원 종업원주식배당제도도 생겨 해외 유학파에게 러브콜을 보낼 수 있을 정도가 되자 해외 인재 영입을 위해 백방으로 노력했다. 당시 외국에서 영입한 유능한 인재들은 모두 쩡판청이 직접 찾아가 데려온 사람들이었다. 1989년 영입된 릭 차이, 린쿤시, 차이닝셴부터 1997년에 영입된 장상이 등 훗날 TSMC의 기둥이 된 인재들이 모두 쩡판청의 진심에 감동받아 TSMC행을 결정했다. 유능한 인재들이 모여들자 TSMC는 당연히 훌륭한 실적을 낼 수 있었다.

1994년 TSMC의 증시 상장을 앞두고 상장도 되지 않은 주식이 뜨거운 관심을 모으자 신주과학단지가 들썩였다. 너도나도 벼락부자를 꿈꾸며 돈 벌 궁리에 들떴다.

그러자 쩡판청이 한 임원을 불러다가 주식이 상장되더라도 전 직원이 평소와 똑같은 태도로 근무하도록 해달라고 당부했다. 돈 벌 생각만 하지 말고, 멀리 내다보며 미래에 더 큰 부가가치를 창출할 수 있는 목표를 수립하고 목표를 향해 꾸준히 나아가야 한다고 했다.

현재 쩡판청은 2선으로 물러나 TSMC의 이사와 글로벌 유니칩Global Unichip, 創意電子 등 자회사의 회장을 맡고 있다. 물론 그는 아주 부자이고 생활이 풍족하고 캠리보다 훨씬 좋은 차를 타지만, 겸손한 태도는 예전 그대로다. 그에게도 남 앞에서 과시하는 부분이 있다면 아마 옷차림일 것이다. 젊어서부터 핑크색 양복, 자주색 셔츠처럼 눈에 띄는 컬러 배합이 쩡판청의 스타일이었다. 하지만 일에 있어서는 항상 겸손한 태도로 모리스 창의 곁에서 조용한 조력자의 역할을 했다.

모리스 창도 그렇다. 그는 자신의 사회적 역할에 각별히 신경 쓰기 때문에 언행이 극도로 신중하다. 심지어 아내 장수펀張淑芬이 TSMC의 사은품을 갖고 싶어 하자 돈을 받고 주었다는 일화도 있다.

창업자 두 사람이 모범이 된 덕분에 TSMC의 모든 임직원이 신용을 중요하게 여기는 문화를 갖고 있다. 스스로 솔선수범해서 보여주는 교육이 말로만 하는 훈계보다 훨씬 더 효과적이다.

TSMC 사람들의 근무태도에 대해 장상이도 인상 깊었던 일화를 들려준 적이 있다. 1999년 TSMC가 미국 아칸소주에 설립한 웨이퍼 생산업체인 웨이퍼테크가 타이완 웨이퍼 공장에 비해 매출이 훨씬 부진하자 타이완 본사에서 직원 20명을 파견해 경영을 지원하기로 했다. 당시 TSMC는 직원 파견 기간을 2년으로 계획하고 그들에게 3주 안에 여권 발급 및 비자 수속을 완료하라고 했다. 담당 부사장이 해외 파견 직원 명단을 받아 명단에 포함된 직원들을 한 명씩 불러 그들이 미국에 가서 해야 하는 일을 일일이 알려주었다. 그렇게 해서 스무 명 전원이 정말로 3주 뒤 미국행 비행기에 올랐고, 미국에서도 매일 이른 아침부터 밤 늦도록 일해 웨이퍼테크의 문제를 해결했다.

장상이는 만약 미국 기업이 해외에 직원을 파견했다면 누구를 보낼지 선택하고, 직원들을 설득하고 소통하고, 파견 조건을 협상하는 데만 최소한 반년이 걸렸을 것이라고 했다. 하지만 TSMC 직원들은 회사의 일을 자신의 일보다 더 중요하게 여겼다. 그 20명 중에는 생전 처음 미국에 가는 사람도 있었고, 타이완에서 처리해야 할 일이 남아 있던 사람도 있었다. 신주에서 셋집을 얻어 살고 있던 한 공장 이사는 셋집을 정리할 시간도 없어서 비서에게 대신 처리해 달라며 수백만 타이완달러가 들어 있는 통장을 비서에게 맡기고 떠났다. 곧 다가올 비서의 생일에 통장에서 돈을 인출해 자신이 주는 선물을 사라고도 했다.

장상이는 "내가 아니면 누가 하랴"는 이런 정신에 깊이 감동했다고 말했다. 그런 태도와 정신을 가진 TSMC가 수많은 경쟁기업을 따돌리고 성공한 것은 어찌 보면 당연한 일이다.

장상이가 말한 것은 모두 초창기 직원의 이야기이고 요즘 젊은 세대도 그런 정신을 가졌다고 보기는 어렵다고 하는 사람도 있을 것이다. 하지만 젊은 세대의 태도가 어떻든 간에 그것만으로 TSMC 직원들의 노력 전체를 부정할 필요는 없다. TSMC 창립 멤버들의 정신과 선배들의 솔선수범으로 형성된 기업문화는 지금 들어도 무척 감동적이다. 물론 현재 TSMC의 임직원들이 과거 성공의 경험에서 앞으로 더 전진해 나갈 수 있는 길을 찾아 더 멋진 페이지를 열어가길 바란다.

06 경쟁자가 있어야 날마다 투지가 샘솟는다

국내 경쟁에 승리해야 글로벌 경쟁에 뛰어들 수 있다

"한 나라의 산업이 강해지려면 우선 치열한 내부 경쟁이 있어야 한다. 그래야만 글로벌 경쟁에 뛰어들 수 있다." 경쟁력 연구의 세계적인 대가인 마이클 포터의 말이다.

이 말을 타이완 반도체 산업의 발전에 적용해 보면 완벽하게 맞아떨어진다. 타이완 반도체 산업은 내부의 치열한 경쟁이 있었기에 당당히 글로벌 무대의 한가운데 설 수 있었다.

2020년 말 신주과학단지 40주년 기념식이 열렸다. 기념식은 전자 산업의 쟁쟁한 기업인이 참석한 가운데 화기애애하고 들뜬 분위기에서 진행되었고, 각 언론사의 취재 열기도 뜨거웠다. 그날 모리스 창 TSMC 창업자, 차오싱청 UMC 명예회장, 스전룽 에이서 창업자, 차이밍제 미디어텍 회장까지 네 명의 거물급 기업인이 특별공로상을 받았다.

기자들은 은퇴한 모리스 창과 차오싱청이 다시 한 프레임에 담긴 역사적인 사진을 찍기 위해 열심히 셔터를 눌렀다. 한때 한 치의 양보도 없이 치열하게 경쟁하고 팽팽하게 맞섰던 업계의 두 거물이 한자리에 동석한 것은 20년 만이었다. 그들이 서로 어떻게 대할지, 무슨 대화를 나눌지, 악수로 화해하며 과거의 은원을 털어버릴지에 가장 큰 관심이 집중됐다.

과연 그날 시상식에서 차오싱청이 먼저 다가가 모리스 창에게 악수를 청했고, 두 사람이 악수하는 순간 카메라 플래시가 일제히 터져 나왔다. 수상자들의 사진 촬영 후에는 모리스 창이 차오싱청에게 말을 건네기도 했다. 다음 날 언론에 이런 헤드라인이 실렸다. '모두 기대하던 세기의 화해가 실현되다.'

사실 30년 동안 산업 현장을 관찰해 온 나는 둘 사이에 꼬인 매듭이 얼마나 단단한지 알고 있다. 그들이 어떻게 악수 한 번으로 화해할 수 있겠는가? 다만 40주년 기념식의 분위기를 깰 수 없어서 과거의 은원은 잠시 밀어두었을 것이다. 특히 불안한 세계 정세와 지정학적 긴장 국면에서 타이완 반도체 산업이 뜨겁게 달아오르고 있던 2020년의 상황이었으므로 백발의 두 사람이 흐뭇하게 미소 지으며 대화하는 장면은 훨씬 더 큰 의의가 있었다.

앞서 1부에서 타이완 반도체 산업의 모든 기술을 1976년 미국 RCA로부터 이전받았고, 바로 뒤이어 1980년에 신주과학단지가 건립되었다고 했다. 같은 해 설립된 UMC는 공업기술연구원에서 설립한 첫 반도체 기업이었다.

1987년에 설립된 TSMC는 공업기술연구원이 배출한 두 번째 기업이었다. TSMC 설립 후부터 2000년까지 두 기업은 다양한 전략을 짜내 사생결단을 벌이듯 경쟁했다. 이들이 벌인 고도의 두뇌경쟁과 힘 대결을 영화로 찍는다면 한국 드라마보다 훨씬 더 흥미진진할 것이라고 장담할 수 있다.

TSMC와 UMC의 경쟁은 어땠을까?

두뇌 경쟁, 스카우트 전쟁, 중국으로 전선이 확대되다

설립 당시 UMC는 자체 제품과 제조 기능을 모두 갖춘 IDM이었고 1996년에야 IC 설계 사업을 분리했다. 미디어텍, 노바텍, 패러데이 등이 모두 UMC에서 분리된 IC 설계 기업이다. TSMC는 설립 당시부터 자체 제품을 생산하지 않고 파운드리를 비즈니스 모델로 삼았으므로 초창기에는 두 기업의 차이가 컸다. 타이완의 첫 반도체 기업인 UMC는 초기부터 경영이 순탄치 않자, 자체 제품의 매출 부진으로 멈춰 있는 생산 라인을 위탁생산으로 돌리면서 TSMC와의 경쟁이 시작되었다.

모리스 창이 공업기술연구원장으로 있을 때 UMC 회장을 겸직한 적이 있는데, 공업기술연구원을 떠나 UMC로 옮긴 차오싱청이 그 시기에 UMC 부사장에서 사장으로 승진했다. 그때부터 두 사람의 경영 스타일이 확연히 다른 탓에 사사건건 '불꽃이 튀기' 시작했다. 나중에 모리스 창이 TSMC를 설립하고 TSMC 회장이 되었을 때 차오싱청도 UMC 회장이 되며 세기의 경쟁이 본격적인 막을 올렸다.

반도체 산업을 취재하러 다니던 시절을 돌이켜 보면 재미있는 일이 많았다. 그들이 공수를 바꿔가며 벌이는 두뇌 대결을 흥미진진하게 관전했다. UMC가 1996년 제조 사업을 분리시키고 북미의 IC 설계 기업 11곳과 제조기업 3개를 공동 설립하자, TSMC는 IC 설계 기업 3곳과 공동으로 미국에 웨이퍼테크를 설립한 뒤 곧바로 TI-에이서와 WSMC를 인수했다. 그러자 UMC는 2000년에 다시 5사 합병을 통해 모든 파운드리 기업을 다시 끌어안았다.

2000년 신주과학단지가 포화상태에 이르자 남부과학단지와 중부과학단지까지 확장하기 시작했다. 당시 두 기업은 잇따라 남부과학단지에 대한 대규모 투자를 발표했는데, UMC가 10년간 3,000억 타이완달러를 투자하겠다고 발표하자 TSMC는 4,000억 타이완달러를 투자하겠다고 응수했다. 두 프로젝트 모두 타이완 산업 역사상 최대 규모의 투자였다.

인재 스카우트 경쟁도 치열했다. TSMC 초창기에 CFO를 맡았던 쩡쭝린과 3대 사장을 지낸 브룩스가 모두 TSMC를 떠난 뒤 차오싱청의 제안을 받고 UMC로 옮겼다.

중국도 또 다른 전쟁터였다. UMC는 타이완 정부의 승인을 거치지 않고 UMC 전 직원이 상하이의 허젠 테크놀로지스 설립에 투자하도록 지원했다. TSMC는 곧바로 뛰어들지 않고 2007년에 처음 중국에 진출했지만 상하이와 난징南京에서 적극적인 투자 프로젝트를 통해 생산능력과 경영실적 모두 차츰 UMC를 추월했다.

합병에 있어서는 두 기업이 승리를 한 번씩 주고받았다. UMC가 일본의 NPNX를 인수하고 싱가포르에 공장을 세웠고, TSMC는 미국과 싱가포르에 모두 투자한 뒤 TI-에이서와 WSMC를 인수했다. 특히 WSMC 인수를 두고 양측이 치열한 경쟁이 벌어져, 급기야 차오싱청이 앞으로 다시는 타이완 기업을 인수하지 않을 것이라는 성명을 발표하기도 했다. TSMC와 UMC의 치열한 경쟁은 기자들에게 끝없는 기삿거리를 제공해 주었으므로 덕분에 기자들도 보람찬 나날을 보냈다.

업계의 치열한 경쟁은 누가 뭐래도 좋은 일이 분명하다. 경쟁 상대가 있는 CEO는 매일 아침 눈을 뜰 때부터 상대를 어떻게 추월할까 고민한다. 적수가 있어야 날마다 투지가 샘솟고 삶의 의미도 찾을 수 있다. 오로지 앞만 보고 달리다 보면 서로 러닝메이트가 되어 글로벌 무대로 나란히 달려가게 된다. 한참 달리다가 뒤를 돌아보면 어느새 다른 나라 경쟁자들을 멀찍이 따돌리고 앞에서 달리고 있는 것이다. 타이완 반도체 산업이 글로벌 무대에 오른 과정이 바로 그랬다.

"한 나라의 산업이 강해지려면 우선 치열한 내부 경쟁이 있어야 한다. 그래야만 글로벌 경쟁에 뛰어들 수 있다"는 마이클 포터의 말처럼, 타이완 반도체 산업의 치열한 내부 경쟁, 특히 TSMC와 UMC의 치열한 경쟁은 누가 이기고 누가 지느냐와 관계없이 산업 전체 경쟁력을 크게 끌어올리고 훗날 타이완 반도체 산업이 글로벌 시장에서 큰 역할을 발휘하는 데 결정적인 역할을 했다.

TSMC의 '미련함'과 UMC의 '영리함'이 만났을 때

2000년을 기점으로 TSMC와 UMC의 경쟁 구도에 변화가 생겼다. 2000년 이전까지는 양측의 힘이 비등비등했지만 그후 조금씩 격차가 벌어지기 시작했는데, 세 가지 전략의 차이가 중요한 원인이었다고 생각한다.

첫째, R&D와 기술이다. TSMC는 0.13마이크로미터 구리 공정 개발에 착수하고 1년 반 만에 기술 개발에 성공했다고 발표했다. 반대로 IBM, 인피니언과의 기술 협력을 선택한 UMC는 반년의 시간이 지체되면서 TSMC에게 뒤졌다. 그 후 계속 격차가 벌어져 지금은 TSMC가 첨단 공정 기술에서 월등히 앞서 있다.

둘째, TSMC는 처음부터 파운드리를 비즈니스 모델로 선택한 뒤 그 방향으로 쉬지 않고 나아갔다. 또한 '기술, 고객, 서비스' 중심의 경영을 앞세워 기술 연구 및 개발에 꾸준히 투자하는 한편, 고객이 성공해야 자신도 성공할 수 있다는 이념으로 진심을 다해 고객에게 서비스했다. TSMC는 설립 첫날부터 확고한 방향을 가지고 있었던 것이다.

반면 UMC는 초창기에 강하고 순발력 있는 경영을 목표로 삼아 시장 상황에 따라 그때그때 전략을 수정했다. 이런 장사 천재 같은 방식은 자체 브랜드 사업에서는 효과를 낼 수 있어도 오랫동안 우직하게 일하며 고객 앞에서 자세를 낮춰야 하는 파운드리 사업에는 적합하지 않았다. 그 때문에 UMC는 자체 제품을 가진 IDM에서 위탁생산만 하는 파운드리로 전환하면서 긴 적응 기간이 필요했다.

두 기업의 방식을 각각 한 글자로 표현하자면 TSMC는 '졸拙'이고 UMC는 '교巧'다.* '졸'은 미련하게 보이지만 묵묵히 일하며 차곡차곡 내공을 쌓기 때문에 고도의 정밀성과 첨단 기술을 요하는 반도체 산업에서는 언젠가 빛을 발하게 된다. '교'는 임기응변에 능하고 기발한 아이디어로 승리할 수는 있지만 수시로 방향이 바뀌기 때문에 지속성이 부족하다. UMC가 파운드리 사업으로 전환한 뒤 모기업의 실적은 그럭저럭 양호한 정도였지만, 독립되어 나온 렌 패밀리 IC 설계 기업들은 상당히 좋은 실적을 냈다.

가장 중요한 셋째는 기업 승계다. 차오싱청은 2005년 허젠 테크놀로지스 투자 사건으로 인한 배임죄와 회계법 위반으로 UMC 회장직을 사임했다. 그 후 경영에서 손을 떼고, 골동품 수집, 불교 수행 등에 몰두해 새로운 인생을 살았다. 반면 모리스 창은 계속 TSMC 회장직을 유지하다가 두 번의 승계 끝에 2018년에 정식으로 은퇴했다.

기업 승계에 있어서 차오싱청보다 모리스 창이 더 치밀하고 신중했다. 그가 TSMC에 강한 책임감과 사명감을 갖고 있었기 때문이다. 그에 비하면 차오싱청은 경솔하게 경영에서 물러났는데, 이 역시 UMC가 TSMC를 따라잡지 못한 중요한 원인일 것이다.

신주과학단지 40주년 기념식에서 차오싱청이 모리스 창을 축하하며 TSMC가 거둔 성공에 찬사를 보냈는데 아마도 진심에서 우러나온 축사였을 것이다. 모리스 창이 아무나 할 수 없는 큰일을 해낸 것은 분명한 사실이기 때문이다.

---

* '졸拙'은 '서툴다', '둔하다'의 뜻이고, '교巧'는 '교묘하다', '약삭빠르다'는 뜻으로 서로 상대적인 의미를 갖고 있다.

경쟁이 치열할수록 더 크게 성공한다

여기서 한 가지 덧붙이고 싶은 것이 있다. 타이완의 TSMC와 UMC는 마이클 포터의 경쟁 우위 이론을 증명하는 훌륭한 사례이며, 현재 세계 메모리 업계 1위인 한국에도 비슷한 사례가 있다.

한국의 삼성과 하이닉스는 현재 글로벌 D램 산업의 3대 기업 중 두 곳이고, 낸드플래시 분야의 5~6개 선두 기업 중에도 나란히 포함되어 있다. 두 그룹이 글로벌 메모리 산업을 주도하게 된 것도 역시 한국 내부에서의 치열한 경쟁 덕분이었다. 두 기업은 심지어 상대 기업 출신은 채용하지도 않을 정도로 서로 원수처럼 대결했지만, 한국 재벌끼리 피 튀기는 경쟁을 벌이는 사이 산업의 전반적인 경쟁력이 강화되어 오늘날 삼성과 하이닉스가 글로벌 메모리 업계에서 우뚝 설 수 있었다.

메모리뿐만 아니라 한국의 여러 산업에 치열한 경쟁이 존재한다. 삼성의 QLED TV와 LG의 OLED TV가 치열하게 경쟁하였고, 그 결과 한국은 세계 최강의 TV 브랜드 보유국이 되었다. 한국의 거의 모든 산업에서 기업들이 한 치의 양보도 없이 경쟁한 결과, 한국은 메모리, TV, 휴대폰, 배터리, 바이오테크, 심지어 대중문화와 영화 등에서도 글로벌 무대의 스포트라이트를 받고 있다.

또 하나 짚고 넘어가야 할 것은 내부의 치열한 경쟁 외에 타이완 정부의 산업정책도 반도체 산업의 발전에 일정 부분 기여했다는 사실이다.

산업정책 실행은 말처럼 쉬운 일이 아니다. 무엇보다도 정부가 모든 어려움을 다 물리치고 강하게 추진해야만 실제 효과를 거둘 수 있다. 미국 RCA로부터 기술을 이전받은 것이나 신주과학단지를 건립한 것은 모두 당시 정부의 과감한 계획이었다. 1인당 국민소득이 400달러에 불과한 나라가 반도체 산업 육성에 1,000만 달러의 예산을 투자한다는 것은 국가 재정에 엄청난 부담이 되는 일이었다.

그때는 독재정권이었기 때문에 정책을 추진하기가 비교적 쉬웠다고 말하는 사람들도 있지만, 어떤 시대에도 극복해야 하는 문제는 있는 법이다. 당시 타이완에는 방직, 석유화학 등 전통 산업뿐이었고 컴퓨터 산업은 아직 싹도 트기 전이었다. 반도체를 아는 사람이 없어서 그 막중한 임무를 맡길 적임자조차 찾기 힘들었으므로 정책 추진에 대한 회의론과 반대 의견이 얼마나 많았을지 예상하고도 남는다.

다행히 당시 정부가 확고부동한 추진력으로 아무도 결과를 예상할 수 없는 험난한 여정을 시작했다. 지금 돌이켜 보면 업종을 잘 선택했고, 기초를 탄탄하게 다졌으며, 한번 옳다고 판단한 길을 바꾸지 않고 40년간 꾸준히 달려왔으므로 언젠가는 반드시 성공할 수밖에 없었다.

신주과학단지 건립 후 40년 가운데 4분의 3의 세월은 나도 그 자리에 함께 있었다. 솔직한 소감을 말하자면 더 이상 누가 누구의 적이고, 누가 누구와 어떤 은원 관계인지 관심이 없다. 반도체 업계의 두 선배가 은퇴하고도 한참이 흘러, 과거의 원망도 바람처럼 사라지고 두 사람이 서로의 건강과 평온을 축복해 주고 있다. 이것이 바로 인생의 진실한 모습일 것이다.

신주과학단지의 40년은 역사의 한 페이지를 찬란히 장식했다. 더 중요한 것은 어떻게 해야 그 영광을 앞으로 40년간 더 유지할 수 있을지 고민하고 실천하는 데 있다. 이제는 두 선배가 아닌, 더 젊은 세대가 그 무거운 책임을 이어받아야 한다.

07 ‖ 타이완 특유의 종업원주식배당제도

반도체 산업의 성장을 이끈 초강력 비밀병기

타이완 반도체 산업이 성공을 거둔 원인을 논할 때 대부분 모르고 있거나 한 번도 들어보지 못했을 요인이 하나 있다. 타이완의 초강력 비밀병기였던 이것은 바로 종업원주식배당제도다.

이 제도는 1980년대 중반부터 기업에 도입되었다가 20여 년 뒤인 2008년에 폐지되었다. 기업이 전년도 이익 중 일정 부분을 직원들과 공유하는 제도인데, 초기에는 일부 현금을 지급하기도 했지만 주식을 위주로 배당하듯 지급했다. 증시가 활황세에 올라타 주가가 오르자 이 제도가 직원들의 사기 진작에 큰 효과를 발휘했다.

이런 제도는 해외파 인재를 스카우트하거나 귀국해서 창업하도록 유도하는 강력한 무기였다. 당시 타이완 반도체 기업들은 높은 연봉을 줄 여력이 없었기 때문에 해외파 인재들이 고연봉을 포기하고 귀국할 만큼 매력적이지 않았다. 하지만 이 제도를 통해 얻는 수익으로 부족한 연봉을 상쇄하고도 남았으므로 우수한 인재들이 대거 귀국해 타이완 반도체 산업이 글로벌 경쟁력을 갖출 수 있는 기회가 마련되었다.

종업원주식배당제도의 막강한 위력은 직원들이 주식을 받은 뒤 회사가 더 많은 이익을 낸다면 주가가 더 많이 오를 수 있다는 데 있다. 직원들이 배당받은 주식을 더 높은 가격에 팔기 위해서 회사의 가치를 높이기 위해 열심히 일하기 때문이다.

이런 종업원주식배당제도는 유럽과 미국에서 흔한 스톡옵션stock option과는 조금 차이가 있다. 스톡옵션에는 없는 세 가지 특징 때문이다.

첫째, 직원들에게 주식으로 지급하면서 1주당 액면가인 10타이완달러로 계산했다. 이렇게 하면 주식을 팔 때는 액면가보다 몇 배 높은 가격에 팔 수 있고, 과세는 액면가를 기준으로 하기 때문에 세금 부담이 적다는 장점이 있다. 예를 들어 회사에서 100만 타이완달러 상당의 배당주(1주당 액면가 10타이완달러로 계산하면 10만 주이다)를 지급했을 때 주가가 1주당 50타이완달러라면 종업원들은 이 주식을 팔아 500만 타이완달러의 이익을 얻게 된다. 하지만 100만 타이완달러에 대한 세금만 냈으므로 꽤 많은 세금을 절약한 것이다.

둘째, 기업의 입장에서는 직원에게 주식 10만 주를 지급했으므로 기업의 지출도 실제 주가가 아닌 액면가로 계산한 100만 타이완달러가 된다.

셋째, 유럽과 미국 기업들의 스톡옵션은 중급 이상 관리자에게 지급되었고 특히 고위 임원에게 가장 많이 활용되었다. 하지만 타이완의 제도는 중급 이상 관리자 외에 중하급 직원들에게도 혜택이 돌아갔다. 입사한 지 몇 년밖에 안 된 엔지니어도 적은 수량이나마 주식을 받을 수 있었기 때문에 똑같은 사기 진작 효과가 있었다.

이런 특징 덕분에 종업원주식배당제도는 타이완 IT 산업 종사자들에게 상당한 인센티브 효과가 있었다. 대부분의 직원들이 주식을 통해 원래 임금보다 더 많은 돈을 벌었으므로 낮은 연봉의 단점을 충분히 보완해 주었다.

UMC가 1985년 증시 상장 후 종업원주식배당제도를 도입하자 신주과학단지의 거의 모든 기업이 그 뒤를 따랐다. 그 덕분에 수많은 'IT벼락부자'를 탄생시키며 타이완 반도체 산업으로 유능한 인재를 끌어모으는 가장 강력한 수단이 되었다.

UMC의 종업원주식배당제도 도입에 관한 작은 에피소드가 있다. UMC의 제1호 직원인 류잉다 전 UMC 부회장에 따르면, UMC를 설립하고 얼마 안 됐을 때 차오싱청 사장이 회사가 흑자를 내면 이익의 25퍼센트를 직원들에게 배당하는 안건을 이사회에 올렸다. 그때는 UMC가 거의 수익을 내지 못하고 있었으므로 이사회도 쉽게 동의해 주었다.

그런데 UMC가 1984년에 첫 흑자를 낸 뒤 1985년에 직원들에게 주식을 배당하려고 하자 이사회가 사내유보금을 먼저 공제해야 한다는 이유를 들어 승인해 주지 않았고, 결국 직원들에게 두 달 치 월급을 더 지급하는 선에서 그쳐야 했다. 차오싱청이 종업원에게 지급하는 규모를 이익의 10퍼센트로 낮춰서 다시 건의했지만 현금과 주식의 비율을 어떻게 할 것인지는 주주 배당에 맞추기로 했다. 예를 들어 주주에게 배당주와 배당금을 2 대 1의 비율로 분배했다면, 직원에게도 주식과 현금을 2 대 1의 비율로 지급하는 것이다. 그때부터 UMC는 이 원칙에 따라 직원 배당을 실시했고, 신주과학단지 반도체 기업들도 UMC의 방식을 따랐다.

UMC가 설립되기 전에 전통 업종의 일부 기업에도 종업원주식배당제도가 있었지만 대부분 현금으로 지급했으므로 종업원주식배당을 처음 실시한 기업은 UMC라고 해야 할 것이다.

타이완 반도체 산업이 초기에 가파르게 성장하는 동안 기업들은 매년 주주 배당금을 주식으로 지급하며 배당주를 통한 증자 방식으로 자본금을 확충했다. 해외의 주식 분할과 흡사한 이런 방식으로 대다수 직원들이 주식 배당을 통해 많은 이익을 거두고, 기업의 비용과 직원의 세금 부담은 낮아지는 효과가 나타났다.

지금은 역사가 된 종업원배당제도는 과연 좋은 제도였을까?

이 제도는 기업의 임직원들을 만족시키고 타이완 반도체 산업의 기반을 다지는 데 큰 역할을 했다. 하지만 실제 발생한 비용으로 계산하지 않는 방식은 국제회계기준을 심각하게 위반한 것이었고 기업의 재무제표와 이익에도 왜곡이 생겼다. 게다가 직원들이 액면가로 배당받은 주식을 시장에서 한꺼번에 팔면 기업의 주가가 하락해 전체 주주의 권익을 해치는 결과를 낳았다.

글로벌 자본시장에서 이 제도의 문제점이 대두되기 시작한 계기는 TSMC의 미국 증시 ADR 발행이었다.

TSMC가 1994년 타이완 증시에 상장하고 1997년 미국 증시에서 ADR을 발행하자 타이완의 이 특이한 주식배당제도에 해외 투자사의 관심이 쏠렸다. 당시 타이완의 회계기준이 국제회계기준과 달라서 직원에게 배당주를 지급한 비용을 시장가치로 계산하지 않았다. 그 때문에 해외 증권사들이 TSMC의 재무제표를 작성할 때 국제회계기준에 따라 별도의 재무제표를 만들었는데, 종업원주식배당 비용을 포함해 보니 기존에 주당순이익이 10타이완달러 이상이었던 TSMC가 적자 기업이라는 계산이 나왔다.

이 일이 시장에 엄청난 파문을 일으켰음은 길게 말할 필요도 없다. TSMC만이 아니라 타이완의 모든 반도체 및 전자 기업이 동일한 회계 방식을 쓰고 있었으므로 종업원배당제도를 두고 있는 기업의 재무제표를 다시 계산한다면 거의 대부분 적자일 공산이 컸다.

이 제도에는 또 다른 문제점도 있었다. 기업이 종업원에게 분배한 주식을 비용에 포함하지 않아도 되기 때문에 제도의 허점을 이용해 배당주를 남발하는 기업들이 나타난 것이다. 영업이익은 큰 변동이 없어도 주가가 급등하기만 하면 직원들은 주식을 팔아 현금을 두둑이 챙길 수 있었다. 배당주가 이처럼 매력적인 돈벌이 수단이었기 때문에, 일부 기업들이 사업부를 잘게 잘라 독립시킨 뒤 새 회사에 이익을 몰아주고 직원에게 주식을 배당하는 방식을 반복하며 시장을 어지럽혔다.

2001년 글로벌 시장에 닷컴버블이 나타나고 증시가 대폭락했다. 미국에서 엔론Enron 등 파산하는 기업이 속출하고, 상장회사의 고위 경영진이 스톡옵션을 받기 위해 회계장부를 조작한 사건이 엄청난 후폭풍을 몰고 왔다. 그러자 사람들은 인재 영입과 직원의 사기 진작을 위한 제도였던 스톡옵션을 이 모든 혼란의 원흉으로 지목했다.

그 와중에 해외 투자사들은 타이완의 오래된 종업원배당제도의 폐해를 집요하게 지적하며, 미국처럼 스톡옵션을 기업의 비용에 포함하도록 법을 개정하라고 타이완 정부를 강하게 압박했다.

타이완 정부는 이 제도가 국제회계기준에 부합하지 않는 데다가 국가의 세수 손실까지 초래하고 있다는 판단 아래 2008년부터 종업원배당주식의 비용화를 실시함으로써 이 제도는 마침내 역사 속으로 사라졌다. 그 후 IT 업계에서 예전처럼 주식으로 벼락부자가 되는 일은 불가능해졌지만 타이완의 산업 기반이 탄탄해지며 흑자 기업들이 직원에게 현금으로 이익을 공유했으므로 IT 업계에 계속해서 많은 인재들이 모여들었다.

30년간 IT 산업을 취재하면서 한국, 일본 반도체 기업 관계자들을 많이 만났는데 대부분 타이완 기업의 강한 경쟁력이 어디에서 나오는지 가장 궁금해했다. 나는 그들이 풀지 못한 수수께끼의 해답이 바로 종업원배당제도에 있다고 생각한다.

한국과 일본의 반도체 업계와 달리 타이완 반도체 기업들은 대부분 중소기업 창업부터 시작해 차근차근 성장한 기업들이다. 대기업의 투자를 받더라도 기업 경영은 창업자가 주도했다. 이렇게 활발한 창업이 가능했던 이유가 바로 종업원배당제도였다. 반면 한국과 일본의 반도체 기업은 재벌의 주도로 설립된 뒤 그 그룹에 고용된 전문경영인이 경영하는 방식이었다. 경영인이 연봉 외에 추가적인 상여금이나 배당금을 받기는 하지만 상여금과 배당금이 연봉보다 높은 경우는 매우 드물었다. 게다가 회사가 직원들에게 주식을 배당해 주는 경우도 거의 없었기 때문에 전문경영인들은 자신이 맡은 일만 잘 해낼 뿐, 자발적으로 더 많은 책임을 짊어지려고 하지 않았다.

종업원배당제도의 핵심은 직원들이 회사의 이익을 위해 열심히 일하지 않으면 갖고 있는 주식을 팔아도 큰 돈을 벌 수 없다는 점에 있다. 주식을 더 비싼 가격에 팔겠다는 욕심이 직원들 스스로 필사적으로 일하게 만드는 동기로 작용한 것이다. 게다가 주가는 상한선 없이 계속 오를 수 있으므로 회사의 영업이익과 주당순이익이 높은 수준을 유지한다면 자본시장에서 주가가 고공행진을 지속할 수 있다. 이 제도는 창업자에게 가장 직접적이고 효과적인 인센티브 수단이었다.

타이완의 150만 개 기업 중 절대 다수는 중소기업이며 누구나 성공을 위해 필사적으로 노력하고 있다. 종업원배당제도는 그들을 작지만 강하게 만들고, 불가능해 보이는 일을 실현시키게 하는 원동력이다. 반도체 산업을 비롯해 한국과 일본의 대다수 산업은 재벌이 주도하는 형태다. 창업가 정신이 필요한 IC 설계 산업에서 한국과 일본이 타이완만큼 성과를 내지 못하는 것은 그런 차이와 무관하지 않을 것이다.

중국의 반도체 산업은 많은 부분에서 타이완을 모방했다. 중국 기업에도 임직원에게 주식을 배당하는 제도가 있다. 과거 몇 년간 중국 자본시장이 호황을 누릴 때 중국 반도체 산업 종사자들도 자본시장을 통해 많은 부를 쌓았다.

지금은 역사 속으로 사라진 제도지만, 타이완의 종업원배당제도를 평가한다면 어떤 점수를 매길 수 있을까?

사실 종업원배당제도에 대해 업계에서 이런 공감대가 형성되어 있다.

기업의 재무제표와 주주의 권익이라는 관점에서 본다면 종업원배당제도가 재무제표의 왜곡을 초래하기는 하지만, 타이완 반도체 산업이 막 싹을 틔우던 초창기에 경쟁력도 기반도 없는 후발주자로서 선진국과 경쟁하려면 우리가 어떤 조건을 내세울 수 있었을까? 20년 동안 존재했던 종업원배당제도가 강력한 인센티브 수단으로서 타이완의 글로벌 경쟁력 강화에 큰 역할을 했다. 그런 점에서 볼 때, 비록 그 제도가 부의 불균형을 초래했다고 하더라도 오늘날 세계 무대에 우뚝 선 타이완 반도체 기업들의 탄생에 긍정적인 역할을 했음은 분명한 사실이다.

물론 종업원배당제도가 불러온 부작용을 지적하는 사람들도 많다. 과거에 기업가들이 회사의 경영원칙을 위반하고 제멋대로 제도를 악용하는 일들이 있었지만, 전반적으로 볼 때 기업의 이익을 직원들에게 분배하는 제도가 타이완의 산업 경쟁력 강화와 경제 발전에 적잖은 공을 세웠다. 그런 점에서 본다면 이 제도에 더 합리적인 평가를 내릴 수 있을 것이다.

08 인맥이 아닌 실력으로 후계자를 선택하다

모리스 창이 생각하는 능력주의

모리스 창은 기업 경영에 대한 자신의 철학을 자주 밝혀왔다. 그는 진정한 기업 경영이란 'meritocracy(능력주의)'에 기반해야 한다고 했다. 다시 말해 오직 능력만 보고 사람을 선택해야 한다는 것이다.

별로 특별할 것 없는 얘기처럼 들린다. 능력 있는 사람을 뽑는 건 당연한 일이 아닌가? 하지만 현실에서 기업들의 경영을 들여다보면, 특히 기업의 후계자를 선택하는 일을 살펴보면, 온갖 복잡한 이유가 얽혀 있어서 순수하게 능력만을 가지고 선택했다고 말할 수 없는 경우가 거의 대부분이다.

사실 가족이나 법인이 대주주이든, 여러 주주에게 지분이 분산되어 있든, 대주주 한 사람이 거의 모든 지분을 소유하고 있든, 가장 현명하고 유능한 후계자를 선택할 수 있다. 하지만 이건 이상적인 얘기일 뿐, 보통은 가족이나 대주주, 법인이 편애하는 사람 또는 가장 반대 의견이 적은 사람이 후계자가 된다. 그러므로 후계자로 선택된 사람들은 가장 실력 있는 사람이 아니라, 가장 좋은 인맥을 갖고 있거나 비교적 고분고분하고 쉽게 타협하는 사람인 경우가 많다.

후계자 선택에서 가장 중요한 영향을 미치는 요인은 지분 구조다. 많은 지분을 보유한 가족이나 대주주가 인사권을 쥐려고 하고, 주주끼리 지분이 비슷할 때는 서로 믿지 못해 의견 대립을 하다가 결국 절충안에 해당하는 사람을 선택하기도 한다. 사공이 너무 많으면 현명하고 유능한 사람과는 거리가 먼 사람이 선택되곤 한다.

전문경영인이 기업을 경영하는 경우라 해도, 타이완은 위임장 대결이 허용되기 때문에 전문경영인이 주도권을 쥐고 자신이 원하는 사람을 후계자로 선택할 수 있다. 타이완의 많은 IT 기업들이 상장한 지 오래되어, 지분이 분산되고 이사와 감사의 지분율이 낮은 편이지만 여전히 능력만을 기준으로 후계자를 선택하는 경우는 별로 없다.

타이완의 기업 승계 문화에 대한 모리스 창의 충고를 기업계 전체가 귀담아 듣고 신중하게 고민해야 한다. 어떻게 하면 가장 유능한 사람에게 기업을 물려줄 수 있는지, 주주가 어떻게 권리를 행사해야 할지는 타이완 기업계가 공통적으로 안고 있는 중요한 과제다.

"모리스, 와이즈는 아직도 적자로군요. 더 분발하세요!" "알겠습니다!"

모리스 창의 능력 우선주의는 그가 타이완에 오기 전 미국 기업에서 근무하며 깨달은 신념에서 나온 것이다. 화교인 그가 텍사스 인스트루먼트의 3인자까지 올라갈 수 있었던 것은 텍사스 인스트루먼트의 능력주의 덕분이었다. 그는 실력을 최우선으로 하는 미국의 치열한 경쟁 환경에서 기업 경영과 승계의 성공적인 모델을 직접 관찰했고, 그 방식을 타이완에도 도입하길 원했다.

그는 1972년 텍사스 인스트루먼트 반도체 사업부 사장이 되었을 때부터 기업 경영과 승계 방식을 깊이 고민하며 텍사스 인스트루먼트, 인텔, GE 및 여러 유럽 기업의 승계 방식을 연구했다. 그는 과거의 IBM, GE나 오늘날의 MS, 아마존, 구글 등 능력주의를 중시하는 기업들은 유능한 전문경영인을 선택해 기업을 경영하기 때문에 기업의 위기관리 능력과 발전 속도가 다른 기업들보다 월등히 앞선다는 것을 배웠다.

또 유능한 CEO는 자신의 후계자를 지목할 수 있다는 사실도 알았다. 한 예로 고든 무어 Gordon Moore 가 인텔 CEO직에서 내려오기 전 앤디 그로브를 후계자로 지목했고, 앤디 그로브는 크레이그 베럿 Craig Barrett 에게 CEO 자리를 물려주었으며, 크레이그 베럿은 다시 폴 오텔리니 Paul Otellini 를 후계자로 선택했다. 하지만 성과가 좋지 않은 CEO는 이런 권력을 가지지 못하고 이사회가 적절한 시기에 개입해 주도했다. 폴 오텔리니가 그런 경우였다. 그의 후임자는 이사회에서 임명했지만, 그의 뒤를 이어 CEO가 된 브라이언 크르자니크 Brian Krzanich 와 로버트 스완 Bob Swan 도 모두 성과를 내지 못하자 어쩔 수 없이 팻 겔싱어 전 CTO가 CEO로 복귀했다.

타이완으로 돌아온 모리스 창은 타이완 기업들의 경영 방식을 자세히 관찰한 뒤 대다수 기업이 능력주의와 거리가 멀다는 사실을 알았다. 그는 〈커먼웰스〉와의 인터뷰에서 자신이 공업기술연구원장이 된 후 수 차례 좌절을 겪고 많은 사람들에게 배척당했으며, '위로부터', '아래로부터', '사방에서' 갖가지 압력을 받았다고 고백한 적이 있다.

그는 TSMC 설립 초기부터 기업문화를 바로 세우기 위해 많은 노력을 기울인 덕분에 내부에서 우수한 전문경영인을 선발해 능력주의로 기업을 관리하겠다는 자신의 꿈을 실현했다.

지금도 여러 기업에서 부자, 형제, 장인과 사위 등 기업 경영권 다툼이 끊이지 않고 가족 주주들의 지분 다툼도 벌어지고 있지만, 전체적으로 보면 가족 경영을 하고 있는 타이완의 많은 기업들이 비교적 양호한 경영 실적을 보여주고 있다.

많은 사람들이 잊고 있지만, TSMC와 뱅가드 외에도 모리스 창이 경영을 맡았던 기업이 하나 더 있었다. 바로 와이즈Wyse, 慧智다. 와이즈의 대주주는 쿠스 그룹Koos Group, 和信集團과 CTBC은행中信銀行, 행정원 국가개발기금National Development Fund이었는데, 모리스 창이 CTBC은행의 요청으로 1990년부터 2000년까지 와이즈 회장을 맡았다가 장안핑張安平에게 물려주었다.

당시 CTBC은행은 해마다 타이완이나 세계 각지에서 그룹총회를 개최했고, 1997년 가을에는 화롄花蓮 파크뷰호텔에서 총회가 열렸다. 대형 컨퍼런스룸에서 구전푸辜振甫와 구롄쑹辜濂松*은 높은 강단에 앉아 있고 그 아래에 100여 개 자회사의 회장과 사장의 자리가 거대한 말발굽 형태로 배치되어 있었다.

구롄쑹이 그들을 일일이 호명하며 각 자회사의 경영실적을 평가했는데, 와이즈의 차례가 다가오자 모리스 창이 옆에 있던 린마오슝 와이즈 사장에게 "겸손하게 합시다"라고 속삭였다. 그때 구롄쑹이 말했다. "모리스, 와이즈는 아직도 적자로군요. 더 분발하세요!" 모리스 창이 조금도 주저하지 않고 시원하게 대답했다. "알겠습니다!"

당시 TSMC가 CTBC은행보다 더 많은 이익을 내고 있었음에도, 모리스 창은 대주주를 깍듯하게 대했다. 컴퓨터 단말기 생산 기업인 와이즈는 퍼스널컴퓨터의 보급으로 타격을 받아 매출 부진에 시달리고 있었다. 모리스 창의 전문 분야인 반도체도 아니었으므로 10년 동안 경영해도 TSMC만큼 성과를 낼 수 없었다.

하지만 이 사건은 모리스 창의 경영 인생에서 그저 작은 해프닝일 뿐,

---

* 구전푸가 1950년대에 시멘트 사업으로 시작한 쿠스 그룹이 금융, 건설, 석유화학 등으로 사업을 확장해 대기업이 되었다가, 2003년 조카 구롄쑹이 이끄는 CTBC은행과 사위 장안핑이 이끄는 와이즈 등 IT 사업이 독립하면서 쿠스 그룹은 전통 산업 위주로 재편되었다.

그는 구씨 가족이 신임하는 전문경영인이었다. 그는 TSMC의 R&D 사업부 이사였던 린마오슝에게 기업을 개조해 달라고 주문했고, 결과적으로 목표했던 이익을 달성한 뒤 CTBC은행에 넘겨주었다.

미·중 반도체 전쟁과 지정학적 긴장 국면의 한 가운데에서 반도체 산업을 변화시킬 수 있는 원동력은 바로 모리스 창이 말한 능력주의에 있다고 나는 생각한다. 바이든 미 대통령은 취임 후 여러 차례 '강력한 지위Position of Strength'를 언급하며 미국이 우월한 실력을 바탕으로 중국과 장기적인 전략 경쟁을 펼쳐야 한다고 강조했다. '강력한 지위'의 핵심은 바로 IT 경쟁력이다. 미국은 중국과의 기술 격차가 얼마나 되는지 살펴본 뒤에 어떤 방식으로 중국과 경쟁할지 결정한 것이다.

미국은 절대적인 우위를 지닌 반도체 분야에서 온갖 수단을 동원해 중국을 봉쇄하고, 한국, 타이완, 유럽, 일본 등 모든 국가와 연합해 중국 반도체 산업을 석기 시대로 되돌리려고 하고 있다.

하지만 전기차 등 몇몇 분야에서는 비야디BYD, CATL寧德時代 등 중국 기업의 약진이 만만치 않다. 전기차 산업에서는 미국이 절대적인 우위를 점하지 못했기 때문에 유화적인 태도로 각종 지원을 제공하며 각국 기업이 북미에 투자하도록 유인하고 있다. 미국 포드자동차와 CATL이 미국에 배터리 공장을 건립하기로 한 것도 배터리 기술을 확보하기 위한 미국의 의도가 깔려 있다.

2019년 코로나19가 확산되기 전, TSMC의 사내운동회에 참석한 모리스 창은 세계 정세가 급속도로 불안해지고 있으며 앞으로 지정학 전략가들이 TSMC를 둘러싸고 치열한 수싸움을 벌일 것이라고 했다. 그러면서 TSMC가 우월한 기술력, 우수한 제조 실력, 고객 신뢰라는 세 가지 경쟁 우위를 유지해야만 한다고 강조했다.

당시 모리스 창은 이미 향후 변화 상황을 내다보고 있었던 것이다. 미·

중 양국의 충돌이 심화되고 반도체 전쟁이 본격화되면서 첨단 반도체 공정 기술을 보유한 TSMC는 글로벌 IT 산업 경쟁에서 반드시 차지해야 하는 무기 공급업체와 다름없게 되었고, TSMC와 타이완은 모두 지정학 전략가들에게 반드시 손에 넣어야 하는 '실리콘 방패'가 되었다. 지금에 와서 모리스 창의 능력주의를 다시 돌이켜보게 된 것은 내게도 새로운 경험이었다.

09 일류 인재가 이류의 일을 한다?

지식노동자는 규율성과 혁신 능력을 겸비해야 한다

일각에서는 TSMC가 타이완의 일류 인재들을 데려다가 이류 일을 시킨다고 비판한다. 심지어 파운드리는 고학력 인재들이 기술공의 일을 하는 것이라고 말하는 사람들도 있다. 정말 그럴까?

예전에는 나도 그 말에 일리가 있다고 생각했지만, 최근에는 타당한 평가가 아니라고 생각하게 되었다.

첫째, 타이완이 위탁생산 사업을 선택한 것은 기업의 '상대적인 우위'를 고려한 자연스러운 결과였다. 타이완의 이공계 인재들은 대체로 실력이 좋고 성실하며 기술 연구개발 및 제조 분야에서 강한 경쟁력을 갖고 있지만, 창의적인 마케팅과 브랜드 경영에는 서툴렀다. 그 때문에 대다수 기업이 위탁생산 사업을 선택한 것이다.

모리스 창이 텍사스 인스트루먼트에서 근무할 때 텍사스 인스트루먼트가 일본에 투자한 웨이퍼 공장이 미국 본사 공장보다 생산효율이 더 높았다. 이것이 그가 TSMC의 사업 방향을 파운드리로 잡은 중요한 계기 중 하나다. 그 후 공업기술연구원으로 이직한 모리스 창은 한국, 타이완 등 아시아 국가들이 제조 분야에서 차츰 경쟁 우위를 확보했다고 판단하고 타이완을 TSMC의 파운드리 창업 기지로 삼기로 했다.

타이완이 기술과 제조 분야에서는 우위에 있었지만 브랜드 구축과 마케팅 분야의 경쟁력은 약했다. 스마트폰 기업인 HTC가 대표적인 예다. HTC는 애플의 아이폰이 나오기 전에 스마트폰을 출시하고도 삼성과 애플에게 참패했다. 무엇 때문이었을까? 타이완 기업이 기술 개발과 부품 제조에는 강하지만 제품을 브랜드화 하고 마케팅 경쟁을 하는 단계에서는 글로벌 시장에서 맥을 못 추었기 때문이다.

작은 섬나라인 타이완은 약점은 피하고 강점을 잘 살려 가장 잘하는 일에 화력을 집중해야만 성공할 수 있다. 웨이퍼나 PC 위탁생산을 통해 글로벌 공급망 속에서 핵심적인 역할을 찾아내는 것이 면적이 좁고 인구도 적은 타이완에게 최선의 발전전략이었다.

둘째, TSMC가 설립된 1987년 당시 타이완은 IT 기술 낙후국이었다. TSMC가 이류 인재만으로 강국들과 경쟁해서 이길 수 있었을까? 당연히 일류 인재만 모아서 전면공세를 펼쳐야 그나마 조금의 승산이라도 있었다. 이것이 바로 앞에서 말한 1등마를 내세워 2등마와 대결시키는 전략이며, 타이완이 강대국을 따라잡을 수 있었던 비결이다.

현재 TSMC의 공정 기술은 세계 그 어떤 나라보다도 우월하다. 이제는 기술 개발의 선봉에 서서 아무도 가보지 않은 미지의 영역을 탐색하며 새로운 기술을 개발하고 신소재 분야를 개척해야 한다. 다시 말해, 이제는 일류 인재만으로는 부족하며 '초일류 인재'가 있어야 한다.

아직도 TSMC가 일류 인재에게 이류 일을 시킨다고 말하는 사람이 있다면, 그 사람은 산업의 현 상황을 모르거나 TSMC가 무슨 사업을 하는지 전혀 모르는 것이다.

타이완의 기술컨설팅기업 안스포스^{Ansforce, 知識力}의 창업자 취젠중^{曲建仲}이

재료공학 전문가인 선배의 얘기를 들려준 적이 있다. 그 선배는 2000년 타이완 칭화대학교에서 재료공학 박사학위를 취득하고 TSMC에 입사한 뒤, 12인치 웨이퍼 0.13마이크로미터 첨단 공정 R&D 사업부에서 화학적기계적연마Chemical Mechanical Planarization, CMP를 연구해 양산화에 성공했다.

그 선배는 자신이 하는 일을 매일 '수도꼭지를 열고 잠그는 일'이라고 표현했다. 슬러리*의 유량을 조절해 웨이퍼를 연마한다는 뜻이다. 그런데 어느 날 그 선배가 자신이 일하는 사업부에서 자기 학벌이 제일 나빠서 승진하기가 쉽지 않을 것이라고 했다.

취젠중은 선배의 말을 믿을 수가 없었다. 타이완 명문 칭화대학교 박사가 학벌이 제일 나쁘다니? 그가 이해할 수 없다는 표정으로 "동료들 학벌이 어떤데요?" 라고 묻자 선배가 말했다. "MIT 기계공학 박사도 있고, 스탠퍼드대, 케임브리지대 재료공학 박사도 있고, 또 하버드대 화학 학사…." 취젠중이 선배의 말을 끊었다. "됐어요. 됐어. 선배 학벌이 제일 나쁘다는 말 믿을게요."

TSMC의 인재들이 기술공의 일을 하고 있을까?

현재 TSMC의 R&D 사업부는 정말로 '초일류' 인재들이 모인 집단이다. TSMC가 없었다면 해외 명문대에서 석박사를 딴 그들이 타이완으로 돌아왔을까? 십중팔구는 해외에서 글로벌 대기업에 취업했을 것이다. 하지만 TSMC가 그들에게 미래 비전을 보여주었기 때문에(물론 그들이 원하는 연봉을 지급할 능력도 있기 때문에) 그들이 타이완으로 돌아온 것이다. 그런 인재들이

---

* CMP슬러리slurry. 반도체 제조 공정 중 CMP 공정에서 사용되는 핵심 재료. 미세한 입자들이 균일하게 분산되어 있는 액체 형태로 화학적 연마와 기계적 연마를 동시에 수행해 웨이퍼 표면을 닦아내고 평탄하게 만들어주는 역할을 한다.

자기 일에서 도전해 볼 만한 가치를 찾지 못하고 가치를 창출한다는 성취감도 느끼지 못한다면 TSMC에서 오래 일할 수 있을까?

어떠한 맥락에서 TSMC의 우수한 인재들이 거대한 기계 속 작은 나사처럼 기술공의 일을 하고 있다고 비판하는지 그 이유를 이해하지 못하는 건 아니지만, 제대로 된 평가는 아니라고 생각한다.

웨이퍼 공장의 제조 과정이 워낙 복잡하고 세밀하기 때문에 그런 비판이 나올 수는 있지만, 그 고되고 번거로운 과정 하나하나가 다 중요하다. TSMC에서 근무했던 한 친구는 TSMC가 웨이퍼 한 장에 감광제를 몇 방울 떨어뜨릴 것인가조차도 최적의 양을 찾기 위해 수없이 반복하고 확인하고 시험한다고 했다. 웨이퍼가 장비 위에서 머무는 15~16초 동안 모든 것을 철저히 기록하고 표준작업절차를 엄격하게 준수해야 하며, 아주 작은 오차라도 있어서는 안 된다.

공장을 잘 아는 사람들은 수없이 많고 세밀한 과정이 쌓여서 제품 하나가 탄생한다는 사실을 알고 있다. 엔지니어는 각각의 제품에 맞게 방식을 조정해야 한다. 웨이퍼 한 장이 장비 위에 머무는 시간을 15초에서 16초로 늘리면, 표준작업절차에 따라 반드시 생산부 동료에게 재확인을 요청해야 한다. 엔지니어가 방식을 조정한 뒤 재확인을 거치지 않았다가 변경된 데이터가 장비에 설정된 범위를 조금이라도 벗어나면 즉시 요란한 사이렌이 울린다.

이렇게 세밀하고 복잡한 과정이기 때문에 TSMC의 업무는 항상 고도의 긴장감과 오랜 시간을 필요로 하고 시시각각 작업자의 인내심을 시험한다. 평소에 야근을 밥 먹듯이 하고, 퇴근했다가도 생산 라인에 문제가 생기면 다시 달려와야 한다. 개인 생활이나 가족과 보내는 시간을 희생해야만 하는 것이다.

TSMC의 20여 개 웨이퍼 공장이 24시간 풀가동되며 6만 5,000명의 직원이 작은 나사처럼 각자의 위치에서 일하고 있다. 그런데 대부분의 제조업이 그렇지 않은가?

　TSMC에 승진 기회가 적다는 것도 맞는 말이다. 수많은 엘리트가 모인 곳이니 경쟁을 뚫고 위로 올라가기가 힘들 수밖에 없다. 하지만 그 이유 때문에 TSMC 또는 파운드리 산업 자체를 부정하는 것은 옳지 않다.

　모든 일에는 규율이 필요하고(제조업은 특히 더 그렇다) 그와 동시에 혁신 능력도 필요하다. 기자가 하는 일을 예로 들면, 취재, 기사 작성, 조사, 편집, 교열 등등 엄격한 규율을 지켜야 한다. 기사 마감 시간은 더 말할 것도 없다. 규율이 없으면 관점이 편향되거나 오타가 속출하는 등 여러 가지 문제가 생긴다. 기자들 사이에 언론은 '제조업'이라는 자조 섞인 말이 떠돌지만, 실제로 가만히 들여다보면 기자가 하는 일과 엔지니어가 하는 일이 무척 비슷하다.

　기자에게도 끊임없는 혁신이 필요하다. 특히 콘텐츠와 제작 형태에서 과감한 혁신이 가능하기 때문에 창의적인 사람들이 능력을 발휘할 수 있다. TSMC도 끊임없이 혁신을 추구하고 있다. 마크 리우는 "기술 혁신과 작업 절차 개선을 통해 효율을 높이고 웨이퍼 제조 기술을 꾸준히 발전시켜야 한다"고 말했다. 기자도 그렇지 않은가?

　물론 꼭 맞는 비교 대상이 아니라는 건 인정한다. 기자가 하는 일은 반도체 제조만큼 고도의 기술과 작업 절차가 필요하지 않고 기술적 요소로 변화시킬 수 있는 일도 아니다. 기자를 예로 든 것은 내가 잘 아는 일이기도 하지만, 지식노동자에게도 규율성과 혁신 능력이 필요하다는 사실을 말하고 싶어서다. 규율만 강조하고 혁신의 중요성을 간과한다면 언론의 본질이 너무 단순해진다.

무공을 수련하는 소림사 사부의 규율성과
포기하지 않고 도전하는 혁신 능력

반도체 기술 연구개발에 풍부한 창의력이 필요하다는 사실은 193나노 액침 노광·Immersion Lithography *기술을 개발한 린번젠 전 TSMC R&D 부사장이 누구보다 잘 알고 있을 것이다.

2002년 세계 반도체 산업은 공정 기술이 0.13마이크로미터, 90나노에서 65나노 공정으로 진화한 뒤 난관에 부딪혔다. 당시 반도체 업계는 157나노 건식 노광기가 차세대 노광 기술이 될 것임을 기정사실로 받아들이고 있었고, 노광 장비 생산업체들도 157나노 노광 기술에 7억 달러 넘게 투자했다. 하지만 몇 년 동안 렌즈에 필요한 첨단소재와 감광제 **투명도가 더 이상 개선되지 못해 웨이퍼에 더 정밀한 회로를 새겨 넣을 수 없었고, 이렇다 할 해결책도 찾지 못하고 있었다. 157나노 파장 노광 기술이 막다른 길에 봉착하고, 10억 달러 가까이 투자한 R&D 비용이 그대로 증발될지 모를 위기였다.

바로 그때 린번젠이 내놓은 193나노 액침 노광 방식이 전 세계 반도체 노광 공정에 일대 혁신을 일으켰다. 그의 혁신적인 방법 덕분에 반도체 공정이 난관을 돌파하고, 물리적 한계에 다다랐던 무어의 법칙도 기사회생했다.

TSMC는 이런 혁신을 통해 경쟁자를 멀리 따돌리고 기술적으로 절대적인 우위를 확보했으며, 반도체 수율을 최고로 끌어올려 엄청난 영업이익을 창출했다. 2022년 TSMC는 1조 타이완달러를 상회하는 순이익을 냈다.

---

*기판 위에 세부적인 패턴을 새기는 노광 단계에서 렌즈와 웨이퍼 표면 사이에 고굴절률의 액체를 주입해 더 미세한 회로 패턴을 구현해 내는 방식.

**빛에 반응하여 화학적 변화를 일으키는 감광 물질로 원하는 패턴을 형성하는 데 중요한 물질.

역사상 그 어떤 타이완 기업도 이루지 못한 성과였다. 자, 말해보라. 이래도 TSMC 직원들이 기술공의 일을 하고 있다고 할 것인가?

소림사 사부가 날마다 어둠이 채 가시지도 않은 새벽에 일어나 무공을 수련하는 것은 규율이고, 무공을 수련하면서 끊임없는 자기 도전으로 공력을 끌어올리는 것은 혁신이다. 엄격한 규율이 없으면 TSMC는 우월한 제조 실력으로 경쟁에서 승리할 수 없을 것이고, 혁신 능력이 없으면 기술 우위를 계속 지킬 수 없을 것이다. 규율과 혁신 능력이 얼핏 듣기에 모순된 개념인 듯하지만 그 사이에서 절묘한 균형을 유지해야 한다. 이것은 비단 TSMC만이 아닌 모든 기업 앞에 놓인 중요한 과제다.

오래전에 이런 이야기를 들었다. TSMC의 한 관리자가 까다로운 고객을 담당하게 되었다. 어느 일요일 아침 그가 가족들과 성묘를 하러 갔는데 그 고객에게 급한 전화가 걸려왔다. 급하게 무슨 요청을 하는 고객에게 그는 일요일이라 출근한 동료가 없어서 그날 저녁에나 처리할 수 있을 것 같다고 대답했다. 그러자 고객이 노발대발 화를 내며 그에게 항의 메일을 보내면서 이렇게 썼다. "This is the biggest bullshit I ever heard.(내가 들었던 말 중에 제일 끔찍한 개소리군요.)" 게다가 이메일의 참조란에는 TSMC 고위 임원의 메일 주소가 적혀 있었다.

그 일을 계기로 그 고객은 빠른 납품을 중요하게 여긴다는 점을 고려하여 생산속도를 최대한 높이는 한편, 모니터링 직원을 따로 두고 생산 진척도를 관리하기 시작했다. 심지어 경쟁사보다 더 빨리 납품하기 위해 TSMC에서 생산한 웨이퍼를 항공화물로 싱가포르나 한국으로 보내 패키징 작업을 하기도 했다. 또 그 후로 그 관리자는 한밤중이든 휴일이든 그 고객이 연락하기만 하면 가족에게 사과한 뒤 부리나케 회사로 달려가 고객의 요구를 즉시 처리해 주었다. 나중에는 그의 아내도 익숙해져서 잔소리를 하지 않았다.

TSMC에는 이런 일화가 아주 많다. 거의 모든 임직원이 비슷한 경험을 갖고 있을 것이다. 그런 얘기를 들을 때마다 나는 이런 생각이 든다. 최근 미국이나 유럽 국가가 반도체 산업에 활발하게 투자하고 반도체 공장을 증설하고 있지만, 입장을 바꿔서 과거에 TSMC 직원에게 야근하라고 요구했던 그 사람이 한밤중이나 휴가 때 고객의 전화를 받는다면 과연 열 일 제치고 회사로 달려갈 수 있을까? 유럽과 미국 기업들이 그런 서비스를 하지 않으려 하기 때문에, 다시 말해 좋은 음식은 먹고 싶지만 열기가 피어오르는 주방에 들어가기 싫어하기 때문에, 기꺼이 가족과의 시간을 희생하고 날마다 야근을 밥 먹듯이 할 수 있는 타이완 기업이 이렇게 성공한 것이 아닐까?

10 | 성실성과 전문성으로 모든 일에 최선을 다하다

TSMC맨의 DNA

2019년 차이잉원蔡英文 타이완 총통이 재선에 도전했을 때였다. 한 기자가 모리스 창에게 "이번 총통 선거에게 어느 후보를 지지하시나요? 총통 후보에게 바라는 점이 있으신가요?"라고 물었다. 내 기억으로 그때 모리스 창은 이렇게 대답했다. "나는 국민이 선출한 총통을 지지합니다. 국민이 선택한 총통이 결정된 후에 건의하겠습니다."

기자가 물러서지 않고 다시 물었다. "장수펀 사모님(모리스 창의 부인)과 궈타이밍郭臺銘 국민당 후보가 친척 관계입니다.* 궈 후보를 지지하시나요?" 하지만 모리스 창은 "나와는 상관없습니다. 난 국민이 선출한 총통만을 지지합니다."

모리스 창은 선거 결과가 나오기 전에 특정 후보를 지지하지 않겠다는 입장을 분명히 밝혔다. 하지만 선거로 선출된 총통에 대해서는 전적으로 지지할 것이라고 덧붙였다. 혹시 모를 논쟁을 피하면서도 민주주의 제도를

---

* 궈타이밍은 장수펀의 사촌동생이다.

존중하고 국민이 직접 선택한 총통을 지지하겠다는 의사를 강조한 것이다.

누구의 심기도 거스르지 않는 두루뭉술한 대답에 실망한 사람도 많겠지만 이것은 모리스 창이 오랫동안 고수해 온 스타일이다. 그는 자신의 사회적 영향력을 남용하지 않고, 항상 누구도 반박할 수 없는, 그러면서도 자신의 가치와 이념을 표현하는 방식으로 처신한다.

모리스 창이 설립한 TSMC가 눈부신 성공을 거두자 타이완도 전 세계의 주목을 받기 시작했다. 기업가정신과 오랫동안 쌓은 사회적 명성, 세계적인 영향력을 가진 모리스 창은 이미 'TSMC 창업자'라는 타이틀을 넘어선 지 오래다. 그가 특정 후보를 지지하려고 마음먹으면 자신의 명망으로 선거판을 뒤흔들고도 남았다. 하지만 그는 항상 신중한 발언으로 정치색을 초월하고 자신의 명성과 영향력을 그보다 더 높은 전 세계 무대에서 발휘했다.

예를 들면 그는 여러 차례 타이완 대표로 APEC(아시아태평양경제협력체) 회의에 참석했다. APEC은 타이완이 참여할 수 있는 몇 안 되는 국제 기구이다. 예전에는 재무 부문을 담당했던 샤오완창蕭萬長 부총통이나 롄잔連戰, 쑹추위宋楚瑜 등 퇴임한 정치지도자가 총통을 대신해 타이완 대표로 참석했다. 하지만 천수이볜陳水扁 총통 시절에 처음으로 스전룽, 모리스 창 등 거물급 기업인이 타이완 대표 신분으로 회의에 참석했다. 지금까지 모리스 창은 총 여섯 차례 타이완 대표로 APEC 회의에 참석했다. 첫 참석은 천수이볜 총통 시절인 2006년이었고, 차이잉원 총통 때는 2018년부터 2022년까지 다섯 번 연속 타이완 대표로 참석했다.

모리스 창은 국가를 대표해 APEC 회의에는 참석했지만, 전국공업총회全國工業總會, 전국상업총회全國商業總會, 공상협진회 등에는 참여한 적이 없다. 타이완 국내 기업단체 중에서는 유일하게 타이완반도체산업협회에만 참여해 이사장을 맡은 적이 있다. 이런 협회들이 대부분 정치색을 띠고 있어서 특정 진영 또는 후보를 지지하지 않는다는 자신의 원칙에 어긋난다고 생각했기 때문이다. 하지만 가장 중요한 이유는 이런 조직에 참여하는 시간을 줄여 기업 경영에 집중하기 위해서였다.

탈타이완화? 절대 그럴 일 없다!

지정학적 긴장이 고조되는 상황에서 TSMC가 마침내 미국에 공장을 건설하기로 결정했다. 미국 웨이퍼 공장 투자에 회의적인 입장을 여러 번 밝혔던 모리스 창도 결국 TSMC의 미국 투자에 동의하고 미국 애리조나에서 열린 장비 반입식에 직접 참석했다. 이를 두고 일각에서 TSMC의 미국 투자로 인해 TSMC의 기술이 유출되고 반도체 산업의 '탈타이완화'가 시작되는 것이 아니냐는 우려 섞인 목소리가 나오고 있다.

TSMC는 이런 지적에 대해 공식적인 입장을 내놓은 적이 없지만, 웨이 저자가 어느 강연회에 참석했다가 그런 질문을 받자 외부에서 우려하는 탈타이완화에 대해 "절대 그럴 일 없다!"고 못 박았다.

한 일본인 친구는 최근 일본인 사이에서 부쩍 관심이 높아진 타이완 기업가 두 사람이 있는데, 백 년 전통의 일본 기업 샤프를 인수한 폭스콘 창업자 궈타이밍과 세계 반도체 산업의 판도를 바꾼 TSMC의 창업자 모리스 창이라고 했다. 그 친구는 이 두 사람이 평소 스타일이나 정치적 입장 등이 상당히 다른 것 같다고 했다.

궈타이밍은 폭스콘의 사업이 중국에 집중되어 있고 중국과 비교적 가까워서인지 정치적으로도 친중 성향을 띠고 진보 진영인 민진당을 강하게 비판한다. 반면 모리스 창은 정치색을 거의 드러내지 않고 모든 일에서 신중하고 프로페셔널한 사람이라는 보편적인 인식이 깔려 있다는 것이다.

모리스 창이 전문가 정신을 발휘해 기업을 경영하고 중요한 외교 자리에 참석하는 것처럼, 그의 부인 장수펀도 TSMC자선기금회장으로서

TSMC의 전문가 정신을 자선 사업에서 발휘하고 있다. 한 마디로 TSMC가 반도체 고객사에 서비스하듯이 이재민을 위해 봉사 하고 있다.

TSMC자선기금회의 가장 큰 특징은 재해 현장 이재민들에게 가장 실질적인 봉사를 펼치는 것이다. 재해가 발생하면 단순히 후원금만 보내는 것이 아니라 기금회의 자원봉사자들이 현장으로 직접 달려가 가장 직접적이고 시급한 구호작업을 한다.

2009년 태풍 모라꼿, 2014년 가오슝 가스 폭발 사고, 2015년 바셴八仙 폭발 사고, 2018년 화롄 지진, 코로나바이러스 확산 등 자연재해와 대형 인재가 발생했을 때, 구호금만 기부하는 다른 기업들과 달리 TSMC는 이재민들에게 실제로 필요한 것이 무엇인지 파악하고 임직원들이 직접 현장에 가서 구호 작업을 했다.

2015년 바셴 폭발 사고가 발생했을 때 각지에서 부상자들을 위한 후원금이 쏟아졌다. TSMC는 후원국과 함께 직원들이 직접 현장을 찾아가 부상자들을 병문안하고 의료인력과 논의해 중증화상자 전원에게 화상 치료를 위한 압박옷을 두 벌씩 기증했다.

또 2014년 가오슝 가스 폭발 사고로 가오슝 곳곳의 도로가 파손되었을 때도 이재민들에게 가장 시급한 것은 경제적 도움이 아닌 도로 복구와 거처 마련이라는 사실을 신속하게 파악했다. 그러자 공장 건설 경험이 많은 장쯔서우莊子壽 TSMC 운영 및 공장 담당 부사장이 TSMC 자원봉사단과 함께 복구팀을 조직한 뒤 재해 현장으로 달려가 교량 및 도로 복구 작업을 펼쳤다.

장쓰서우는 직접 이재민의 집을 찾아가 살펴보고 현지 이장을 통해 도움이 필요한 곳을 파악한 뒤 부서진 방충망을 고치고, 물이 새는 지붕을 수리하고, 독거노인의 에어컨, TV를 수리해 주는 등 물심양면으로 구호작업을 펼쳐 현지에서 칭찬이 자자했다.

TSMC는 가옥 365채를 수리하고 다리 5곳, 도로 4.3킬로미터를 복구해 가장 직접적인 도움을 주며 이재민들에게 깊은 인상을 남겼다. TSMC 복구팀이 복구 작업을 마치고 돌아올 때 현지 주민들이 집집마다 붉은 천을 매달아 감사의 뜻을 표했다.

또한 TSMC 자원봉사팀은 임시 거처에서 지내고 있는 재해 지역 아동들을 위한 여름 캠프를 열어 아이들이 잠시 재해 지역을 떠나 즐거운 시간을 보내며 아픔과 두려움을 극복할 수 있도록 도왔다.

2018년 2월 화롄에 강진이 발생했을 때도 독거노인과 취약계층 이재민들을 위한 구호 작업을 적극적으로 펼쳤으며, 재해 복구가 마무리된 뒤에는 6,500명 임직원과 가족들이 특별 열차 아홉 편을 편성해 화롄으로 단체 여행을 떠났다. 화롄의 관광업을 회복시켜 실질적인 도움을 주기 위한 것이었다.

파운드리 사업을 통해 고객에게 최고의 서비스를 제공해 세계 1위 자리에 오른 TSMC는 그 서비스 정신을 자선 사업으로 확장해 자선 사업과 구호 작업에서도 전문적인 '맞춤형' 서비스를 펼치고 있다. 정치색을 드러내지 않는 모리스 창의 신중한 언행과 이재민의 마음을 사로잡는 서비스. 이런 프로페셔널한 정신이 바로 TSMC의 기업문화이자, TSMC의 변치 않는 DNA다!

4부

R&D와 기술

tsmc

세계 1위의 비밀

01 ‖ 허를 찌른 일격

0.13마이크로미터 공정 개발에서 어떻게 IBM에게 이겼을까

2000년은 IT 산업사에서 매우 중요한 해였다. 그해에 닷컴버블이 붕괴되고 주가가 폭락해 수많은 기업이 도산했다. 하지만 또 한편으로는 TSMC가 글로벌 반도체 업계에서 두각을 나타낸 해이기도 하다. 그해부터 TSMC의 R&D 실력이 글로벌 기업을 빠르게 따라잡았는데, 특히 훗날 TSMC의 기술 우위 확보에 교두보가 된 0.13마이크로미터(130나노미터) 구리 공정 기술이 바로 이때 개발되었다.

TSMC는 1987년 설립 당시 필립스와의 기술 라이센싱을 통해 1.2마이크로미터(1,200나노미터) 기술을 보유하고 있었는데, 당시 최첨단 기술에 비해 약 2~3세대 뒤져 있었다. 하지만 그 후 기술 R&D에 적극적으로 투자해 글로벌 대기업과의 격차를 점점 좁히더니 2000년에는 글로벌 대기업에 도전해 볼 만한 위치에 다다랐다.

2000년 0.13마이크로미터 기술 개발이 TSMC의 기술 자립 및 도약의 분수령이었다면, 2000년 이전에는 어떻게 기술을 확보했을까? 돈을 주고 사거나, 라이센싱 계약을 통해 이전받거나, 위탁생산을 주문하는 고객들이 무상으로 제공해 주었다.

TSMC를 설립할 때에는 공업기술연구원으로부터 6인치 웨이퍼 공장 및 관련 기술을 이전받았는데, 당시 공업기술연구원의 반도체 기술은 타이완 정부가 미국 RCA로부터 이전받은 것이었다. 또 TSMC 설립 후에는 대주주인 필립스와의 기술 라이센싱을 통해 1.2마이크로미터 공정 기술을 이전받고, 1.0 및 0.8마이크로미터 기술은 TSMC가 자체 개발했다.

1990년부터 1995년까지 TSMC의 R&D 사업을 이끌었던 린마오슝은 자신의 저서 《고든 무어의 여정: 트랜지스터 수 급증의 신기한 마법摩爾旅程: 電晶體數目暴增的神奇魔力》에서 당시 TSMC 고객들이 생산능력을 늘리기 위해 자기들의 가장 중요한 기술까지 TSMC에 무상으로 이전해 주었다고 했다. 1990년 TSMC가 0.8마이크로미터 공정을 개발할 때 미국의 VLSI테크놀로지스VLSI Technology가 공정 개발용 테스트칩Process Development Test Chip을 무상으로 제공해 주었고, 1993년 0.5마이크로미터 공정을 개발할 때는 AMD가 아주 중요한 프로세스 모듈Process Module인 텅스텐 플러그Tungsten Plug와 화학적 기계적 평탄화CMP 기술을 무상으로 이전해 주었다. 0.5마이크로미터 공정을 이용해 설계한 486 CPU칩의 경쟁력을 확신한 AMD가 자사의 생산 라인만으로는 부족하다고 판단하고 TSMC의 0.5마이크로미터 공정 생산 라인을 동원해 부족분을 채우려고 했던 것이다.

린마오슝에 따르면, 당시 이 중요한 프로세스 모듈 기술을 보유한 업체는 486 CPU칩을 생산하는 인텔과 AMD 두 곳뿐이었다. TSMC의 0.6 및 0.5마이크로미터 공정에 이 두 가지 프로세스 모듈이 더해지자 성장촉진제를 주입한 것처럼 기술이 빠르게 향상되었다. 아쉽게도 AMD의 486 CPU칩이 시장에서 기대만큼 인기를 끌지 못해 생산량이 많지 않은 탓에 TSMC까지 생산 주문이 오지 않았지만, TSMC는 천금 같은 프로세스 모듈을 확보할 수 있었다.

린마오슝은 당시 기술을 이전받을 때 두 기업이 밀접하게 소통했다며 AMD의 아웃소싱 이사, 기술 이사, 엔지니어에게 고마운 마음을 갖고 있다고 했다. 다행히 그들의 선의가 헛되지 않았는지 30년 뒤 AMD가 마침내 TSMC에 7나노 및 5나노 CPU칩 생산을 주문했고, 매출이 꾸준히 증가해 반도체 업계의 선두 기업 중 하나가 되었다.

1994년에는 0.35마이크로미터 공정을 개발하기 위해 휴렛팩커드의 0.35마이크로미터 64K S램 제품 설계를 수백만 달러에 사들였다.

2000년 TSMC는 더 고난도의 기술에 도전하기로 결정한 뒤 0.13마이크로미터 구리 공정을 목표로 삼았다. 당시 TSMC의 R&D 부문 수석이사였던 위전화 부사장에 따르면, 1997년 IBM이 기존의 알루미늄 공정과 매우 다른 0.13마이크로미터 구리 공정을 발표하자 TSMC는 이 기술에 도전하겠다는 계획을 세운 뒤 IBM에 기술 라이센싱을 제안했다.

하지만 IBM은 TSMC가 자신들의 뉴욕 웨이퍼 공장으로 인력을 파견해 그곳에서만 기술 연구개발을 진행해야 한다는 조건을 강하게 고수했다. 쩡판청 사장과 장상이 R&D 부문 수석부사장은 TSMC의 웨이퍼 공장에서 연구개발을 진행해야만 기술 연구와 제조 과정을 밀접하게 연계시키고 기술을 온전히 확보할 수 있다고 생각했다. 또한 미국에 인력을 파견했다가 그들이 TSMC로 돌아올지도 장담할 수 없고, 타이완이 IBM의 기술을 성공적으로 이전받는다 해도 IBM에 비해 최소한 1년을 뒤처질 수밖에 없었다.

TSMC는 고민 끝에 자체적으로 기술을 개발하기로 결정했다.

그 후 IBM은 UMC와 공동 개발을 논의하는 한편, 독일의 칩 생산업체 인피니언과 함께 3사 연합 기자회견을 열고 이 중대한 소식을 발표했다. 당시 IBM은 자신들의 반도체 기술이 상당히 앞서 있었고 IBM 동맹에 삼성, AMD(훗날 글로벌 파운드리스가 분리되어 나왔다) 등 대형 생산 기업이 속해 있었기 때문에 자신만만하게 0.13마이크로미터 구리 공정 연구개발에 착수했다.

혹시 누가 개발에 성공했다는 소식 있어?
없군. 좋아. 회의합시다!

당시 TSMC의 'R&D 6기사'로 불리던 장상이, 린번젠, 양광레이, 쑨위안청, 량멍쏭, 위전화 등 고수들이 R&D팀에 포진해 있었지만, 고위 경영진은 자체적으로 기술을 개발하겠다는 그들의 결정에 다소 회의적인 입장이었다. 그러자 오히려 투지가 더 발동한 그들이 다 같이 모리스 창 회장을 찾아가 반드시 임무를 완수하겠다며 설득했다.

이 프로젝트는 남부과학단지 웨이퍼 공장에서 진행되었다. 장상이가 총지휘를 맡고 위전화가 프로젝트 책임자로서 신주과학단지에서 20여 명을 데리고 남부과학단지로 향했다. 위전화는 매주 타이난과 신주를 오가며 진행 상황을 본사에 보고했고, 20여 명의 직원들도 가족을 떠나 1년 반 동안 타이난에서 지내며 기술 개발에 매진했다. 위전화는 당시에 너무 바빠서 아내가 교통사고를 당했을 때도 곁에 있어 주지 못한 것이 지금도 미안하다고 했다.

당시 구리 공정에 대한 이해가 부족했으므로 오염이 확산되어 다른 공정의 수율에 영향을 미치지 않을까 우려해 매우 신중하게 연구를 진행했다. 그들이 R&D를 진행하는 남부과학단지 내에서 다른 직원들이 그들을 호환 마마처럼 두려워하며 기존의 백색 방진복과 구별되는 핑크색 방진복을 입게 하고, 청정실 안에서 그들의 동선도 엄격하게 제한해 조금이라도 동선을 벗어나면 적발할 수 있게 했다.

모두의 기대를 한 몸에 받고 있었으므로 부담이 상당히 컸다. 아침에 눈을 뜰 때마다 혹시 다른 누군가가 먼저 기술 개발에 성공했다는 소식을 듣게 될까 봐 두려워했다. 그래서 매일 아침 회의하기 전에 꼭 이렇게 물었다. "누가 기술 개발에 성공했다는 소식 있어? 없어? 없군. 좋아. 회의합시다!" 위전화는 시간과의 싸움을 벌이던 그때의 간절한 심정을 지금도 생생하게 기억하고 있다고 했다. IBM이 이끄는 대규모 동맹과 단독으로 맞서 경쟁해야 하는 R&D팀의 부담이 얼마나 컸을지 상상이 된다.

마침내 승부가 판가름 났다. 먼저 기술 개발에 성공한 쪽은 TSMC였고, 기술도 상당히 성숙한 수준이었다. IBM 공동 개발팀은 그로부터 2년 뒤에 야 기술 개발에 성공했다고 발표했고 다른 경쟁사들은 그보다 더 늦었다.

TSMC는 0.13마이크로미터 구리 공정 기술 개발 경쟁에서 어떻게 승리했을까? 장상이는 〈커먼웰스〉와의 인터뷰에서 중요한 성공 비결을 공개했다.

TSMC의 실력이 월등했기 때문이 아니라 그전에 한 차례 쓴맛을 경험했기 때문이라는 것이다. TSMC가 그보다 이전 세대 기술인 180나노 공정 기술을 개발할 때 HSQ hydrogen silsesquioxane 라는 새로운 저유전 소재를 만들어냈다. 그런데 R&D 단계에서는 아무 문제도 없었던 소재가 양산에 들어간 뒤 신뢰성에 문제가 있음이 발견되었다.

130나노(0.13마이크로미터) 기술을 개발할 때 IBM은 HSQ와 유사한 실크 SiLK 소재를 선택했지만, TSMC는 다행히 이 실패가 경험이 되어 저유전 소재를 신중하게 선택하고 착오를 수정해서 IBM보다 먼저 기술 개발에 성공할 수 있었다. 장상이는 TSMC가 180나노 기술 개발에서 실패했던 경험을 IBM이 알고 있었는지 모르겠지만, TSMC보다 10여 년 앞서 구리 공정을 개발한 IBM은 설령 TSMC의 실패 사실을 알았다고 해도 거의 관심을 갖지 않았을 것이라고 했다.

위전화 역시 당시 TSMC의 성공은 대단한 비결이 있어서가 아니라, 기본을 탄탄히 다지고 직간접적인 모든 증거를 면밀하게 분석하고, 프로젝트를 더 세심하고 이성적으로 진행하여 시행착오를 줄인 덕분이라고 했다.

TSMC는 0.13마이크로미터 구리 공정 기술을 2000년부터 시작해 1년 반 만에 개발에 성공했다. TSMC가 0.13마이크로미터 구리 공정에서 IBM을 추월했다는 소식은 전 세계 반도체 업계를 깜짝 놀라게 했다. TSMC의 R&D팀은 더 강한 자신감을 갖게 됐다. TSMC가 마음만 먹으면 그 어떤 일도 해낼 수 있고, 타이완의 인력 수준과 기술 개발 능력이 세계 무대에서 대결을 펼칠 만큼 향상되었다는 확고한 믿음이 생겼다.

2003년 말 TSMC가 타이완 행정원으로부터 '우수 과학 및 기술인재상'을 수상했을 때 R&D 6기사가 TSMC를 대표해 시상식에 참석했다. 시상식이 끝난 뒤 위안산圓山 호텔 앞에서 그들 여섯 명이 나란히 서 있는 역사적인 사진은 당시 〈비즈니스 투데이〉에서 근무하고 있던 나와 동료가 취재하러 갔다가 찍은 것이다.

0.13마이크로미터 구리 공정 기술 개발에 성공한 뒤 TSMC의 R&D 방식에 뚜렷한 변화가 생겼다. R&D에 착수할 때 기술 라이센싱을 할 것인지, 자체 개발을 할 것인지 먼저 고민하고 결정하게 된 것이다. 기술 라이센싱을 통해 다른 기업에서 이전받더라도 먼저 자신의 실력이 어느 정도 되는지 검토하고, 직접 개발한다면 얼마만큼의 성과를 거둘지 예측해 보았다. 시간이 흐르고 경험이 쌓일수록 대부분의 기술을 TSMC 내부에서 직접 개발하게 되었고, 그것이 현명한 결정이었음을 결과로 증명해 보였다.

0.13마이크로미터 구리 공정 기술에서 주도권을 차지한 TSMC가 다음으로 도전한 중요한 이정표는 무엇이었을까? 바로 시스템 반도체였다. 이것은 반도체 산업이 무어의 법칙의 한계를 뛰어넘는 비욘드 무어Beyond Moore 시대로 진입할 수 있는 가장 중요한 솔루션이었다. TSMC는 이 독창적인 패키징 기술을 통해 세계 최정상에 우뚝 섰다.

02 ‖ R&D 6기사 중 넷만 남은 이유

20년 전 사진의 비하인드 스토리

반도체 산업 육성에 야심 차게 뛰어든 중국이 량멍쑹에 이어 TSMC의 R&D 부문 책임자였던 장상이까지 데려갔다는 소식이 전 세계를 놀라게 했다. 나는 그 무렵 한 방송사 시사프로그램에 패널로 출연했다가 20년 전 사진을 보고 TSMC R&D 부문에 관한 몇 가지 기억이 떠올랐다.

방송사에서 찾아낸 사진은 2003년 말 타이완 행정원이 TSMC에 '우수 과학 및 기술 인재상'을 수여할 때 시상식이 열린 위안산호텔에서 찍은 것 이었다. 그날 〈비즈니스 투데이〉 소속 기자이던 나는 TSMC의 동의를 얻 어 그들을 인터뷰한 뒤 사진을 찍었다.

그런데 원본 사진에는 여섯 명이 있었지만 TV 화면에 나타난 사진에는 네 명뿐이었다. 원래는 TSMC의 'R&D 6기사'로 불리는 린번젠, 양광레 이, 장상이, 쑨위안청, 량멍쑹, 위전화 여섯 명이 왼쪽부터 차례로 서 있는 사진이었다.

앞에서 말한 대로 0.13마이크로미터 구리 공정 기술 개발에 성공한 뒤 상을 받은 것이었는데, 왜 사진 속에 네 명밖에 없었을까? TSMC를 퇴사한 량밍쑹이 경쟁사인 삼성으로 옮겼다가 TSMC로부터 영업비밀 유출 혐의로 고소당한 사건 때문이었을 것이다. 그 사건 이후 TSMC는 량밍쑹이 들어가 있는 사진을 사용한 적이 없었다. 원본 사진에서 량밍쑹이 오른쪽에서 두 번째 자리에 서 있기 때문에 량밍쑹을 잘라내기 위해 어쩔 수 없이 제일 오른쪽에 있는 위전화까지 제외하여 네 명만 남았던 것이다. TSMC의 패키징 기술 개발에 큰 공을 세우고 6기사 중 유일하게 지금도 TSMC에 남아 있는 위전화가 덩달아 사진에서 제외되었으니 참으로 애석하다.

그 사진을 찍을 때의 상황이 아직도 내 기억에 생생하게 남아 있다. 〈비즈니스 투데이〉의 사진기자 유셴창劉咸昌이 그들에게 서 있을 위치를 정해주었다. 원래 여섯 명 중에 직위가 제일 높은 장상이 수석부사장을 가장 앞에 세우려고 했지만, 장상이는 모두 한 팀이라며 누구 한 사람이 돋보이길 원치 않았다. 키가 제각각인 여섯 사람을 한 사진에 자연스럽게 담아내기 위해 사진기자가 그들이 서 있을 위치를 이리저리 바꿔가며 정해주고, 팔짱을 끼거나 주머니에 손을 넣거나 양복 재킷을 벗어 어깨에 걸치는 등 모두 다른 포즈를 취하게 했다.

장상이가 특별히 량밍쑹을 앞으로 끌어내 중간에서 자신과 나란히 서게 했던 기억이 난다. 량밍쑹이 기술 개발에서 큰 역할을 했음을 인정한다는 뜻이었을 것이다. 주머니에 손을 찔러 넣은 량밍쑹의 포즈와 표정에서도 당연히 그런 대우를 받을 만하다는 자신감이 느껴졌다.

나중에 량밍쑹과 TSMC 사이에 감정의 골이 깊게 파이고, 장상이가 SMIC 부회장으로 영입되었을 때는 SMIC의 공동 CEO인 량밍쑹이 강하게 반발하면서 언론이 그들 사이의 갈등을 적나라하게 보도하기도 했었다.[*] 하지만

---

[*] 2021년 1월 SMIC가 장상이를 부회장으로 임명하자 2017년부터 SMIC의 공동 CEO직을 맡고 있던 량밍쑹이 강하게 반발하며 사직서를 제출했지만 SMIC가 그를 만류하며 붙잡았다. 장상이는 같은 해 12월 SMIC를 떠났으며 이듬해 3월 한 언론과의 인터뷰에서 "SMIC에 갔던 것은 내 인생에서 가장 어리석은 행

그 사진을 찍을 때만 해도 어려운 사명을 짊어지고 전력투구했던 일을 회상하며 이야기꽃을 피우는 그들에게서 전우애가 흐르는 걸 느낄 수 있었다. 그들은 힘든 싸움에 승리한 뒤 찾아온 기쁨과 영광을 함께 만끽하고 있었다.

세계적인 반도체 인재를 길러내는 소림사

사진 속 6기사 중 현재 위전화 한 사람만 TSMC에 남아 있고 나머지 다섯 명은 은퇴하거나 이직했다. 린번젠은 2015년 TSMC R&D 부사장에서 물러나 타이완 칭화대학교 반도체연구원장으로 자리를 옮겼고, 쑨위안청은 2019년 TSMC CTO 겸 부사장직을 내려놓고 자오퉁대학교 산학혁신연구원장이 되었다. 사진 속 왼쪽에서 두 번째 위치에 서 있던 양광레이는 TSMC의 R&D 이사직을 사임한 뒤 SMIC의 사외이사로 선임되었지만, 얼마 후 SMIC를 그만두고 가족이 있는 미국으로 돌아갔다가 인텔의 고문이 되어 인텔의 파운드리 사업을 위해 일하고 있다.[**]

장상이와 량멍쑹에 대해서는 다들 잘 알고 있을 것이다. 장상이는 TSMC R&D 부문 수석부사장에서 공동 COO까지 승진해 마크 리우, 웨이저자와 함께 TSMC의 차기 수장으로 물망에 올랐었다. 하지만 스스로 사임하고 TSMC를 떠난 뒤 SMIC, 우한훙신Wuhan Hongxin Semiconductor Manufacturing, 武漢弘芯을 거쳐 현재는 폭스콘의 반도체 분야 CSO Chief Strategy Officer (최고전략책임자)로서 폭스콘의 반도체 사업을 위해 일하고 있다. 량멍쑹은 삼성에서 근무하며 삼성의 공정 기술을 크게 향상시키는 데 기여한 뒤 SMIC로 자리를 옮겨 최근 SMIC의 7나노 공정 기술 개발을 주도하고 있다.

동이었다"고 말했다.

** 2023년 말 인텔을 떠나 다시 타이완으로 돌아와 타이완대 겸임교수로 재직하고 있다.

인재 양성이라는 관점에서 보면 TSMC는 파운드리 및 반도체 공정 기술 인재를 길러낸 요람이라고 할 수 있다. 이들 6기사만 해도 타이완을 넘어 전 세계에서 영향력을 발휘하고 있고, 삼성, 인텔, SMIC를 모두 거쳤으므로 TSMC를 '세계적인 반도체 제조의 고수가 모인 소림사'라고 해도 지나친 말이 아니다.

현재 글로벌 반도체 전쟁을 벌이고 있는 미국-일본-유럽과 중국 양대 진영이 TSMC를 가운데 놓고 생산능력 및 인재 확보 경쟁을 치열하게 펼치고 있다. 20년 전 TSMC 6기사를 인터뷰했던 기억을 떠올릴 때면 깊은 감회에 잠기게 된다. 역사의 현장을 곁에서 관찰하는 기록자로서 독자들을 위해 글로벌 칩 전쟁 속에 감춰진 작은 이야기들을 충실하게 전해주는 것이 내가 할 수 있는 최선의 일이라고 생각한다.

03 두 고릴라 앞에서 밤잠도 잊은 '나이트호크 부대'

세계 최고의 기술 우위를 유지하는 중요한 비결

TSMC는 삼성과 인텔이라는 두 고릴라와의 경쟁에서 이기기 위해 줄곧 신중하고 조심스럽게 전략을 펼쳤다. 2016년 TSMC가 10나노 공정 기술에서 두 경쟁사를 크게 따돌리고 우위를 차지한 것은 상당히 중요한 사건이었다. 성공의 최대 공신은 R&D 사업부까지도 24시간 3교대로 쉬지 않고 일한 '나이트호크 부대'였다.

이야기는 2014년 12월 초로 거슬러 올라간다. 당시 삼성전자가 14나노 핀펫 공정이 양산 단계로 진입했다고 발표했다. TSMC보다 반년 이상 앞선 것이었다. 이례적으로 20나노 공정을 건너뛰고 곧장 14나노 공정 개발에 착수한 삼성이었기에 이 소식에 세계 반도체 업계가 깜짝 놀랐다. 모리스 창이 "레이더 속 작은 점"이라고 표현했던 삼성전자의 파운드리 기술이 TSMC를 압박하고 심지어 추월하기까지 하자 TSMC가 얼마나 조급했을지 상상할 수 있다.

당시 TSMC의 주요 공정 기술은 16나노였는데 1년 후면 삼성에 14나노 주문을 빼앗길 것으로 예상되었다. 인텔도 10나노 기술 개발을 먼저 시작한 상태였다. 삼성과 인텔이 TSMC와의 격차를 성큼성큼 좁혀오자 TSMC는 내부적으로 차세대 공정 기술인 10나노 공정 개발에 사활을 걸겠다고 선언했다. 반드시 이겨야만 하는 이 전쟁에서 직접 전면에 나선 모리스 창은 세계 반도체 R&D 역사상 초유의 '나이트호크 프로젝트'를 선포했다.

'나이트호크 프로젝트'란 R&D 인력 400여 명에게 '기본급 30퍼센트 추가 지급, 성과급 50퍼센트 지급'이라는 파격적인 조건을 제시하고 24시간 3교대로 쉬지 않고 일하게 한 것이다. 인원을 '주간조', '저녁조', '야간조'로 나누고 각 조가 8시간씩 교대로 근무하며 10나노 기술 개발에 몰두해 학습곡선을 단축시켰다. 그들의 목표는 2016년에 삼성과 인텔을 완전히 따돌리고 세계 1위가 되는 것이었다.

다들 알다시피 TSMC의 나이트호크 프로젝트는 대성공을 거두었다. 애플 아이폰 6s시리즈 A9 프로세서칩을 삼성과 TSMC가 절반씩 생산했지만 '칩 게이트'(삼성 칩이 TSMC 칩보다 발열이 심하다는 논란)가 터지면서 2016년 애플이 A9 이후 A10 프로세서칩을 전량 TSMC에 발주하기로 한 것이다. 나이트호크 프로젝트의 완벽한 성공이었다.

2022년 삼성은 TSMC보다 먼저 3나노 양산을 시작했다. TSMC는 삼성보다 늦게 3나노 양산 체제에 돌입했지만 수율과 납기에서 삼성보다 앞섰고, 10나노 공정 기술 개발이 지지부진한 인텔은 더 큰 격차로 따돌렸다. TSMC가 두 경쟁자를 제치고 크게 앞서 나가기 시작한 것이다.

세븐일레븐이 된 R&D 사업부를 누가 따라잡을 수 있을까

반도체 생산 라인이 24시간 연중무휴로 돌아간다는 사실을 대부분 알고 있을 것이다. 그 때문에 생산직 직원들은 이틀 연속 일하고 이틀 쉬는 방식으로 일한다. 야간조일 때는 밤낮이 바뀌어 낮에 자고 밤에 일하는 생활을 해야 한다.

하지만 R&D 부서도 24시간 쉬지 않고 일한 것은 반도체 업계에서 처음 있는 일이었다. R&D 연구원들을 밤에 출근해 일하게 한다는 건 어느 나라에서든 판타지 같은 일이다. 그런 발상은 할 수 있다 해도 농담에 그칠 뿐 실제 행동으로 옮기는 건 불가능하다. 그런데 TSMC는 R&D 사업부를 세븐일레븐처럼 24시간 문을 닫지 않는 곳으로 만들어버렸다. 밤낮없이 필사적으로 전력 질주하는데 어떤 경쟁자가 따라잡을 수 있겠는가.

'주간조'는 정상적인 출퇴근 시간에 근무하고, '저녁조'는 오후 2시부터 밤 11시까지 근무하고, '야간조'는 밤 11시에 출근해 다음 날 오전 10시에 퇴근하며, 연구가 중단되지 않도록 릴레이로 이어서 일했다. 나이트호크 부대의 베이스캠프가 차려진 TSMC 신주 본사의 12B 웨이퍼 공장 10층은 그때부터 한 번도 불이 꺼지지 않고 신주과학단지의 밤을 밝혔다.

물론 밤에 일하고 싶어 하는 사람은 없고, 보통 사람은 야간조의 바이오리듬에 적응하기가 힘들다. 그래서 TSMC는 나이트호크 부대를 모집할 때 야간조의 연봉과 복지 조건을 주간조보다 훨씬 높게 제시했다. 저녁조는 연봉의 15퍼센트를 추가 지급하고, 야간조는 30퍼센트를 추가 지급하고 연말 성과급도 50퍼센트를 더 주겠다고 했다. 파격적인 조건에 과연 지원자가 몰려들었고, 나이트호크 프로젝트를 발표한 지 한 달도 안 돼서 400명 가까운 모집인원이 다 채워졌다. 야간조 인력의 학벌과 경력이 주간조에 결코 뒤지지 않았고, 선발되지 못해 아쉬워하는 사람도 많았다.

물론 나이트호크 프로젝트를 비판하는 의견도 적지 않았다. '간을 내다 파는 프로젝트'라고 비꼬며 기술 경쟁에 이기기 위해 직원의 건강을 희생시킨다면 연봉을 두 배로 줘도 값싼 보상이라고 비판했다. 어떤 이들은 R&D마저 3교대로 돌려 시간을 짜내야 한다면 타이완 IT 산업의 경쟁력이 이미 한계에 다다랐다는 뜻이 아니냐고 의문을 제기했다.

나는 타이완 전자 산업이 혁신과 유연성으로 세계 무대에 진출했고, 나이트호크 프로젝트도 그 연장선상에서 타이완의 인력 자원을 활용하기 위한 창의적인 전략이었다고 생각한다. 우리가 흔히 말하는 'R&D'는 '연구'와 '개발'을 포함하는 개념인데, 엄밀히 말해서 TSMC의 R&D는 '연구'보다는 '개발'에 중점을 두고 있다. 일반적으로 연구는 개인의 창의성이 중요하기 때문에 여러 사람이 교대로 진행하기 힘들지만, 개발은 모듈화나 분업화가 가능하다. 일의 내용과 진도를 기록해두기만 하면 교대로 이어서 진행할 수 있다. 이것이 바로 나이트호크 부대가 성공한 원인 중 하나다.

하지만 나이트호크 부대는 공정 기술만 연구개발한 것이 아니었다. TSMC는 A10 프로세서칩에 최첨단 InFO(통합팬아웃) 웨이퍼레벨 패키징 기술을 적용했다. 이 패키징 기술은 TSMC 내부에서 오랫동안 개발해 온 것으로 이 기술을 적용하면 칩의 크기를 더 줄이고 발열도 줄일 수 있다. 이 기술도 TSMC가 삼성을 이기고 애플의 주문을 따낼 수 있었던 중요한 무기였다.

1997년 장상이가 TSMC에 입사했을 때 R&D 사업부는 직원 120명에 한 해 예산도 25억 타이완달러밖에 되지 않았고, 글로벌 대기업의 기술보다 두 세대나 뒤져 있었다. 장상이는 R&D 수준을 끌어올리는 한편 업계의 인재들을 대거 영입해 R&D 사업부의 진용을 확장해 나갔다.

장상이는 TSMC에 입사한 뒤 사력을 다해 일하는 동료들을 보고 충격을 받았다고 한다. 정규 근무 시간은 물론이고 밤늦도록 야근을 밥 먹듯 하면서도 불평 한 마디 하지 않더라는 것이다. 그는 외국인 친구에게 나이트호크 프로젝트가 성공한 건 타이완 남자들이 대부분 군 복무 경험이 있기 때문일 거라고 했다. 군에서 한밤중에 일어나 두세 시간씩 불침번을 섰던 경험이 있기 때문에 회사에서도 서양인보다 더 끈질기게 일하고 기꺼이 자신을 희생할 수 있었다는 것이다. 장상이는 서양 엔지니어만큼 머리가 좋은 타이완 엔지니어들이 그런 근성까지 갖췄으므로 TSMC가 성공할 수밖에 없었다고 했다.

현재 TSMC의 R&D 사업부에는 7,000명 넘는 직원이 근무하고 있고, 한 해 동안 R&D에 투입하는 비용도 400억 타이완달러가 넘는다. 1997년에 기술이 2년이나 뒤처져 있던 TSMC가 지금은 세계 1위의 기술을 보유하고 모든 공정에서 우위를 유지하고 있다. 그들이 R&D 및 기술 수준에서 세계 최정상에 설 수 있었던 가장 중요한 비결은 바로 24시간 3교대로 일하는 나이트호크 부대였다.

04 ‖ 7나노로 높은 벽을 더 세우다

TSMC는 어떻게 첨단 공정 기술로
경쟁사를 압도했을까

TSMC는 세계에서 가장 앞선 파운드리 공정 기술을 보유하고 있다. 특히 첨단 공정인 7나노, 5나노, 3나노 기술에서 경쟁 상대인 삼성과 인텔을 큰 격차로 따돌리고 독보적으로 앞서 있으며 첨단 공정 세계 시장 점유율이 90퍼센트에 육박한다. 7나노 이하 첨단 공정 기술은 현재 반도체 제조 기업을 톱 티어와 세컨드 티어로 구분하는 가장 중요한 기준이다. 여기서는 TSMC가 어떻게 첨단 공정 기술에서 더 높은 벽을 쌓았는지 살펴보고자 한다.

2018년 UMC와 글로벌 파운드리스가 차례로 첨단 공정 기술을 포기했다. UMC는 12나노 이하 첨단 공정의 R&D에 더 이상 투자하지 않고 성숙 공정과 특화specialty 반도체 공정에 집중하겠다고 발표했다. 글로벌 파운드리스도 7나노 공정에서 잠정 철수하고, 현재 보유한 12나노 및 14나노 기술을 개선하고 확충하는 데 자원을 집중해 이익을 늘리기로 결정했다.

UMC와 글로벌 파운드리스는 모두 파운드리 업계의 선두 기업들이다. 두 기업이 잇따라 첨단 공정 경쟁에서 스스로 물러난 뒤, TSMC, 삼성, 인텔 3사만 남았다. 그중에서도 TSMC가 가장 빠른 속도로 앞서 달리며 나머지 두 기업을 기술로 압도하고 대부분의 생산물량을 수주하고 있다.

2018년 글로벌 파운드리스가 7나노 공정 R&D를 중단하겠다고 발표하자 세계 2위 마이크로프로세서 업체인 AMD가 7나노 제품(서버용 프로세서 및 그래픽 칩 포함) 전체 물량을 TSMC에 주문하겠다고 밝혔다. AMD는 TSMC에 전량을 주문한 뒤 5년간 빠른 성장세를 보이며 인텔을 바짝 추격했다.

UMC와 글로벌 파운드리스가 7나노 공정 개발을 중단한 주요 원인은 높아진 7나노 진입 문턱이었다. 투자 규모, 수율, R&D, 인재 확보 능력 등을 전반적으로 고려할 때 그렇게 막대한 R&D 투자와 자본적 지출을 감당할 수 있는 기업은 극소수에 불과했다.

투자 규모로 볼 때, 일반적으로 반도체 생산업체의 R&D 투자액은 매출의 5~8퍼센트 정도인데, 7나노 이하 첨단 공정을 개발하려면 최소한 20억 달러가 필요하다. 그렇다면 기업의 매출이 최소 400억 달러는 되어야 20억 달러를 R&D에 지출할 수 있다는 계산이 나온다. 현재 세계적으로 매출이 400억 달러가 넘는 반도체 기업은 TSMC, 삼성, 인텔 3사뿐이다. 따라서 이들 세 기업만이 7나노 클럽에 들어가는 티켓을 따낸 것은 우연이 아니다.

2018년 발표된 통계자료에 따르면, TSMC가 7나노 공정 기술에 5,000억 타이완달러가 넘는 자본을 투입했고, 향후 5나노와 3나노 기술에도 각각 7,000억 타이완달러와 8,000억 타이완달러를 투입해야 할 것으로 추정되었다. 이미 5년 전 자료이므로 이 책을 집필하고 있는 지금은 TSMC의 투자액이 더 증가했을 것이다. 7나노 생산 라인의 장비 원가만 해도 최소 6,000억 타이완달러(200억 달러)이므로 5나노와 3나노는 1조 타이완달러에 육박할 수 있다. 2021년 타이완의 전체 세수가 2조 8,000억 타이완달러였음을 감안하면, 국가 차원에서 반도체에 투자한다 해도 그렇게 막대한 투자금을 감당하기 힘들 것이다.

자본 투자뿐만 아니라 R&D 문턱도 높다. 반도체 공정 기술이 계속 진화해 7나노, 5나노, 3나노 이하로 내려갈수록 점점 더 미세해지고 수율도 점점 낮아져 이미 물리적 한계에 가까워졌다. 투입되는 돈의 액수는 점점 늘어나는데, 기업의 R&D가 성과를 내기는 점점 힘들어지고 있는 것이다.

일류 고객사의 협력과 지지도 TSMC의 또 다른 성공 요인이다. 7나노 기술 개발의 난이도가 높은 만큼 고객도 7나노 제품을 주문하려면 그만큼 비싼 대가를 지불해야 한다. 현재 7나노 공정 레티클 하나를 완성하는 데 20억 타이완달러가 들어간다. 실패하면 20억 타이완달러를 날리게 되므로 웬만한 대기업이 아니면 부담할 수 없다. 과거 14나노 시대에는 레티클 하나를 완성하는 데 2억 타이완달러가 필요했고, 28나노 시대에는 2,000만 타이완달러만 있으면 가능했다. 제조 원가가 10배나 급등했으므로 7나노 이후 첨단 공정은 대기업 고객들만의 리그가 된 것이다.

그러므로 TSMC의 7나노 기술이 진전되고 생산능력과 수율이 모두 안정되면 대기업들은 당연히 그들에게 주문할 것이고, 그럴수록 TSMC는 일류 고객사의 협력과 지지를 얻을 수밖에 없다. 고객이 성공하면 TSMC는 더 성공하는 선순환이 이루어지며 경쟁사들이 뛰어넘기 힘든 높은 문턱이 만들어지게 된다.

EUV+3D 첨단 패키징, 난관을 돌파하는 필살기

TSMC는 어떻게 7나노 공정에서 삼성과 인텔을 크게 따돌리고 앞설 수 있었을까? 내가 생각하는 가장 중요한 원인은 두 가지다.

첫째, TSMC와 ASML의 긴밀한 협력이다. 7나노 첨단 공정에 사용하는 EUV 장비 개발에 있어서 TSMC가 큰 역할을 했고, ASML도 적극적인 R&D를 통해 최고의 조력자가 되어주었다.

TSMC와 ASML은 모두 초기에 네덜란드 필립스의 투자를 받은 특별한 인연 때문에 오랫동안 긴밀하게 협력해 왔다. ASML은 7나노 공정 가운데 가장 핵심적인 EUV 장비를 전 세계에서 독점 공급하고 있는데, TSMC는 그들의 최대 고객일 뿐 아니라, 린번젠 전 R&D 부사장이 발명한 액침 노광 기술이 ASML의 EUV 장비 개발에 가장 중요한 기반이 되었다. 마틴 반 덴 브링크Martin van den Brink ASML 사장*은 EUV가 없었다면 무어의 법칙이 더 일찍 종말을 고했을 것이라며 액침 노광 기술은 "기적"이며 EUV 장비 개발에 결정적인 역할을 했다고 말했다.

둘째, TSMC가 3D 첨단 패키징 기술 R&D에서 진전을 거두면서 7나노 공정 기술이 크게 도약했다. 장상이 전 R&D 부문 부사장은 2009년 모리스 창의 요청으로 TSMC에 복귀하면서 3D 패키징 기술을 연구개발해야 한다고 주장했다. 그는 무어의 법칙이 한계에 다다른 상황에서 첨단 패키징 기술을 통해 더 우수한 성능, 더 적은 전력 소모량, 더 작은 크기, 더 빠른 전송 속도를 가진 제품을 개발해야 한다고 했다. TSMC는 그의 의견을 받아들여 2012년 1세대 패키징 기술인 CoWoS를 내놓았고, 꾸준한 연구를 통해 InFO 첨단 패키징 기술까지 발전시켰다. 첨단 패키징 기술은 생산 원가를 빠르게 낮춰 무어 법칙의 한계를 뛰어넘을 수 있게 했으며, 7나노 기술의 난관을 돌파하는 필살기가 되었다.

TSMC의 재무제표에서도 7나노 이하 첨단 공정이 TSMC의 실적 증대에 결정적인 역할을 하고 있음을 알 수 있다. TSMC의 2022년 4분기 재무제표를 보면, 5나노 첨단 공정이 전체 매출 중 32퍼센트를 차지하고, 그

---

* 2024년 4월 사장 겸 CTO직을 사임했다.

다음으로 7나노 공정이 22퍼센트를 차지했다. 16나노와 28나노는 각각 12퍼센트, 11퍼센트, 그 외 나머지 공정을 다 합쳐도 매출의 10퍼센트를 넘지 않았다. 7나노 이하 하이엔드 공정 기술이 현재 TSMC 매출의 절반 이상을 차지하며 기업 발전의 원동력이자, 경쟁 상대들을 멀리 따돌릴 수 있는 우월한 경쟁력이 된 것이다.

설계와 제조의 분리가 대세다

2018년의 글로벌 파운드리스와 AMD로 돌아가 보자. 당시 글로벌 파운드리스가 하이엔드 공정에서 철수한 뒤 AMD는 7나노 전체 물량을 TSMC에 주문했다. 나는 이 두 가지 큰 사건이 미래 반도체 산업의 큰 흐름을 내다볼 수 있는 중요한 관찰 포인트라고 생각한다. 글로벌 파운드리스와 AMD의 분사는 반도체 산업 발전사에서 설계와 제조의 분리가 거스를 수 없는 대세임을 보여주는 매우 중요한 한 사건이다. 이 이정표 같은 분사의 과정은 반도체 산업의 한 획을 긋는 사례이면서, 현재 '생산 지옥'에 빠져 있는 인텔에게도 중요한 본보기가 될 수 있다.

AMD는 1969년 설립 당시 인텔과 치열한 경쟁을 벌이며 설계부터 제조까지 자체적으로 수행했다. 제리 샌더스Jerry Sanders AMD 창업자는 "진정한 남자는 팹fab(반도체 생산 공장)을 가져야 한다"는 명언을 남기기도 했다.

당시 업계는 그의 이 말에 대부분 동의했다. 파운드리 기업이 없었던 시절이므로 반도체를 설계하면 자사의 공장에서 생산하는 수밖에 없었다.

하지만 40년 뒤인 2009년, AMD는 파운드리 사업의 급속한 발전을 목격한 뒤 제조 부문을 분리해 글로벌 파운드리스를 설립하고 아부다비와 두바이 정부로부터 거액을 투자받은 뒤 이듬해에 차터드 반도체를 인수했다. 2011년에는 남아 있던 글로벌 파운드리스의 지분을 전부 매각하고 완전한 팹리스가 되었지만 여전히 대부분의 물량을 글로벌 파운드리스에 주문했다.

글로벌 파운드리스는 2014년 IBM의 웨이퍼 제조 부문을 인수하고, 2016년부터 중국 충칭重慶과 청두成都에서 여러 건의 12인치 생산 공장 투자 계획을 발표했다. 그중 일부는 무산되었지만, 바로 다음 해인 2017년 삼성, IBM과 공동으로 5나노 공정 기술을 개발하는 등 거침없는 성장세를 보였다. 글로벌 파운드리스의 빠른 성장은 TSMC에 부담이 되었지만, 2018년 AMD가 글로벌 파운드리스와 완전히 결별하고 전체 물량을 TSMC에 주문하면서 글로벌 파운드리스의 공세가 눈에 띄게 약화되었다.

AMD의 설계와 제조 부문 분리를 주도한 사람은 CEO인 타이완계 미국인 리사 수Lisa Su (쑤쯔펑蘇姿丰)였다. AMD를 성공적으로 이끌어 다시 인텔을 위협하고 있는 이 걸출한 여성은 이미 여러 번 반도체 업계를 놀라게 한 유명 인사이자 시대 변화의 상징이다. "진정한 남자는 팹을 가져야 한다"던 옛날과 달리, 지금은 "팹 없이도 여자로도 성공할 수 있는" 시대가 된 것이다. 생산 공장 없이도 승승장구하는 AMD가 그 대표적인 예다.

AMD는 현실적인 판단으로 세계 최강의 파운드리 기업 TSMC에 생산 물량 전체를 주문함으로써 전 세계 마이크로프로세서 및 그래픽 칩 시장의 판도를 바꿔놓았고, 지금도 영향력을 계속 확대해가고 있다. TSMC가 파운드리 분야에서 성공을 거두자 AMD 뿐만 아니라 엔비디아, 퀄컴, 브로드컴, 미디어텍 등 수많은 팹리스가 TSMC를 파트너로 선택했다. 심지어 자체 생산 공장을 보유한 IDM들도 공장 건설 계획을 깔끔하게 포기하고 전량을 TSMC에 위탁해 생산하고 있다. AMD가 IDM에서 팹리스로 변신한 것은 이 커다란 변화의 흐름을 보여주는 가장 구체적인 사례다.

AMD와 인텔의 CPU 경쟁은 이미 한쪽으로 눈에 띄게 기울어졌다. 직접 생산을 포기하고 TSMC의 공정 기술을 이용한 AMD의 전략이 결정적인 승부수였다.

사실 미국 최고의 반도체 기업으로 불리는 인텔의 공정 기술이 심각하게 뒤처지기 시작한 건 어제오늘의 일이 아니다. 2017년 양산에 들어갈 계획이었던 10나노 공정 기술이 몇 년이나 지연되고도 순조로운 양산이 불가능했고, 2018년 6월 사임한 브라이언 크르자니크 전 인텔 CEO도 인텔의 공정 기술이 뒤처져 15~20퍼센트 시장을 경쟁사에 내어줘야 할 수 있다고 인정했다.

결과적으로 인텔은 몇 번의 CEO 교체를 겪고 팻 겔싱어 현 CEO도 많은 노력을 하고 있지만 여전히 고전을 면치 못하고 있다. 반면, 10여 년에 걸쳐 제조 부문과 완전히 결별한 AMD는 분사 후 더 강한 기업이 될 수 있음을 실적으로 증명했다. AMD의 성공 사례는 앞으로 인텔의 기사회생 가능성을 판단할 수 있는 중요한 지표가 될 것이다.

05 빙산의 일각 아래 감춰진 방대한 지식재산권 창고

우리가 모르는 '영업비밀 등록 시스템'

•어떤 IT 기업이든 R&D 혁신 능력을 논할 때 미국, 유럽, 일본, 중국, 타이완에서 출원한 특허의 개수와 품질을 내세우고, 이것이 R&D와 혁신 능력을 판단하는 지표가 된다는 사실을 모두 알고 있을 것이다. 하지만 TSMC는 양질의 특허를 대량으로 출원하는 동시에, 외부에 공개하지 않고 내부에서만 전해지는 영업비밀도 중요하게 관리하고 있다. 특히 2013년부터 구축한 영업비밀 등록 시스템은 TSMC의 경쟁력 강화에 가장 중요한 기반이다.

TSMC는 기업 경쟁력의 원천인 R&D에 매년 1,000억 타이완달러 넘게 투자하고 있다. 하지만 전략적인 판단 아래 R&D를 통해 얻은 성과 중 10퍼센트만 특허 출원을 신청하고, 나머지는 영업비밀로서 내부의 영업비밀 등록 시스템을 통해 중요하게 관리한다.

TSMC는 이 영업비밀 등록 시스템을 이용해 내부에서 계속 지식과 노하우를 정리하고 축적하고 있다. 2013년부터 2021년까지 이 시스템에 등록된 영업비밀만 해도 총 16만 건에 달하는데 이것이 TSMC의 가장 강력한 자산이 되었다.

셰푸위안謝福源 TSMC 부CLO는 TSMC의 영업비밀 등록 시스템이 28나노 첨단 공정 때 처음 만들어졌으며 나중에 성숙 공정 부문과 패키징 및 테스트 부문도 차례로 포함되었다고 했다. 2015년 이 시스템의 중요성을 인식한 R&D 부문 관리자가 R&D 부문 동료들에게 내부 시스템에 등록할 것을 요청했다. 다시 말해, 이 시스템은 처음부터 체계적으로 구축된 것이 아니라 먼저 필요에 의해 만들어진 뒤 각 부서가 차례로 포함되며 계속 보완하고 개선된 것이다.

이 시스템은 영업비밀 관리 외에도 계약관리시스템, 인력자원시스템과도 연결되어 있다. 계약관리시스템과 연계시킨 것은 TSMC와 공동 프로젝트에 참여한 많은 기업들과 계약을 체결하고 향후 협력의 성과를 누구에게 귀속시킬 것인지 정해야 하기 때문이고, 인력자원 부서와 연계시킨 것은 이 시스템을 직원들의 실적, 인사고과, 승진심사, 성과급 등에 적당히 연계해 회사 내부를 더 혁신적이고 스마트하게 관리할 수 있기 때문이다.

강력한 경쟁 무기
ICIS 스마트 관리 피라미드

혁신이 경쟁력과 직결된다는 사실은 모두 알고 있다. 그런데 이 두 가지를 어떻게 연결시켜야 할까? 셰푸위안은 영업비밀 등록 시스템이 혁신과 경쟁력을 연결하는 데 큰 역할을 한다고 말했다. TSMC의 지식 관리 및 스마트 관리 피라미드는 가장 하층에 지식재산권 전략IP Strategy이 있고, 위로 올라가면서 경쟁 우위Competitive advantage, 혁신 문화Innovative culture가 있으며, 제일 상층에 지속가능한 운영Sustainable operations이 있다. 이 네 가지의 영문 이니셜을 따 ICIS라고 이름 붙였다.

셰푸위안은 과거의 전통적인 특허 관리 방식을 고수하는 것은 글로벌 무역 전쟁이 치열한 오늘날의 상황에 맞지 않으며, 기업은 그보다 더 혁신적인 관리 방식이 필요하다고 했다. TSMC가 지식재산권을 철저히 관리하고 있다는 사실은 잘 알려져 있다. 직원이 직무를 수행하는 과정에서 발명하거나 혁신으로 얻은 성과를 어떻게 관리할 것인지는 영업비밀 절도나 중국 기업의 인재 빼가기 등의 위협이 도사리고 있는 상황에서 매우 중요한 요소이고 기업의 지속적인 발전을 위한 기본 요건이다.

타이완의 지적자산 업체 페이스[FAITH Intellectual Assets]의 장즈웨이[張智為] CEO도 미국의 역대 특허 출원 수를 살펴보면 현재 미국 전체 특허 중 80퍼센트를 200개 기업이 보유하고 있다며 "특허 제도와 운영은 이미 돈 많은 대기업들의 게임이 되었으며, 혁신이 아닌 자본을 위한 것으로 전락했다"고 말했다. 과거 구글은 특허시스템에 강하게 반대했지만, 자신들이 대기업이 되고 난 뒤에는 더 이상 반대하지 않는다. 현재 알파벳으로 명칭을 바꾼 이 IT 거인은 많은 기업의 특허를 사들여 그 200개 기업 중 하나가 되었기 때문이다.

장즈웨이는 영업비밀은 이제 타이완 기업들이 시급하게 관리해야 하는 경쟁력이 되었다고 말했다. 그는 TSMC의 2020년 자료를 예로 들어, 그해에 신청한 특허 항목 수가 5,500건을 넘지만 영업비밀 등록량은 특허의 약 4배인 2만 건이 넘는다고 했다. 외부에서 볼 수 있는 특허 출원 개수는 TSMC 경쟁력의 빙산의 일각일 뿐, 그 밑에 감춰진 80퍼센트의 영업비밀이 특허보다 더 강력한 경쟁무기인 것이다.

셰푸위안은 영업비밀의 혁신적인 보호는 기업이 당연히 해야 하는 일이며, 우월한 제조 능력을 가진 타이완 기업들이 영업비밀 관리를 통해 제품과 공정을 보호해야 한다고 강조했다. 하지만 영업비밀에 관한 소송이 복잡한 데다가 타이완은 중소기업이 많기 때문에 영업비밀 관리나 소송 경험이 상대적으로 한계가 있으므로 타이완 기업의 지식재산권을 지속적으로 관리하기 위한 정부의 지원이 필요하다고 했다.

그는 모든 기업이 내부의 영업비밀을 잘 관리하고, 자신들이 무형의 자산과 영업비밀을 얼마나 보유하고 있는지 잘 생각해야 한다고 했다. 그것들을 모두 기록하고 정리해 놓아야 한다. 자사가 어떤 영업비밀을 갖고 있는지도 모른다면 나중에 혹시라도 다른 기업과 특허 분쟁이나 소송이 벌어졌을 때 아무런 기록조차 제시할 수 없을 것이다.

물론 영업비밀이 대외에 유출되지 않도록 보안을 유지하는 것도 중요하다. 하지만 셰푸위안에 따르면, TSMC는 일찌감치 공급망 파트너들과 '공익 공유' 관계를 맺었다. TSMC는 내부의 방법과 경험을 파트너들과 공유할 수 있다고 생각하기 때문이다.

셰푸위안은 마치 선교사처럼 더 많은 기업들과 영업비밀 관리 경험을 나누기를 원하기 때문에 매번 강연을 할 때마다 자기 휴대폰 번호를 모든 사람에게 공개한다. 그는 누구라도 TSMC가 영업비밀을 어떻게 관리하는지 알고 싶다면 그를 비롯한 TSMC 동료들은 모두 기꺼이 알려줄 것이며, TSMC의 방법을 통해 타이완의 다른 기업과 산업에 도움이 될 수 있길 바란다고 했다.

한편 장즈웨이는 영업비밀 등록 시스템이 미래에 있을지 모르는 침해소송 때 유용한 사실 근거로 사용될 수 있고, 또 기업의 인력자원 부서와 연계해 직원을 고용할 때 투명성을 확보할 수도 있다고 했다. 쉽게 말하면 다른 기업을 그만두고 TSMC로 이직하는 직원은 전 직장의 비밀을 가지고 가려는 생각을 털어버려야 한다. 고용계약의 조항에서도 영업비밀은 회사 소유임이 명시되어 있다. 특허는 공권력의 보호를 받지만 영업비밀은 사적인 계약으로 보호해야 하기 때문에 기업과 직원이 자체적인 관리원칙을 정해야 한다.

TSMC는 영업비밀 보호를 위해 다양한 노력을 기울이고 있고, 이는 기업의 경쟁력을 점검하고 체계적으로 정리하고 귀납하기 위한 것이다. 나는 타이완 IT 기업 가운데 TSMC가 이 방면에서 가장 잘하고 있다고 생각한다.

대다수 사람들은 TSMC의 겉으로 드러난 봉우리만 보지만, 사실 그 아래에 아주 방대한 지식재산권과 이를 보호하려는 노력이 감춰져 있다. TSMC는 이를 통해 자신의 경쟁력을 보호하는 동시에 경쟁 상대가 침해하지 않도록 예방하고 있다. 이런 노력은 탁월함을 추구하는 정신에서 나온 것이며, TSMC가 글로벌 시장에서 경쟁 우위를 지킬 수 있는 아주 중요한 역량이기도 하다.

06 | 지식 관리를 통해 학습형 조직으로 변신하다

'기술위원회'가 중요한 이유

1988년 타이완을 방문한 앤디 그로브 당시 인텔 CEO가 모리스 창의 요청을 받아 설립된 지 1년밖에 안 된 TSMC를 둘러봤다. 참관을 마친 인텔 방문단은 개선이 필요한 266가지 문제점을 정리해 TSMC에 전달했다. 그로부터 반년 뒤 TSMC는 문제점을 66가지로 줄였고, 또 다시 반년 뒤에는 이를 6가지로 줄였다.

문제점을 차근차근 개선한 TSMC는 인텔의 인증을 순조롭게 통과하고 인텔의 CPU 및 칩셋 생산을 수주했다. 설립 초기에 인텔의 주문을 받으면서 TSMC의 공정능력이 향상되었을 뿐 아니라, 거물급 기업의 아우라 덕분에 TSMC도 업계에서 주목받기 시작했다.

TSMC가 불가능해 보였던 임무를 완수해낸 비결은 상당히 엄격하면서도 수시로 업데이트되는 지식 관리 프로세스에서 찾을 수 있다. TSMC는 이 지식 관리 프로세스를 통해 세계적인 기업들을 부지런히 벤치마킹하고 관련 분야의 최고 지식을 학습하며 내부의 지식 관리를 강화했다. TSMC는 이런 꾸준한 노력을 통해 웨이퍼 제조 기술, 서비스, 관리 분야에서 독보적인 위치를 차지할 수 있었다.

TSMC의 지식 관리 및 벤치마킹에서 가장 중요한 조직은 '기술위원회'다.

기술위원회는 웨이퍼 생산 절차에 따라 분류된다. 현재는 포토, 식각, 박막, 확산, 이온 주입 다섯 개 위원회가 있으며, 각 공장의 관련 직원들이 해당 위원회에 참여해 충분히 교류하고 소통함으로써 모든 공장의 정보과 자원을 공유하고 공장간 분업과 협력을 진행한다. 따라서 고객은 TSMC의 어떤 공장에서 제품을 생산하든 일정한 품질과 비용, 효율을 보장받을 수 있다.

쉽게 말해 기술위원회는 내부 관리에 이중 기능을 부여함으로써, 웨이퍼 공장의 모든 직원에게 관리자가 두 명씩 배치된 것과 같은 효과를 낸다. 둘 중 한 사람은 공장에 근무하는 관리자이고, 다른 한 사람은 그 직원이 속한 위원회의 관리자다.

TSMC의 기술위원회는 1990년대에 구성되었으며, 당시 책임자는 쩡 판청 사장과 릭 차이 운영 부사장이었다. 그들은 매달 한 차례씩 다섯 개 기술위원회 회의를 열고 각 공장에 어떤 중요한 사건이 있었는지 점검하고, 어떻게 해야 재발을 막을 수 있는지 논의했으며, 그날 회의에서 바로 결정해야 하는 의제는 신속하게 결정했다. 또 TSMC의 수많은 표준문건을 정기적으로 업데이트하고, 공정 업데이트도 위원회의 정기회의 중에 바로 결정했다.

TSMC가 기술위원회를 처음 구성했을 당시에는 타이완 북부와 남부에 5~6개 공장이 전부였지만, 지금은 미국, 일본, 중국, 싱가포르 등지에 20개 넘는 공장이 분포되어 있다. 미국 애리조나 공장의 내부 일련번호는 Fab 21이다.

공장의 수가 늘어날수록 여러 공장을 아우르는 기술위원회의 역할이 더 중요해졌다. 각 공장에서 같은 일을 하고 있는 직원들을 모두 추려내 각 위원회에 참여시킨 뒤 어떤 공장에 성공 사례가 있으면 서로 소통하며 학습하고, 반대로 어떤 공장에 실패 사례가 있으면 최대한 신속한 논의를 통해 개선했다.

예전에 차이치옌蔡祈岩 타이완모바일Taiwan Mobile, 台灣大哥大 CIO를 인터뷰할 때 타이완모바일에도 비슷한 제도가 있다고 했다. 타이완모바일 내부에 9개 부서가 있고 각 부서마다 개별적으로 직원을 채용했다. 그런데 각자 다른 업무를 맡은 부서 간에 통합과 소통이 부족한 탓에 심각한 사일로 효과Silo Effect, 즉, 과도한 분업으로 인해 각 부서가 회사 전체의 이익을 외면한 채 자기 이익만을 추구하며 소통하거나 협력하지 않으려는 현상이 나타났다.

타이완모바일은 사일로 효과를 혁파하기 위해 IT 기술 분야에 따라 전 직원을 아홉 그룹으로 분류하고 수평형 CoECenter of Excellence (전문가 조직)를 구성한 뒤, 각 부서 직원들이 서로 학습하고 정보를 공유하는 기회를 마련했다. 또 다른 부서에 유사한 개발프로젝트가 있을 때는 인력 자원을 총괄적으로 운용해 신속한 효과를 발휘하게 했다. 수평적 소통을 촉진하기 위한 타이완모바일의 CoE도 TSMC의 기술위원회와 유사한 형태라고 할 수 있다.

자세히 기록하고, 스마트하게 복제한다
내년에는 꽃가루가 없는 코사지를 선택할 것

여러 공장 직원들이 함께 모인 기술위원회는 TSMC의 내부 지식 관리를 강화하기 위한 중요한 장치였다. 공장에 중요한 일이 있을 때 다른 공장 사람들과 함께 논의함으로써 다 같이 벤치마킹하고 운영에 대한 공감대를 이끌어내자 자연스럽게 학습 분위기가 형성되고 회사를 발전시키는 원동력으로 작용했다.

기술위원회의 중요한 목표는 지식 관리다. 기업 경쟁력에 관한 모든 지식을 상세하게 기록하고 관리하기 때문에 모든 경험을 다음 사람에게 전달해 성공 경험을 효과적으로 복제한다.

'성공한 경험의 복제'란 TSMC의 운영 관리 시스템의 핵심 원칙이다. TSMC는 초창기에 거의 1~2년에 하나씩 공장을 새로 지었고, 지금은 해외 여러 나라에 공장을 두고 매년 300억 달러가 넘는 자본 지출을 투입하고 있기 때문에 새로운 공장이 늘어날 때마다 더 완벽하게 복제해야 한다.

어떻게 해야 성공한 경험을 복제할 수 있을까?

간단히 말해 TSMC는 성공한 경험을 중앙에 서버에 파일로 저장하고 이를 모든 새로운 공장에 스마트하게 복제하는 개념으로 지식을 관리한다. 또 다른 공장 사람들이 정확하게 복제할 수 있도록 협조하는 '복제 관리자 copy executive'라는 것도 있다.

이렇게 되면 내부의 지식 관리 시스템이 아주 중요하다. TSMC에는 방대한 교육매뉴얼이 있다. 공장이 완공되고 장비 반입이 완료되면 새 직원들이 최대한 빠르게 생산 라인에 익숙해질 수 있도록 교육매뉴얼이 전달된다. 6인치, 8인치부터 12인치 웨이퍼까지 장비가 작동될 때 생길 수 있는 문제점을 일일이 알려주어 착오를 미리 예방하게 하고, 언제 문제가 나타날 수 있고, 문제가 나타나면 어떻게 해결해야 하는지 등등 작업자에게 세세하게 알려준다. 어떻게 구멍을 뚫어야 하는지, 기계는 어떻게 설정해야 하는지 등등 해당 장비를 미리 경험했던 수많은 사람들의 경험이 모두 기록되어 있기 때문에 몇 사람이 퇴사해도 그 경험은 계속 다음 사람에게 이어진다.

TSMC는 현재 반도체 업계에서 반도체 장비를 어떻게 조작하고, 어떻게 공장을 지을 것인가 등등의 관련 지식과 노하우를 가장 풍부하고 완전하게 갖고 있는 기업이다. 이런 수많은 지식이 기업 전체의 공용 지식으로서 기술위원회의 파일 속에 차곡차곡 쌓여 있으며, 공장을 새로 지을 때마다 빠르게 전달된다.

그래서 TSMC의 모든 공장에는 기술 통합을 담당하는 사람이 있다. 최고의 기술과 지식을 기술위원회의 모든 구성원에게 전달하고 공유하는 일을 책임지는 사람이다. 기업의 인사고과 항목에도 일하면서 쌓인 경험을 기록하고 공유하는지가 중요한 평가 항목 중 하나로 들어가 있다.

내부 지식을 이처럼 충실하고 철저하게 관리하기 때문에 TSMC의 모든 장비 구매는 인맥이나 개인적인 선호도에 따르는 것이 아니라, 지금까지 사람들이 축적해 놓은 지식과 경험을 참고해서 결정된다. 내부에 모든 장비와 재료의 장단점이 빠짐없이 기록되어 있기 때문에 어떤 엔지니어든 이 지식을 참고해서 결정하면 실패할 가능성을 크게 줄일 수 있고, 혹시 누군가 리베이트를 받고 장비를 선택하는 불미스러운 사건을 방지할 수도 있다. TSMC가 언제나 자신들에게 가장 적합한 업계 최고의 장비와 재료를 구매하는 비결이 바로 여기에 있다.

TSMC의 이런 지식 학습과 계승은 제조공장에만 국한된 것이 아니라 사무 부서에서도 똑같이 이루어지고 있다.

가령 고객사 관계자 3명과 미팅하고 업무에 관해 논의했다고 치자. 그러면 그 3명이 각각 어떤 직무를 맡고 있고, 향후 시장에 대해 어떤 의견을 갖고 있으며, TSMC에 어떤 협조를 바라는지 등등 자세한 정보를 고객미팅보고서에 기록해야 한다. TSMC의 고객서비스부도 고객의 제품모델명, 고객이 어떤 요구를 하고 어떤 문제를 제기했는지 등을 나중에 찾아보고 참고할 수 있도록 자세히 기록한다.

또 앞에서 말했듯이, TSMC는 고객이 자기 공장을 보유할 필요성을 전혀 느끼지 못하도록 고객에게 '가상의 공장'을 제공한다. 모든 고객이 TSMC가 제공하는 컴퓨터 시스템에 아이디와 패스워드만 입력하면 마치 자기 공장처럼 언제든 주문 진행 상황을 조회할 수 있다. 고객을 위한 가상의 공장을 구축한 것도 각종 지식이 오랫동안 차곡차곡 축적되었기 때문에 가능한 일이었다.

공장, 사무 등 핵심 분야 외에 인사, 행정관리 등 세세한 부분에서도 자세하게 기록하고 똑똑하게 복제한다는 원칙은 그대로 적용된다. 예를 들어 주주총회를 어떻게 개최할 것인지, 각자 무슨 업무를 담당할 것인지 등등, 매년 주주총회가 끝나고 나면 평가회의를 열고 개선점을 논의한다. 어느 해에는 '경영진이 가슴에 꽂는 코사지에 꽃가루가 날리는 꽃을 사용하지 말 것'이라는 사항이 기록되었고 정말로 다음 주주총회에서는 경영진이 코사지를 꽂지 않았다. 아주 사소한 내용인 것 같지만 참고할 만한 경험을 자세하게 기록해 놓으면 개선이 필요한지 고려해 볼 수 있다.

기술위원회는 지금의 TSMC가 있게 한 중요한 시스템이며, 이 시스템의 중점은 각 부서를 수평적으로 통합해 서로 토론하고 학습하고 혁신을 자극한다는 데 있다. 기술위원회의 운영 방식과 기본 정신은 기술과 관리 분야의 개선에만 응용되는 것이 아니다. TSMC 내부에 여러 부서가 동시에 참여하는 수많은 프로젝트가 진행되고 있다. 직원들이 자기 실적을 위해 매년 자발적으로 이런 아이템을 찾고 적극적으로 참여하기 때문이다.

TSMC에서 근무했던 한 친구는 TSMC의 인사고과에는 평소 업무의 성과 외에 각종 프로젝트를 통한 성과도 포함되기 때문에 인사고과를 잘 받고 싶다면 그런 프로젝트에 필수적으로 참여해야 한다고 말했다. TSMC에서 10년 넘게 근무한 직원들은 대부분 20~30개 특별 프로젝트를 수행한 경험이 있다. 모두 여러 부서가 공동 진행하는 프로젝트이기 때문에 다양한 사람들을 만나 서로 배울 점을 찾아 학습하기 때문에 개인적인 성장에도 큰 도움이 된다고 한다.

하지만 이것으로 끝이 아니다. 그런 프로젝트를 수행하는 동안에도 TSMC는 직원들에게 또 다른 특별한 프로젝트 수행을 요구한다. 프로세스나 업무 방식을 실제로 변화시키고 개선할 수 있는 혁신적인 프로젝트를 내놓게 하는 것이다. 남다른 아이디어를 생각해 내야 하기 때문에 과거에 해보지 않고, 경험해 본 적 없는 업무를 자주 마주치게 되고, 그 때문에 프로젝트에 참여한 동료들끼리 끊임없이 학습하며 전문지식을 쌓아야 한다.

TSMC는 기술위원회라는 제도를 이용해 철저한 지식 관리 방식을 도출해 냈다. 이것은 TSMC를 학습형 조직으로 변신시킨 가장 중요한 과정이며, TSMC가 슈퍼 경쟁력을 축적할 수 있었던 핵심적인 비결이다.

TSMC 대동맹은 어떻게 만들어졌는가

2023년 3월 21일, 젠슨 황 엔비디아 CEO가 연례 개발자회의인 GTC GPU Technology Conference 2023에서 컴퓨팅 리소그래피 기술을 개선할 수 있는 새로운 소프트웨어 라이브러리 '쿠리소cuLitho'를 출시할 예정이라고 발표했다. 그는 타이완 TSMC, 네덜란드 장비 업체 ASML, 미국 전자 설계 자동화 소프트웨어 업체 시놉시스와 협업을 통해 반도체 생산 공장의 생산량을 늘리고 탄소배출량을 줄여 2나노 이하 첨단 공정 기술 개발의 기반을 다질 것이라는 계획을 밝혔다.

엔비디아는 AI(인공지능) 칩 분야 최고 기업으로, 엔비디아가 설계한 그래픽 칩이 전 세계 AI서버 시장에서 광범위하게 활용되고 있다. 그날 젠슨 황은 "AI의 아이폰 시대가 시작되었다"면서 엔비디아가 오픈 AI의 최대 주주인 MS뿐만 아니라 알파벳과도 손잡고 슈퍼컴퓨터 서비스를 제공할 것이라고 말했다.

챗GPT가 AI 혁명을 가속화하고 있는 가운데 엔비디아의 영향력은 나날이 확대되고 있다. 엔비디아의 4자 동맹은 향후 5~10년 중대한 역할을 하게 될 것이다. 무어의 법칙에 계속 도전해 2나노 이하 첨단 공정 기술을 개발할 반도체 업계에서든, 날마다 새로워지며 연산력 수요가 계속 폭증하고 있는 AI 업계에서든, 이들 4자 동맹은 주목을 받고 있다.

TSMC의 입장에서 보면 이는 'TSMC 대동맹^TSMC Grand Alliance 생태계'의 실력을 가장 구체적으로 보여줄 수 있는 새로운 기회다.

'TSMC 대동맹'은 모리스 창이 일찍이 TSMC의 공급망 생태계를 구상할 때 2차 세계대전 당시 역사에서 영감을 얻어 만든 개념이다. 2차 세계대전 때 영국과 미국이 연합군을 결성해 독일, 이탈리아, 일본 등 추축국에 대항한 것처럼 TSMC가 여러 공급망에 속한 업체들과 손잡고 동맹을 구축하겠다는 것이다.

파운드리와 공급망의 협력을 강조한 TSMC 대동맹은 수직적 통합 방식의 IDM보다 더 강력한 비즈니스 모델이다. 대동맹의 구성원이 각자 제일 잘하는 분야를 맡아 분업을 통해 협력한다는 구상인데, TSMC가 IC 설계 업체 및 많은 공급업체들과 협력한다면 글로벌 반도체 산업의 비즈니스 모델을 바꿔놓을 수 있을 것이라고 생각했다.

현재 엔비디아, TSMC, ASML, 시놉시스의 4사 협력은 TSMC 대동맹의 의의를 더욱 확장시켰다. TSMC와 제일 오랫동안 협력해 왔고 형제처럼 밀접한 관계에 있는 엔비디아가 세계 최고 IC 설계 기업으로서 TSMC의 2나노 공정 개발을 돕고 있다. 여기에 ASML의 정밀 장비와 시놉시스의 최첨단 전자 설계 자동화 소프트웨어가 가세해 위너 서클의 단합을 더 공고히 하고, 경쟁사인 삼성과 인텔이 파고들 틈을 허락하지 않고 있다. 이들 4개 사가 나란히 포진해 대동맹을 추진하는 모습은 '추축국' 진영을 향한 선전포고를 연상시킨다.

TSMC 대동맹은 이미 거의 모든 반도체 공급업체를 아우르며 상당히 완전한 조직 갖추고 있었다. 하지만 미·중 반도체 전쟁, 코로나19 팬데믹,

공급망 단절, 러시아-우크라이나 전쟁을 겪으며 더 이상 승자만의 동맹이 아닌, 모든 공급업체를 흡수한 거대한 생태계로 거듭났다. TSMC가 더 신속하고 더 현지화된 공급망을 적극적으로 구축한 덕분에 타이완에 수많은 공급업체가 생겨났고, 그들이 TSMC와 함께 세계 일류 제품과 기술을 개발하며 반도체 업계 선두 기업으로 성장했다.

타이완 현지 업체들은 기꺼이 TSMC만을 위한 맞춤형 설계와 제품, 서비스를 개발해 공급하려고 한다. 과거의 해외 공급업체들보다 더 훌륭하게 역할을 수행하는 그들은 TSMC의 공급망에 들어간 뒤 글로벌 공급망에서 대체 불가한 중요한 역할을 하게 된다.

TSMC는 매년 초 지난 한 해 동안 우수한 성과를 낸 공급업체들을 선정해 상을 수여한다. 2022년 TSMC의 우수공급업체로 선정된 18개 업체 가운데 타이완의 신소재 업체인 AEMC^{Advanced Echem Materials Company, 新應材}가 무척 인상적이었다. 신소재를 이용한 감광제는 반도체 포토 공정에서 매우 중요한 역할을 하는 재료인데, 기술 난이도가 높기 때문에 반도체 소재 산업의 왕으로도 불린다. 현재 일본 JSR, 신에츠화학, 후지필름, 도쿄오카공업, 미국 롬엔드하스^{Rohm & Haas} 등 일본과 미국 대기업이 세계 감광제 시장의 90퍼센트 이상을 차지하고 있다.

2019년 7월, 2차 세계대전 당시 징용피해자 보상 문제로 한일 양국 관계가 악화되자, 일본 정부가 반도체 핵심 소재 세 품목의 한국 수출을 제한했다. 그 바람에 삼성, SK하이닉스 등 반도체 대기업들이 생산 중단 위기에 직면했다. 당시 일본의 수출 규제 대상에 포함된 폴리이미드^{Polyimide}, 감광제, 식각가스(에칭가스)는 모두 일본의 세계 시장 점유율이 매우 높은 품목이다.

2019년 TSMC의 남부과학단지 공장도 공급업체가 납품한 감광제 불량으로 인해 12나노와 16나노 생산 라인의 웨이퍼 수만 장을 폐기하고

100억 타이완달러 넘는 손실을 입었다. 설상가상으로 코로나19 확산, 러시아-우크라이나 전쟁 등으로 반도체 원료 공급이 차질을 빚자 공급망이 원활하게 작동하지 못하며 공급망 자립의 필요성이 커졌다.

이제 TSMC 역시 한국의 사례와 같은 공급망 단절의 위기를 피하려면 타이완 현지 공급업체를 많이 확보해 TSMC 대동맹을 더 촘촘하게 구축해야 한다는 사실이 분명해졌다.

현지의 가능성 있는 업체를 육성해
'타이완 소연합'에서 '글로벌 대연합'으로

TSMC는 협력할 수 있는 타이완 업체들을 계속 물색했다. 그중 오랜 역사를 지닌 에버라이트 케미컬Everlight Chemical, 永光化學은 감광제 연구개발이 좀처럼 큰 성과를 내지 못하고 있었다. 원래 디스플레이용 감광제를 생산하는 작은 기업이었던 AEMC는 컬러 필터 감광제로 아이템을 전환한 뒤 TSMC의 자회사인 비스에라에 제품을 공급하기 시작했다. 이를 바탕으로 반도체 감광제 연구개발에 노력한 결과, 타이완산 감광제 소재 공급업체로서 TSMC로부터 적극적인 지원을 받고 있다.

한편 TSMC는 일본 감광제 대기업과의 협력 관계도 지속했다. 신에츠 화학은 TSMC의 감광제 수요를 낙관하고 일본과 타이완에 감광제 공장을 신규 건립해 생산능력을 확충했다. 이 밖에도 TSMC는 ASML과 공동으로 ASML의 해외 최대 EUV기술센터를 타이완에 건립하고, 타이완 최초 EUV 감광제 생산 공장을 세워 타이완 현지의 감광제 공급망을 크게 확충했다.

TSMC의 지원으로 성장한 타이완 공급업체 중 가장 유명한 곳은 구덩정밀Gudeng Precision Industry, 家登精密일 것이다. 현재 첨단 공정의 EUV 레티클 포드^{Pod}* 분야에서 세계 시장 점유율이 80퍼센트가 넘는 구덩정밀은 원래 타이베이 근교 신베이시 투청土城에 위치한 금형가공업체였다. 하지만 TSMC의 공급망 확대 기회를 포착한 추밍간邱銘乾 회장이 발 빠르게 사업을 전환하여 일약 세계적인 기업으로 도약했다.

1998년 구덩정밀이 설립됐을 당시, 금형가공 산업은 이미 업체들이 생존을 걱정해야 하는 상황이었다. 대기업들처럼 중국으로 이전하지 않는다면 업종 전환이 유일한 활로였다. 추밍간은 설립 이듬해에 과감하게 반도체 전공정 중 포토 공정에 진출하기로 결정하고 레티클 및 웨이퍼 운반 장치를 생산해 TSMC, UMC, 글로벌 파운드리스 등에 공급하기 시작했다.

또한 18인치 웨이퍼 보관용기 연구개발에 지속적으로 투자한 덕분에 인텔이 주도한 18인치 웨이퍼 규격 전환에서 타이완 업체로는 유일하게 참여업체로 선택되었다. 비록 웨이퍼 규격 전환은 성공하지 못했지만, 추밍간은 인텔에 직접 투자를 제안했고 주당순이익 15타이완달러로 인텔이 구덩정밀의 지분 12퍼센트를 인수했다.

구덩정밀은 이를 발판으로 글로벌 대기업들과 더 긴밀하게 협력하기 시작했다. 그중 가장 성공적인 프로젝트는 EUV 레티클 포드 개발이었다. 구덩정밀은 TSMC의 맞춤형 설계 수요를 충실하게 만족시키며 TSMC의 가장 중요한 공급업체가 되었다.

하지만 2019년 한 차례 경영위기가 닥쳤다. 당시 최대 경쟁사였던 인테그리스^{Entegris}와의 소송전에서 패소해 9억 7,800만 타이완달러의 배상금을 물게 된 것이다. 당시 구덩정밀의 자본금인 7억 4,000만 타이완달러보다도 많은 액수였으므로 하루아침에 도산 위기에 직면했다. 추밍간이 배상금을 마련하기 위해 부동산과 주식을 매각하고 여기저기서 돈을 빌렸지만

---

* 레티클을 보관하는 검은 박스.

5억 타이완달러밖에 모으지 못했다.

그때 대고객인 TSMC가 도움의 손길을 내밀었다. '대금 선납'이라는 방식으로 돈을 빌려준 것이다. 그 덕분에 구덩정밀은 위기를 넘기고 기사회생할 수 있었다.

구덩정밀과 인테그리스는 모두 TSMC의 레티클 포드 주력 공급업체지만, 인테그리스는 대규모 생산 라인을 보유한 해외 기업이고, 타이완 기업인 구덩정밀은 제품 라인업이 단일하고 규모도 작지만 TSMC의 공급업체가 되면서 성장 동력을 얻은 기업이었다. TSMC의 입장에서 구덩정밀은 10년 넘게 원만하게 협력해 온 본토 기업이었다. 과거에는 수입에만 의존해야 했던 제품을 타이완 현지 업체에서 공급받을 수 있고, 또 외국 기업과 경쟁할 만한 실력을 갖춘 충실한 공급업체였으므로 구덩정밀이 도산하도록 내버려 둘 수 없었다.

위기를 넘긴 구덩정밀은 현재 시장에서 탄탄하게 자리를 잡았다. 추밍간도 미래에도 반도체 공급에 있어서 글로벌 공급망과 함께 로컬 공급망이 중요할 것임을 간파하고 타이완의 산업 발전에 기여할 수 있는 방법을 모색했다. 그는 심텍Symtek, 迅得, 나이텍Nytex, 耐特, 그린필텍Greenfiltec, 濾能, 아시아네오테크Asianeotech, 科嶠 등 타이완 기업들과 함께 타이완 본토 공급망을 구축하고, 타이완 기업들이 기술력 강화를 통해 '타이완 소연합'에서 '글로벌 대연합'으로 진출하겠다는 목표로 노력하고 있다.

물론 TSMC는 타이완 기업뿐 아니라 외국 기업들과도 적극적으로 협력하고 있다. 2022년 TSMC의 우수 공급업체로 선정된 18개 회사 가운데 타이완 업체는 ASM先藝科技, DACIN達欣工程, AEMC, MIC帆宣系統 네 곳뿐이고, 나머지 14개는 미국 어플라이드 머티어리얼즈, 네덜란드 ASML, 스위스 지에프머시닝솔루션즈GF Machining Solutions, 일본 JSR, 미국 KLA, 일본 코쿠사이 엘렉트릭, 미국 램 리서치Lam Research, 이스라엘 노바NOVA, 미국 온

토^{Onto}, 일본 신에츠화학, 일본 섬코^{Sumco}, 일본 스미토모중공업 이온기술 Sumitomo Heavy Industries Ion Technology, 일본 도쿠야마^{Tokuyama}, 일본 도쿄일렉트론^{Tokyo Electron} 등 모두 외국 기업이다.

이들 14개 업체 가운데 TSMC와 장비업체 ASML의 협력은 TSMC 대동맹에서 가장 중요한 사례다. ASML이 생산한 EUV 장비가 현재 7나노 이후 최첨단 공정의 핵심 장비이며, 경쟁사 없이 세계 시장을 100퍼센트 독점하고 있다. ASML이 EUV 장비를 개발하는 과정에서 TSMC는 최대 고객사 이상의 중요한 역할을 했다. 두 기업의 인연은 1980년대 설립 당시부터 시작되었다.

ASML은 1984년 실적 부진에 시달리고 있던 필립스로부터 분리되어 나온 기업으로, 유명한 필립스 물리학연구소^{NatLab}가 그 전신이다. TSMC도 설립 초기에 대주주인 필립스로부터 기술 및 특허 라이센싱을 받았으므로 두 기업은 형제 관계라고도 할 수 있다.

필립스와의 관계로 인해 두 기업은 일찍부터 서로의 실력을 알고 있었다. 필립스는 TSMC의 파운드리 가격이 필립스 내부 생산원가보다 저렴하고, 생산효율과 가격 경쟁력 모두 세계적인 수준을 갖고 있음을 알고 있었다. TSMC는 ASML의 첫 대량 주문 고객이 된 것을 시작으로 꾸준히 관계를 유지해 왔고, 액침, EUV 등 각종 혁신적인 장비가 개발될 때마다 항상 제일 먼저 구매해 사용했다. 심지어 ASML과 공동으로 R&D를 진행하며 중요한 사용 경험을 제공하기도 했다.

가장 대표적인 사례가 액침 노광 기술의 발명이다. 린번젠 전 TSMC R&D 부문 부사장이 개발한 이 기술은 종전의 건식 현상 기술의 한계를 돌파했을 뿐 아니라, 무어의 법칙을 55나노 공정 이후로 계속 연장시켰다. 이 기술 덕분에 ASML은 기존에 개발 중이던 157나노 노광기를 포기하지 않고 TSMC와 공동으로 193나노 액침 노광기를 개발할 수 있었다. 이로써 ASML은 훗날 EUV 장비로 세계를 제패할 수 있는 기반을 얻었고, TSMC도 삼성과 인텔을 제치고 오늘날 세계 파운드리 시장의 1인자로 우뚝 섰다.

현재 ASML은 TSMC와의 현지 공급 및 협력 관계를 더욱 강화하기 위해, 창립 이래 최대 규모인 300억 타이완달러를 투자해 타이완 신베이시 린커우*□에 직원 2,000명을 수용하는 대규모 공장을 건립하기로 확정했다.

TSMC와 ASML의 긴밀한 협력은 TSMC와 1만 개 넘는 업체가 함께 구축한 공급망 대동맹 중 가장 훌륭한 본보기다. 최고의 시너지 효과를 거둔 그들의 협력 관계는 다른 경쟁사들이 감히 따라오지 못하고 그저 감탄할 수밖에 없는 경지에 이르렀다. 이재용 삼성 회장, 팻 겔싱어 인텔 CEO가 모두 네덜란드를 직접 방문해 피터 베닝크Peter Wennink ASML CEO에게 EUV 장비 공급량을 늘려달라고 요청했지만, 베닝크가 그들에게 공급하지 않으려는 것이 아니라 생산 라인의 한계 때문에 유한한 자원을 가장 긴밀한 관계의 고객사에 공급할 수밖에 없는 것이다. 피터 베닝크는 30년 넘게 협력한 경험을 토대로 TSMC와는 서로에게 시너지를 내는 공동의 성공을 추구할 수 있다는 사실을 있다.

어떤 기업을 관찰하든 그 기업이 가진 능력만 볼 것이 아니라, 어떤 기업과 협력 관계를 맺고 있는지 어떤 기업이 그의 편에 서 있는지를 더 중요하게 살펴보아야 한다. TSMC가 비관적인 전망을 극복하고 거인으로 성장할 수 있었던 것은 대동맹을 구축해 실력 있는 기업들과 협력 관계를 맺고, 타이완 현지 공급업체들을 육성해 '네가 성공해야 나도 성공할 수 있다'는 철학을 실천했기 때문이다. 이것이 바로 코로나19와 정치적 긴장 속에서도 TSMC의 고속 성장을 가능하게 한 핵심 경쟁력이다.

08 ‖ 무어의 법칙의 한계를 돌파한 킬러 아이템

TSMC가 첨단 패키징 기술에 뛰어든 이유

TSMC가 7나노 이하 첨단 공정 기술에서 세계 1위를 차지한 중요한 요인은 '첨단 패키징' 기술의 혁신이다. 2009년에 착수한 이 R&D 프로젝트는 현재 기술과 양산에서 모두 규모의 경제를 실현했으며, 비욘드 무어 시대로 가는 가장 중요한 난관을 돌파한 필살기가 되었다.

과거에 TSMC는 반도체 생산 전공정의 첨단 공정 기술 개발에 주력했고, 고객의 후공정 패키징 작업은 보통 ASE테크놀로지스홀딩 같은 전문 패키징 업체에 아웃소싱했다. 그러던 TSMC가 패키징 기술 R&D에 뛰어들더니 '첨단 패키징Advanced Packaging'이라고 명명하기까지 한 건 왜일까? 난관에 봉착한 공정 기술 때문이었다.

이른바 '첨단 패키징' 기술이란 '단층집을 짓는' 전통적인 패키징 기술과 차별화되는 기술이다. 공정 기술이 7나노, 5나노, 3나노까지 진화하자 IC 제조 난이도가 점점 높아지고 비용도 점점 증가했다. TSMC는 IC를 겹쳐서 패키징하면 2.5D든 3D든 빌딩을 짓듯이 칩을 위로 쌓아 올릴 수 있을 것이라고 생각했다.

칩을 쌓아 올리자 작은 칩들을 하나로 통합하고 효율을 높일 수 있는 첨단 패키징 기술이 필요했다. TSMC가 첨단 패키징 기술 개발에 성공하자 애플, AMD, 엔비디아 등 고객들이 칩렛chiplet*을 이용한 이종 집적 Heterogeneous Integration 아키텍처 설계를 적극적으로 채택했다. 그러자 TSMC는 다시 이종 집적 칩렛을 단일 칩으로 통합했다. TSMC의 첨단 2.5D/3D 패키징 기술이 등장하면서 AI와 고성능 컴퓨팅HPC CPU가 시장의 새로운 총아로 떠올랐다.

시장조사기관 욜디벨롭먼트Yole Développement는 2020~2026년 첨단 패키징 시장의 연평균성장율CAGR이 15퍼센트에 달하고, 2026년 첨단 패키징 시장 규모가 480억 달러로 전통적인 패키징 시장을 추월할 것으로 내다보았다.

TSMC가 첨단 패키징 기술 R&D에 착수하게 된 배경에는 비하인드스토리가 있다. 2009년 모리스 창은 TSMC CEO로 복귀하면서 은퇴한 장상이 전 R&D 부문 수석부사장을 다시 불러 R&D 부문을 맡겼다. 당시 장상이가 모리스 창에게 대담한 제안을 했다. 공정 기술 발전 속도가 둔화되고 무어의 법칙이 거의 한계에 다다랐지만 아직 효율 개선이 가능한 세부적인 부분들이 있다면서, 회로기판 위에서 각각의 칩 유닛이 개별적으로 기능을 수행하는 문제를 해결하기 위해 첨단 패키징 기술을 개발하자는 것이었다.

장상이는 모리스 창에게 첨단 패키징 기술의 중요성을 자세히 분석해주며 R&D에 더 많은 자금과 인력을 투입해야 한다고 주장했다. 약 한 시

---

* 고성능 칩에서 필요한 각 기능을 분리해 놓은 단일한 칩 조각. 칩렛 기술은 이 조각을 따로 제조한 후, 후공정을 통해 하나의 패키지로 만드는 방식이다. 단일 칩 시스템System on a Chip, SoC과 달리 작은 칩들을 모아서 하나의 패키지로 만드는 것System in Package, SiP이다. 칩렛을 포함해 로직, 메모리, 센서 등 다양한 종류의 칩을 하나의 패키지 내에 만드는 기술을 통칭해 '이종 집적'이라고 부른다.

간의 대화 후에 모리스 창은 R&D 입력 400명과 장비 구매 비용 1억 달러를 투자하기로 결정하고 장상이에게 첨단 패키징 기술 개발을 서둘러 달라고 했다.

당시에는 이것이 얼마나 중요한 결정인지 아무도 눈치채지 못했다. 장상이는 거의 해산 직전에 있던 첨단 패키징 부서를 정상화시키고 인력을 충원한 뒤 본격적인 R&D에 착수했다. TSMC에 복귀한 장상이가 가장 많은 시간과 에너지를 쏟아부은 분야가 바로 첨단 패키징이었다.

과연 TSMC의 계획은 대성공을 거두었고, 업계의 다른 기업들이 그 뒤를 따랐다. 이 길이 비욘드 무어 시대에 가야 할 길이라는 데 모든 사람이 동의했다.

그 후 TSMC는 삼성에게서 아이폰 프로세서 칩 주문을 전량 가로채게 된 InFO 기술과 엔비디아의 딥러닝을 위한 AI 반도체에 사용된 CoWoS 기술을 개발함으로써 전성기로 가는 길을 열었다.

퀄컴 임원의 한 마디가 R&D팀에 큰 깨달음을 주다

장상이와 위전화 현 TSMC R&D 부사장이 정예 인력 수백 명을 지휘해 첨단 패키징 기술 R&D를 진행한 결과, 마침내 2012년 TSMC의 1세대 패키징 기술이 개발되었다. 하지만 CoWoS로 이름 붙여진 이 기술은 고객들에게 크게 주목받지 못해 자일링스와 화웨이의 계열사인 하이실리콘HiSilicon 두 곳만 이 기술을 채택했다.

장상이의 열정적인 홍보에도 고객들은 별로 관심을 보이지 않았는데, 어느 날 퀄컴 부사장이 그에게 이렇게 말했다. "우리가 원하는 패키징 단가는 1제곱밀리미터당 1센트입니다." 직원을 시켜 CoWoS의 단가를 계산해 보라고 하자 1제곱밀리미터당 7센트였다. 그는 아무리 월등한 기술도 고객이 원하는 단가보다 너무 높으면 팔기 힘들다는 것을 그제야 깨달았다.

그다음에 개발한 InFO 첨단 패키징 기술은 1제곱밀리미터당 1센트 이하로 단가를 낮추는 데 성공했다. 과연 InFO 기술은 상당히 많은 고객들에게 채택되었고, 애플도 이 기술 때문에 삼성에 주문하려던 칩을 전량 TSMC에 주문했다.

퀄컴 임원의 한 마디가 장상이와 TSMC의 R&D팀에게 큰 깨달음을 주었던 셈이다. R&D 분야에서만 40여 년을 일한 장상이도 고객의 입장과 시장 수요를 고려하지 못했던 것이다. 퀄컴 임원의 한 마디에 깨달음을 얻은 장상이는 R&D팀과 함께 고비용 문제를 해결하기 위해 많은 노력을 기울였고, 고객이 원하는 단가로 낮춘 뒤에야 이 새로운 솔루션을 상용화할 수 있었다.

현재 TSMC는 SoIC System-on-Integrated-Chips, InFO, CoWoS 등 3D 기술이 포함된 'TSMC 3D 패브릭Fabric'이라는 첨단 패키징 기술 플랫폼을 구축하고 다양한 용도로 활용할 수 있는 완전한 솔루션을 제공한다. 이 솔루션은 로직칩렛, 고대역폭 메모리, 스페셜티 공정칩 등에 적용되고 있다.

한 가지 덧붙이자면, 2021년 장상이가 중국 SMIC 부회장에 영입되었을 때도 SMIC에서 첨단 패키징 기술 개발을 추진하려고 했었다. 첨단 패키징 기술과 칩렛 기술에 여전히 열정을 가지고 있었던 장상이는 SMIC에서 자신의 이상을 실현하고 싶다며 저우쯔쉐周子學 당시 SMIC 회장을 오랫동안 설득했다. 하지만 아쉽게도 SMIC는 그의 건의를 받아들이지 않았고, 얼마 후 SMIC를 떠난 장상이는 자신의 SMIC행은 잘못된 결정이었다고 고백했다. SMIC는 첨단 공정 기술을 개발하고자 했지만 핵심 장비인 EUV 장비를 확보하는 데 실패했을 뿐 아니라, 첨단 패키징 기술의 중요성을 인식하지 못하는 치명적인 실수를 저지르고 말았다.

TSMC에는 무어 법칙의 한계를 뛰어넘겠다는 목표로 조직된 '모어 댄 무어 테크놀로지스More-than-Moore Technologies'라는 부서가 있다. 이 부서는 더 정밀한 공정 기술을 연구개발하는 한편, 첨단 패키징 기술 연구를 통해 IC의 한계를 극복할 수 있는 솔루션을 모색한다. TSMC는 이 두 가지 R&D 프로젝트를 통해 동종 업계 경쟁자들이 감히 넘볼 수 없는 높은 허들을 쌓고 있다.

첨단 패키징 분야에서 기술 도약을 실현한 TSMC는 첨단 패키징 생산 규모를 빠르게 확충하기 시작했다. 현재 타이완 먀오리苗栗 주난竹南에 신규 건립한 첨단 패키징 및 테스트 공장 AP6(첨단 패키징 및 테스트 6공장)는 기존의 4개 공장 생산능력을 모두 합친 것의 1.3배 규모이며 2022년 3분기에 양산 체제에 돌입했다. 주난 6공장이 건립되기 전 신주, 타이난, 타오위안 룽탄龍潭, 타이중 네 곳에 첨단 패키징 및 테스트 공장이 있었는데 숫자 4를 꺼리는 중국 문화 때문에 1, 2, 3, 5로 일련번호를 붙였다.

주난 패키징 및 테스트 공장은 기존 공장들과 달리, 주로 전공정 3D 분야 TSMC-SoIC 패키징에 속하는 WoWWafer on Wafer, CoWChip on Wafer 등 첨단 패키징에 주력하고 있다. 또한 소재의 현지화, 기술의 자립화, 외국 기업 장비 생산의 현지화, 첨단 패키징 장비의 국산화 등을 실현하고자 타이완 공급업체를 적극적으로 지원한다.

첨단 반도체 생산 전공정에 사용하는 장비는 어플라이드 머티어리얼즈, 램 리서치, KLA, ASML, 도쿄일렉트론 등 상위 5개 사가 세계 시장의 70퍼센트 이상을 차지하고 있다. 그에 비해 후공정 패키징 장비 분야는 경쟁이 그렇게 치열하지 않고, 제조 난이도와 가격도 낮은 편이기 때문에 타이완 국산 장비들이 경쟁에 참여할 기회가 있었다.

한 예로 올링테크AllRing Tech, 萬潤科技가 생산한 디스펜서는 우수한 제품, 가격, 납기 등을 인정받아 TSMC에 장비를 대량 공급했고, 습식 장비를 생산하는 사이언테크Scientech, 辛耘, 레티클 포드 및 웨이퍼 보관용기를 생산하는 구멍정밀, 타겟Target을 생산하는 솔라Solar Applied Materials Technology, 光洋科 등이 모두 TSMC에 첨단 패키징 장비 및 소재를 공급하는 타이완 업체들이다. TSMC가 첨단 패키징 기술 개발과 생산능력 확충에 적극적으로 투자하면서 타이완 반도체 업계의 장비업체, 소재업체, 테스트업체 등도 함께 성장해 TSMC 대동맹이 점점 더 확장되고 강화되었다.

09 │ 타이완 IC 설계서비스 및 IP 산업의 새로운 생태계

강력하지만 흔히 간과하는 새로운 힘

•
전 세계 스마트폰과 모바일 디바이스 10대 중 9대는 ARM라는 기업의 반도체 IP가 적용된 칩이 탑재되어 있다는 얘기를 아마 들어본 적이 있을 것이다. ARM은 1990년 영국 케임브리지에서 설립되었으며 현재 일본 소프트뱅크가 대주주인 회사다.

TSMC, UMC 등 파운드리 기업들이 고속 성장세를 지속하며 타이완에도 ARM과 비슷한 산업군이 생겨났다. 반도체 IP 라이센싱으로 수익을 창출하는 이메모리^{eMemory Technology, 力旺}, 안데스와 IC 설계서비스 위주의 글로벌유니칩, 패러데이, 알칩^{Alchip Technologies, 世芯}, M31 등이 여기에 속한다. 그다지 주목받지 못했지만 반도체 생태계에서 매우 중요한 반도체 IP 및 설계서비스 기업들이 약진하며, 영국과 미국이 독점하고 있던 업계에 타이완이 도전장을 내밀 수 있게 되었다. 특히 타이완은 이렇게 고수익, 고성장 산업을 육성해낼 수 있는 몇 안 되는 아시아 국가 중 하나이기 때문에 자세히 분석하고 탐구해 볼 만한 가치가 있다.

우선 IC 설계서비스 및 반도체 IP 기업이 어떻게 탄생하게 되었는지 얘기해 보겠다. 반도체 산업이 발전함에 따라 IT 제품의 기능이 점점 다원화되면서 IC 설계와 제조가 훨씬 복잡해지고 설계 기술에 관한 여러 가지 문제가 나타났다. 예를 들어 스마트폰용 칩을 생산하던 기업이 스마트폰에 동영상, 라디오 등 새로운 기능이 추가될 때마다 설계인력을 추가로 고용하여 개발하자면 운영비용이 증가한다. 그래서 외부에서 위탁설계서비스를 제공하거나 반도체 IP 라이센싱이 가능한 업체를 찾는 기업이 늘어나면서 이 분야가 빠르게 성장하기 시작했다.

파운드리 기업의 한 부서로 속해 있던 IC 설계서비스 분야가 독립해서 나오거나, 파운드리 기업이 지분 출자를 통해 IC 설계서비스 업체를 설립해 파운드리 기업과 IC 설계 고객을 이어주는 중요한 창구로 삼았다. 파운드리 기업의 출자 없이 완전히 독립된 형태의 IC 설계서비스 및 반도체 IP 기업도 있지만 그렇더라도 반도체 생산 기업들과 긴밀한 협력 관계를 맺고 있다.

IC 설계서비스 및 반도체 IP 업체의 주요 수익원은 반도체 설계 자산SIP 라이센싱, 설계 아웃소싱Non Recurring Engineering, NRE 서비스, 위탁설계에서부터 양산까지 일괄수주하는 턴키Turn-Key 서비스 세 가지다.

SIP 라이센싱은 이미 개발이 완성된 IP의 사용권을 그 기술이 필요한 기업에 주고 로열티를 받는 것이다. 하드웨어를 생산하지 않고 재고도 없으므로 소프트웨어 기업과 유사하다. 이 유형에 속한 기업들의 매출총이익률은 대부분 90~100퍼센트다.

SIP 라이센싱 사업은 현재 타이완 IC 설계서비스 기업의 매출에서 큰 비중을 차지하지 못하지만 성장 속도가 상당히 빠르다. 이메모리와 안데스가 이 비즈니스 모델에 가까운 편이고, 앞에서 언급한 ARM과 미국 시놉시스의 IP 사업부도 SIP 라이센싱이 주요 수익원이다.

NRE와 턴키 서비스가 현재 타이완 IC 설계서비스 기업의 주요 비즈니스 모델이다. 그중 NRE는 고객의 주문을 받아 IC를 위탁 설계해 주는 서비스인데, 고객 맞춤형 ASIC^application specific integrated circuit (주문형 반도체) 또는 시스템 온 칩^System on Chip, SoC 이 대부분이다.

하지만 IC 위탁설계가 완성되었어도 고객이 파운드리, 패키징, 테스트 업체들과 거래하는 데 서툴고, 합리적인 가격에 안정적인 생산량과 양호한 기술 서비스를 원하는 경우, IC 설계서비스 업체가 대신해서 웨이퍼 생산 공장을 통해 양산까지 진행해주기도 한다. 이처럼 전공정 NRE부터 후공정 양산까지 일괄적으로 진행하는 것을 턴키 서비스라고 한다.

매출총이익률을 살펴보면, 일반적으로 NRE의 경우 약 30~40퍼센트이고, 턴키는 15~20퍼센트다. 후자의 매출총이익률이 낮기는 하지만 턴키 서비스에 웨이퍼 생산 공장을 통해 양산하는 단계까지 포함되기 때문에 박리다매 개념이라고 할 수 있다.

파운드리 산업이 만들어낸 완전히 새로운 밸류체인

IC 설계서비스 산업의 성장은 반도체 산업의 분업 추세에 매우 중요한 의미가 있다. 특히 파운드리 산업의 발전에 세 가지 큰 공헌을 했다. 첫째, IC 설계 기업의 제품 출시 속도를 높였고, 둘째, 소규모 IC 설계 기업들에게 더 많은 기회를 제공했으며, 셋째, 제품의 다원화와 '경박단소輕薄短小화'* 를 가속화했다.

파운드리 기업의 입장에서 IC 설계서비스 및 반도체 IP 기업은 매우 중요한 조력자다. 이 협력업체들을 통해 새로운 고객, 특히 규모가 작고 혁신적인 기업들을 많이 확보할 수 있기 때문이다. 파운드리 기업에는 전담자

---

* 제품의 '가볍고, 얇고, 짧고, 작은' 특성을 뜻하는 말.

가 필요한 대형 고객도 반드시 있어야 하지만, 이렇게 작고 혁신적인 기업들도 소홀히 할 수 없다. IC 설계는 혁신이 활발하게 이루어지기 때문에 새로운 업체들이 수시로 탄생한다. 차이밍제 미디어텍 회장의 표현을 빌리자면 "챔피언이 계속 바뀌는" 시장이다. 그러므로 파운드리 기업은 이 미개척지에서 계속 새로운 고객을 찾아내 데려다주는 IC 설계서비스 업체들과 긴밀한 관계를 맺을 수밖에 없다.

보통은 파운드리와 IC 설계서비스 업체가 전략적 동맹 관계를 맺고 있지만, 더 적극적으로 지분을 투자하는 경우도 있다. TSMC가 글로벌 유니칩의 지분을 35퍼센트 가까이 갖고 있고, UMC도 패러데이의 지분 14퍼센트를 보유하고 있으며, 파워칩도 이메모리에 투자했다. 드물기는 하지만, 미디어텍이 11퍼센트 지분을 갖고 있는 안데스처럼 IC 설계 기업이 투자한 사례도 있다.

더 깊이 살펴보면 파운드리 산업의 규모가 계속 확장됨에 따라 IC 설계서비스 및 반도체 IP산업의 시장 규모도 빠르게 커지고 있다. 이런 거침없는 성장세의 원동력은 파운드리 산업이 만들어낸 완전히 새로운 밸류체인에서 나온다.

거의 모든 스마트폰에 ARM의 반도체 IP 코어가 사용되고, IC 설계의 분업과 협력이 점점 더 세분화되고 있다. 동시에 반도체 회사들도 더 이상 자체 공장을 보유하지 않고 생산물량을 TSMC에 주문하는 등 제조 단계도 분업화되면서, 전체 반도체 산업의 분업 구조가 더 명확해졌다. 각자 자신이 제일 잘할 수 있는 분야에만 집중하기 때문에 모든 과정을 직접 수행하던 IDM는 빠르게 대체되고 해체되는 추세로 가고 있다.

게다가 IC 설계서비스 및 반도체 IP 산업에는 한 가지 중요한 특징이 있다. 일반적으로 경기가 호황이면 위탁설계 주문이 쏟아져 폭발적인 성장세가 나타난다. 그런데 경기 불황이 찾아와도 크게 침체되지 않고 상당히 탄탄한 수요가 유지된다. 불경기에는 고객들이 새로운 시장을 개척하기 위해 새로운 IP를 도입해 신제품 개발에 적극적으로 나서기 때문이다.

불경기일 때에도 매출이 탄탄하게 유지된다고 하면 이상하게 들리겠지만, 조금 생각해 보면 쉽게 이해할 수 있다. IC 설계서비스 및 반도체 IP 업계의 고객은 대기업과 중소기업이 골고루 있다. 경기가 좋으면 너도나도 신제품 개발에 나서기 때문에 위탁설계 주문이 급증한다. 그런데 파운드리 기업들은 주문량이 많아 생산 라인이 부족해지면 보통 대기업 고객의 물량을 우선적으로 처리해 준다. 소형 IC 설계 기업은 설계를 다 해놓아도 생산 라인을 확보하지 못해 양산에 들어가기 어려울 때가 많다.

경기 침체기가 되면 기업들이 감원이나 긴축 경영 등으로 지출을 줄이지만 IC 설계서비스 및 반도체 IP 업계에서는 흥미로운 현상이 나타난다. 웨이퍼 공장의 생산 라인에 여유가 생겨 새로운 업체나 프로젝트의 주문을 받을 수 있으므로 턴키 서비스의 수입이 늘어나는 것이다.

또 경기 침체기에는 스타트업 투자도 늘어난다. 최근 반도체 업계에 나타난 가장 큰 변화로는 애플, MS, 알파벳, 아마존, 메타, 알리바바Alibaba, 阿里巴巴, 텐센트Tencent, 騰訊, 화웨이, 샤오미 같은 대기업들이 모두 자체 설계 칩을 개발하고 있는 것을 들 수 있다. 이 업계에서 경기 불황은 쉬어가는 휴식기가 아니라 열심히 실력을 갈고 닦으며 다음 전투를 준비하는 시기이기 때문에 거시 경제 환경과 무관하게 언제나 생기와 활력이 넘친다.

예를 들어 글로벌 유니칩은 2022년 하반기부터 찾아온 경기 침체의 와중에도 매 분기 실적이 상승했다. SSDSolid State Drive, 네트워크통신, 디지털카메라, BMCBoard Management Controller 등의 수요가 여전히 강세를 보였기 때문이다. 특히 미·중 반도체 전쟁으로 중국 고객은 위축되었지만 미국 고객은 오히려 투자를 늘리면서 글로벌 유니칩도 새로운 시장 기회를 얻었다.

글로벌 유니칩은 기존의 성숙 공정 외에도 TSMC가 가장 앞서 있는 첨단 공정에 적극적으로 협력했다. 첨단 공정은 TSMC의 가장 특별하고 차별화된 경쟁력이고, 글로벌 유니칩은 TSMC 대동맹에서 가장 중요한 IC 설계서비스 및 반도체 IP 공급업체이므로 글로벌 유니칩의 지속적인 성장에도 물론 큰 도움이 되었다.

메모리 IP 라이센싱을 위주로 하는 이메모리는 반도체 기업들에게 상대적으로 저렴한 설계기술사용료를 받는 비즈니스 모델을 갖고 있다. 특히 대기업에게는 연회비 방식을 적용해 일정 금액을 지불하기만 하면 기존 IP를 무제한 사용할 수 있고, 주문형 IP에 대해서만 추가 비용을 받는다. 고객이 IP를 무제한으로 사용하게 하는 이런 방식은 이메모리의 IP 보급에 매우 효과적인데 특히 불경기일 때 고객 유치 효과가 더 크다. 적극적으로 신제품을 개발하는 동시에 지출을 줄여야 하는 고객의 입장에서 상당히 매력적이기 때문이다. 이메모리는 고객이 웨이퍼 생산 주문을 하는 경우에만 양산 단계에서 웨이퍼 생산업체로부터 그에 상응하는 로열티를 받는다. 성공해야만 돈을 받는 이런 방식 덕분에 IC 설계 업체와 웨이퍼 생산업체 모두 이메모리와 기분 좋게 협력할 수 있다.

반도체 전쟁이 불러온 새로운 흐름
리스크 파이브 아키텍처의 빠른 성장

미·중 반도체 전쟁이 글로벌 반도체 산업에 큰 충격을 주었지만 글로벌 시장을 타깃으로 한 타이완의 설계서비스 기업들은 사실상 수혜를 입었다.

왜 그럴까? 미국 정부가 중국에 대한 최첨단 반도체 장비 및 소프트웨어 수출을 규제하고 많은 기업을 거래제한 명단Entity List에 포함시키는 바람에 중국 고객이 대부분이었던 IC 설계서비스 업체들이 매출에 타격을 입은 것은 사실이다. 하지만 반대로 미국 고객이 부쩍 늘어났다. 미국이 중국에 대항해 적극적인 반도체 산업 지원책을 펼치면서 IC 설계서비스 및 반도체 IP 수요가 급증한 것이다. 중국 고객은 감소했지만 미국 고객이 늘어나 타이완의 관련 업체들이 적잖은 수혜를 입었다.

근래 중국의 IC 설계 산업도 비약적으로 성장했다. 중국 정부와 대형 펀드가 반도체 산업에 엄청난 자금을 쏟아붓고 있다는 얘기는 많이 들어서 알고 있겠지만, IC 설계서비스 업계를 취재하면서 충격적인 사실을 알게 되었다.

주로 중국 IC 설계 기업들로부터 NRE 주문을 받고 있는 한 업체 사장은 현재 중국에 2,000~3,000개의 IC 설계 기업이 있는데 그중 실제로 양산에 들어가는 곳은 20~30개밖에 되지 않는다고 했다. 단 1퍼센트만이 양산 단계까지 갈 수 있는 것이다. 타이완, 유럽, 미국 업체들의 양산 진입 비율이 절반 이상인 것과 비교하면(타이완의 IC 설계 기업 약 200개 가운데 양산에 들어간 기업이 100개 이상이다) 중국의 비율은 낮아도 너무 낮다.

그 이유는 단순하다. 중국 정부가 막대한 물량 공세와 각종 우대 정책을 펼치면서 많은 기업들이 앞다투어 새 프로젝트를 개발하고 있다. 샘플만 만들어도 정부 보조금을 받을 수 있기 때문에 너도나도 NRE 주문을 하지만, 그렇게 마구잡이로 설계된 IC는 대부분 양산 단계까지 가지 못하고 정부 보조금도 흔적 없이 사라져버리는 것이다. 하지만 설계서비스 업계는 쏟아지는 대량 주문을 받아내며 돈을 쓸어 담고 있다.

미·중 반도체 전쟁이 불러온 또 하나의 새로운 흐름에 주목해 볼 수 있다. 바로 반도체 IP 분야에서 빠르게 성장하고 있는 RISC-V Reduced Instruction Set Computer-Version 5 [리스크 파이브로 읽는다] 아키텍처다.

개방형 명령어집합의 일종인 리스크 파이브는 미국 UC버클리에서 개발한 개방형 open source 아키텍처다. 미국이 중국 반도체 규제 정책을 펼치자 중국이 ARM 등 유럽과 미국의 대기업이 보유한 IP를 사용하지 않고, 유럽과 미국에 '숨통을 틀어잡히지' 않을 기술을 개발하기 위해 개방형 아키텍처인 리스크 파이브를 적극적으로 채택했다. 이를 통해 기술 자립을 이룬 '중국 칩'을 개발하려는 것이다.

현재 타이완에도 RISC-V를 채택한 기업들이 있는데 그중 안데스가 가장 적극적이다. 2005년 설립된 안데스는 설립 당시 프로세서 아키텍처의 자주적인 연구개발을 목표로 삼았다. '타이완 칩' 개발해 인텔, ARM 등 글로벌 대기업에 대한 의존도를 낮추겠다는 것이다.

안데스는 2015년 RISC-V 재단[*]에 설립 멤버로 참여했으며, 린즈밍^林 ^{志明} 안데스 사장이 지금까지 재단 이사를 맡고 있다. 2017년 안데스는 1세대 RISC-V 제품을 발표했고, 현재 개발한 고효율 마이크로프로세서 IP는 소비재 제품, 스마트폰, 멀티미디어, 서버, 네트워크 및 엣지 컴퓨팅^{Edge computing} 등 다양한 제품에 응용될 수 있다. 중국의 RISC-V 시장이 성장함에 따라 안데스는 '타이완 칩' 외에 '중국 칩'이라는 새로운 열차에도 올라탔다.

TSMC를 타이완 반도체 산업의 호국신산이라고 한다면, 앞에서 말한 이 기업들은 해발 3,000미터 이상 봉우리들이 100개 넘게 우뚝우뚝 서있는 것과 같다. 타이완 IC 설계서비스 및 반도체 IP 산업이 만들어낸 새로운 생태계가 TSMC 주위를 둘러싼 뭇 산들처럼 웅장한 중앙산맥을 이루며 타이완 반도체 산업을 수호하고, 타이완 전자 산업을 지탱하는 탄탄한 힘이 되었다.

---

[*] 2015년 미국에서 리스크파이브 재단이 설립된 후 2020년 스위스로 이전하고 리스크파이브 인터내셔널^{RISC-V International}로 명칭이 바뀌었다.

10 ‖ 세 가지 관점에서 바라본 20년 전성기

TSMC의 전성기는 얼마나 지속될까?

2011년 스티브 잡스 애플 창업자의 유고로 팀 쿡^{Tim Cook}이 애플 CEO가 되었다. 당시 스티브 잡스 없이 애플의 전성기가 얼마나 더 지속될 수 있을지 회의적인 시선으로 바라보는 사람이 많았다.

2018년 모리스 창 TSMC 창업자가 은퇴하고 마크 리우와 웨이저자가 기업을 물려받았을 때도 많은 사람이 똑같은 의문을 품었다. '모리스 창 없이 TSMC의 독주가 얼마나 지속될 수 있을까?'

결과는 어땠을까?

스티브 잡스가 세상을 떠난 뒤에도 애플은 고성장을 지속했다. 팀 쿡이 취임했을 때 3,460억 달러였던 애플의 시가총액이 2022년 3조 달러를 돌파해 8.5배나 성장했다. 일각에서는 스티브 잡스 시절의 혁신적인 에너지가 사라졌다고 말하지만 애플의 돌풍은 10년 넘게 사그라지지 않고 계속되었다.

TSMC는 어땠을까? 나는 종종 이 질문에 혼자서 답을 해보곤 한다. 모리스 창은 은퇴 후 어느 인터뷰에서 TSMC의 미래에 대해 말한 적이 있다.

그는 TSMC가 향후 20년은 아무 문제없이 성장을 지속할 것이며, 그 후 50년도 건재하겠지만 성장세가 유지될지는 미지수라고 했다.

TSMC의 호시절이 20년은 더 지속될 것이라는 그의 전망에는 나도 공감한다. 이 문제를 논하기 전에 먼저 2022년 글로벌 IT기업 몇 곳의 재무제표를 살펴보자.

2022년 급격한 경기 침체로 유럽과 미국 기업들이 대대적인 인원 감축에 나서고 많은 기업이 부진한 실적을 냈다. 순이익을 기준으로 보면, TSMC의 2022년 4분기 순이익은 100억 달러에 가까운 2,959억 타이완 달러로 전년 동기 대비 77.8퍼센트나 증가했다. 순이익 규모로는 애플(약 300억 달러), MS(164억 달러), 알파벳(136억 달러)의 뒤를 이어 세계 4위다. 다른 주요 기업들을 보면 아마존 2억 7,800만 달러, 메타 46억 5,000만 달러, 테슬라 37억 달러로 모두 TSMC에 미치지 못했다.

현재 시가총액 세계 10~12위인 TSMC가 세계 4위 규모의 순이익을 달성했으니 훌륭한 실적인 셈이다. 게다가 한 해 전체 순이익이 처음으로 1조 100억 타이완 달러를 돌파해 전년 대비 70.4퍼센트나 증가했다.

반도체 업계만 놓고 보면, 인텔은 2022년 4분기에 6억 6,400만 달러의 적자를 냈고, 한국 삼성전자 약 18억 달러, AMD 2,100만 달러, 엔비디아 14억 5,600만 달러, SMIC 3억 8,600만 달러의 순이익을 기록해 모두 TSMC에 크게 못 미쳤다.

TSMC는 높은 성장세를 유지하며 반도체 업계 부동의 1위를 지키고 있다. 반도체 경기 둔화세가 나타난 2022년과 2023년에도 TSMC의 이익과 성장세는 전혀 흔들림이 없었다. 기간을 더 넓게 잡아 모리스 창이 은퇴한 2018년부터 현재까지 5년간의 실적을 살펴보아도 TSMC는 해마다 사상 최대 기록을 갈아치웠다.

TSMC의 성장세가 향후 20년은 지속될 수 있을 것이라는 모리스 창의 예언을 이제 세 가지 관점에서 분석해 보겠다. 첫째, TSMC의 미국 투자 프로젝트, 둘째, 한계에 다다른 무어 법칙, 셋째, AI 시대 TSMC의 임파워먼트Empowerment 역할이다.

TSMC의 미국 투자 프로젝트가 발목을 잡다?

우선 TSMC의 미국 투자가 TSMC의 향후 성장에 걸림돌이 될 수 있을까? TSMC의 경영이 어떤 도전에 직면하게 될까? 나는 이것이 매우 중요한 의제라고 생각한다. 첨단 기술 유출, 미국의 높은 생산비용 등을 이유로 TSMC의 미국 투자를 우려하는 목소리가 높기 때문이다.

나는 TSMC의 미국 공장 건설이 거대한 도전이자 TSMC의 경영관리 능력을 시험하는 어려운 미션임은 분명하지만, 대세에 영향을 줄 정도는 아니라고 낙관하는 입장이다. 미국의 높은 운영비는 TSMC에만 국한된 것이 아니라, 삼성, 인텔 등 미국에 웨이퍼 공장을 건립하는 모든 기업에게 공통된 사항이다. 세계 최고 수준의 경영실적과 60퍼센트에 육박하는 매출총이익률이 뒷받침하고 있는 TSMC는 미국 공장으로 인해 매출총이익률이 하락하더라도 다른 기업에 비해 타격이 훨씬 덜할 것이다.

또 미국은 세계 반도체 생산 점유율을 현재의 11퍼센트에서 20퍼센트 위로 끌어올리겠다는 목표를 가지고 있다. 목표의 실현 가능성은 차치하고, 미국 정부는 정치적인 수단으로라도 이 목표를 이루려는 의도를 노골적으로 드러내고 있다. TSMC는 잠재적인 그 거대한 파이를 둘러싼 경쟁에 가장 적극적으로 나서고 있다. 국내 반도체 생산을 늘리기 위해 미국 정부는 유화적인 태도로 TSMC 미국 공장이 순조롭게 운영되도록 협조할 수밖에 없을 것이다.

경쟁 상황을 보자면, 현재 TSMC의 미국 공장 투자 속도가 가장 빠르다. 삼성, 글로벌 파운드리스, 인텔은 모두 실적 부진이나 다른 원인으로 인해 투자가 지연되고 있다. TSMC는 재무구조가 튼튼하고, 공장 건설 진도가 빠르고, 생산수율도 최고 수준이다. 공장이 완공될 무렵이면 경기가 바닥을 치고 회복세로 돌아설 것으로 보인다. 불경기에 공격적으로 투자하고 경기가 호전되면 양산에 들어가는 전략은 반도체 산업에서 가장 강력한 승부수였다. TSMC가 이번에도 그 전략에 따라 포지셔닝을 마친 것으로 보인다.

독일 정부가 조급해진 것도 바로 이 때문이다. TSMC의 미국, 일본 투자 프로젝트가 순항하며 경쟁사들보다 빠르게 공장을 건설하고 있는 반면, 인텔과 글로벌 파운드리스의 독일 공장 건설 계획은 영업실적 악화로 인해 지지부진한 상황이다. 독일은 몇 년 뒤 미국과 일본이 TSMC 현지 공장을 통해 반도체를 공급받을 상황을 두려워하며 서둘러 TSMC의 투자를 유치하기 위해 안간힘을 쓰고 있다.

주요 반도체 기업의 경영실적을 비교해 보면 TSMC의 견고한 독주세를 확인할 수 있다. 2022년 경기 침체로 많은 기업이 적자를 면치 못했지만 TSMC는 순이익이 70퍼센트 넘게 증가한 최고의 성적표를 내놓았다. 영업이익으로 거대한 공장 건설 자금을 감당하고 주주에게 현금배당금을 지급할 만큼 여유로운 기업은 TSMC 외에는 없다.

무어의 법칙이 흔들릴 것인가?

둘째, 무어 법칙의 관점에서 분석해 보겠다. 2000년부터 무어의 법칙이 한계에 다다랐다는 주장은 계속 제기되어 왔지만, 지금은 반도체 기술이 1나노 또는 0.5나노까지 진화하기 전까지는 큰 난관이 없을 것이라는 게 업계의 중론이다. 7나노, 5나노, 4나노, 3나노, 2나노, 1나노, 0.5나노까지 반도체 기술의 세대 교체 주기를 2~3년으로 계산해 보면 앞으로 최소한 10년에서 20년은 걸릴 것으로 보인다. 다시 말해, 공정 기술은 향후 20년간 계속 진화할 것이며, 기술 진화가 계속되는 한 무어의 법칙이 한계에 다다랐다는 주장은 TSMC에 큰 위협이 될 수 없다.

게다가 오늘날 TSMC가 거둔 성공은 무어의 법칙의 한계에 끊임없이 도전해 온 결과다. TSMC는 문제에 부딪힐 때마다 각종 솔루션을 찾아내 공정 기술을 발전시켰고, 혁신적인 아이디어로 첨단 패키징 기술을 개선해 반도체 효율을 계속 끌어올렸다. 앞으로 20년 동안에도 무어의 법칙이 종말을 고했다는 주장은 계속 나타나겠지만 TSMC가 큰 실수만 저지르지 않는다면 전성기를 20년 더 이어가는 데 큰 어려움이 없어 보인다.

AI 시대는 어떤 영향을 미칠 것인가?

반도체 시장의 성장 여부는 단말기 시장에 킬러 애플리케이션*이 출현하는가에 달려 있다. 과거 컴퓨터와 스마트폰이라는 킬러 애플리케이션이 나타나 반도체 수요를 대량으로 창출했고, 지금의 5G, AI, 전기자동차, 자율주행자동차도 킬러 애플리케이션이다. 특히 챗GPT의 등장은 AI라는 가장 구체적이고 혁신적인 시장을 탄생시켜 반도체 산업에 더 거대한 기회를 만들어주었다.

챗GPT의 화려한 등장으로 엔비디아, AMD 등 GPU(그래픽처리장치) 생산 기업이 가장 직접적인 수혜를 입었지만, 궁극적으로 최대 수혜자는 TSMC다. 무엇보다 엔비디아, AMD가 TSMC에 생산물량을 주문하기도 하기 때문이다. 또한 MS와 챗GPT를 출시한 오픈 AI가 연합해 구글이 구

---

* 시장에 등장하자마자 사회, 정치, 경제에 엄청난 파급 효과를 일으킬 정도로 막대한 영향력을 미치는 혁신적인 상품이나 발명품.

축한 검색 왕국을 향해 협공을 펼치는 동시에 메타, 아마존 등 대기업의 광고를 가로채고 있다는 점도 중요하다. 아마 머지않아 글로벌 인터넷 기업들의 치열한 경쟁이 벌어지고, 그 과정에서 TSMC는 큰 수혜를 입을 것이다.

챗GPT의 도전에 대항하기 위해 구글은 대화형 AI 도구인 바드Bard를 내놓았고, 메타도 AI 언어모델인 라마LLaMA를 내놓았다. 이 신제품에는 외부에서 구매한 것이 아닌 자체 개발한 칩이 탑재된다. 따라서 TSMC의 반도체 공정과 기술이 하나의 플랫폼을 구축하게 되면, IC 설계 기업뿐만 아니라 MS, 구글 등 대기업도 모두 애플처럼 자체 설계한 AI 칩을 TSMC에 주문할 것이다. 그래야만 더 강한 전투력을 확보할 수 있기 때문이다. 이런 백화제방, 백가쟁명百花齊放, 百家爭鳴*의 환경이 더 많은 반도체 수요를 낳을 것이며, '무기 제조공장'의 역할을 맡은 TSMC가 최대 수혜자가 될 것임은 의심의 여지가 없다.

또 다른 관점에서 보면 TSMC는 설립부터 지금까지 줄곧 파운드리 첨단 공정을 통해 AMD, 인텔, 엔비디아, 애플, 미디어텍, 퀄컴, 브로드컴 등 많은 기업에 고성능 컴퓨팅 능력을 장착해 주었다. 최근 아마존, 메타, 알파벳 등 글로벌 인터넷 기업도 자체 칩을 설계하고 있고, 그들이 설계한 칩도 막강한 능력을 장착하기 위해서는 TSMC의 첨단 공정 기술을 통해야한다. 이 역시 TSMC를 최대 수혜자로 만들어 줄 것이다.

모리스 창은 TSMC의 30여 년 역사를 다음과 같은 세 단계로 구분했다. 첫 10년 간 미국 시장에서 발판을 마련했고, 두 번째 10년 동안은 주로 엔비디아 같은 기업에 그래픽 칩을 공급하며 PC 부품을 생산하는 고객

---

* '백화제방'이란 온갖 꽃이 만발하여 수많은 학설이 자유롭게 토론하며 발전하는 모습을 말하며, '백가쟁명' 또한 수많은 학자나 학파가 자유롭게 자신들의 사상을 내세우는 것을 말한다. 이 말은 중국 역사상 사회적, 정치적으로 가장 혼란스러웠던 춘추전국시대때 등장한 제자백가들이 서로 토론하고 발전하는 과정에서 나온 말이다. 백화제방·백가쟁명은 1950년대 마오쩌둥에 의해서 중국 사회에 다시 등장하게 되며 쌍백운동雙百運動으로도 불린다.

에게 강한 힘을 실어주었다. 세 번째 10년간은 퀄컴, 브로드컴, 애플 등 모바일 디바이스 기업에게 힘을 실어주었다.

유명한 경영 컨설턴트 짐 콜린스Jim Collins는 자신의 저서 《좋은 기업을 넘어 위대한 기업으로Good to Great 》에서 기업 혁신에 관한 '플라이휠' 개념을 내놓았다. 혁신은 거대한 바퀴와 같아서, 처음 돌릴 때는 힘이 들지만 한 방향으로 계속 돌리면 시간이 갈수록 추진력이 쌓여 빠르게 돌아간다는 것이다.

TSMC는 모리스 창이 쌓아놓은 기반 위에서 이미 거대한 추진력을 축적하고 빠르게 돌아가는 플라이휠이 되었다. TSMC의 전성기가 향후 20년간 지속되는 데 아무 문제가 없을 것이라고 믿는다. TSMC의 유일한 적은 자기 자신이다. TSMC의 임직원들이 자만심에 빠지거나 앞으로 나아가기를 멈추지 않는다면 적에게 패배할 리 없다. 그러므로 나는 TSMC의 독주가 20년은 더 계속될 것이라는 모리스 창의 예언이 실현될 것이라고 확신한다.

대학 교육의 사명과 방향성

2022년 9월 채용정보사이트 104코퍼레이션과 〈글로벌뷰〉가 공동으로 조사한 '석사 과정 졸업생의 대학별 초봉 상위 5개 대학'에서 문과 계열과 이과 계열을 모두 합쳐 양밍자오퉁대학교陽明交通大*와 칭화대학교가 번갈아 가며 1위를 차지한 것으로 나타났다. 이 조사보고서가 발표되자 많은 논란이 일었는데 그중에서도 한 타이완대학교 교수가 임금으로 대학과 전공을 평가한다며 이 조사를 강력히 비판했다.

명문대 석사 과정 졸업생의 임금을 비교 평가한 이 조사에 대해 다양한 의견이 제기되었다. 첫째, 이 조사는 '월급'을 가지고 비교했지만 많은 기업들이 '연봉'을 기준으로 직원을 채용하고 있으므로 월급만 비교하는 방식은 그 외의 다른 조건을 반영하지 못한다. 둘째, 조사 결과 양밍자오퉁대학교와 타이완대학교 석사 과정 졸업생의 월급이 각각 5만 8,000타이완달러와 5만 5,000타이완달러로 3,000타이완달러밖에 차이가 나지 않았

---

* 2021년 양밍대와 자오퉁대가 합병한 국립대학.

고, 향후 30년 또는 그 이상의 직장 생활을 생각하면 별 것 아닌 수준의 차이일 뿐이다. 인생은 아주 길고, 수많은 도전이 기다리고 있으므로 이 정도 월급 차이를 가지고 이러쿵저러쿵 떠들 필요도 없다.

더욱이 몇 안 되는 타이완 국내 대학들만 놓고 석사 과정 졸업생의 초봉을 비교하는 것은 도토리 키 재기일 뿐 아무 의미도 없다. 타이완의 석사과정 졸업생 초봉은 사실 굉장히 낮은 편이어서 외국과 비교하면 아마추어와 프로 선수를 비교하는 것만큼이나 차이가 크다.

현재 타이완의 대학들은 매우 심각한 위기에 직면해 있다. 경직된 공교육의 틀 안에서 오랫동안 갇혀 있다 보니 발전에 한계가 있다. 반면 기업들은 빠르게 발전해 학교 교육과 산업 현장의 괴리가 심각하다.

2021년 말 타이완에서 열린 리궈딩기념포럼에서 반도체 업계와 학계의 두 리더가 나눈 대화가 매우 인상적이었다. 당시 질문자는 공업기술연구원장, 정보산업협회장, 칭화대 기술경영대학원장 등을 역임한 스친타이 선생이고, 답변자는 마크 리우 TSMC 회장이었다.

스친타이 선생은 미국에서 유학할 때 교수님의 소개로 여름방학 동안 미 동부의 유명한 연구소에서 인턴으로 근무했는데 당시 경험이 훗날 학교와 직장에서 큰 도움이 되었다고 했다. 그러면서 인텔은 매년 겨울방학마다 700~800명씩 인턴을 채용하는데 왜 TSMC 같은 타이완 IT기업들은 인턴을 거의 뽑지 않는지 의아해했다.

그 질문에 마크 리우 회장은 타이완과 미국 대학의 차이를 언급했다. 타이완의 박사학위 소지자는 보통 자신이 무슨 연구과제를 수행해야 하는지 모른 채 교수가 정해주는 대로 해야 하지만, 외국 대학에서는 반드시 학생 스스로 주제를 선택하고 제목이 완성되면 교수를 찾아가 면담하며 교수가 승인하지 않으면 교수가 승인할 때까지 계속 스스로 주제를 찾아야 한다는 것이었다.

그는 또 석사 과정 학생의 연구 실력이 부족한 것도 문제지만 타이완 교수들이 공무원 같은 느낌이고 연봉도 매우 낮다고 했다. 홍콩, 싱가포르 교수 연봉의 절반, 심지어 3분의 1에 불과하다는 것이었다. 그는 이것이 인재 양성에 상당히 불리한 조건이라고 했다.

마크 리우의 말뜻은 '학교의 연구 수준이 그렇게 낮은데 어떻게 TSMC가 인턴을 뽑지 않는다고 탓할 수 있느냐?'는 것이었다. 그날 객석에 앉아 무척 난감한 표정을 짓는 몇몇 교수를 보았다. 아마도 마음에 상처를 받았을 것이다.

그날 또 다른 토론자였던 우톈위吳田玉 ASE테크놀로지스홀딩 CEO도 마크 리우의 의견에 동의하며 직접 겪은 일을 들려주었다. ASE테크놀로지스홀딩은 공장자동화 분야에 진출하기 위해 10년 넘게 각종 자료를 수집하고 반도체 이종 집적과 관련된 알고리즘을 자체 개발했지만 여전히 부족하다고 판단해 외부 전문가의 도움을 받기로 했다. 그래서 국내 대학의 교수 중에 전문가를 물색했지만 적당한 사람을 찾을 수 없었다고 한다. 결국 외국에서 실력 있는 알고리즘 교수를 찾아냈다. 청궁成功 대학교 반도체학원을 통해 그를 초빙하고 그가 지도한 우수한 학생 중 몇 명도 함께 초청해 자문을 받았더니 오랫동안 해결하지 못했던 난제가 쉽게 해결되었다고 했다.

TSMC와 ASE테크놀로지스홀딩은 모두 현재 파운드리와 패키징 테스트 업계의 세계 1위 기업이기 때문에 혁신을 통해 아무도 가보지 못한 길을 개척해야 하는 위치에 있다. 이 두 업계의 리더가 들려준 얘기가 사실일 것이라고 믿는다. 타이완 기업들은 이미 글로벌 업계를 선도하고 있지만 타이완의 대학들은 기업의 발전에 발맞추지 못하고 한참이나 뒤처져 있는 것이 바로 문제의 핵심이다.

최근 TSMC는 도쿄대학교, 매사추세츠 공과대학교, 스탠포드 대학교 등 해외 명문대학을 포함해 대학과의 협력을 중요하게 추진하고 있다. 잠재력 있는 연구 성과를 갖고 있기만 하면 TSMC와 ASE테크놀로지홀딩은 어떤 대학이든 절대로 거절하지 않을 것이다. 문제는 타이완의 대학들이 어떤 수준인가에 있다. 타이완의 대학들이 산업계와 협력할 만한 연구 성과를 갖고 있는가?

몇 년 전 타이완대학교 화학과에서 석사 과정 폐지를 논의한 적이 있다. 석사 과정 졸업생이 전부 TSMC에 취업한다는 것이 그 이유였다. 타이완대학교 화학과가 TSMC의 직업훈련소가 되기 싫고 또 졸업생이 TSMC에 취업하고 나면 연구를 계속하겠다는 의지가 줄어들어 장기적인 학술연구에도 불리하게 작용한다고 했다.

물론 타이완대학교 화학과는 석사 과정을 폐지하지 않았다. 지금도 신입생을 받고 있고, 졸업생들은 여전히 TSMC 등 반도체 기업이나 다른 IT 기업에 취업하고 있다. 전체적으로 바뀐 것은 하나도 없다.

젠슨 황 엔비디아 CEO가 "무어의 법칙은 죽었다"고 말한 뒤에도 반도체 가격은 떨어지지 않고 있다. 첨단 공정 R&D에 투자되는 금액이 어마어마하기 때문이다. 하지만 반도체 공정 기술의 혁신은 계속되고 있다. 현재 공정 기술의 한계는 0.5나노일 것으로 전망된다. 2023년 TSMC가 3나노 양산에 들어갔고 2나노, 1나노, 0.5나노까지 아직 개발해야 할 기술이 남아 있는 것이다. 지금까지 한 세대 기술을 개발하는 데 2~3년이 걸렸지만 앞으로는 난이도가 계속 높아져 R&D 기간도 늘어날 것으로 보인다. 따라서 TSMC는 적어도 10~20년간 도전을 계속해야 하며, 그러기 위해서는 우수한 인재와의 협력이 절실하다.

앞으로 남은 도전은 과거보다 훨씬 어려운 도전이 될 것이다. 아무도 가보지 않은 길을 TSMC 혼자 탐색하고 개척해야 하기 때문에 타이완 국내 대학들이 더 많은 인재와 연구 자원을 제공해야 한다. 타이완대, 정즈政治대학교, 양밍자오퉁대학교, 칭화대학교 등등 타이완의 대학들에게 공통의 중요한 사명이 있다. 생각해 보라. 타이완 기업들이 한계에 도전하고 있는데 대학은 무엇을 가지고 산업계와 협력할 것인가?

만약 내가 타이완대학교 화학과 학과장이라면 석사 과정을 폐지해 버리겠다는 생각은 하지 않을 것이다. 더욱이 우리가 길러낸 석사 졸업생이 왜 '고작' TSMC에 취업하는 것이냐고 통탄하지도 않을 것이다. 오히려 TSMC 등 산업계와 적극적으로 소통하며 그들이 앞으로 무슨 일을 하려고 하는지, 기술과 소재 연구에서 어떤 난관에 맞닥뜨려 있는지 파악할 것이다. 그런 다음 타이완대 화학과가 무엇을 할 수 있는지 고민하고, 연구자로서 미래에 어떤 가치에 기여해 기업과 함께 세계 시장의 도전에 대응할 수 있을지 생각할 것이다.

타이완의 모든 대학이 이렇게 자발적이고 적극적인 자세로 사명과 방향성을 찾아 실천한다면 산업계가 놀랄 만한 인재를 배출하고 연구 프로젝트를 발굴해 낼 수 있을 것이다. 그렇게 된다면 마크 리우, 우톈위 등 업계의 리더들도 타이완 대학들을 바라보는 시선이 달라질 것이라고 믿는다.

12 │ 타이완 반도체 산업이 직면한 최대 위기, 인재 부족

학생은 적고 교수 초빙도 어렵다

2023년 4월 양밍자오퉁대학교의 개교기념일에 열린 전기공학과 심포지엄에 참석했다. 코로나19로 인해 3년 만에 다시 열린 행사였기 때문에 오랜만에 캠퍼스에 활기가 돌았다.

그런데 교수와 기업계 관계자의 대화를 들으며 산학연계, 인재 양성 등의 문제가 많다는 것을 알고, 타이완 국내 IT 인재 부족이 장차 반도체 섬 타이완의 지위를 심각하게 흔들지도 모른다는 위기감을 느꼈다.

우선, 우빙창^{吳炳昌} 하이맥스 CEO에 따르면, 타이완 기업들이 인재를 구하기가 힘들 뿐만 아니라, 인재를 교육할 인재도 부족하다. 타이완의 교수 연봉이 낮다는 사실은 많이 알려져 있다. 거기에 더해 최근 몇 년간 반도체 업계의 인재 채용 수요가 늘어나고 연봉도 가파르게 상승하면서 기이한 현상이 나타나고 있다. 교수가 가르친 학생이 졸업 후 TSMC에 취직하면 교수 연봉보다 높은 초봉을 받는 것이다.

대졸자 초봉이 교수 연봉보다 높은 곳은 아마 타이완밖에 없을 것이다. 신입사원 연봉이 너무 높아서가 아니라 교수 연봉이 너무 낮은 탓이다. 학술 연구와 인재 양성에 열중하고 있는 교수들이 이 현실을 어떻게 받아들일 수 있겠는가.

낮은 교수 연봉 때문에 해외의 실력 있는 학자를 타이완 대학에 초빙할 수 없으니 타이완의 인재 부족은 점점 더 심각해지고 있다. 우리가 대학교수에게 그렇게 낮은 임금을 주고, '인재를 교육하는 인재'를 그렇게 홀대하면서 어떻게 그들에게 미래의 산업계를 이끌어 갈 더 우수한 인재를 길러내라고 요구할 수 있겠는가?

그날 컴퓨터공학과에도 들러 오랜만에 친구들을 만났다. 컴퓨터공학과 동문들이 소달구지 조각상을 기증하는 홈커밍데이 행사가 열리고 있었다. 소달구지 조각상은 1962년 타이완의 첫 진공관 컴퓨터인 IBM 650을 달구지에 실어 자오퉁대학교로 운반했던 일을 기념하기 위한 것이었다.

그날 만난 추지훙邱繼弘 카카플라이cacaFly, 聖洋科技* CEO는 훌륭한 석학들이 양밍자오퉁대학교 컴퓨터공학과에 오지 않는다고 했다. 양밍자오퉁대 컴퓨터공학과의 통계자료를 훑어보니 최근 2년간 조교수, 부교수, 정교수 등 교수 채용 지원자 총 9명에게 채용 통지를 보냈지만 9명 모두 응하지 않았다. 모두 카네기멜런 대학교, 프린스턴 대학교, 미시간 대학교 등 해외 명문대학교 박사 출신이었다.

채용에 응하지 않은 이유는 각자 다르겠지만, 한 가지 공통된 이유가 있을 것이라고 짐작한다. 학교에서 제시한 연봉이 너무 낮아서 고학력 인재들이 받아들일 수 없었을 것이다. 해외 대학 박사 채용이 어려운 것은 양밍자오퉁대만의 문제가 아니다. 다른 타이완 명문대들도 상황이 비슷하다. 각 대학 홈페이지의 교수 프로필만 보아도 국내 대학 박사학위 소지자가 대부분이다.

---

* 타이완 최대 디지털광고 업체.

물론 타이완에서 공부한 박사가 우수하지 않다는 뜻은 아니다. 당연히 국내 대학 박사들도 우수하다. 하지만 타이완의 경쟁력 없고 시대에 뒤떨어진 연봉 체계로 인해 인재 확보 경쟁에서 외국 대학에 밀리고, 해외 유학파 인재를 국내로 불러오지도 못하는 것은 타이완에 크나큰 손실이 아닐 수 없다.

양밍자오퉁대 컴퓨터공학과는 전기공학과와 함께 대학을 대표하는 학과다. 컴퓨터공학과는 국내 소프트웨어 및 정보통신 분야의 인재를 길러내고 있고, 전기공학과는 반도체 및 전자 부품 산업을 위한 인재를 배출하고 있다. 양밍자오퉁대 총장대리를 지낸 천신훙陳信宏 전기공학과 교수는 현재 전기공학과뿐만 아니라 거의 모든 학과가 비슷한 문제를 안고 있다고 했다. 향후 5년간 교수의 정년퇴임이 잇따를 예정이라 젊은 교수들이 이어받지 못한다면 심각한 문제가 발생할 것이다.

현재 타이완 이공계 박사 과정에 학생이 부족한 문제를 안고 있는 각 대학들은 앞으로 교수를 찾으려야 찾을 수 없는 더 심각한 문제를 마주하게 될 것이다. 어떻게 해야 인재를 교육하는 인재의 수준을 끌어올릴 수 있는가 하는 문제가 타이완 IT 산학계 전체의 가장 어려운 고민거리이다.

판젠청潘健成 파이슨Phison Electronics, 群聯 회장은 2023~2024년 타이완으로 온 동남아 유학생 수가 눈에 띄게 줄어들었다면서, 자녀를 타이완으로 유학 보내지 않으려는 부모가 많기 때문이라고 했다. "전투기가 상공을 날아다니고 외신들은 연일 타이완이 전 세계에서 가장 위험한 곳이라고 떠들어대는 마당에 어떤 부모가 마음 놓고 타이완에 자식을 보내겠어요?" 말레이시아 화교 출신인 판젠청은 동남아에서 타이완으로 유입되는 인구가 줄어들고 있는 현실을 특히 더 안타까워했다.

해외 우수 인력 채용에 보수적인 타이완

이런 상황에서 눈여겨보아야 할 나라가 바로 인도다.

최근 타이완 반도체 업계에 인도인이 부쩍 많아졌다. 인도는 이미 세계 일류 대학을 여러 개나 보유하고 있는 소프트웨어 강국이다. 또한 인도계 인재들이 일찍부터 실리콘밸리에 진출해 활약하고 있고 알파벳, MS 등의 CEO도 인도계다. 하지만 인도의 반도체, 전자 부품 등 하드웨어 산업은 아직 타이완에 비해 많이 뒤처져 있다. 현재 인도에는 반도체 업계 진출을 희망하며 타이완에서 공부하고 일하기를 바라는 학생들이 많다. 타이완에 세계 일류 반도체 기업이 많기 때문이다. 인도 정부가 반도체와 기타 전자 부품 산업을 적극적으로 육성하고 있기 때문에 타이완에서 유학을 마치고 인도로 돌아갈 수도 있지만, 할 수 있다면 타이완 반도체 업계에서 취업하려는 학생들도 많을 것이다.

양밍자오퉁대가 발표한 통계자료에 따르면, 현재 타이완으로 온 외국인 유학생 수 상위 5개 국가는 인도, 베트남, 인도네시아, 말레이시아, 우크라이나 순이다. 인도 유학생이 약 169명으로 가장 많고 박사생 145명, 석사생 23명이다. 칭화대학교의 외국인 유학생은 800명이 넘고 그중 석박사생이 절반 이상인데, 인도계가 약 200명으로 가장 많고 그다음 인도네시아와 베트남도 각각 100명 이상이다.

최근 몇 년 사이 인도 유학생 수가 급등한 것은 반가운 일이다. 하지만 칭화대와 양밍자오퉁대를 다 합쳐도 아직 400명도 되지 않으므로 인재난 해소에 큰 도움이 되지 못한다. 유학생 모집보다는 각 기업들이 인도에서 직원을 채용하는 것이 더 효과적이다. 현재 미국 퀄컴은 전 세계에 4만 5,000명 직원을 두고 있는데 그중 인도가 1만 8,000명으로 가장 많은 비중을 차지한다. 타이완 기업 중 인도에 가장 많은 직원을 둔 곳은 미디어텍일 것이다. 현재 인도 현지 직원 수(정규직, 파견직 포함)가 3,000~4,000명이나 된다. 다른 기업들도 인도에서 직원을 채용했지만 그보다 훨씬 적다.

타이완인 직원이 대부분을 차지하고 해외 인재 채용에 소극적인 것은 타이완 기업의 오랜 약점이다. TSMC가 등 떠밀려 미국, 일본, 유럽 등 해외 투자에 나서면서 타이완 IC 설계 기업들도 덩달아 해외로 진출해 현지 인력을 채용하는 추세이기는 하지만, 전반적으로 여전히 해외 인력 채용에 소극적인 편이다.

젠리펑簡立峰* 박사도 한 포럼에서 타이완에서 공부한 유학생들을 채용해 타이완에서 계속 일하게 하는 전통적인 인재 채용 방식으로는 근본적인 문제를 해결할 수 없다고 했다. 그는 기업계가 더 새로운 방식으로 인재를 채용해야 한다고 강조했다. 온라인을 통해 인재를 찾는 것도 한 가지 방법이 될 것이다. 온라인에 인재가 아주 많은데도 타이완은 그 보물들을 발굴하려고 하지 않는다. 이제 사람들은 새로운 방식으로 일하고 있다. 현재 타이완에서 일하고 있는 외국인이 3,000명인데 그들의 직장이 타이완 기업이 아니거나, 그들의 보스가 타이완이 아닌 다른 지역에 있는 사람들이 많다. 러시아-우크라이나 전쟁으로 인해 많은 인재들이 우크라이나를 빠져나오자 전 세계 기업들이 그들을 데려가기 위해 치열한 경쟁을 벌였지만, 타이완 기업 중에는 그런 생각을 한 기업이 거의 없다. 해외의 우수인재를 채용하는 일에서 타이완은 아직 보수적이며 전통적인 관념에 머물러 있다.

타이완이 아무 노력도 하지 않은 것은 아니다. 러시아-우크라이나 전쟁이 발발한 뒤 타이완 대학 몇 곳에서 장학금을 주며 우크라이나 유학생을 유치하기도 했지만 실제로 들어온 유학생은 몇십 명에 불과하다. 젠리펑 박사는 기업이 적극적으로 나서야 한다고 조언했다. 현재 IT 업계에서 원격 근무가 많이 이루어지고 있고, 타이완은 외국인들이 원격 근무를 선택

---

* 컴퓨터공학 박사 겸 기업가로 타이완대 교수, 구글 타이완 CEO 등을 역임했다.

하는 최고의 지역이 되었지만, 안타깝게도 타이완 기업 스스로 이런 장점을 이용하지 못하고 있다는 것이다.

젠리펑 박사의 말을 들으며 예전에 인터뷰했던 차이치엔 타이완모바일 CIO의 말이 생각났다. 그는 해외 IT 명문대 학생들 100명을 인턴으로 채용해 그들과 함께 회사의 미래 비전을 수립할 계획이라고 했다. 외국 학생들이 타이완에 직접 오지 않고 집에서 재택근무를 하고, 방학이든 학기 중이든 상관없이 근무 시간에 구애받지 않고 일하게 하겠다는 것이었다. 타이완에서 찾아보기 힘든 이런 혁신적인 인재 채용 방식을 다른 기업들도 참고해 볼 만하다.

개교기념일 홈커밍데이에 나는 흥분과 근심을 차례로 경험하며 타이완의 심각한 인재난을 실감했다. 천천히 끓는 솥 안에 있는 개구리처럼 악순환에 빠져 국가 전체의 인재 수준이 점점 낙후되고 있는 현실에 걱정이 깊어졌다. 타이완 반도체 산업은 40여 년 전 미국 RCA에서 교육을 받고 온 우수한 인재들이 닦아놓은 기반 위에서 1980년대 비약적인 발전을 누렸고, 2002년 국가의 반도체산업육성프로젝트를 통해 IC 설계 분야의 인재를 대대적으로 배출함으로써 20년간 그 결실을 누렸다. 그러면 이제 앞으로 다가올 20년은 어떻게 할 것인가?

13 | TSMC와 삼성의 엔드게임?

앞으로 IC 설계 업계는 메모리 기술과의 융합이 필요할 것이다

2021년 말, 타이완 반도체 업계 인사들이 대거 참석한 가운데 리궈딩기념포럼이 열렸다. TSMC, 미디어텍, ASE테크놀로지스홀딩, 매크로닉스 등 대기업의 회장과 CEO들이 오랜만에 한 자리에 모였다.

그 자리에서 마크 리우 TSMC 회장이 "미국 마이크론의 메모리 기술이 삼성을 추월했다"고 말했다. 그날 마크 리우가 무심코 던진 이 말이 큰 관심을 받지 못한 것 같지만 나는 속으로 크게 놀랐다. 메모리 산업 최대 기업이자 1위 기술을 가진 삼성이 정말로 마이크론에 추월당했는지 확인해 보고 싶었다.

마크 리우 회장은 그 이유를 자세히 설명하지 않았고 업계 인사들에게 물어보아도 대부분 모르고 있었다. 그래서 자료를 자세히 찾아보고 반도체 업계 관계자들에게 물어본 결과, 마크 리우의 발언은 사실이었다.

결론부터 말하자면, 현재 낸드플래시 분야에서 마이크론이 삼성을 추월한 것이 사실이다. 마이크론은 176단 3D 낸드플래시를 양산하기 시작했

지만, 삼성은 아직 128단에 머물러 있기 때문이다.[*]

D램 기술이 뒤처져 있던 마이크론이 몇 년 전부터 빠른 속도로 추격하더니 2021년 1분기에 삼성, SK하이닉스를 제치고 1α(알파) 나노급 D램 양산을 시작했다. 게다가 2022년 세계 최초로 1β(베타) 공정을 내놓을 것으로 예상되어, 향후 몇 년간 마이크론과 삼성의 메모리 경쟁이 흥미진진하게 펼쳐질 것으로 보인다.

한국과 미국의 메모리 전쟁을 분석하려면 먼저 산업 경쟁을 둘러싼 거시적인 환경부터 살펴볼 필요가 있다.

TSMC과 마이크론의 협력은 현 단계에서 최고의 선택이다

마크 리우의 발언은 결코 그냥 흘려 넘길 작은 사건이 아니었다.

특히 마크 리우가 그 발언을 했던 날, 공교롭게도 팻 겔싱어 인텔 CEO가 "타이완은 안전한 국가가 아니다. 미국 정부의 TSMC 지원은 바람직하지 않다"고 발언했다는 소식이 전해졌다. 마크 리우는 포럼장을 가득 메운 기자들 앞에서 "TSMC는 동종 업계 기업을 헐뜯지 않는다"며 겔싱어의 발언을 평가하지 않았다. 마찬가지로 파운드리 업계 주요 경쟁사인 삼성을 두고 삼성의 기술이 마이크론에게 추월당했다고 발언한다면 확실한 근거를 가져야만 한다. TSMC는 자사의 우월함을 과시하기 위해 경쟁사를 폄훼하지 않기 때문이다.

또 마크 리우는 몇 년 전 '인메모리 컴퓨팅in-memory computing'[**]의 발전 추세

---

[*] 낸드플래시 업계에서 셀을 수직으로 쌓아 올려 데이터 용량을 늘리는 적층 기술 경쟁이 치열하다. 2024년 4월 삼성전자가 세계 최초로 280단대 낸드플래시 양산을 시작했으며, 삼성과 마이크론 모두 300단대를 건너뛰고 2025년 400단대 양산을 목표로 경쟁하고 있다.

[**] 컴퓨터 하드디스크에 저장된 데이터가 아니라 RAM의 데이터로 질의하는 기법. 서버상에서 거의 동시

에 대해, 로직칩과 메모리 분야의 이종 집적이 반도체 처리 성능을 크게 향상시킬 수 있다고 말한 적이 있다. 당시 마크 리우의 발언과 현재 TSMC가 메모리 분야에서 마이크론과 손잡은 것은 모두 외부의 거시 환경에 나타난 뚜렷한 변화와 관련이 있다.

TSMC와 마이크론의 협력은 산업 환경의 변화에 대응한 합리적인 결정이었다. 우선 메모리 업계 3대 기업 가운데 삼성과 하이닉스는 타이완과 경쟁 관계에 있는 한국 기업이고, 일본의 키옥시아KIOXIA는 D램을 생산하지 않는다.[키옥시아는 플래시 메모리 기준 업계 3위] 마이크론은 거의 모든 생산 공장이 타이완에 있다는 지리적인 이점도 있으므로 현 단계에서 마이크론은 TSMC에게 최적의 선택이었다.

또 미·중 반도체 전쟁이 심화되면서 자연스럽게 타이완과 미국 반도체 업계가 가까워진 것도 한 가지 배경이다. TSMC는 로직과 메모리 기술을 결합해야 하고, 마이크론은 그보다 더 광범위한 결합을 추진하고자 했으며, UMC와 마이크론 간의 기술 도용 분쟁도 합의로 마무리되었으므로 타이완과 미국의 협력이 더 가속화될 수 있었다.

TSMC와 마이크론의 협력 관계가 더 긴밀해짐에 따라 마크 리우가 마이크론의 기술 전략에 대해 더 자세히 알게 되었을 것이다. 마이크론의 기술이 삼성을 추월했다는 그의 발언은 마이크론의 기술력을 인정해 파트너인 마이크론에게 크게 점수를 따는 동시에, 경쟁사 삼성을 상대로 기세를 과시하는 효과도 있었다.

포럼이 열리기 한 달여 전인 2021년 11월 초, 마이크론 부사장 겸 마이

에 계산 작업을 수행하여 대량의 데이터를 다른 곳으로 이동하여 처리하지 않아도 되기 때문에 계산 속도가 획기적으로 개선된다. 메모리에서 고급 통계 분석이 가능하기 때문에 빠른 속도로 쏟아져 나오는 빅데이터를 때맞게 분석해 의사 결정에 반영할 수 있다는 장점이 있다.

크론 타이완 회장직에서 물러난 쉬궈진徐國璠이 TSMC로 복귀했다.* 그는 첨단 패키징 기술 R&D 책임자로서 어플리케이션 프로세서Application Processor, AP 및 메모리의 3D 적층화를 주도하는 중임을 맡게 되었다. 고위 임원의 이동은 TSMC와 마이크론의 협력이 새로운 시대로 진입해, 마이크론이 TSMC대동맹에서 중요한 파트너가 될 것을 알리는 신호탄이었다.

거시적인 환경 변화를 살펴보았으므로 마이크론의 기술이 삼성을 추월했던 상황을 살펴보겠다. 한국 언론 보도에 따르면, 2021년 낸드플래시 업계 1위 삼성이 한국 평택 공장에서 7세대 176단 적층 플래시메모리 생산 라인을 테스트하고 있을 때, 마이크론이 한 발 먼저 양산을 시작했다. 게다가 SK하이닉스까지 생산에 성공했음을 발표하자, 두 경쟁사 모두에게 밀린 삼성의 기술 우위가 위협받게 되었다.

또 시장조사업체 인포메이션 네트워크The Information Network와 〈디지타임스 DIGITIMES〉가 정리한 자료에 따르면, D램 분야에서도 마이크론은 2021년 1 알파 공정 양산을 시작했다. 2022년 1분기 양산을 목표로 하고 있던 삼성과 하이닉스보다 1년 이른 것이었다. 이로써 기존에 1y, 1z 공정에서 삼성에게 뒤처져 있던 마이크론이 향후 수년 내에 기술 우위에 올라설 수 있는 기회를 잡게 되었다.

한 반도체 업계 관계자는 삼성이 파운드리 산업 투자를 확대하면서 메모리 사업이 약간 느슨해진 듯하다고 말했다. 2021년 12월 이재용 회장은 쇄신을 강조하며 반도체, 가전, 모바일 사업부 CEO를 모두 교체하고 가전과 모바일 사업부를 묶어 가전과 반도체 두 사업부로 개편했다.

이 관계자는 아마도 삼성의 파격적인 조직 개편은 삼성에 닥칠 위기를 예견한 사전 준비였던 것 같다고 말했다.

---

* 쉬궈진은 TSMC의 미국 자회사 웨이퍼테크 사장으로 있다가 2015년 마이크론으로 옮겨간 바 있다.

메모리 업계의 3대 추세가 각 기업의 향후 발전을 좌우하다

마이크론의 기술이 삼성을 앞선 것 외에도 메모리 업계에 주목해야 하는 세 가지 중요한 흐름이 있다.

그날 리궈딩기념포럼에서 우민추吳敏求 매크로닉스 회장은 AI 시대가 도래하면서 낸드플래시가 D램뿐 아니라 프로세서를 직접 지원해 연산 및 저장 성능을 개선할 수 있다면서 낸드플래시가 앞으로 D램을 제치고 메모리 업계 주류로 떠오를 것이라고 전망했다. 이것이 주목해야 할 첫 번째 흐름이다.

또한 로직 IC와 파운드리 생산 능력 부족이 심각하다. 우톈위 ASE테크놀로지스홀딩 CEO와 루차오췬 에트론 회장 등이 2021~2022년 웨이퍼 공장 32개가 신규 건립될 예정이라고 말했다. 2021년 6월 국제반도체장비재료협회Semiconductor Equipment and Materials International, SEMI 가 전망한 29개보다 3개 더 많은 것으로, 산업계에서 생산 능력 부족 상황에 대해 크게 우려하고 있음을 알 수 있다.

그런데 더 중요한 문제는 이들 32개 웨이퍼 공장 가운데 메모리 반도체 공장은 2개뿐이고 나머지는 모두 로직 IC 공장이라는 사실이다. 2022년 이후 건립이 예정된 53개 웨이퍼 공장을 살펴보아도 메모리 공장은 많지 않다. 산업계에서 로직 IC의 미래는 긍정적으로 내다보고 있지만, 메모리 분야의 성장에는 신중한 입장이라는 걸 알 수 있다. 이것이 메모리 산업에서 관심을 가져야 할 두 번째 흐름이다.

마지막으로 메모리와 로직 IC의 결합은 제조업만의 관심사가 아니다(TSMC, UMC가 모두 마이크론 등과의 협력을 추진하고 있다). 차이밍제 미디어텍 회장은 앞으로 IC 설계 산업이 메모리 기술을 어떻게 결합할 것인지를 매우 관심 있게 지켜보고 있다고 했다. 이 두 기술 분야가 어떤 형태로 결합할지, 기업 간에 어떤 합종연횡이 나타날지도 관심을 갖고 지켜보아야 한다.

14 메모리 분야의 세 가지 흐름과 사전 포석

TSMC와 마이크론이 손을 잡은 이유

앞에서 말했듯이 마이크론의 메모리 기술이 삼성을 추월했다는 마크 리우의 2021년 발언은 사실이었다. 그 후 나는 메모리 산업을 새롭게 바라보고 연구하기 시작했고, 루즈위안廬志遠 매크로닉스 사장 등 업계 리더들을 취재한 자료를 바탕으로 메모리 산업에 나타난 세 가지 흐름을 분석했다.

첫째, 메모리 업계에 패러다임의 전환이 나타나고 있다. 특히 AI 시대로 진입하면서 낸드플래시의 중요성이 커지며, D램을 제치고 업계 주인공의 자리를 넘보고 있다.

둘째, 마이크론의 D램 및 NAND 기술 R&D 수준이 이미 삼성을 따라잡았다.

셋째, 로직 IC와 메모리의 결합이 점점 중요해지고 있으며, TSMC와 마이크론의 협력이 대표적인 사례다.

지면의 한계가 있어 이 가운데 가장 중요한 패러다임의 전환에 중점을 두고 살펴보도록 하겠다.

메모리 업계의 패러다임 전환에 대해 말하기 전에 우선 간단히 설명이 필요하다. 속도와 가격을 기준으로 메모리를 분류해 보면, 비트 연산 속도가 빠를수록 가격이 비싸기 때문에 캐시메모리cache memory라고 불리는 S램이 속도가 제일 빠르고 가격도 제일 비싸다. 그 다음은 D램과 낸드플래시 순으로 낸드플래시가 속도는 제일 느리지만 가격이 제일 저렴하다.

조금 더 자세히 설명하면, 메모리는 메모리memory와 스토리지storage로 나뉘고 각자 역할과 기능이 다르다.

일반적으로 '메모리'라고 하면 흔히 D램을 가리키는데 단기 데이터를 보관할 수 있는 위치라고 생각하면 된다. 이 데이터는 계속 연산을 수행해야 하기 때문에 수시로 꺼내서 연산을 하고 다시 그 위치에 보관하기를 반복한다. 그러므로 속도가 빠른 D램이 메모리의 중심이 되었다.

'스토리지'의 개념은 이해하기가 더 쉽다. 자주 사용하지 않는 데이터를 스토리지에 장기간 저장할 수 있으며, 필요할 때 꺼내서 사용한다. 데이터량이 점점 증가하면서 더 큰 저장공간과 저렴한 가격이 중요해졌다. 예전에는 SSD나 하드 디스크 드라이브가 스토리지 역할을 했지만, 낸드플래시 기술이 발전하면서 용량이 크게 확장되고 가격은 빠르게 하락해 광범위하게 보급되었다.

우리가 매일 쓰는 책상에 비유하자면, 책상 위는 컴퓨터의 메모리에 해당하고, 서류 캐비닛은 컴퓨터의 스토리지에 해당한다. 전자는 D램을 사용하고, 후자는 주로 낸드플래시를 사용한다.

한때 S램이 주목을 받았지만 비싼 가격 때문에 소수 틈새시장에만 사용되었고, D램은 대량 생산을 통해 모든 IT 제품의 '메모리' 기능을 담당하게 되었다. 낸드플래시는 처리 속도가 느리지만 장기 데이터를 저장하는 주요 공간으로 사용하는 데는 문제가 없다. 전 세계적으로 저장공간에 대한 수요가 폭증하면서 가격이 가장 저렴한 낸드플래시가 주로 '스토리지' 기능을 담당하게 되었다.

낸드플래시는 D램과 공동 주인공이 될 것이다

가격은 반도체 보급에 있어서 가장 핵심적인 요인이다. 낸드플래시는 공정 기술이 향상될수록 가격을 낮출 수 있다는 점 외에도 D램에는 없는 한 가지 특징이 있다. 빌딩을 짓듯이 계속 수직으로 쌓아 올려 용량을 늘릴 수 있는 것이다. 삼성의 7세대 낸드플래시는 176층까지 쌓아 올렸고, 8세대는 228층까지 쌓아 올렸다. 타이완의 랜드마크 타이베이101도 지상 101층, 지하 5층밖에 안 되는데 그에 비하면 낸드플래시는 초고층 타워인 셈이다.

위로 계속 쌓아 올릴수록 낸드플래시의 트랜지스터 용량이 대폭 확장되기 때문에 1비트당 가격도 크게 하락한다. 이런 장점 때문에 낸드플래시는 D램보다 훨씬 빠른 비트 수 증가 속도로 과거의 하드 디스크 드라이브를 대신해 스토리지 시장의 대세가 되었다.

처리 속도는 느리지만 가격이 훨씬 저렴한 낸드플래시에 데이터를 저장해도 아직은 큰 문제가 없다. 예를 들어 요즘 사람들의 컴퓨터나 스마트폰에 수많은 사진이 저장되어 있는데 오래전에 저장한 사진을 찾을 때 클릭하고 0.5초 뒤에 열린다 해도 소비자들은 큰 불만 없이 받아들일 수 있다.

하지만 다른 어플리케이션을 사용할 때, 예를 들어 자율주행자동차가 한 번 명령할 때마다 0.5초 뒤에 반응한다면 사람 목숨이 왔다 갔다 할 수도 있다. 그럴 때는 연산 속도가 더 빠른 D램을 이용해 마이크로프로세서에서 더 빠른 데이터 연산을 수행하게 해야 한다. 그보다 속도가 더 빠른 S램도 있지만 너무 비싼 가격 탓에 아직은 소수 틈새시장에만 활용되고 있다.

다른 예를 들자면, 은행에 돈을 찾으러 갔는데 창구 직원이 《주토피아》 속 나무늘보 '플래시'만큼 느려서 일주일 뒤에야 돈을 내어준다면 아마 기다리다가 미쳐버릴 것이다. 과장된 비유이기는 하지만 S램, D램, 낸드플래시의 속도와 가격이 100배에서 많게는 1,000배까지 차이가 나므로 터무니

없는 비유는 아닌 셈이다. 아무튼 현재 반도체를 선택하는 가장 중요한 기준은 바로 저렴한 가격이다. 데이터의 양이 많아도 너무 많기 때문이다.

이런 기본적인 개념을 이해했다면 다음으로 넘어가 보자. AI의 등장으로 처리해야 할 데이터의 양이 폭발적으로 증가하자 마이크로프로세서와 메모리의 관계에 변화가 생겼다. 특히 자료 입출력과 연산횟수가 대폭 증가하고 있다. 기존에 단순히 '스토리지' 기능만 수행하던 낸드플래시가 앞으로는 마이크로프로세서와의 데이터 연산, 입출력 등의 작업에 참여하거나 일부를 분담해야 할 것이다. 다시 말해 조연이었던 낸드플래시가 무대 중앙으로 나와 D램과 공동 주연이 될 것으로 보인다.

이런 패러다임의 전환 과정에서 현재 마이크론의 기술이 D램과 낸드플래시 두 분야에서 모두 삼성을 앞질렀다는 것은 반도체 업계의 매우 중대한 사건이다. 삼성은 오랫동안 메모리 업계 최대 기업으로서 기술적으로도 가장 앞서 있었기 때문이다. 현재 삼성이 생산 능력과 시장 점유율에서는 여전히 1위를 지키고 있지만, 삼성을 추월하겠다는 마이크론의 야심이 메모리 업계의 판도를 뒤흔들게 될 것이다.

마이크론의 약진은 사실 여러 가지 요인이 작용한 결과다. 미·중 경쟁, 미국 정부의 적극적인 지원, 또 마이크론의 R&D센터 및 생산 공장이 모두 타이완에 있다는 점도 영향을 미쳤다. 마이크론의 역할이 점점 중요해지면서 앞에서 말한 세 번째 흐름도 생겨났다. 메모리와 로직 IC의 결합이 나날이 중요해지며 AI 시대의 새로운 화두로 떠오르고 있는 이때, 마이크론과 TSMC의 연합이 윈윈전략임은 의심의 여지가 없다. 특히 쉬궈진 마이크론 타이완 회장이 TSMC로 자리를 옮기면서 두 기업의 협력이 새로운 단계로 진입했다.

TSMC의 입장에서 마이크론과의 협력은 절대적으로 이득이다. 삼성이 로직과 메모리에서 모두 우위에 있고, 현 단계에서 TSMC의 최대 경쟁자는 인텔이 아니라 삼성이기 때문이다. '인메모리 컴퓨팅' 시장이 빠르게 성장하고 있는 지금, TSMC와 마이크론의 협력은 서로에게 든든한 힘이 될 것이다.

메모리는 반도체에서 아주 중요한 분야이고 타이완 반도체 산업이 비교적 약한 분야지만, 전자 산업에서 가장 매력적인 분야이기도 하다. 끊임없는 변화와 혁신으로 새로운 기회가 계속 나타나기 때문이다. 타이완은 메모리 분야의 세 가지 흐름을 예의 주시하며 선제적으로 대응해야만 글로벌 반도체 경쟁에서 선두의 지위를 유지할 수 있을 것이다.

5부

부

지정학적
환경

tsmc

세계 1위의 비밀

01 | 중국 제재는 미국이 다시 반도체를 생산하겠다는 의미가 아니다

모리스 창이 반도체 전쟁을 바라보는 관점

2023년 3월 모리스 창 TSMC 창업자와 《칩 워》의 저자 크리스 밀러가 타이베이에서 만났다. 그날 모리스 창은 미국의 중국 반도체 산업 규제에는 찬성하지만, 미국이 '반도체 지원법Chips and Science Act'을 통해 생산 공장을 미국으로 이전하게 하는 것에는 동의하지 않는다고 말했다. 반도체 생산원가 상승을 초래할 것이라는 이유에서였다.

모리스 창이 글로벌 반도체 및 미국의 산업정책에 대한 자기 입장을 밝힌 것은 처음이었고 많은 사람들이 의외라는 반응을 보였다. 그의 그런 직언은 최대한 입장 표명을 하지 않고 줄곧 미·중 양국과 똑같은 거리를 두고 균형을 유지해 온 그간의 TSMC의 방식과 완전히 달랐기 때문이다.

나는 이 발언이 모리스 창이 5년 전 은퇴해 더 이상 경영상의 부담이 없기 때문에 가능했다고 생각한다. 그의 솔직한 발언은 미국의 정책결정자에게 옳은 방향을 제시해 줄 수 있었다. 또 미국 반도체 업계의 문제를 지적하는 한편, 반도체 산업이 외부에서 생각하듯 그렇게 수월한 상황이 아님을 알려 TSMC에 대한 더 많은 투자와 지원을 요청하는 효과도 있었다.

우선 미국의 중국 반도체 규제에 찬성한 것은 매우 현실적인 고려에서 나온 말이었다. TSMC의 매출에서 미국이 차지하는 비중은 60퍼센트가 넘는다. 이런 미국 의존도는 1987년 TSMC 설립 당시부터 계속되어 왔다. 화웨이 자회사 하이실리콘은 미국의 거래제한 명단에 포함되기 전인 2019년 TSMC의 매출 중 14퍼센트를 차지해, 애플에 이어 두 번째로 큰 고객이었다. 미국의 규제가 시작된 후 하이실리콘의 주문 물량이 뚝 끊겼지만 TSMC에는 아무런 타격이 없었고 그로 인한 생산 공백은 다른 미국계 기업의 주문으로 금세 채워졌다.

미국의 세계 반도체 제조업 시장 점유율은 차츰 하락해 현재는 11퍼센트밖에 되지 않는다. 하지만 고부가가치 분야는 거의 미국이 장악하고 있다. IC 설계업 세계 시장 점유율이 36퍼센트이고 여기에 반도체 IP와 반도체 장비까지 합치면 39퍼센트나 된다. 미국은 반도체 산업의 맹주이며 파운드리 업계의 주력 시장이므로 모리스 창이 미국의 중국 규제 정책에 찬성하는 것은 당연한 일이다.

모리스 창의 성장배경을 보아도 그의 사고방식과 이념을 이해할 수 있다. 1931년 출생한 모리스 창은 중화민국 정부* 지방 관리였던 아버지를 따라 2차 세계대전 때 홍콩으로 이주했다가 미국으로 건너가 미국 시민이 되었다. 그는 미국에서 매사추세츠 공과대학을 졸업한 뒤 30여 년간 미국 기업에서 근무하다가 54세에 타이완으로 돌아왔으며, 그 후 30년 넘게 TSMC를 이끌었다.

모리스 창은 어린 시절 겪은 중국의 전쟁과 혼란에서 벗어나 성년이 된 후에 미국에서 왕성하게 일하다가 다시 타이완에서 30여 년간 기업을 일구었다. 미국과 타이완은 그의 인생에서 가장 중요한 곳이고, 그의 사고와

---

* 1912년 신해혁명으로 청 왕조가 무너진 뒤 쑨원孫文이 세운 공화제 정부.

판단의 가장 중요한 기반이 형성된 곳이다. 그러므로 그가 미국의 중국 제재를 지지하는 것은 자연스러운 이치다.

모리스 창은 산업 경쟁을 2차 세계대전에 비유하곤 했는데, 특히 TSMC에게 파운드리 사업이 가진 의의를 스탈린그라드 전투**에 자주 비유했다. TSMC에게는 파운드리 외에 다른 살 길이 없었기에 스탈린그라드 전투의 소련군처럼 죽을 각오로 노력해 성공을 거두었다는 것이다. 또 앞에서도 말했듯이 TSMC 대동맹의 긴밀한 협력을 2차 세계대전 연합군에 비유하기도 했다.

내가 알기로는 반도체 업계에서 미국의 중국 규제를 속으로 지지하는 사람들이 많다. 중국과의 사업 관계 때문에 공개적으로 찬성하지 못할 뿐이다. 몇 년간 중국 정부는 무분별한 보조금 지원으로 글로벌 시장의 공정한 경쟁과 무역 질서를 어지럽히고, 중국 기업의 도를 넘는 가격 출혈경쟁을 공공연히 지지해 왔다. 태양에너지, LED, 패널 업계도 마찬가지로 중국에 밀린 타국 기업들이 손해를 입고 시장에서 밀려나고 있다. 대다수 국가는 중국의 이런 막무가내식 확장에 대응할 방법이 없어 속수무책으로 시장을 빼앗기고 있었다. 그러다가 최근 미국이 중국을 상대로 제재에 나서자 많은 나라들이 미국을 지지하고 있다.

중국 정부의 반도체 산업 지원 정책은 산업 질서를 통째로 교란했다. 나도 타이완 IC 설계 업체들을 취재하면서 비슷한 볼멘소리를 자주 들었다. IC 설계서비스 기업들도 정부의 각종 지원을 등에 업은 중국 IC 설계 업체들과 불공평한 경쟁을 해야 하는 상황에 속앓이를 하고 있다. 통계에 따르면, 타이완 IC 설계 업체들이 ASIC을 개발해서 정식 양산에 들어가는 비율이 50퍼센트인 반면, 중국은 2,000~3,000개나 되는 IC 설계 업체 가

** 2차 세계대전 당시 독일군과 소련군 간의 중요한 전투. 퇴로가 없었던 소련군이 필사의 전투를 벌여 독일의 진격을 저지하고 반격에 나선 끝에 소련에 중요한 승리를 안겼다.

운데 양산 단계까지 가는 곳은 1퍼센트인 20~30개밖에 되지 않는다. 정부 보조금만 노리고 마구잡이로 개발하는 수많은 업체들이 업계의 물을 흐리고 있다.

미국 입장에서 볼 때, 중국 정부의 자국 반도체 산업에 대한 무분별한 현금 살포와 무기, IT, 군수 등 여러 산업에서의 확장은 이미 미국의 패권을 심각하게 위협하고 있다. 타이완은 어느 나라든 패권을 잡고 휘두르는 걸 원치 않는다. 하지만 중국이 저가 시장을 넘어 상위 레벨 시장까지 차츰 집어삼키려고 할 때 가장 직접적인 피해를 보는 이들이 타이완 기업이기 때문에 미국의 중국 규제에 동의하는 것은 타이완의 이익에도 부합한다.

돈다발을 풀기만 하면 전자 제조업 시장에 진출할 수 있을까? 미국은 '너무 순진하다'

하지만 모리스 창은 미국의 중국 규제에 찬성하면서도 반도체 생산 공장을 미국에 짓도록 하는 정책에는 반대했다. 반도체 지원법을 통해 세계 반도체 시장의 미국 생산 비중을 11퍼센트에서 30퍼센트 이상으로 끌어올리겠다는 미국의 목표에 대해서도 모리스 창은 반대 의견을 고수해 왔다. 그는 아시아 국가들이 제조와 원가 면에서 경쟁력을 갖고 있기 때문에 그 정책이 성공하지 못할 것이라고 전망했다.

모리스 창은 타이완이 전 세계에서 가장 위험한 국가라는 인식 때문에 미국이 반도체 생산을 전적으로 타이완에 의존하지 못하는 것은 이해한다고 말했다. 하지만 미국의 목표가 군용 반도체의 안정적인 조달이라면 미국의 반도체 생산 비중을 11퍼센트에서 30퍼센트까지 늘리지 않아도, 단 몇 퍼센트만 늘려도 충분하다고 했다.

미국의 반도체 제조업 복귀 정책에 대해 모리스 창은 처음부터 분명한 반대 입장을 보였다. 2017년 처음으로 "TSMC는 전략적 요충지"라고 말한 것을 시작으로, 미국 언론과 인터뷰할 때마다 미국의 반도체 제조업 복귀가 생각만큼 쉽지 않을 것이라며 신중하게 고민할 것을 조언했다. 이유는 단순하다. 미국 제조업은 경쟁력이 부족해 수익을 낼 수 없을 것이고, 미국의 정책이 글로벌화를 가로막아 반도체 생산원가를 낮추지 못한다면 반도체 보급이 심각한 타격을 입게 된다는 주장이었다.

게다가 더 심각한 부작용이 있다. 현재 반도체가 거의 모든 분야에서 광범위하게 사용되는 것은 생산원가를 계속 낮췄기 때문이다. 그런데 생산 공장을 억지로 미국으로 이전시키면 반도체 원가 상승이 불가피하다. 미국의 생산비용이 타이완보다 50~100퍼센트나 비싸기 때문이다. 원가가 상승하면 예전처럼 반도체가 모든 분야에 사용될 수 없을 것이다.

2022년 8월 낸시 펠로시^{Nancy Pelosi} 당시 미 연방하원 의장이 타이완을 방문해 차이잉원 총통 및 모리스 창을 비롯한 기업인들과 오찬 회동을 했다. 그 후 중국은 펠로시의 타이완 방문에 대한 항의 표시로 타이완 주변 해역에서 타이완 봉쇄 훈련을 실시하고 처음으로 타이완 상공을 가로지르는 미사일을 발사했다. 그날 외신들이 이 사건을 톱기사로 보도하면서 타이완 해협은 또다시 '세계에서 가장 위험한 지역'이 되었다.

반년 뒤 미국 시사 미디어 〈폴리티코^{Politico}〉가 낸시 펠로시를 인터뷰하고, 타이완 방문 오찬에서 모리스 창과 낸시 펠로시 및 미 의회 의원들과 나눈 대화 내용을 보도했다. 이 보도에 따르면, 모리스 창은 첫마디부터 "500억 달러(반도체 지원법을 통해 투입될 지원금 총액), 음, 첫 시작은 괜찮군요"라고 말했다. 펠로시를 비롯한 미국 측 참석자 네 명은 모리스 창의 말이 농담이 아님을 곧바로 알아챘다. 모리스 창은 미국의 반도체 지원법과 반도체 산업정책이 첨단 반도체 산업을 지원하겠다는 진심 어린 약속인지, 아니면 돈 되는 시장을 손에 넣겠다는 충동적인 결정인지 펠로시에게 질문했다. 그러면서 그는 거액을 쏟아부어서 세계에서 가장 복잡한 전자 제조업 시장을 차지할 수 있다고 생각한다면 "너무 순진한 발상"이라면서, 미국이 안정적인 반도체 조달을 바란다면 타이완의 안보에 지속적으로 투자해야 한다고 했다. 현재 미국이 원하는 것을 TSMC는 이미 오래전부터 갖추고 있기 때문이다.

그는 TSMC가 이미 애리조나주 공장 건설을 준비하고 있고 이 공장이 미국 정부의 보조금을 받아 수익을 낼 수 있을 것으로 낙관하지만, 문제는 그렇게 해서 미국이 반도체 제조업을 유지할 수 있느냐에 있다고 했다. 대규모 자금을 투입한 뒤 반도체 산업의 자급자족을 실현하기까지 길고 긴 시간이 필요하기 때문이다.

그의 말이 길어지자 그의 부인 장수펀이 그를 말리며 말을 끊었다고 한다. 항상 자기 의견을 과감하고 거침없이 말하는 그의 성격은 미국 방문단 앞에서도 예외가 아니었다.

이것은 펠로시가 하원 민주당 대표직에서 퇴임한 뒤 언론과의 인터뷰에서 밝힌 내용이다. 펠로시는 모리스 창을 목표지향적인 인물로 높이 평가하며, "모리스 창은 미국에 대해 잘 알고 있었다. 그가 지적한 몇몇 문제들은 확실히 쉽지 않은 도전이었다"고 했다. 하지만 펠로시는 그날 회동에서 중요한 얘기를 했다. "우리가 무엇을 하고 있는지 잘 알고 있으며, 우리는 반드시 성공할 것입니다. 이것은 좋은 시작입니다."

탈세계화 산업정책이 성공하기란 하늘의 별 따기보다 어렵다

모리스 창은 산업계를 향해 탈세계화 산업정책이 성공하기란 하늘의 별 따기보다 어렵다는 사실을 알아야 한다고 충고했다. 반도체 산업에서 가진 지위와 무게감을 생각하면 미국 정부도 그의 진심 어린 조언을 귀담아들어야 할 것이다.

미국의 중국 봉쇄 정책은 중국이 가파른 성장세를 지속하고 5G, AI 분야에서 거침없는 기세로 미국을 위협하자 중국을 억누르기 위해 내놓은 것이다. 모리스 창의 발언은 타이완 업계의 보편적인 생각이지만, 사실 미국의 IC 설계 기업들도 비슷한 입장을 갖고 있다.

미국 반도체 업계에는 각 분야의 입장을 대표하는 대규모 산업협회가 3개 있다. 인텔, 텍사스 인스트루먼트 등 미국 IDM들이 모여서 조직한 미반도체산업협회Semiconconductor Industry Associattion, SIA와 신소재 업체 등 반도체 장비 기업들이 결성한 국제반도체장비재료협회SEMI 그리고 엔비디아, 퀄컴 등 IC 설계 기업과 AMD, TSMC 같은 파운드리 기업이 속한 세계반도체연맹Global Semiconductor Alliance, GSA이다.

미국 본토 기업들로 이루어진 SIA는 외국에서 반도체를 수입하지 말고 미국에 대규모 반도체 공장을 건립하고, 외국 기업도 미국에 와서 투자해야 한다고 주장한다. 이 미국 기업들은 상무부에 대해 막강한 영향력을 갖고 있고, 현재 미국 정부 산업정책 입안자들도 그들의 의견을 중요하게 참고한다.

SEMI의 회원사인 장비 업체들에게는 중국이 중요한 시장이기 때문에 이들은 미국의 중국 규제에 반대하며 중국 장비 시장에 대한 규제를 완화해 달라고 적극적으로 로비하고 있다. 한편 팹리스반도체협회Fabless Semiconductor Association, FSA로 시작해 파운드리 업계까지 확장된 GSA는 미국이 타이완을 적극적으로 보호하기만 하면 된다고 주장한다. 웨이퍼 공장을 미국에 건립하면 생산원가가 상승해 미국 IC 설계 업계에 불리하기 때문이다.

정상적인 민주주의 사회에는 언제나 다양한 의견이 존재하고, 자기들의 이익에 부합하는 정책 시행을 위해 활발한 로비를 펼친다. 따라서 미국 반도체 산업의 대표적인 이익단체들이 각자의 주장을 펼치는 것은 자연스러운 일이라고 할 수 있다. 다만 IC 설계업은 현재 미국 반도체 산업이 주류이고 가장 많은 부가가치를 창출하는 분야다. 엔비디아, 브로드컴, AMD, 퀄컴 등이 시가총액, 시장 영향력, 고용직원 수에서 모두 인텔을 크게 추월했다. 글로벌 반도체 산업이 단계적인 변화를 거치며 자연스럽게 나타난 흐름이다. 미국의 정책입안자들이 이 뚜렷한 흐름을 간과하지 말고 모리스 창의 경고를 명심해 신중한 결정을 내려야 할 것이다.

미·중 반도체 전쟁, 향후 10년 반도체 산업의 위기와 도전

•미·중 반도체 전쟁이 심화되면서 반도체 산업도 두 진영으로 나뉠 것으로 예상된다. 향후 5~10년간 반도체 산업에 어떤 위기가 닥칠까? 미국, 일본, 독일 등 대국들은 글로벌화된 산업 환경을 거부하고 자급자족이 가능한 탄력적 공급망 구축에 나섰다. 과연 실현 가능한 목표일까? 반도체를 둘러싼 두 진영의 대립 앞에서 기업들은 어떤 대응책을 모색해야 할까?

두 진영으로 나누어 대립할 것이라고 하면 보통은 미국과 중국일 것이라고 생각하지만, 《칩 워》의 저자 크리스 밀러는 '중국'과 '그 외 국가'로 나뉠 것이라고 주장했다. 한쪽에 중국이 서고, 다른 한쪽에는 '그 외 국가', 즉, 미국을 비롯해 네덜란드, 영국, 독일 등 일부 유럽 국가와 한국, 타이완, 일본 등 아시아 국가가 설 것이라는 얘기다.

크리스 밀러는 미국이 여러 나라를 자기 진영으로 끌어들여 몇 가지 역할을 분담하게 할 것이라고 전망했다. 한국, 네덜란드, 독일은 중국에 대한 투자와 무역 거래의 비중이 매우 높은 국가들이다. 미국이 중국에 대한 제품 수출을 금지하거나 투자를 제한했을 때 이 국가들은 처음에는 다소 망

설였지만 시간이 지날수록 지지하는 입장으로 바뀌었다. 2023년 3월 10일 〈폴리티코〉는 ASML이 네덜란드 정부의 결정에 따라 중국에 대한 반도체 장비 수출을 제한해 왔으며, 이는 중국 정부의 반도체 산업 자립화를 가로막아 중국 경제를 10년 후퇴시킬 수 있다고 보도했다.

한 마디로 서방 국가들이 이제 막 갓난아기 단계에 있는 중국 IT 산업을 석기 시대로 되돌리려 하고 있다. 〈폴리티코〉는 몇 년간 미국이 유럽 국가들과 손잡고 중국에 대항하려고 했지만 프랑스와 독일은 전략적 자주성을 이유로 중국과 세제 혜택 거래, 이른바 '스윗하트 sweetheart' 거래 관계를 맺고 싶어 했다. 이런 상황에서 네덜란드 정부가 미국 편에 선 것은 바이든의 미국 정부가 서방 국가들과 함께 공동 전선을 구축하고 중국 독재 통치자의 날개를 함께 부러뜨릴 기회를 잡는 데 유리한 고지를 차지했다는 의미였다.

다만 독일과 프랑스는 중국과의 무역 거래를 중단하는 것에 상당히 주저하는 입장이다. 마크롱 프랑스 대통령은 유럽이 미국의 장단에 춤을 추어서는 안 된다며 유럽은 타이완 문제에서 미·중 양국의 충돌에 휘말리지 말아야 한다고 강조하기도 했다.

미국이 다른 나라들과의 연합전선을 확대하고 있는 가운데, 중국의 시진핑智近平 주석은 2023년 제14기 전국인민대표대회에서 만장일치로 세 번째 임기를 시작했다. 시진핑은 전국인민대표대회 장쑤성江蘇省 대표단을 만난 자리에서 산쩡하이單增海 쉬저우건설기계그룹Xuzhou Construction Machinery Group, 徐州工程機械集團 기술부사장에게 "당신들의 크레인에 사용하는 반도체는 국산이오?"라고 물었다. 그러자 산쩡하이가 곧바로 "모두 국산입니다"라고 대답했다. 여기에 더해 예전에 시진핑이 쉬저우공정기계그룹을 시찰할 때 탑승했던 전지형 휠크레인도 현재 기술 업그레이드를 완료해 핵심 성과 지표가 세계 1위이며, 71퍼센트였던 국산 비율을 100퍼센트까지 끌어올리고 모든 핵심 부품의 국산화를 실현했다고 설명했다.

그러자 시진핑은 기술 수준이 세계적이라고 해도 아직 더 향상시켜야 한다며 14억 인구를 가진 대국은 해외 시장에 의존해서는 안 되고, 한 가지 기술에만 의존해서도 안 되며, 스스로 모든 문제를 해결할 수 있어야 한다고 말했다. 시진핑은 개발도상국을 중심으로 적극적인 외교를 펼쳐 미국에 불만이 있는 국가들 외에도 중립적인 입장이거나 미·중 사이에서 균형을 유지하고 있는 국가들을 규합하기 시작했다.

자급자족을 실현할 확률은 0이다
중국은 고사하고, 미국 같은 강대국도 불가능하다

중국이 크리스 밀러의 말처럼 오로지 혼자서 다른 국가들과 맞서야 할까? 꼭 그런 것은 아니다. 단지 지금까지 중국 진영에 선 나라들 중에 반도체 강국이 없을 뿐이다.

미국과 중국은 각자 우호적인 동맹국을 규합해 탄력적인 공급망을 구축하고 자급자족을 실현하고자 한다. 향후 약 10년간은 이런 양강 대치의 상황이 유지될 것으로 보인다. 미국 진영에 선 나라가 더 많고 모두 반도체 강국이므로 물론 미국이 훨씬 더 유리하다. 미국이 첨단 기술 및 장비를 중국에 수출하지 못하게 규제하고 있기 때문에 중국은 첨단 공정을 개발하기가 매우 힘들고 또 긴 시간이 걸릴 것이므로 성숙 공정 분야에서 적극적으로 확장에 나설 수밖에 없다.

IC 설계 소프트웨어, 반도체 첨단 기술 장비 등의 수입이 막히자 중국은 자체적인 기술 개발을 통해 국산화 목표를 실현하기 위해 애를 쓰고 있다. 중국 정부의 반도체 장비 개발 계획에 힘을 실어주기 위해 화웨이가 많은 기업을 뒤에서 지지하고 자금을 지원하는 역할을 하고 있다. 현재 기술 개발이 얼마나 진행되었는지는 모르겠지만 중국이 2023년 말이면 모든 장비의 국산화를 실현할 것이라고 기대하는 애국주의자들도 있다.

중국이 문을 닫아걸고 스스로 연구개발을 하더라도 기술 도약을 이룰 수는 있겠지만 아마 그렇게 빨리 목표를 달성하기는 힘들 것이다. 반도체 기술의 난이도가 워낙 높기 때문이다. 반도체는 이미 세계적인 분업화가 이루어진 산업이다. 이렇게 복잡하고 방대한 밸류체인 속에서 혼자 힘으로 생존할 수 있는 나라는 없으며, 완전한 자급자족이 실현될 가능성도 전혀 없다. 중국은 고사하고 미국 같은 강대국도 불가능하다.

반도체는 세계적으로 분업화된 산업이라는 말을 아주 간단히라도 살펴보자. 타이완이 웨이퍼 제조에는 강하지만, 네덜란드, 미국, 일본 등의 장비가 필요하고 미국, 일본, 독일로부터 재료를 공급받아야 한다. 시장도 마찬가지로 한 나라가 전체 시장을 떠받칠 수 없으며 세계 각국 고객의 수요가 뒷받침되어야 한다. 그러지 않으면 파운드리 사업은 생존조차 할 수 없다. 그 어떤 나라든 혼자서 모든 분야를 다 할 수 없고, 거대한 산업망 속에서 자기가 가진 우위를 찾아내 자기만의 역할을 수행해야 한다.

역사학자인 크리스 밀러는 과거 미·소 냉전 시기를 연구하는 전문가였다. 반도체가 제일 처음 응용된 분야가 군사 기술이었다. 소련은 폐쇄적인 체제 안에서 단독으로 개발하려다가 반도체와 군사 분야에서 모두 미국에게 패배했다. 한 나라가 독불장군처럼 문을 닫아건 채 독자적으로 발전을 도모한다는 목표는 사실상 이루기가 불가능하다. 국력을 모두 쏟아붓는다 해도 글로벌화된 산업과는 경쟁 상대조차 되지 못한다.

과거 미국은 글로벌화와 자유무역을 통해 전 세계 인재를 받아들임으로써 소련과의 경쟁에서 압도적으로 승리했다. 물론 미국이 설계, 소프트웨어 지적재산권, 장비 등 핵심 산업을 장악하고 있지만, 제조 분야는 타이완, 한국, 중국 등 아시아 국가가, 장비 및 소재 분야는 네덜란드, 일본, 독일 등이 차지하고 있기 때문에 미국이라도 반도체 산업 전체를 통제할 수는 없다.

게다가 반도체 산업의 투자액이 점점 증가해 TSMC의 한 해 자본 지출이 320억 달러에 달한다. 작은 나라는 물론이고 일본 같은 대국의 재정으로도 감당할 수 없는 규모다. 미국이 520억 달러 예산을 들여 반도체 산업을 지원하겠다고 하지만 이런 투자를 장기간 계속할 수는 없을 것이고, 개방된 자본시장이 뒷받침되어야만 건전한 발전이 가능하다.

정부가 장기간 거액을 투입하는 전략은 총알 낭비일 뿐 아니라 미국 산업에도 부정적인 영향을 미칠 것이다. 520억 달러가 큰 액수인 것 같지만, 반도체 분야는 한 번 투자했다 하면 수백억 달러는 예사이므로 사실 그렇게 많은 돈도 아니다. 게다가 미국은 역사적으로 보조금 정책을 통해 특정 산업을 육성한 사례가 없다.

중국을 보라. 몇 년 동안 정부가 반도체 산업에 엄청난 돈을 풀더니 심각한 부작용이 나타나고 있다. 반도체 프로젝트 책임자들의 불법과 횡령이 속출해 정기적으로 대대적인 감사를 벌여 책임자들을 교체하고, 보조금을 둘러싼 사기 사건도 끊이지 않으며 각지에 건설이 중단된 웨이퍼 공장이 수두룩하다. 이처럼 재원 낭비가 심각하고 오랫동안 적자를 면치 못하는 산업정책은 중국 반도체 산업의 장기적인 발전에 결코 도움이 되지 않는다.

반도체 업계가 두 진영으로 나뉜 상황에서 기업들은 어떤 대응책을 모색해야 할까? TSMC가 미국 공장을 어떻게 운영해야 원가 상승으로 인한 타격을 최소화할 수 있을까?

TSMC 창립 이래 비용 계산이 가장 어려운 미국 공장

모리스 창이 현직에 있을 때 가장 관심을 가졌던 부분이 R&D와 가격 책정이었다는 얘기를 TSMC에 다니는 친구에게 들은 적이 있다. R&D는 TSMC의 기술 우위를 지키고 경쟁사와의 격차를 더 확대할 수 있는 중요한 영역이기 때문이고, 가격 책정은 회사의 매출과 이익에 절대적으로 직결된 문제이기 때문이다. 이익을 계속 늘려야만 R&D에 계속 투자하고 자본을 확충할 수 있다.

향후 TSMC는 타이완보다 훨씬 높은 미국 공장의 생산원가 문제에 직면하게 될 것이다. 어떻게 해야 그 타격을 최소화할 수 있을까? TSMC 내부적으로는 미국 정부의 보조금 액수를 확실히 알 수 없다고 판단하고 있다.* 과거 폭스콘이 미국에 투자했을 때 미국 정부가 당초 약속했던 지원 조건을 다 지키지 않은 전례도 있기 때문이다. 결국 TSMC 미국 공장의 투자도 비용과 수익을 예상하기가 힘들다. 미국 공장은 TSMC 창립 이래 비용을 계산하기가 가장 어려운 공장이라고 할 수 있다.

하지만 이미 시작한 일이므로 TSMC는 타이완에서 첨단 공정을 통해 쌓은 학습곡선의 경험치를 미국 공장에 완전히 복제하고, 생산 라인을 더 자동화하는 방법으로 비용을 최대한 절감할 것이다. 공장 설비를 모두 조립해 미국으로 운반하고 실적이 가장 우수한 타이완의 관리직을 대거 파견하는 등 다양한 노력으로 운영의 효율성이 낮은 미국의 단점을 최소화할 수도 있다.

미국 공장과 타이완 공장을 구분할 수도 있다. 방산용 등 민감한 용도로 사용하는 HPC, AI칩 등은 미국에서 생산해야겠지만, 총이익이 높은 제품은 미국에서 생산하고 총이익이 낮은 휴대폰 칩은 타이완에서 계속 생산할

---

*2024년 3월 미 상무부는 TSMC가 미국 투자액을 400억 달러에서 650억 달러로 늘리는 조건으로, 보조금 66억 달러와 저금리 대출 50억 달러를 지원하기로 예비 합의했다.

수 있다. 또 제품을 미국에서 생산해 달라고 요구하는 고객에게는 더 높은 가격을 제시하는 등 가격 차별화도 불가피하다.

미국이 국가 안보 및 공급망 탄력성 확보를 명분으로 미국에 공장을 건립하도록 공급업체를 압박했으므로 고객도 그에 대한 프리미엄을 지불해야 마땅하다. 다시 말해, Made in USA는 원가가 비싸니까 미국 정부가 적정 수준의 보조금을 지급하지 않는다면 고객이 지불해야 하는 가격에 영향을 미칠 수밖에 없고, IC 설계 기업들이 이에 대한 마음의 준비를 해야할 것이다.

물론 현재 TSMC의 미국 투자 계획을 들여다보면 미국 공장은 TSMC가 보유한 전체 생산능력의 절반도 되지 않고, 첨단 공정 생산능력에서 차지하는 비중은 20퍼센트를 넘지 않는다.[**] 이 정도 비중이라면 아직은 리스크가 크지 않고 감당할 수 있는 범위에 있다. 특히 TSMC의 현재 매출총이익률이 55~60퍼센트임을 감안하면, 다른 경쟁사들보다는 총이익 감소로 인한 타격을 감당하기에 여유가 있는 편이다.

물론 미국과의 보조금 협상이 순조롭게 진행되지 못한다면 TSMC가 투자 속도를 늦출 수도 있다. TSMC가 전 세계 첨단 공정 생산능력 중 90퍼센트 넘게 차지하고 있으므로 자사에 유리한 투자 조건을 얻어낼 수 있는 능력이 충분하다.

이 책을 집필하고 있는 2023년 3월 현재, 미국 정부는 반도체 지원법에 따른 보조금 지급 신청서를 받기 시작했다. 그런데 미국 정부는 보조금을 수령하는 기업은 10년 동안 중국 반도체에 투자할 수 없고, 영업비밀과 관련된 정보를 제출해야 하며, 초과이익을 미국 정부와 공유해야 한다는 등의 세부 지침도 발표했다. 이에 대해 마크 리우 TSMC 회장은 받아들일 수 없

[**] 2024년 9월 TSMC는 애리조나에 2나노 이하 첨단 공정을 채택하는 세 번째 공장 건설 계획을 발표했다.

는 일부 조건이 있다며 미국 상무부와 협상한 후에 신청서를 제출할 수 있을 것이라고 말했다. 어쩌면 TSMC가 더 유리한 조건으로 합의에 도달하기 전까지 장비 반입 및 양산을 서두르지 않고 투자 속도를 늦출 수도 있다.

하지만 길게 내다본다면 TSMC의 미국 투자는 여전히 긍정적이다. R&D, 인력, 심지어 물과 전기 공급까지 여러 가지 면에서 타이완은 자원이 부족하다. 첨단 공정 연구를 더 적극적으로 진행해야 하는 TSMC는 신소재, 신기술 분야의 인력을 미국에서 조달할 수밖에 없으므로 글로벌 기업인 TSMC에게 필요한 투자임은 분명하다. 이를 통해 얼마만큼의 성과를 낼 것인지는 TSMC 경영진의 판단에 달려 있다.

03 | 미국의 IC 설계업과 중국의 거대한 시장

TSMC 해외 투자의 핑크빛 꿈과 악몽

1987년 설립 이래 현재까지 TSMC의 주요 생산기지는 타이완이지만, 1990년대부터 해외 투자도 시작했다. 1996년 미국 워싱턴주에 8인치 웨이퍼 공장을 건립하고, 2007년에는 중국에도 투자하기 시작했다. 해외 투자가 모두 성공하는 것은 아니지만 고객에게 더 좋은 서비스를 제공하고 시장에서 탄탄한 지위를 확보하기 위한 전략이었다.

TSMC는 설립 9년째인 1996년 미국 워싱턴주에 웨이퍼테크를 설립한다는 중대한 결정을 발표했다. 웨이퍼테크는 미국 최초의 IC 전문 생산 기업으로 0.35마이크로미터, 0.25마이크로미터, 0.18마이크로미터 공정 기술을 채택한 8인치 웨이퍼를 연간 3만 개를 생산할 수 있는 규모였다. TSMC가 웨이퍼테크의 지분 57.23퍼센트(이 중 15퍼센트는 기술출자 지분)를 보유하고, 미국의 IC 설계 기업인 애널로그 디바이시스ADI와 알테라가 각각 18퍼센트, ISSIIntegrated Silicon Solution Inc.가 4퍼센트를 보유했고, 나머지 투자자들이 2.77퍼센트를 보유했다. 창립 이래 처음으로 고객사가 지분을 출자하는 해외 투자 프로젝트를 시도한 것이었다.

웨이퍼테크 착공식은 현지에서 중요한 행사였으므로 워싱턴 주지사, 카마스Camas 시장 등 현지 정치인들이 초청받아 참석하고, 장샤오웨張小月 시애틀 주재 타이베이경제문화대표처Taipei Economic and Cultural Representative Office, TECRO 대표, 데이비드 프렌치David French ADI 부사장, 로드니 스미스Rodney Smith 알테라 사장, 지미 리Jimmy Lee, 李學勉 ISSI 회장 등 투자사 대표들도 참석해 성대하게 거행되었다.

TSMC와 웨이퍼테크 회장을 겸직한 모리스 창은 이 착공식에서 TSMC가 설립된 1987년 이후 미국에서 생겨난 반도체 기업 가운데 자체 생산 공장을 가진 기업은 웨이퍼테크가 유일하다면서 앞으로 최고의 반도체 생산 서비스를 제공하겠다고 밝혔다. 그는 또 세계 일류 기업인 ADI, 알테라, ISSI 등과 파트너 관계를 맺게 되어 매우 영광이며 이 협력 프로젝트가 하루빨리 성과를 거두길 희망한다고 말했다.

물론 TSMC의 미국 투자는 모리스 창이 미국 국적자이고 미국에서 오랫동안 직장 생활을 했던 것과 영향이 있다. 미국은 그의 '홈그라운드'이자 세계에서 가장 큰 반도체 시장이었다. 하지만 그 외에 외부적인 요인이 하나 더 있었다. 그 얼마 전에 UMC가 북미의 11개 IC 설계 기업과 공동으로 공장을 건립하고 롄청, 롄루이, 롄자 3개 파운드리 기업을 공동 설립한 것이다. UMC의 이 야심 찬 계획에 자극을 받은 TSMC가 IC 설계 기업인 ADI, 알테라, ISSI와 공동으로 웨이퍼테크를 설립했을 것이다.

하지만 웨이퍼테크는 성공하지 못했다. 몇 년 뒤 TSMC가 파트너사들의 보유 지분을 모두 인수하면서 웨이퍼테크는 TSMC의 100퍼센트 자회사가 되었다. 이후에도 오랫동안 경영효율이 개선되지 않아 생산능력 확충이 이루어지지 못한 채 8인치 웨이퍼 소량 생산으로 유지되고 있었다.

모리스 창은 2022년 애리조나 공장에서 열린 장비 반입식에 참석해 웨이퍼테크의 핑크빛 꿈은 악몽으로 끝났다면서 "꿈이 실현될 줄 알았지만 비용 문제에 부딪혔고, 사람의 문제, 문화의 문제로 인해 핑크빛 꿈이 악몽으로 바뀌었다. 악몽에서 빠져나오는 데 몇 년의 시간이 걸렸다"고 고백했다.

웨이퍼테크는 이렇다 할 성과를 거두지 못했지만 TSMC의 파운드리 사업은 가파르게 성장했다. 타이완에 웨이퍼 공장을 계속 확충하고 공정 기술도 세계적인 기업들을 바짝 추격하더니 차츰 가장 선두로 치고 나갔다. 그러자 중국에 대한 본격적인 투자에 착수했다.

2007년 TSMC는 상하이 쑹장松江에 8인치 웨이퍼 공장을 건립한다고 발표했고, 2016년에는 난징에 12인치 웨이퍼 공장을 추가로 건설했다. 8인치부터 12인치까지 순차적인 투자가 이루어지며 생산능력도 점차 확충되었고, 중국은 TSMC의 가장 중요한 해외 생산기지가 되었다.

미국 투자는 실패했지만 중국 투자가 순조롭게 확장될 수 있었던 가장 중요한 원인은 미국보다 훨씬 낮은 중국의 생산원가에 있었다. 또 중국인도 타이완인과 비슷하게 부지런하고 성실했으며, 미국에서 겪었던 문화 차이나 인사 문제가 거의 나타나지 않았다. 중국이 '세계의 공장'으로 빠르게 성장하면서 세계 시장의 반도체 수요 중 40퍼센트를 차지하게 된 것도 중요한 요인으로 작용했다. 글로벌 반도체 대기업들이 TSMC에서 생산한 칩을 ASE테크놀로지홀딩, SPIL^{Siliconware Precision Industries, 矽品}, 앰코^{Amkor}, JCET^{江蘇長電} 등에 패키징 및 테스트를 맡긴 뒤 곧장 중국 각지의 생산기지로 운반해 조립해 출하했다. 글로벌화와 국제적 분업 환경에서 나타난 매우 자연스러운 결과였다.

중국 반도체 산업, 특히 IC 설계업이 상당히 빠른 속도로 성장했다. 미국 연구기관 IC인사이츠^{IC Insights}가 발표한 자료에 따르면, 2021년 중국 IC 설계 산업의 세계 시장 점유율이 약 9퍼센트로 68퍼센트인 미국과 21퍼센트인 타이완에 이어 세계 3위를 차지한 것으로 나타났다. 빠르게 증가하는 중국 IC 설계 업계의 수요를 만족시키기 위해 TSMC는 상하이와 난징에 공장 2개를 추가로 확충했다.

모리스 창의 '아메리칸 드림'

하지만 중국 시장이 아무리 빠르게 성장해도 어쨌든 IC 설계 산업의 본산은 미국이다. 모리스 창은 TSMC의 성공적인 미국 진출이라는 아메리칸 드림을 품고 있었다. 자신이 30년 넘게 살았던 미국에서 자신이 창업한 회사를 통해 더 많은 미국 고객들에게 서비스를 제공하고 싶다는 열망이었다. 웨이퍼테크의 실패에도 그는 미국에 공장을 건립하겠다는 꿈을 포기하지 않았고, 뉴욕주에 위치한 IBM의 웨이퍼 공장 인수를 고려했던 것도 같은 맥락이었다.

TSMC에서 12년간 CLO로 근무했던 두둥유 지적재산권 전문 변호사는 미국 IT 산업 전문지 〈EE타임스^{EE Times}〉와의 인터뷰에서 TSMC가 2005년부터 총 다섯 차례나 IBM의 마이크로 일렉트로닉스 사업부 인수를 검토했다고 밝혔다. IBM의 뉴욕주 웨이퍼 공장 인수 방안도 그중 하나였지만, 당시 타이완이 소프트웨어 저작권 침해 등에서 좋지 않은 전례들이 있었던 탓에 첨단 기술 유출을 우려한 미국 국방부와 IBM의 소극적인 태도로 합의에 이르지 못했다고 했다. 또 두둥유는 2005년부터 모리스 창과 함께 미국에서 생산거점이 될 만한 곳을 물색했으며, 뉴욕주 동남부 이스트 피시킬^{East Fishkill}과 그 부근 포킵시^{Poughkeepsie}에 있는 IBM의 웨이퍼 공장도 고려 대상에 포함되어 있었다고 말했다.

하지만 당시 IBM과 TSMC의 협상에서 가장 큰 걸림돌은 역시 비밀기술 유출에 대한 미국 정부의 우려였다. IBM의 웨이퍼 공장은 미국 국방부 산하 국방고등연구소^{DARPA}가 신뢰하는 웨이퍼 공장^{Trusted Fabs}으로 국방부로부터 군용 반도체 생산을 주문받을 수 있는 곳이었다. 그 때문에 IBM과

DARPA는 자신들의 동의 없이 비밀기술이 아시아로 유출되지 않을 것이라는 확신을 얻고자 했다.

두둥유에 따르면, 당시 미국인들은 타이완과 중국을 동일시했고, 이것이 바로 TSMC가 다섯 차례 협상에도 IBM의 공장을 인수하지 못한 주된 이유였다. 그 후 IBM은 웨이퍼 공장 운영을 포기하기로 결정한 뒤 인텔, 글로벌 파운드리스 등 미국계 반도체 기업들과 협상을 진행해 최종적으로 2014년 10월 미국 시장을 위주로 하는 글로벌 파운드리스에 공장을 매각한다고 발표했다.

이 소식이 전해진 다음 날 모리스 창은 타이완 매체와의 인터뷰에서 IBM과 1년 넘게 인수 협상을 진행해 왔지만, 가격 등 여러 가지 조건에서 합의에 이르지 못해 인수가 무산되었다고 밝혔다. 그는 글로벌 파운드리스에 엔지니어가 많이 필요하지만 기술적으로도 TSMC보다 크게 뒤져 있기 때문에 IBM의 인재와 기술을 흡수할 수 있을지 미지수라며 글로벌 파운드리스의 IBM 공장 인수가 TSMC에 큰 영향을 미치지 않을 것이라고 했다. 사실 2014년 4월 〈월스트리트 저널〉이 여러 관계자의 말을 인용해 TSMC가 IBM과의 웨이퍼 공장 인수 협상을 중단했으며, TSMC가 IBM의 웨이퍼 생산 라인에는 별로 관심이 없고 R&D 사업부만 인수하길 원했기 때문이라고 보도한 바 있었다.

2005년에 IBM의 웨이퍼 공장을 인수하려 했던 TSMC가 2014년에는 IBM의 R&D 사업부만 원했던 이유를 그리 어렵지 않게 추측할 수 있다. 그 사이 세월이 흐르며 TSMC의 웨이퍼 생산효율과 원가가 업계 최고 수준으로 올라섰기 때문이다. TSMC가 기술 R&D 분야에서도 앞서 나가기 시작했지만 IBM는 여전히 강한 R&D 실력을 보유하고 있었으므로 TSMC에게 필요한 자원이었다.

TSMC는 미국과 중국 외에 2000년 싱가포르에도 8인치 웨이퍼 공장을 건립했다. SSMC ^{Systems on Silicon Manufacturing Company} 라고 이름 붙인 이 기업도 살펴볼 만하다.

2000년에 착공해 2001년에 양산 체제에 돌입한 SSMC는 TSMC, NXP반도체^{NXP Semiconductors}의 전신인 필립스 반도체 사업부, 싱가포르경제 개발청^{EDB}의 투자 부문인 EDBI가 공동 투자해 8인치 웨이퍼 월 생산능력 3만 개 규모로 건립되었다. TSMC의 보유 지분은 39퍼센트밖에 되지 않 는다. 2021년 SSMC의 이익이 전년 대비 20퍼센트 증가한 25억 4,400 만 타이완달러였으므로 TSMC는 약 10억 타이완달러의 이익을 얻었다.

SSMC 투자 프로젝트는 TSMC 설립 당시 대주주였던 필립스가 주도 했다고 한다. 필립스와 유럽 시장은 미국과 달리 통신, 생활용품, 무선인 식시스템^{Radio Frequency Identification, RFID}, 자동차 등에 사용되는 스페셜티 공정 제 품에 대한 수요가 많고, 많은 유럽계 기업들이 싱가포르를 아시아 진출 거 점으로 삼고 있기 때문에 필립스가 싱가포르에 공장을 건립하려고 했다. TSMC는 필립스의 제안을 받고 투자와 운영 관리에 참여했는데, 창립 당 시 필립스로부터 받은 투자와 지원에 대한 보답인 셈이다.

SSMC의 초대 사장은 천자샹^{陳家湘} TSMC R&D 부문 임원이 맡았다. 팡 뤠^{方略} 현 뱅가드 회장이 TSMC에 근무할 당시에도 SSMC의 운영부사장 으로 3년간 파견된 적이 있었다. 그 후 그는 TSMC로 돌아와 매우 중요한 웨이퍼 3공장 책임자로 복귀했으며 나중에 뱅가드 사장 및 회장으로 파견 되었다.

SSMC 설립은 TSMC가 주도하지 않았고 보유 지분도 절반을 넘지 않 기 때문에 TSMC의 홈페이지에 소개된 글로벌 생산거점에도 SSMC 공장 은 포함되어 있지 않다. TSMC에서 오랫동안 근무한 관계자는 TSMC와 싱가포르 공장은 연계된 업무도 많지 않고 직원 교류도 거의 없다고 했다. 싱가포르 공장도 TSMC의 자회사인 비스에라나 신텍과 비슷한 관계지만 그보다 더 먼 느낌이 있어서 TSMC 직원이 SSMC로 파견되면 TSMC를 떠나 이직하는 느낌이라는 것이다.

중국 얘기로 돌아와 보자. TSMC의 중국 공장이 계속 확충되었지만 상하이와 난징 공장의 생산능력을 모두 합쳐도 TSMC 전체 생산능력의 4~5퍼센트밖에 되지 않는다. 타이완의 전자 기업 상위 5개사인 폭스콘, 콴타, 페가트론, 위스트론, 컴팔 등은 2000년 이후 중국으로 공장을 대거 이전했지만 TSMC의 주요 생산기지는 여전히 타이완이다. 타이완은 인력과 R&D 분야에서 강점을 갖고 있으며 반도체 총이익이 훨씬 높고 인건비가 비용에서 차지하는 비중이 높지 않기 때문이다.

하지만 TSMC도 중국 시장의 잠재력을 무시할 수 없으며 중국 공장 투자가 필요하다고 생각한다. 중국 공장은 마트 시식 코너에 비유할 수 있다. 고객들에게 먼저 음식을 시식해 보게 하고, 고객이 먹어보고 맛있어서 많이 구매하려고 하면 타이완의 신주, 타이난, 타이중 공장에 와서 주문하게 하는 것이다. 타이완 생산기지는 완벽한 제품 라인업을 갖추고 있기 때문에 고객의 모든 수요를 만족시킬 수 있다. 현재 TSMC가 미국, 일본 등지에서 생산 라인을 확충하고 있지만 해외 생산능력은 전체 생산능력의 20퍼센트를 넘지 않는다. 해외 생산 공장은 시식 코너의 역할을 할 뿐 본격적으로 주문하려면 베이스캠프인 타이완에 와야 한다.

TSMC가 2022년 이전에 일본에 투자하지 않은 이유는 무엇일까? 그 이유도 역시 단순하다. 일본 고객은 외부 위탁생산에 보수적이고 일본의 반도체 시장 점유율이 계속 하락한 데다가 지리적으로 타이완과 가까워 일본 고객들은 직접 타이완에 생산 주문을 할 수 있었기 때문이다.

반도체 산업의 투자 규모가 너무 커서 거의 모든 투자가 국가 차원의 중대한 프로젝트이기 때문에 새로운 투자 프로젝트를 추진할 때마다 정치적인 논쟁을 피하기 힘들다. 과거 타이완 정부가 해외 투자를 제한하고 있을 때 UMC가 타이완 정부의 승인 없이 중국에 투자했다가 정부와 차오싱청 회장 사이에 소송이 벌어지기도 했다. 그 후 TSMC가 타이완 정부의 법규를 지켜 중국에 투자했음에도 정치적으로 여야가 대립하며 많은 논란이 일었다. TSMC가 첨단 공정 및 기술 R&D는 모두 타이완에서 진행할 것이라고 밝히자 반대론자들이 더 반대할 명분이 사라지며 논란이 일단락되었다.

현재 지정학적 긴장이 고조되고, 미국, 일본, 유럽 국가들이 TSMC에 해외 공장 건립을 요구하고 있으므로 선두 기업인 TSMC가 정치적 압력을 완전히 피하기는 힘들다. 해외 투자가 성장의 걸림돌이 아니라 성장을 촉진하는 발판이 되도록 하려면 어떻게 해야 할까? TSMC 경영 능력이 더 혹독한 시험대 앞에 서 있다.

TSMC 미국 공장 건립의 기회와 도전

TSMC의 미국 애리조나 공장 건립은 글로벌 반도체 산업에 지각변동을 일으킬 중대한 사건이다. 세계적인 IC 설계 및 생산 분업 추세, 미국의 반도체 제조업 복귀, 미·중 반도체 전쟁까지 커다란 영향을 미치게 될 것이다.

우선 글로벌 반도체 산업에서 미국이 어떤 역할을 하는지 살펴보자. 1960~1970년대 미국은 전 세계 반도체 산업을 독차지하고 있었고, 미국 국방부가 주요 수요자로서 인텔, 텍사스 인스트루먼트, 모토로라 등 여러 기업을 빠르게 성장시켰다. 1980년대 이후 일본, 한국, 타이완의 반도체 산업이 차례로 발전해 패키징 및 테스트, 제조 공장이 미국에서 아시아로 속속 옮겨 간 뒤 미국은 기술규격과 산업표준 제정자로 탈바꿈하는 한편, 소프트웨어 툴, IC 설계, 장비, 소재 등 분야에서 계속 선두를 지켰다.

과거 반도체 생산 대국의 지위를 되찾겠다는 미국의 결심은 전 세계 반도체 산업에 큰 충격파를 몰고 올 것이다. 오랫동안 대세였던 글로벌화와 분업 체계를 무너뜨리는 것이기 때문이다. 최첨단 공정 기술을 가진 TSMC의 미국 투자는 미국의 생산 대국 복귀에 절대적으로 긍정적인 일이다.

첫째, 최대 수혜자는 당연히 미국의 IC 설계업이다. 미국 IC 설계업은 세계 시장에서 압도적인 우위를 지니고 있다. 상위 10개 IC 설계 기업 가운데 퀄컴, 브로드컴, 엔비디아, AMD, 마벨Marvell, 시러스 로직Cirrus Logic 등 6개가 미국 기업이다. 게다가 인텔, 텍사스 인스트루먼트, 마이크론 등 IC 설계 능력을 가진 IDM과 애플, 알파벳, 아마존, 테슬라 같은 대형 팹리스도 있다. TSMC가 미국에 공장을 지으면 이 고객들과 더 긴밀하게 협력할 수 있으므로 이미 세계 시장에서 위력을 발휘한 '미국 IC 설계+타이완 파운드리'라는 성공 방정식이 더 큰 시너지 효과를 낼 것이다.

둘째, TSMC의 적극적인 미국 투자가 업계에서 이른바 '메기효과'를 일으킬 수 있다. 모두 알고 있듯이, 어부들이 원양조업으로 잡은 정어리를 항구까지 산 채로 운반하기 위해 수조에 메기 한 마리를 넣는다. 메기가 낯선 환경에서 쉬지 않고 헤엄쳐 다니면 정어리들도 메기에게 잡아먹히지 않으려고 필사적으로 도망쳐 다니느라 죽지 않고 싱싱하게 살아 있을 수 있기 때문이다. 이 효과를 관리에도 적용할 수 있다. 어떤 조직이 활력을 잃고 나태해졌을 때 그들과 다른 능력이나 특징을 가진 새로운 구성원을 투입하면 기존 구성원들이 위기의식을 느껴 투지와 열정을 회복하게 된다.

TSMC가 애리조나에 건립 중인 공장 근처에 바로 경쟁사 인텔의 공장이 있다. TSMC 미국 공장이 완공과 동시에 5나노와 4나노 칩 생산에 들어가면 기술적으로 뒤처져 있는 인텔을 자극해 더 분발하게 만들 것이다.[*] 바로 옆에 있는 TSMC 공장은 5나노 공정에서 양산하고 있는데 인텔은 7나노 또는 10나노 공정에 머물러 있다면 인텔의 투지를 자극하게 될 가능성이 크다. 인텔 경영진이 매일 독촉하고 들들 볶으면 직원들도 바짝 긴장할 수밖에 없다. 따라서 TSMC라는 메기 한 마리가 미국 제조업을 각성시

---

[*] 2024년 9월 TSMC의 애리조나 공장이 가동을 시작해 애플에 공급할 4나노 칩 생산에 착수했다고 타이완 언론이 보도했다.

키는 효과를 발휘할 것이다.

TSMC 미국 공장의 장비 반입식이 열리던 날, 팻 겔싱어 인텔 CEO도 고객들을 만나기 위해 타이완을 방문했다. 의도한 타이밍인지는 모르겠지만, 타이완은 세계에서 가장 위험한 곳이라고 깎아내리던 CEO가 TSMC에 모든 스포트라이트가 쏠리는 게 싫었던 것 같다. 그는 엑스(X, 구 트위터)에 TSMC의 '메이드 인 아메리카'를 지지한다는 글을 올리기도 했다. TSMC가 인텔 옆에 공장을 지으면 인텔을 각성시키는 효과가 나타난다는 걸 그도 알고 있을 것이다. 그래서인지 타이완에서 열린 행사에 참석한 그의 표정이 무척 밝아 보였다.

TSMC의 미국 투자는 미국 반도체 생산의 산업망과 연관효과[**]에도 매우 긍정적인 효과를 발휘할 수 있다. 사실 모든 산업은 경쟁적 협력 관계에 있다. 서로 경쟁하면서도 협력하는 부분이 반드시 있기 마련이다. TSMC의 공급업체는 1만 개가 넘는다. TSMC의 미국 공장 건립은 미국 제조업의 실력을 끌어올릴 것이고, TSMC의 공급업체들이 미국 시장에 속속 진출한다면 건전한 공급망 확대에 매우 큰 역할을 할 것이다. 또 미국의 모든 제조업이 인텔, 삼성, 텍사스 인스투르먼트, 마이크론으로부터 수혜를 입고 완전한 공급망 구축으로 인한 장점을 누리게 될 것이다.

이 밖에도 TSMC의 파운드리 공장을 미국에 건립하면 미국의 IDM과 더 직접적으로 경쟁하게 되므로 제조 분야에서 경쟁력이 약했던 기업들이 타격을 입을 수 있다. 그들이 적극적으로 기술 수준을 끌어올리지 않는다면 제조업에서 밀려나고 말 것이다. 또 세계 최대 IDM인 인텔은 TSMC에 생산을 주문해 AMD에 빼앗긴 커다란 시장을 서둘러 되찾을 수 있고, 다른 IDM도 TSMC에 주문할 수 있으므로 운영이 순조롭지 못한 IDM의 도

[**] 각 산업이 독립적이지 않고 상호의존적인 관계에 있기 때문에 어떤 산업이 발전하면 그와 연관된 다른 산업도 함께 발전하는 현상을 의미한다.

태가 가속화되는 효과도 나타날 수 있다.

높은 생산원가라는 미국의 치명적인 단점을
극복할 수 있을까?

하지만 긍정적인 효과만 있는 것은 아니다. TSMC의 미국 투자에 도사리고 있는 위기를 간과해서는 안 된다. 미국은 현재 세계 반도체 생산의 11퍼센트를 점유하고 있다. 미국이 반도체 생산 대기업의 미국 공장 건립을 적극적으로 유치하며 보조금을 지급하고 있는데 그렇게 해서 미국의 시장 점유율이 얼마나 회복될 수 있을까? 미국은 생산원가가 높다는 치명적인 약점을 갖고 있다. 반도체 생산 공장을 많이 건립하기만 하면 이 태생적인 약점을 극복할 수 있을까?

사실 그 어떤 산업도 정부보조금으로 장기간 경쟁력을 유지할 수 없다는 것을 우리는 이미 많은 경험으로 알고 있다. TSMC의 경영효율이 아무리 높아도 미국의 생산원가가 타이완에 비해 훨씬 높다는 점은 운영관리에 큰 부담이 아닐 수 없다. 타이완에서 쌓은 경험을 미국에 완벽하게 복제하려고 해도 큰 장애물에 부딪히고, 총이익에도 실질적인 타격이 나타날 것이다. TSMC의 원가가 현저히 상승한다면 향후 파운드리 가격 상승은 계속 상승할 수밖에 없다.

미국 투자 계획을 두고 TSMC 내부에서조차 치열한 논쟁이 벌어졌던 것이 바로 이 때문이다. 그중에서도 사람들의 최대 관심사는 TSMC가 최첨단 기술 개발은 타이완에서만 진행한다고 해도 해외 공장에 첨단 공정이 적용된다면 동종 기업들과의 교류가 많아질수록 경쟁사들이 더 빠르게 기술을 습득하고 추격하지 않겠느냐는 것이다.

이것은 TSMC 내부에서도 제기되었던 문제이며 자본시장에서도 똑같은 우려가 존재한다. TSMC의 자기자본이익률이 급락할 것이라는 외국 자본의 평가보고서가 발표된 후 며칠 연속 TSMC 주식 투매 현상이 나타나기도 했다.

많은 분석가들이 향후 TSMC 미국 공장의 파운드리 견적이 타이완 공장보다 훨씬 높을 것으로 전망하고 있다. 미국과 유럽 국가들은 안보를 위해 더 높은 대가를 지불해야 할 것이며, 이 점은 TSMC의 미국 투자가 글로벌 반도체 산업에 미칠 가장 큰 충격파가 될 것이다. 반도체 판매가격을 계속 낮출 수 없다면 반도체가 활용되는 모든 전자 및 IT 제품의 원가가 상승해 반도체 활용 분야 확장세 큰 변수가 생기게 된다. 지금 상황에서는 이런 우려가 현실화될 가능성이 크다.

05 | Made in Taiwan에서 Made by Taiwan으로

어떻게 해야 타이완 반도체 산업의
경쟁력을 유지할 수 있을까?

2022년 12월 6일 열린 TSMC의 애리조나 공장 장비 반입식에 바이든 미 대통령, 애플 CEO 등 많은 인사들이 참석했다. 거물급 인사들이 한자리에 모인 성대한 행사는 글로벌 IT 산업에서 TSMC가 지닌 핵심적인 위치와 반도체 생산 대국의 영광을 되찾겠다는 미국의 결심을 전 세계에 알리는 계기가 되었다.

TSMC의 미국 투자액은 120억 달러에서 400억 달러로 늘어났고,* 앞으로 4~5년 내에 3~5나노 첨단 공정 생산능력을 확충할 계획이다. 공정 기술과 생산능력이 당초 계획한 것보다 크게 확대되자 타이완에서는 TSMC의 기술 유출과 탈타이완화에 대한 우려의 목소리가 또다시 높아졌다.

'탈타이완화' 논란에 대해서는 웨이저자 TSMC 총재가 여러 차례나 직접 나서서 "결코 그런 일은 없을 것"이라고 반박했다. 당시 시끄러운 논쟁을 일으킨 반대 논리 중 대부분은 정치적 의도가 뚜렷했으므로 길게 설명

---

* 2024년 3월 미 상무부와 보조금 규모에 예비 합의할 때 투자액을 다시 650억 달러로 늘렸다.

할 가치가 없지만, 내 주위에서도 그 문제에 대해 우려하는 이들이 적지 않았던 것이 사실이다. 하지만 오해와 곡해에서 비롯된 우려가 많기 때문에 몇 가지 대표적인 논리에 대해 얘기해 보고자 한다.

우선 '탈타이완화'를 살펴보자. 미국, 일본, 유럽 등은 TSMC가 모든 달걀을 타이완이라는 한 바구니에 담는 것을 원치 않는다. '탈타이완화'의 한 가지 뜻은 타이완의 생산 비중을 줄이고 생산량을 여러 곳으로 분산시킨다는 것이다. 특히 타이완해협의 긴장 국면에 영향을 받지 않을 미국, 일본, 유럽 등에서 생산하기를 바란다.

'탈타이완화'는 생산 지역을 바꾸는 것에 불과하다. 공장을 미국, 일본, 유럽 등으로 분산시켜도 TSMC가 지분을 갖고 경영하는 것은 변함이 없으며, 글로벌 반도체 업계에서 TSMC의 영향력을 확대하는 효과를 얻을 수 있다. 다른 글로벌 대기업들도 세계 각국에 투자하고 공장을 건립하며 기업의 규모를 확대하는 방식으로 성장했고, 5대 전자 기업 등 타이완 기업들도 중국에 생산기지를 건립해 글로벌 경쟁력을 갖췄다.

타이완은 면적이 좁고 인구가 적은 데다가 인력, 용수, 전력, 토지 등 여러 자원이 부족하기 때문에 기업의 해외 투자는 불가피한 선택이다. 기업이 해외로 영향력을 넓히는 것은 절대적으로 권장할 만한 일이다. 과거에는 메이드 인 타이완Made in Taiwan을 강조하며 타이완 본토에서 생산하는 것이 가장 좋다는 인식이 있었지만, 그보다는 메이드 바이 타이완Made by Taiwan을 추구해야 한다. 타이완이 기업 경영과 관리를 주도하기만 한다면 어디서 생산하느냐는 중요하지 않다.

둘째, TSMC 미국 공장에 3~5나노 첨단 공정이 도입되자 일각에서 TSMC의 기술이 해외로 유출되는 것이 아닌지 우려하고 있다. 심지어 TSMC가 미국 기업이 되는 게 아니냐고 말하는 사람들도 있다.

하지만 내가 보기에 그건 반도체 산업을 몰라서 하는 얘기다. TSMC의

R&D 인력은 모두 타이완에 있고, 각 세대 신기술도 모두 타이완에서 개발된다. 공정 기술이 개발되면 웨이퍼 공장에서 검증을 거쳐 생산 과정에서 최고의 수율과 효율이 나오도록 조정한 뒤에야 안정적인 공정 기술을 해외 공장에 이전해 생산하게 한다.

TSMC 장비 반입식에 참석한 귀빈 중 최대 고객인 젠슨 황 엔비디아 CEO가 축사에서 이런 말을 했다. "TSMC의 미국 투자는 게임의 룰을 바꾸는 사건이다. 미국 공장 건립으로 TSMC는 고객사들에게 더 막강한 파트너가 될 것이다. TSMC의 중심과 영혼이 타이완에 있다는 사실은 변치 않는다."

과연 모리스 창의 최고 사업 파트너인 젠슨 황다운 발언이다. 그는 TSMC의 미국 투자가 가진 핵심적인 의의를 한 마디로 정확히 꿰뚫었다.

젠슨 황의 말을 더 쉽게 해석하자면, TSMC가 비록 외부의 압박으로 미국 공장을 건립하게 됐지만, TSMC가 전체 고객 중 60퍼센트를 차지하는 미국 고객들과 더 강력한 파트너십을 맺을 기회이며, 미국에 공장을 지어도 TSMC의 중심과 영혼, 즉, 가장 강한 기술과 가장 높은 난이도의 R&D는 변함없이 모두 타이완에 있을 것이라는 뜻이다.

현재도, 미래에도, 중심과 영혼은 타이완에 있다

사실 TSMC 미국 공장은 TSMC 전체 생산능력에서 차지하는 비중이 얼마 되지 않는다. 미국 1공장과 2공장이 각각 2024년과 2026년에 양산 체제에 돌입할 예정인데, 두 공장 모두 양산에 들어갔을 때 월 생산능력이 5만 개가 된다. 현재 TSMC의 월 생산능력이 130만 개이므로 미국 공장은 전체 생산능력 중 고작 4퍼센트만 담당하게 되는 것이다. 하지만 7나노 이하 첨단 공정만 계산한다면, 타이완의 다른 신규 공장 생산능력을 모두 합산할 때 미국 공장의 생산능력이 차지하는 비중이 15~20퍼센트로 올라간다.

TSMC은 세계 시장의 첨단 공정 기술 및 생산능력 중 90퍼센트 이상을 보유하고 있으며, 미국과 유럽의 강대국들은 TSMC에 대한 의존도를 줄이려고 하고 있다. 4년 뒤 TSMC의 미국 내 첨단 공정 생산능력이 전체 첨단 공정 생산능력 중 20퍼센트까지 늘어나게 되면 미국은 타이완에 이어 두 번째로 큰 TSMC의 첨단 공정 생산기지가 될 전망이다. TSMC가 미국의 요구에 충실히 응답하는 셈이다.

15~20퍼센트라는 전망치 외에 미국 투자를 확대한 후 타이완 내 공정 기술과 생산능력 투자 계획에 어떤 변동이 생길지에 대해서는 아직 확실히 발표된 바가 없다. 하지만 TSMC는 타이완의 5나노, 4나노, 3나노 생산 라인을 계속 확충하고 있고, 2나노 기술 개발에도 착수했다. 1나노 또는 0.5나노 단계에서 무어의 법칙이 난관에 부딪힐 것으로 보이지만, TSMC는 타이완에서 계속 기술을 개발하며 돌파구를 모색할 것이다.

TSMC는 앞으로 해외(미국, 중국, 일본 포함) 공장의 생산능력이 전체 생산 능력의 약 20퍼센트까지 늘어날 것이라고 밝힌 적이 있다. 바꿔 말하면 앞으로도 TSMC의 웨이퍼 생산물량 중 80퍼센트는 타이완 공장이 담당하게 될 것이라는 뜻이다. 해외 생산 비중 20퍼센트의 수치는 다국적 기업에게 매우 건전한 생산 구조에 속한다.

이렇게 설명해도 TSMC의 첨단 기술이 타이완 밖으로 유출되지 않는다고 어떻게 장담할 수 있느냐고 반문하는 사람들이 많을 것이다. 사실 가장 중요한 원인은 아주 단순하다. TSMC의 R&D 사업부가 모두 타이완에 있고, 현재도, 미래에도 밖으로 이전될 가능성이 거의 없다는 것이다.

TSMC의 최첨단 공정 기술은 타이완에 남아 있을 것이고, 그보다 더 앞선 2나노, 1나노 기술 R&D도 타이완 내에서 진행될 것이라는 사실은 더 논란의 여지가 없다. 주요 R&D 사업부가 모두 타이완에 있고, 차세대 공정이 개발되면 생산 공장과 함께 각종 장비를 조정하고 수정해야만 학습곡선을 단축하고 최단 시간에 양산 수율 및 납기를 최고 상태로 끌어올릴 수 있다. 이 과정에서 R&D 사업부와 양산 공장의 긴밀한 협력이 필요하다. 미국 공장을 건립해도 TSMC의 '중심과 영혼'은 계속 타이완에 있을 것이라는 젠슨 황의 발언도 바로 이 얘기일 것이다.

바꿔 말하면 TSMC의 입장에서 현재 미국 생산 라인은 양산용 공장으로 볼 수 있다. TSMC의 생산직원 6만 5,000명과 엔지니어 5만 명이 거의 모두 타이완에 있다. 35년간 R&D 사업부와 공장의 긴밀한 협력을 통해 구축한 경쟁의 기반은 앞으로도 분명히 타이완 내에서 유지될 것이다. TSMC가 해외 엔지니어를 대거 고용하는 일은 현재의 국제 정세로 볼 때 불가능하다. 만약 어느 날 TSMC가 R&D 사업부를 해외로 이전하려 한다면 그야말로 정말 심각한 일이 되겠지만, 중국이 타이완을 무력으로 통일하지 않는 한 내가 볼 때 그런 일이 발생할 가능성은 없다.

각설하고, 가장 중요한 공정의 R&D 베이스캠프는 타이완이다. 미국 공장에서도 일부 R&D가 진행되겠지만 다른 곳에 중점을 둔 연구가 될 것이다. 1나노 또는 0.5나노 단계에서 돌파하기 힘든 벽이 나타나 무어의 법칙이 한계에 부딪힐 것이라는 전망이 많다. 그렇다면 기술적으로 가장 앞서 있는 TSMC가 삼성이나 인텔보다 먼저 그 문제에 봉착하게 될 것이다.

0.5나노의 난관을 뛰어넘으려면 TSMC는 모든 반도체 장비, 부품, 소재 공급업체들과 더 밀접한 관계를 맺고 새로운 전자, 물리, 광학, 소재 등을 연구하고 탐색해야 한다. 이 분야의 R&D 인력은 기초 연구 실력이 가장 탄탄한 미국에 배치하는 편이 더 효과적일 것이다. 물론 미국에서 더 앞선 공정 기술을 개발한다면 베이스캠프인 타이완으로 옮겨 와 수율 개선을 진행할 것이므로 R&D 및 공정 기술은 여전히 타이완이 쥐게 된다.

‘실리콘 실드’는 타이완 반도체 산업에 대한 국제 사회의 평가다. 세계의 관심은 이미 ‘블랙 골드black gold’ 석유에서 ‘실리콘 골드silicon gold’ 반도체로 이동했고, 타이완 반도체는 전투기, 미사일보다 더 중요한 방어무기가 되었다. TSMC는 타이완에서 탄생해, 반도체 섬 타이완에서 뿌리내린 기업이다. 태어나고 자란 땅을 그리 쉽게 떠날 수는 없다. 해외 공장이 계속 확충되더라도 타이완 본사의 대체 불가능한 지위는 흔들리지 않을 것이다. R&D와 기술로 쌓은 기술력은 앞으로 100년간 타이완 경쟁력의 원천이 될 것이며, 패권 경쟁의 한가운데서 타이완의 분단을 막는 힘이 될 것이다. 헛된 욕심을 품고 타이완을 넘보는 패권 세력은 신중히 고민하고 섣불리 행동하지 않길 바란다.

06 │ 왜 모두 미국으로 가는가? 고객을 위한 일이다!

실리콘 웨이퍼 세계 3위 글로벌웨이퍼스의 미국 전략

2022년 12월 1일 세계 3위 실리콘 웨이퍼 생산업체인 글로벌웨이퍼스 GlobalWafers, 環球晶가 미국 텍사스주 셔먼Sherman에서 12인치 실리콘 웨이퍼 공장 착공식을 거행했다. 미국에서 실리콘 웨이퍼 공장이 신규 건립되는 것은 20년 만에 처음이었으므로 수많은 거물급 인사들이 참석해 도리스 슈Doris Hsu, 徐秀蘭 글로벌웨이퍼스 회장을 축하했다.

닷새 후인 12월 6일 애리조나주 피닉스에서 열린 TSMC의 장비 반입식에는 바이든 대통령을 비롯해 팀 쿡 애플 CEO, 젠슨 황 엔비디아 CEO, 리사 수 AMD CEO, 산자이 메로트라Sanjay Mehrotra 마이크론 CEO 등 더 많은 귀빈들이 참석해 모리스 창 TSMC 창업자, 마크 리우 회장, 웨이저자 총재에게 축사를 건넸다. 지정학적 긴장이 고조된 상황에서 타이완 반도체 기업이 추진하는 대형 투자 프로젝트에 미국 정계와 언론의 관심이 집중되었다.

글로벌웨이퍼스는 현재 일본 신에츠와 섬코에 이어 실리콘 웨이퍼 업계 세계 3위 기업이다. 신주과학단지의 작은 기업 SASSino-American Silicon Products,

中美晶로 시작해 네 번의 해외 기업 인수—2008년 미국 업체 글로비테크 GlobiTech, 2012년 일본 업체 코발렌트Covalent, 2016년 덴마크 업체 톱실Topsil 과 미국 업체 선에디슨SunEdison——를 통해 규모를 확장했으며, 현재 타이완 외에도 중국 쿤산昆山, 일본, 한국, 말레이시아, 미국, 이탈리아, 덴마크, 폴란드 등 세계 각지에 실리콘 웨이퍼 생산 공장을 두고 있는 세계적인 기업이다.

그런데 2020년에 추진했던 독일 실트로닉스Siltronic 인수는 실패로 돌아갔다. 도리스 슈는 당초 미국과 중국의 반대를 예상했지만 뜻밖에도 세계 각국이 모두 동의하는데 유일하게 독일만 승인하지 않았다고 했다. "주된 원인은 타이완이 홍콩의 전철을 밟게 될 수 있다는 독일의 우려였다. 독일은 이것을 what if(만약에)가 아닌 when(언제)의 문제로 보았고, '오늘은 타이완 기업으로 불리지만 내일은 중국 기업이 될' 기업에 독일 기업이 매각되는 것을 원치 않았다."

도리스 슈는 글로벌웨이퍼스가 해외 기업을 여러 차례 인수했지만 이런 경우는 처음이었다며 그 과정에서 거의 모든 사람이 자신에게 이렇게 물었다고 말했다. "타이완은 정말 위험한 국가가 아닙니까?" "우리가 왜 세계에서 가장 위험한 나라에 기업을 팔아야 됩니까?"

글로벌웨이퍼스는 실트로닉스 인수를 추진하면서 내부적으로 플랜 B를 준비하고 있었다. 실트로닉스 인수에 실패할 경우 다른 나라에서 공장 확충을 추진한다는 것이었다. 2021년 1월 31일 실트로닉스 인수 협상이 최종 실패한 뒤 반년도 지나지 않은 6월 27일, 글로벌웨이퍼스는 미국 텍사스주에 투자한다는 프로젝트를 발표했다.

글로벌웨이퍼스가 텍사스에 공장을 세운 이유

글로벌웨이퍼스가 공장 건립지로 미국 텍사스주를 선택한 데에는 미국 정부의 보조금이 중요한 역할을 했다. 하지만 그 이유 때문만은 아니었다.

도리스 슈는 미국에 반도체 생산 공장은 계속 지어지고 있는데 미국 내 실리콘 웨이퍼 공급량은 전체 수요의 1퍼센트도 되지 않아 웨이퍼 공급 부족이 심각하다고 판단했다. 또 세계적으로 순제로 배출Net Zero Emission, 친환경 솔루션이 화두로 떠올랐지만 미국에는 아직까지 그에 상응하는 실리콘 웨이퍼 공급 솔루션이 없다. 이것이 바로 글로벌웨이퍼스가 미국에 공장을 세우기로 결정한 가장 중요한 이유다.

루밍광盧明光 전 SAS 회장은 SAS와 글로벌웨이퍼스의 적극적인 해외 기업 인수를 주도한 인물이다. 그는 49년간 반도체 업계에서 일하며 텍사스 인스트루먼트 타이완 지사, 라이트온LITE-ON Technology, 光寶電子, SAS 등을 이끌어 온 베테랑이다. 그는 글로벌웨이퍼스의 텍사스 공장 건립은 미국 정부의 요구 때문이 아니라 향후 미국 시장의 가능성을 종합적으로 판단한 결정이라고 말했다. 고객이 그곳에 있고 또 매력적인 보조금 조건도 있기 때문에 그곳에 공장을 짓기로 했다는 것이다.

마이크론이 뉴욕에 1,000억 달러를 투자해 반도체 공장 몇 개를 건립하겠다고 발표했고, 삼성과 인텔도 각각 미국에 1,000억 달러를 투자하기로 했다. 텍사스 인스트루먼트도 반도체 공장 몇 개를 지을 예정이고 TSMC도 미국에 공장을 짓고 있다. 루밍광은 앞으로 미국 반도체 시장이 왕성한 기세로 성장할 것이고 그에 따라 실리콘 웨이퍼 수요도 급증할 것이라고 내다봤다. 그러므로 고객과 가까운 곳에 공장을 짓는 것은 당연한 선택이었다.

게다가 미국의 보조금 정책도 있었다. 루밍광에 따르면, 타이완은 면적이 좁고 용수 및 전력 부족 문제도 해결해야 하지만 미국 텍사스주는 땅이

넓어 1만 제곱미터 가격이 1달러밖에 되지 않는다. 게다가 용수 및 전력 요금의 절반을 주정부가 지원하고 직원 교육, 수당, 인센티브 등도 지원받을 수 있기 때문에 타이완 공장 건립 비용의 10~15퍼센트면 텍사스주에 공장을 지을 수 있다. 또 글로벌웨이퍼스가 2008년 인수한 글로비테크의 본사가 텍사스주에 있으므로 텍사스주에 공장을 짓는다면 지리적인 이점과 역사적인 의의도 챙길 수 있었다.

텍사스주는 미국 반도체 산업의 중심지로 오랜 역사를 가지고 있다. 텍사스에서 탄생한 가장 유명한 기업이 텍사스 인스트루먼트다. 모리스 창도 그 회사에서 근무했고, 루밍광도 텍사스 인스트루먼트 타이완 지사 출신이었다. 또 북미 최대 실리콘 웨이퍼 기업이었던 MEMC도 텍사스주에 있었으며, 글로벌웨이퍼스가 인수한 미국 기업 두 곳 모두 텍사스주와 깊은 인연이 있었다.

글로벌웨이퍼스의 두 차례 미국 기업 인수 중 첫 번째는 2008년 SAS의 글로비테크 인수였다(글로벌웨이퍼스가 SAS에서 독립하기 전이었다). 글로비테크는 미국 텍사스주에 위치한 반도체 기업으로 모든 경영진이 텍사스 인스트루먼트 출신이었다. 루밍광이 텍사스 인스트루먼트 타이완 지사와 라이트온에서 근무하던 시절 그의 상사와 동료 대부분이 텍사스 인스트루먼트 출신이었고, SAS가 글로비테크에 투자했던 인연으로 글로비테크의 경영진과 잘 아는 사이였기 때문에 인수 협상이 순조롭게 진행되었고, 인수 후 18개월 만에 흑자로 전환되었다.

글로벌웨이퍼스의 두 번째 미국 기업 인수는 2016년의 선에디슨 인수였다. 선에디슨은 MEMC에서 분리 독립한 회사였는데, MEMC는 SAS와 글로벌웨이퍼스의 원료 공급업체였고 텍사스주에 본사를 두고 있었다. 글로벌웨이퍼스가 선에디슨의 지분 3~4퍼센트를 보유하고 있고, 이사회 구성원들과도 잘 알았기 때문에 역시 인수가 순조롭게 진행되었다.

이런 인연으로 글로벌웨이퍼스가 두 번의 인수합병을 통해 확보한 자산과 생산 공장이 거의 모두 텍사스주에 있고, 마크 잉글랜드Mark England 현 글로벌웨이퍼스 사장이 당시 글로비테크의 사장이기도 하다. 따라서 글로벌웨이퍼스의 미국 사업 운영 및 관리를 고려해도 텍사스주는 신규 공장 건립의 가장 이상적인 입지였다.

TSMC는 애리조나 공장을 건립하면서 타이완 엔지니어를 대거 파견해야 하지만 글로벌웨이퍼스는 그럴 필요가 없다. 글로벌웨이퍼스가 이미 텍사스주에서 광범위한 운영 기반을 갖고 있기 때문이다. 게다가 실리콘 웨이퍼 생산은 파운드리보다 훨씬 단순하다는 업종 자체의 차이도 있다.

2022년 루밍광은 타이완 IT 업계 최고 권위의 '판원위안상'을 수상했다. 이 상은 판원위안 박사를 기리기 위해 제정한 상인데, 타이완의 IT 업계 전문가들은 잘 알고 있겠지만, 판원위안은 40여 년 전 타이완의 반도체 산업 발전 계획을 세운 해외파 학자다. 타이완 교육생 40여 명이 미국 RCA로 건너가 반도체 기술을 이전받을 수 있게 함으로써 타이완 반도체 산업의 비약적인 발전을 가능하게 한 장본인이기도 하다. 쩡판청, 차오싱청 전 UMC 회장, 차이밍제 미디어텍 회장, 스친타이 전 공업기술연구원장 등이 모두 당시 RCA 교육생 출신으로 훗날 타이완 반도체 산업 발전에 큰 공을 세운 인물들이다.

근래 공개적인 행사에 자주 참석하지 않았던 쩡판청 TSMC 부회장이 특별히 시상식에 참석해, TSMC 설립 초기 실리콘 웨이퍼 구매에 얽힌 일화를 공개했다. 공업기술연구원 출신들이 TSMC를 설립했을 때 회의적인 전망이 많았고, 해외 대기업들은 더더욱 TSMC를 무시했는데 당시 실리콘 웨이퍼 생산 대기업인 일본의 신에츠도 마찬가지였다.

쩡판청에 따르면, 당시 웨이퍼를 3인치에서 4인치로 바꾸기 위해 신에츠와 실리콘 웨이퍼 구매 협상을 진행했는데, 신에츠 관계자가 품질이 좋은 제품은 미국 시장에 수출하고, 품질이 떨어지는 제품만 타이완에 팔겠다고 했다. 게다가 더 황당한 일은 미국에는 5달러에 팔면서 타이완에는 10달러를 요구했던 것이다. 직원을 보내 가격 협상을 했지만 신에츠는 가격을 1달러밖에 깎아줄 수 없다고 했다. 쩡판청은 당시 자신이 몹시 화가 나서 다시는 일본인에게 웨이퍼를 구매하지 않겠다고 맹세하고는 그다음부터 미국 MEMC의 웨이퍼를 구매했다고 했다.

물론 지금은 상황이 달라졌다. TSMC의 규모가 점점 커져 일본산 실리콘 웨이퍼도 구매하고 있다.

루밍광과 RCA 교육생 출신의 반도체 업계 노장들은 모두 타이완 산업의 저력에 든든한 믿음을 갖고 있다. 루밍광은 TSMC 미국 공장의 3나노 공정이 2025년, 2026년에야 양산에 들어가는데 그때가 되면 TSMC의 타이완 공장은 2나노와 1나노 공정의 준비가 끝났을 것이라며 고객과 시장이 미국에 있는데 기업이 미국에 투자하지 않을 이유가 없다고 했다.

현재 TSMC와 글로벌웨이퍼스는 미국에 수출할 수 있을 만큼의 기술력을 갖추고 미국에 공장을 짓고 투자하며 더 큰 시장으로 진출해 타이완 산업의 역량을 전 세계에 과시하고 있다. 40여 년 전 반도체 산업의 불모지로 미국에서 기술을 이전받아야 했던 타이완이 지금의 실력을 갖추게 된 것은 결코 쉽지 않은 과정이었으며 대단한 성과가 아닐 수 없다.

07 │ 미국만 바라보지 말라,
하이라이트는 일본이다

타이완과 일본이 손잡고 일본 자동차 산업을
부흥시킬 것이다

2022년 봄, 인구가 4만 명밖에 되지 않는 일본 규슈의 구마모토현 기쿠요마치에서 반도체 공장 착공식이 열렸다. 이 소식에 기쿠요마치가 갑자기 유명세를 타며 산업단지 땅값이 일본 최고 상승률을 기록하고 상업용 부동산 가격도 급등했다. 24시간 쉬지 않고 진행되는 건설 공사에 밤 9시에도 트럭과 인부들이 쉬지 않고 드나들고, 조용했던 작은 마을도 건설 현장과 차량 불빛으로 갑자기 불야성을 이루었다.

이 공장은 TSMC와 소니, 덴소가 공동으로 설립한 JASM Japan Advanced Semiconductor Manufacturing이다. 총 투자금 86억 달러 가운데 4,760억 엔(약 31억 6,000만 달러)을 일본 정부가 지원했으며, 현재 일본에서 가장 앞선 공정 기술을 갖춘 반도체 공장이자 사상 최대 반도체 투자 프로젝트다.

규슈는 과거 일본 반도체 산업의 중심이자 자동차 산업 공급망이 촘촘하게 구축되어 있는 지역이다. TSMC와 일본 기업의 합자회사인 JASM이 규슈에 둥지를 틀면서 일본 반도체 및 자동차 산업계가 기대감에 한껏 들떴다.

월 생산능력 5만 5,000개 규모로 건립되는 JASM 공장은 2023년 하반기 완공을 목표로 하고 있으며 10~28나노 공정 기술을 도입해 2024년 12월부터 제품 출하가 가능할 것으로 보인다.[*] TSMC가 100퍼센트 지분을 가진 애리조나 공장과 달리 JASM은 TSMC가 50퍼센트 이상 지분을 보유하고, 소니는 20퍼센트 미만, 덴소는 10퍼센트 넘는 지분을 갖고 있다.

TSMC는 현재 미국, 중국, 일본에서 모두 대규모 투자 프로젝트를 진행하고 있지만, TSMC와 고객사가 합자회사를 설립한 것은 JASM이 유일하기 때문에 특별한 의미가 있다. 이 공장은 소니와 덴소의 CMOS 이미지 센서와 차량용 반도체를 위탁생산해 특정 고객사에 전량 공급할 예정이기 때문에, 일본 기업의 출자는 사업적인 상호 계약 관계를 보증한다는 의미가 있다.

TSMC가 일본 JASM에 투자한 이유 중에 물론 지정학적 요인도 있다. 일본은 아베 정부 시절부터 TSMC의 투자를 유치해 낙후된 일본 반도체 제조 능력을 끌어올리고, 현지 반도체 공급량을 늘리기 위해 여러모로 노력을 기울였다. 반면 TSMC의 입장에서 JASM 투자는 미국 투자와는 의미가 조금 다르다. 웨이저자 TSMC 총재는 TSMC가 각국에 웨이퍼 공장을 건립하는 것은 고객이 있는 곳에 찾아가는 것이며 일본 공장도 다르지 않다고 했다.

그는 일본은 생산원가가 저렴한 곳이 아니라면서, 그럼에도 불구하고 일본에 공장을 짓는 것은 '반드시 지원해야 하는 고객이 있기' 때문이라고 했다. 그 일본 고객은 TSMC 최대 고객의 공급업체이기도 하다. 최대 고객의 제품이 팔리지 않으면 TSMC의 3나노, 5나노 제품도 팔 수 없다.

웨이저자가 말한 그 '고객'은 소니다. 소니는 세계 최대 CMOS 이미지

---

[*] 2024년 2월 1공장이 완공되어 연내 본격 생산을 앞두고 있다.

센서 공급업체로, 애플에 CMOS 이미지 센서를 공급하고 있다. 애플은 TSMC의 매출 가운데 26퍼센트를 차지하는 최대 고객이고, 애플의 스마트폰, 태블릿 등에 많은 양의 CMOS 이미지 센서가 탑재된다. CMOS 이미지 센서가 없으면 애플의 스마트폰, 태블릿 등을 팔 수 없다. 소니를 지원하기 위해 일본에 공장을 건립했지만 사실상 애플을 지원하는 것이나 마찬가지다. TSMC의 3나노, 4나노, 5나노 첨단 공정 제품은 애플 같은 대기업만이 구매할 수 있기 때문이다.

웨이저자는 TSMC의 미국, 일본 투자가 미국과 일본 정부의 요구 때문이라는 일각의 주장에 대해, TSMC는 정부와 맞설 능력도 없다면서도 해외 투자는 일본이나 미국 정부를 위한 것이 아님을 분명히 했다. 그러면서, 모든 해외 투자는 전적으로 고객을 위한 일이고, 고객이 언제나 최우선이라고 말했다.

내가 보기에 웨이저자의 이 말은 TSMC가 설명할 수 있는 입장을 분명히 밝힌 것이다. 고객을 최우선으로 한다는 것은 TSMC가 파운드리 사업으로 성공을 거둔 핵심 비결이다. 정부에 대한 불만을 노골적으로 드러내거나 정부와 정면으로 맞설 만큼 어리석은 기업은 없다. 업계 최고 기업이라도 세상의 변화에 순응하며 최적의 위치를 찾아 포지셔닝할 수밖에 없다.

일본은 생산원가가 상대적으로 낮고, 이익 창출의 기회가 더 크며, 투자 범위가 더 넓다

하지만 TSMC의 일본 투자 프로젝트는 확실히 미국과 다른 점이 있다. 첫째, 일본은 미국에 비해 생산원가가 낮고 일본인의 노동문화와 근무태도도 타이완과 비슷하다. 둘째, 일본 투자는 범위가 더 넓다. 웨이퍼 생산 외에 일본 IDM 고객을 위한 설계서비스 및 3D IC 패키징도 포함되어 있다.

일본은 생산원가가 상대적으로 낮은 편이다. 1인당 GDP(국내총생산)를 비교해 보면, 2021년 일본의 1인당 평균 GDP는 약 3만 9,600달러였고, 미국은 7만 달러가 넘었으며, 타이완은 약 3만 3,000달러였다. 최근 타이완의 1인당 GDP가 빠르게 증가하고 있기 때문에 2023년이나 2024년에 일본을 따라잡을 것이라고 전망하는 전문가들이 많다. 이것이 바로 일본의 생산원가가 미국에 비해 낮은 이유다.

일본의 1인당 GDP가 제자리걸음을 하고 임금 상승률도 낮은 편인데 특히 IT 업종의 임금 상승률이 상당히 낮다. TSMC의 직원 임금은 일본 평균을 거의 따라잡았으며 상당수 일본 기업을 이미 추월했다. JASM이 일본에서 제시한 임금 조건을 보면, 대학 학사, 석사, 박사의 초임이 각각 28만 엔, 32만 엔, 36만 엔이다. 2021년 4월 구마모토현이 현지 기업들을 대상으로 실시한 조사에서 대졸 엔지니어의 평균 초임이 19만 엔인 것으로 나타났으므로, JASM의 임금은 현지에서도 상당히 높은 수준이다.

JASM의 임금 조건이 공개되자 일본의 많은 기업들이 술렁였다. 그들은 TSMC가 고임금으로 인재를 빼앗아 가면 다른 기업들은 버티지 못할 거라며 불만을 터뜨리고, 소니, 미쓰비시, 르네사스^{Renesas}, 도시바, 롬^{ROHM} 등 현지 반도체 기업들의 인력 채용에도 영향을 미칠 것으로 예상했다.

물론 환율의 영향도 있다. 최근 엔화 가치가 크게 떨어져 타이완달러보다 하락폭이 훨씬 컸다. TSMC는 구마모토 공장의 임금이 타이완 본사의 70퍼센트 수준이라며 인재를 빼앗기 위해 고임금을 제시한 것이 아니라고 부인했지만, 이 해명은 오히려 타이완 IT 산업이 이미 이 정도 수준에 올라섰고, TSMC의 임금 수준이 일본 동종 업계보다 훨씬 높다는 사실을 널리 알려 일본 기업들을 긴장시켰다.

둘째, 일본 투자는 범위가 더 넓다. 구마모토의 12인치 웨이퍼 공장 외에 요코하마와 오사카의 IC 설계센터, 이바라키의 3D IC 첨단 패키징

R&D센터도 전략 프로젝트에 포함되어 있다. 이 세 가지 전략적 투자 프로젝트를 통해 IC 설계, 웨이퍼 공정, 후공정 패키징 등 생산망의 전·후방 수직적 통합이 실현될 것으로 전망된다.

IC 설계 분야에서 TSMC는 이미 2019년부터 도쿄대학과 공동으로 첨단 반도체 기술 협력을 진행해 왔으며, 2020년 요코하마에 첫 IC 설계센터를 설립하고 2022년 말에는 오사카에 두 번째 IC 설계센터를 설립했다. 이 두 IC 설계센터는 타이완 본사 R&D센터 직속이며 앞으로 3나노 첨단 공정 R&D를 진행하는 한편, 일본의 대형 IDM 고객들의 설계서비스를 지원할 것이다.

패키징 및 테스트 분야에서 일본은 이미 패키징 기술 및 장비 강국이고, TSMC도 최근 첨단 패키징 분야에 적극적으로 투자하고 있다. 또 소니에서 생산하는 CMOS 이미지 센서는 3D 패키징 기술이 응용된 대표적인 제품이다. JASM의 공정 기술이 최첨단 기술은 아니지만 칩렛의 3D 패키징을 적극적으로 개발할 수 있기 때문에 이바라키 3D IC R&D센터가 완공되면 요코하마와 구마모토에도 3D IC 첨단 패키징 시제품 생산 라인이 건립될 가능성이 있다.

웨이퍼 생산 분야에서는 JASM 건립 후 구마모토에 두 번째 웨이퍼 공장을 건립해 그보다 더 앞선 7나노 공정을 도입할 가능성이 있다.[*]

이 모든 것을 종합해 볼 때, TSMC는 일본에서 낮은 생산원가로 높은 이익을 창출할 수 있으며 광범위한 분야에 투자하고 있다. TSMC의 일본 투자는 일본 고객과 더 긴밀한 파트너십을 쌓는다는 의미뿐만 아니라, 일본에 설계, 패키징 및 테스트, 최첨단 공정 등 R&D 인력 확충의 중요한 거점을 구축한다는 의미가 있다. 특히 반도체 소재 개발과 인력 자원에서 일

---

[*] 2024년 2월 TSMC는 구마모토에 2027년 가동을 목표로 두 번째 공장을 건립하겠다고 발표했으며, 6월 착공에 들어갔다.

본이 가진 경쟁력을 흡수해 타이완의 첨단 공정과 첨단 패키징 기술을 더 고도화하겠다는 구상이다.

상호 보완적 산업 관계는 향후 타이완-일본 협력의 중요한 기반이 될 것이다

UMC, 윈본드, 누보톤Nuvoton, 新唐 등은 TSMC가 일본과의 협력을 확대하기 전부터 이미 일본 진출을 적극적으로 추진해 왔다.

가장 먼저 일본에 진출한 기업은 UMC이다. UMC는 1998년 닛폰 파운드리Nippon Foundry의 일부 지분을 취득한 뒤 8인치 웨이퍼 공장을 파운드리 공장으로 바꾸고, 2001년 UMC재팬UMC Japan 반도체로 이름을 바꿨지만 2012년 기업 청산을 발표하며 운영을 중단했다. UMC는 2019년에 다시 후지쯔로부터 12인치 웨이퍼 공장을 인수해 USJC라는 자회사를 설립해 일본 파운드리 시장에서 입지를 마련하는 데 성공했다. 또 2022년 4월에는 일본 덴소와 공동으로 USJC 공장 내에 12인치 웨이퍼를 제조하는 IGBTInsulated Gate bi-polar Transistor(절연 게이트 양극성 트랜지스터) 생산 라인 하나를 건설했다. 차량용 스페셜티 공정 기술을 적용한 이 새로운 비즈니스 모델은 8인치 성숙 공정의 심각한 공급 부족을 해결하기 위한 것이었다.

한편 윈본드의 자회사로 MCUmicrocontroller unit(마이크로컨트롤러유닛) 생산 및 파운드리 사업을 하는 누보톤도 2019년 말 6인치와 8인치 웨이퍼 공장을 포함한 일본 파나소닉의 반도체 사업부 PSCSPanasonic Semiconductor Solutions를 2억 5,000억 달러에 인수했다. PSCS는 이미지 센서와 차량용 MCU 반도체 분야에서 세계 시장 점유율이 매우 높았고, 누보톤은 차량용 시장에서 오디오 관련 반도체 공급에 주력하며 유럽의 자동차 기업에 제품을 공급하고 있었다. PSCS 인수는 누보톤의 기술 확장 및 차량용 반도체 분야의 시장 점유율 확대에 큰 도움이 되었다.

TSMC, UMC, 윈본드, 누보톤 등의 일본 투자 항목을 살펴보면 모두 자동차 산업과 관련된 분야라는 점을 알 수 있다. 일본 자동차 산업은 일본의 대표적인 산업으로 총수출액 중 가장 큰 비중을 차지하지만, 글로벌 전기차 경쟁에서 힘을 쓰지 못한 채 밀려나고 있다. 각 기업의 전략적 실패도 원인이겠지만 반도체 공급 부족도 중요한 원인이다.

일본 자동차 업계는 2021년과 2022년 코로나19의 영향으로 생산량이 100만 대 가까이 감소했다. 2022년 일본 국내 신차 판매 대수는 420여만 대로 45년 만에 최저치를 기록했다. 팬데믹으로 인한 공급망 혼란이 주요 원인이었는데 그중에서도 반도체 공급 부족이 가장 심각했다.

게다가 테슬라, 비야디 등 대기업이 미·중 양국의 적극적인 지원에 힘입어 시장을 빠르게 선점하자 일본 자동차 업계가 초조함을 감추지 못하고 있다. 그런 와중에 2022년 말, TSMC가 삼성을 제치고 테슬라의 차세대 FSD Full Self-Driving (자율주행) 칩을 대량 수주하고 4, 5나노 공정을 통해 양산하기로 하면서 테슬라가 TSMC에서 일곱 번째로 큰 파운드리 고객이 될 것이라는 전망이 등장했다. 일본 애널리스트 유노가미 다카시는 "테슬라가 마침내 높은 벽을 뚫었다. 앞으로 일본 자동차 기업들은 테슬라를 막아낼수 없을 것이다"라고 말했다.

일본 자동차 산업을 다시 일으키기 위한 열쇠는 반도체에 있다. 한편 타이완 반도체 기업들이 최근 차량용 애플리케이션 시장에 적극적으로 진출하고 있지만, 타이완에는 자동차 대기업이 없으므로 차량용 반도체 및 부품 시장에 주력하고 있다. 타이완과 일본이 상호보완적인 산업 관계에 있음을 그리 어렵지 않게 발견할 수 있다. 앞으로 이 분야에서 타이완과 일본의 협력이 확대될 수 있을 것으로 보인다.

08 │ JASM이 선봉에 서서 타이완-일본 동맹의 새 페이지를 쓰다

일본 반도체부흥계획이 성공할 수 있을까?

타이완의 입장에서 일본 정부가 내놓은 반도체부흥계획에 주목해 볼 만하다. 〈닛케이 아시아〉의 보도에 따르면, 일본은 미국과 차세대 반도체를 공동 연구하기로 합의하고, 이를 위해 2나노 공정 기술 개발에 3,500억 엔을 투입하기로 했다. 또 이와 별개로 4,500억 엔을 투자해 TSMC를 비롯한 대기업의 일본 투자를 유치하고, 3,700억 엔을 들여 반도체 생산에 필수인 웨이퍼 재료 공급망을 확보한다는 계획도 발표했다.

공정 기술 연구개발, 웨이퍼 생산, 웨이퍼 소재 등 3대 분야에 총 1조 1,700억 엔(80억 7,000만 달러)이 투입될 이 프로젝트는 일본이 반도체 생산 대국의 지위를 되찾기 위해 내놓은 반도체부흥계획이다. 527억 달러가 투입되는 미국의 반도체 지원법에 비하면 훨씬 작은 규모이므로 '반도체 지원법'의 축소판이라고 할 수 있다.

일본은 1980년대 세계 시장 점유율이 50퍼센트를 달하는 반도체 대국이었다. 미·중 양국이 대립하고 있는 현재 상황에서 일본은 미·일 협력 프로젝트를 통해 2020년대 후반기 5년 동안 2나노 칩 양산 능력을 확보하고 타이완과 한국에 대한 반도체 의존도를 낮추겠다는 목표를 세웠다. 미·일 협력이 어떤 효과를 가져올지, 타이완과 한국의 반도체 제조업에 어떤 부담을 안겨줄지 자세히 분석해 보고자 한다.

우선 반도체부흥계획의 내용을 세부적으로 들여다보자. 3,500억 엔을 투입해 2나노 공정 기술을 개발하겠다는 계획에는 도쿄대, 일본 산업기술종합연구소^{AIST}, 이화학연구소^{RIKEN}, IBM과 미국 및 유럽의 몇몇 연구기관이 참여하기로 했고, 소프트뱅크, NTT, 미쓰비시UFJ은행, NEC, 도요타 자동차, 도시바 메모리, 덴소, 소니 등 8개 기업이 73억 엔을 출자한다. 이를 통해 일본 정부가 700억 엔을 지원해 설립한 반도체 기업 라피더스^{Rapidus}(라틴어로 '빠르다'는 뜻)가 2027년부터 2나노 칩을 생산하고 2030년부터 파운드리 사업을 시작한다는 목표를 세웠다. 라피더스의 기술 제휴 파트너는 IBM이다.

라피더스와 IBM의 기술 제휴는 한 마디로 자금과 기술의 결합이다. IBM은 2015년 반도체 생산 라인을 매각한 적도 있지만 반도체 연구는 중단하지 않고 계속 진행해 왔으며 2021년 5월 2나노 기술 개발에 성공했다고 발표했다. 일본이 미국 기업의 기술 개발에 자금을 지원하는 협력 방식은 현재의 지정학적 상황과도 맞물려 양쪽의 이해관계에 모두 부합한다.

미·일 양국의 2나노 공정 기술 공동 개발은 현재 크게 뒤처져 있는 일본의 반도체 공정 기술을 끌어올리기 위한 것이다. 〈닛케이신문〉의 조사에 따르면, 일본 IDM의 기술이 몇 년 전부터 65나노 공정에 머물러 있어 40나노, 28나노, 16나노 등 후속 기술 투자가 중단된 것으로 나타났다. UMC가 일본 생산 라인을 인수해 40나노 공정을 도입했고, TSMC 일본 공장도 20~28나노, 12~16나노 로직 IC를 위주로 생산할 예정이지만, 여전히 최첨단 공정 기술이 부족하고, 특히 일본 기업이 직접 보유했다고 말할 수 있는 기술이 없다. 그러자 일본 정부가 미국과의 제휴를 통해 이 문제를 해결하겠다고 나선 것이다.

둘째, 글로벌 반도체 기업의 투자 유치를 위해 투입될 4,500억 엔 중 대부분은 TSMC의 일본 공장 JASM에 돌아가겠지만, 키옥시아, 마이크론 등의 투자 프로젝트에도 상당한 자금이 지원될 예정이다.

셋째, 웨이퍼 소재 R&D에 3,700억 엔을 투입하는 계획은 실리콘 웨이퍼, 실리콘 카바이드SiC (탄화규소) 등 소재 개발을 강화하는 데 목적이 있다. 일본은 원래 실리콘 웨이퍼 소재 분야에서 세계 최고 수준이다. 일본 신에츠와 섬코가 이 분야의 세계 1~2위 기업이고, 타이완의 글로벌웨이퍼스는 3위다. 하지만 SiC 등 제3세대 반도체 산업에서는 미국과 중국이 투자와 기술 개발에서 앞서 있고, 일본은 두 나라에 뒤처져 있다.

일본 경제산업성이 내놓은 세 가지 투자 계획 가운데 두 번째와 세 번째는 방향을 잘 잡았다고 생각한다. 일본의 반도체 산업이 탄탄한 기반을 갖고 있으므로 계획을 철저히 실행에 옮긴다면 구체적인 성과를 낼 수 있을 것으로 예상된다. 하지만 이 계획의 문제점을 묻는다면 나는 주로 첫 번째 계획을 지적할 것이다. 2나노 공정 기술 개발 과정에서 쉽지 않은 도전에 직면할 수 있다.

미·일 양국이 2나노 공정을 공동 개발하겠다는 것은 상당히 대담한 계획이다. 여러 세대를 건너뛰고 곧장 2나노 공정에 뛰어드는 것이므로 당연히 쉽지 않은 도전이다. 웨이저자 TSMC 총재는 한 강연에서 이렇게 말했다. "기업이나 국가의 도약식 발전이 결코 불가능하다고 말할 수는 없지만 매우 어려운 것이 사실이다. 일본이 곧바로 2나노 기술을 개발하겠다고 하는데 그러면 3나노, 4나노, 5나노는 어떻게 할 것인가? 무리한 코너 추월은 보험회사의 배상으로 끝맺게 될 수 있다."

사실 첨단 기술을 보유한 상대와 협력한 사례는 과거 타이완에서도 많이 찾을 수 있다. 미국, 일본, 유럽 등과의 D램 기술 제휴가 실패로 끝났고, 파운드리 업계에도 비슷한 사례가 있는데 공교롭게도 당시 제휴 상대 역시 IBM이었다. 앞에서도 언급했지만, 2000년 반도체 공정 기술이 타이완보다 훨씬 앞서 있던 IBM이 TSMC와 UMC에 0.13마이크로미터 구리 공정 공동 개발을 제안했을 때 UMC는 제안을 받아들였고, TSMC는 독자적인 개발을 선택했다. 최종 결과는 TSMC의 압도적인 승리였고, 그 일은 훗날 양대 파운드리 기업 간에 현격한 격차가 벌어진 주요 원인이 되었다.

TSMC의 공정 기술 개발 경험으로 볼 때 R&D와 제조 분야의 긴밀한 협력이 필수적이다. 공정 개발을 진행하는 연구인력과 웨이퍼 공장 엔지니어가 협력해 연구 성과를 공장에 적용하고 실제 제조 과정을 거치며 미세하게 수정하고 조정해야 하기 때문이다. 이것이 가장 효과적인 검증 방법이다. TSMC가 0.13마이크로미터 공정 기술을 자체적으로 개발할 때도 시행착오의 과정은 있었지만 결국 R&D 사업부와 공장의 긴밀한 협력이 가능했기에 개발에 성공하였다. 반면 IBM과의 공동 개발을 선택한 UMC는 0.13마이크로미터 공정 기술 개발에서 많은 시간을 지체한 탓에 그 후 기술 개발 진도가 TSMC보다 크게 뒤처지고 말았다. TSMC의 사례에 비추어 보면, 미국과 일본이 2나노 공정을 공동 개발할 때 어느 웨이퍼 공장에서 검증을 할 것인지, R&D와 제조를 긴밀히 연계시킬 수 있을지가 성패를 좌우하는 핵심 요인이 될 것으로 보인다.

투자 규모로 보아도 일본의 투자액 3,500억 엔은 너무 적은 액수다. 3,500억 엔이면 770억 타이완달러밖에 되지 않는데, 2021년 한 해 동안 TSMC가 R&D에 투자한 돈이 1,250억 타이완달러였다. 반도체 산업을 부흥시키겠다는 일본 정부의 투자액수가 TSMC의 3분의 2밖에 되지 않는 것이다. 다른 일본 기업의 대규모 투자가 없다면 TSMC를 따라가기 힘들 것으로 보인다.

R&D 투자액만 비교해 보아도 반도체 산업의 높은 문턱을 실감할 수 있

다. 경쟁 상대에게 문턱은 나에게는 높은 방어벽이자 깊은 해자이다. 한 기업의 자금력으로 감당하기 힘든 건 말할 것도 없고, 세계 3위 경제대국인 일본조차도 넉넉한 예산을 지원하기가 생각만큼 쉽지 않다.

일반적으로 반도체 생산 기업의 R&D 투자액은 매출의 약 5~8퍼센트로 계산한다. 7나노 이하 첨단 공정을 개발하는 데 최소한 20억 달러 이상 소요되므로, 매출의 5퍼센트로 역산하면 기업의 매출이 적어도 400억 달러는 되어야 한다. 현재 글로벌 시장에서 400억 달러 이상 매출을 내는 기업은 TSMC, 삼성, 인텔 세 곳뿐이다.

그럼에도 불구하고, 나는 일본의 반도체부흥계획을 비관적으로 바라보지 않는다는 점을 강조해 두고 싶다. 일본의 반도체 산업은 오랜 역사를 지니고 있고, 우수한 인재와 경험, 지식재산권도 많이 축적되어 있으며, 장비, 소재, 화학 등 분야에서 세계적인 대기업도 있다. 이것들이 일본의 유일무이한 경쟁력이며 일본의 실력을 무시할 수 없는 이유다.

과거 반도체 생산대국의 실력을 회복하라
미국과 일본 중 누가 더 승산이 있을까?

미국과 일본이 과거 반도체 생산대국 시절의 실력을 되찾겠다며 각종 보조금으로 해외 기업의 투자를 유치하고 있는데, 두 나라 중 성공 가능성이 큰 쪽이 어디냐고 한 친구가 내게 물었다.

내 대답은 "일본"이었다.

일본의 제조업이 미국보다 강한 데는 여러 가지 원인이 있다. 지금까지 반도체 산업의 글로벌 분업은 유럽과 미국이 설계를 주도하고, 아시아 각국이 생산을 담당하는 구도였다. 그 때문에 가장 우수한 IC 설계 기업은 대부분 미국에 있다. 유럽에 IDM이 많지만 차량용, 산업용, 컨트롤러용 등

비소비재 분야 기술에 집중되어 있다.

아시아의 한국, 타이완, 일본에는 IC 설계 기업이 거의 없고 제조업 위주의 산업 형태를 갖고 있다. 타이완이 조금 예외적으로 미디어텍, 노바텍, 리얼텍, 하이맥스 등 글로벌 상위 10개 IC 설계 기업 중 4개를 보유하고 있고, 중국도 옴니비전OmniVision Technologies을 인수한 윌반도체Will Semiconductor, 韋爾半導體 등 IC 설계업이 빠르게 성장하고 있기는 하다.

아시아인이 반도체 제조 분야에 강한 이유가 한국, 타이완, 중국, 일본 등 아시아 국가의 젓가락 문화라는 주장도 있다. 매일 젓가락을 사용하며 단련된 손재주가 정밀함이 요구되는 반도체 제조에서 큰 장점이 되었고, 상대적으로 손이 무딘 미국과 유럽 사람들은 칩을 잘 만들지도 못하고, 만들기도 싫어해 아시아에 제조를 맡겼다는 것이다.

그런데 젓가락보다 더 중요한 것이 바로 '문화'다. 아시아인은 더 성실하게 일하고 인력의 수준도 높은 데다가 야근에 대해 큰 거부감이 없다. 새벽 1시에도 생산 라인이 고장났다는 전화 한 통에 회사로 달려가 수리하기 때문에 새벽 2시면 생산 라인이 다시 돌아간다. 미국이라면 아무리 급해도 한밤중에 회사에 간다는 건 상상할 수 없고 다음 날 오전 9시는 되어야 수리가 가능하다. 아시아의 웨이퍼 공장은 비싼 반도체 장비를 24시간 쉬지 않고 가동하므로 생산효율과 원가 경쟁력이 강할 수밖에 없다.

제조업 분야에서 아시아인의 이런 강점을 고려할 때, 미국보다 더 탄탄한 기반을 갖춘 일본 반도체 제조업이 발전 가능성이 더 크다고 볼 수 있다. 마찬가지 논리로 TSMC의 JASM 공장도 미국 애리조나 공장에 비해 성공할 가능성이 더 크다.

둘째, TSMC 미국 공장은 일본 공장에 비해 인력을 확보하기가 어려울 것 같다. 미국에 이미 인텔, 텍사스 인스트루먼트 등 반도체 생산 대기업이 있고 삼성도 미국 투자를 확정했으므로 TSMC가 그 기업들과 인재 확보 경쟁을 벌여야 하기 때문이다. 게다가 미국은 임금 수준이 일본보다 훨씬 높다. 이미 TSMC 미국 직원이나 타이완에서 미국에 파견된 주재원들이 소셜커뮤니티에서 TSMC의 연봉과 복지에 불만을 터뜨리고 있다. 이것들도 TSMC 미국 투자 성패를 가르는 요인이 될 것으로 보인다.

더 자세히 들여다보면 앞으로 일본의 반도체부흥계획은 협력 파트너를 잘 선택하는 것이 매우 중요하다. 그런데 미국 외에 또 어떤 나라와 손을 잡을 수 있을까? 내가 보기에 타이완과 일본이 더 긴밀한 동맹 관계를 맺는다면 상당한 시너지 효과를 낼 수 있을 것 같다.

일본의 입장에서 한국이나 중국은 좋은 선택이 아니며 타이완이 가장 적합한 파트너. 앞으로 기술 개발은 미국과 함께 진행하더라도 제조 분야에서는 반드시 타이완과 협력해야 할 것이고, 이 협력이 점점 확대되고 더 긴밀해질 것이다. 타이완과 일본은 원래 상호보완적인 경쟁력을 가지고 있고 이해관계도 일치하기 때문이다. 타이완은 제조, 패키징 및 테스트, IC 설계 분야에 강점을 갖고 있고, 일본은 장비와 소재 분야에서 강하고 기초 연구에서도 타이완보다 앞선다.

이처럼 이해관계가 일치한다는 점도 있지만 무엇보다도 중요한 건 타이완과 일본의 정서가 비슷하다는 사실이다. 이 역시 동맹을 성공으로 이끄는 중요한 기반이다. 일본은 법과 규정을 잘 지키고 동업 관계를 중시하는 나라다. 과거 타이완 기업과 일본 기업의 협력 사례를 보면, 일본인이 너무 보수적이고, 너무 신중하고, 의사 결정 속도가 너무 느리다는 불만은 많았지만, 일본 기업에 속았다거나 피해를 당했다거나 기술을 탈취당했다는 얘기는 거의 들어보지 못했다. 또 파트너가 성과를 독식하거나 따로 회사를 차려 성과를 가로챘다는 얘기도 듣지 못했다. 반면 한국이나 중국 기업과 제휴한 사례에서는 그런 얘기를 종종 듣는다.

또 한 일본 친구는 일본인들이 TSMC를 무척 높이 평가하고 모리스 창을 존경한다고 했다. 오래전 폭스콘이 샤프를 인수했을 때는 일본인들이 궈타이밍 폭스콘 창업자에게 관심이 많았는데 요즘은 모리스 창에 관심을 갖고 그를 본받으려는 사람들이 많다는 것이다. 일본이 하지 못한 일을 TSMC가 해냈기 때문이다.

왜 그렇게 생각하는 걸까? 일본의 반도체 산업은 한때 화려한 영광을 누렸지만, 설계와 제조가 분리되는 산업계의 흐름에 부응하지 못했다. 반면 TSMC는 일본인이 하지 못한 일을 최고로 해냈을 뿐 아니라 글로벌 반도체 업계에서 압도적인 우위를 차지했다. TSMC가 파운드리 분야에서만 30년 넘게 한 우물을 판 끝에 성공했다는 점도 장인정신을 우월한 가치로 여기는 일본인들에게 깊은 인상을 준 것 같다.

타이완 사람들도 전반적으로 일본에 호감을 갖고 있다. 일본은 깨끗하고 예의를 중시하는 나라라는 인식이 있고, 타이완 사람이 가장 선호하는 여행지도 일본이다. 개인적인 성향이 강하고 법치를 존중하는 일본 사회의 분위기도 아시아에서는 보기 드문 특징이다. 협력 관계에서 중요한 것은 상호 존중과 이해인데, 나는 타이완과 일본 모두 이런 성향을 갖고 있다고 생각한다.

이런 요인을 모두 종합해 볼 때 나는 앞으로 미·중 양국이 대립하는 지정학적 환경에서 타이완과 일본의 교류와 협력이 더 빈번해질 것이라고 생각한다. 동맹국에게 손해를 입히는 미국과 달리 일본은 타이완과 더 평등한 위치에 서서 타이완 기업을 더 존중할 수 있는 상대이기 때문이다. 게다가 일본은 보조금 지원에 있어서도 미국보다 더 통 큰 면이 있다. 일본 정부가 TSMC의 자회사 JASM에 32억 2,000만 달러 가까운 보조금을 지원하며 TSMC의 투자 유치에 상당히 성의 있는 태도로 나서지 않았는가.

미·중 반도체 전쟁을 도발한 미국은 TSMC의 생산거점을 분산시키기를 바랐고, 미국과 일본은 오랜 동맹 관계이므로 미국도 TSMC의 일본 투자를 반겼다.

　요컨대, 각국 정부와 민간 부분의 전폭적인 지지에 힘입어 타이완과 일본의 협력은 더 광범위한 비즈니스 기회를 창출할 수 있을 것이다. 타이완 반도체 업계의 일본 투자가 늘어나고, TSMC의 자회사 JASM도 신속하게 두 번째 공장 건립에 착수할 것이다. 앞으로 타이완과 일본 반도체 산업의 협력에 새로운 장이 열릴 것이며, TSMC를 비롯한 타이완 기업들은 이 절호의 기회를 놓치지 말아야 할 것이다.

09 ║ 타이완-일본 반도체 협력, 그 다음은?

반도체 기술로 줄기세포 양산을 실현하다

타이완과 일본의 동맹은 반도체 파운드리에만 국한된 것이 아니다. 반도체 제조 기술을 바이오테크 분야로도 확장할 수 있다. 2022년 말, 내가 진행하는 프로그램 〈양밍자오퉁대가 도와드립니다〉에 스전룽 에이서 창업자, 궈쉬쑹郭旭崧 전 양밍대 총장, 장마오중張懋中 전 자오퉁대 총장 세 분을 패널로 모시고 양밍자오퉁대와 노벨생리의학상 수상자 야마나카 신야 교토대 교수가 공동 진행하는 줄기세포 제조 자동화 기술 개발 프로젝트에 대해 얘기를 나누었다.

이 공동 프로젝트는 일본의 최첨단 줄기세포 기술에 타이완의 우수한 반도체 연구 및 제조 기술을 결합해 iPSC induced pluripotent stem cell (유도만능줄기세포)* 대량 생산 과정에서 나타나는 각종 난제를 해결하는 데 목적이 있다.

---

* 신경세포, 혈액세포, 근골격 세포 등 인체를 구성하는 모든 세포로 분화할 수 있는 '만능줄기세포'로 성인의 체세포에서 발현시켜 만들어내기 때문에 배아 사용이 필요하지 않다는 장점이 있다. 야마나카 신야 교토 대학교 교수와 존 거든 John Gurdon 케임브리지 대학교 교수가 유도만능줄기세포를 제작하는 획기적인 방법을 개발한 공로를 인정받아 2012년 노벨생리의학상을 수상했다.

이 프로젝트는 타이완과 일본은 물론 전 세계 줄기세포 연구 및 바이오융합Bio-ICT 분야에서 매우 큰 의의를 갖고 있다.

일본은 세계 최초로 세포치료법을 개발한 나라이고 그중에서도 교토대가 이 분야의 연구를 주도하고 있다. 2006년 야마나카 신야 교수가 iPSC를 개발한 뒤 2010년 iPS세포연구소 CiRA가 설립되었다. CiRA는 세계 최초로 설립된 iPS세포 핵심연구기관으로 세포 재프로그래밍, 분화유도, 임상응용, 윤리 및 법률 관련 연구를 진행하고 있다. 야마나카 신야 교수는 재생의학 분야의 공로를 인정받아 2012년 노벨생리의학상을 수상했으며, 2020년 4월 iPS세포 임상실험 및 세포치료법 발전을 위한 CiRA연구기금회가 설립되었다.

양밍자오퉁대와 교토대의 이 공동 프로젝트는 2019년 6월 당시 교토대 방문교수였던 천제푸陳玠甫 교수의 주선으로 추진되기 시작했다. 일본의 세포치료법 연구는 세계 최고 수준이지만 생산의 효율성이 낮다는 문제가 있다. 천제푸 교수는 타이완의 우수한 반도체 생산능력을 이용해 해법을 모색할 수 있을 것이라고 생각하고 타이완과 일본의 협력을 추진하기 시작했다. 에이서에서 근무한 경력이 있는 천제푸는 스전룽을 찾아가 도움을 청했다. 스전룽은 타이완 컴퓨터 업계의 1세대 개척자이자 타이완 최초 D램 합자기업인 TI-에이서의 회장이면서 오랫동안 TSMC의 이사를 맡고 있었다. 그는 천제푸의 제안이 훌륭한 구상이라고 판단하고, 당시 대학 통합 협상을 진행하고 있던 궈쉬쑹 양밍대 총장과 장마오중 자오퉁대 총장에게 공동 프로젝트 참여를 제안했다.

얼마 후 장마오중 총장과 나중에 양밍자오퉁대 초대 총장이 된 린치홍林奇宏 당시 자오퉁대 부총장 등이 교토대와 CiRA연구기금회를 직접 방문했다. 장마오중은 교토 방문 당시 일본의 줄기세포 연구 수준에 깊은 인상을 받았다고 했다. 아주 큰 실험실에서 박사 60명이 함께 연구를 진행하고 있었는데, iPS세포를 일일이 손으로 만들어야 하기 때문에 생산원가를 낮추기가 힘들었다.

2019년 말, 야마나카 신야의 조수인 다카스 나오코 CiRA부소장도 방문단과 함께 양밍대와 자오퉁대를 방문해 두 대학의 교육 및 연구개발 수준을 둘러보고, 타이베이 룽민榮民종합병원, 국가위생연구원, 타이완반도체연구센터, 타오위안 위안슝遠雄 자유무역항구 등을 참관하며 타이완의 연구개발 및 산업의 역량을 확인했다. 여러 번의 협상과 실사를 거쳐 2020년 5월 양측이 공동 연구에 관한 양해각서에 서명했지만, 코로나19 확산으로 논의가 지연되다가 2022년 초 상호 방문을 재개하고 마침내 최종 합의에 이르렀다.

의료산업화가 이루어지면 의사가 '잠을 자면서도 환자를 치료할 수 있다'

반도체 기술을 어떻게 줄기세포 생산에 응용할 수 있을까? 이 질문에 대해 궈쉬쑹과 장마오중은 손으로 일일이 생산하는 방식은 속도가 느리고 원가가 높은 문제가 있기 때문에, 장비표준화, 로봇팔, 마이크로채널 플레이트Microchannel Plate, MCP 등 타이완 반도체 공장의 첨단 기술을 이용해 생산효율을 높이고 원가를 절감할 수 있다고 설명했다.

타이완과 일본의 공동 연구팀은 현재 4,000만 엔인 원가를 100만 엔까지 낮추고 제조에 소요되는 시간도 6~8개월에서 1~2개월로 단축한다는 목표를 갖고 있다. 일본 정부는 2025년 열릴 오사카 엑스포에서 기쁜 소식을 발표할 수 있길 바라고 있다.

하지만 줄기세포 제조의 표준화는 쉽지 않은 일이다. 줄기세포는 살아 있는 세포이기 때문에 환경 속에서 변이를 일으키지 않고 언제나 똑같은 속도로 똑같이 생장하기 힘들다. 과거 일본의 몇몇 대기업이 시도했다가 포기한 적이 있고, 미국 상장기업인 버클리 라이츠 Berkeley Lights 도 실패했다.

이 분야에서 교토대와 야마나카 신야 교수가 독보적인 위치에 있기 때문에 일본 정부가 일본 국내 기업 가운데 공동 연구 파트너를 물색했지만 성과가 좋지 않았다고 한다. 일본 반도체 기술이 세계 수준을 따라가지 못하기 때문이다. 반면 타이완은 세계 최고의 반도체 기술을 보유하고 있고, 최첨단 공정 분야에서 세계 시장의 90퍼센트를 차지하고 있는 TSMC가 일본 구마모토에 공장을 짓고 있기 때문에 줄기세포 제조 및 양산 기술 공동 개발 파트너로 타이완을 선택한 것이다.

일본에서 '국보급' 인물인 야마나카 신야는 타이완과 일본이 협력 프로젝트를 논의하는 동안 직접 타이완 측과 접촉한 적도 없고 사진조차 함께 찍은 적이 없다.

그런데 기업이 아닌 양밍자오퉁대를 협력 파트너로 선택한 이유는 무엇일까? 일본 정부가 자국의 산업계를 자극하지 않으려는 의도였다. 대외적으로는 학술기관끼리 교류하는 모양새를 취했지만 실질적으로는 산학협력이다. 또 의료와 정보통신기술은 서로 거리가 먼 분야이기 때문에 두 분야의 협력에는 양측의 긴밀한 소통이 필수적이다. 그 때문에 바이오와 ICT를 융합한 경험이 있고, 특히 반도체 분야에 크게 기여한 양밍자오퉁대가 타이완을 대표해 공동 개발 프로젝트 합의서에 서명했다.

양측은 타이완의 첨단 반도체 공정을 이용해 줄기세포 제조 과정을 자동화하고, 국제 규격에 부합하는 제조 표준을 제정함으로써 줄기세포를 효과적으로 양산하고, 이를 통해 더 많은 사람에게 재생의학의 혜택이 돌아가게 하겠다는 목표를 세웠다. 우선은 임상 응용에 필요한 안정적인 품질의 다기능 줄기세포 제조 방법을 연구할 계획이며, 양밍자오퉁대는 이를 위해 바이오메디컬 이미징 및 바이오메디컬 반도체 기술을 이용한 줄기세포 품질 구별 방법을 개발하기로 했다.

줄기세포 제조 기술 개발을 더 구체화하기 위해 타이완에도 줄기세포 제조 기술을 연구개발하는 회사인 TCPC^{Transformative Cell Processing Company, 新原生}가 설립되었다. 양밍자오퉁대가 설립에 참여한 이 회사는 타이완에 줄기세포 양산 공장을 건립해 '줄기세포계의 TSMC'가 되겠다는 목표를 갖고 있다.

TCPC는 2022년 8월 4일 타오위안 위안슝 자유무역구역에 설립되었으며 현재 자본금은 1억 2,000만 타이완달러다. 의사 출신이자 대외직명대사*로 활동하며 외교 경험을 쌓은 궈쉬쑹이 회장을 맡고, 이사 장마오중, 스전룽, 왕밍더^{王明德}, 훙융페이^{洪永沛}, 감사 린치셴^{林奇賢}, 황핑장^{黃平璋}이 이사회를 구성하고 있다.

한편 스전룽도 양밍자오퉁대학의 산학협력기금인 히말라야 프로젝트에 1,000만 타이완달러를 기부하고 양밍자오퉁대의 iPS 및 TCPC와 연계한 연구를 지지한다는 뜻을 밝혔다.

사실 줄기세포 생산과 반도체 생산은 아주 많이 다르다. 무엇보다도 전자는 생물이고, 후자는 무생물이다. 순조로운 연구 진행을 위해 일본의 생세포를 모두 항공운송을 통해 타이완으로 운반하고, R&D와 생산 설비도 모두 자유무역구역 내에 설치해 개발 기간을 최대한 단축하기로 했다. 이 공동 개발 프로젝트는 양밍자오퉁대가 타이완 대표로 진행하기는 하지만, 타이완 바이오전자 산업의 모든 자원이 투입된다. 교토대와 양밍자오퉁대가 공동 구축한 산업망에 중앙연구원, 공업기술연구원, 바이오기술개발센터와 산업계까지 공공 부문과 민간 부문이 모두 참여하고 있다.

스전룽은 오래전 에이서가 D램 및 패널을 개발하려고 할 때 일본 기업들이 기술 라이센싱을 거절하는 바람에 어쩔 수 없이 미국으로 눈을 돌렸

---

* 전문성과 인지도를 가진 인사에게 특정한 목적과 기간을 정하여 대사의 대외직명만을 부여하는 것으로 정부대표나 특별사절로서 국제회의에 참석하는 등 정부의 외교활동을 수행하는 무보수 명예직.

고, 미국 텍사스 인스트루먼트, IBM과 기술 제휴를 맺은 TI-에이서와 에이서 디스플레이Acer Display Technology, 達碁(지금은 AU옵트로닉스에 인수됨) 패널 공장이 탄생할 수 있었다고 했다. 일본은 타이완과 미국의 협력이 성공한 뒤에야 타이완 기업과 기술 라이센싱 계약을 맺기 시작했다.

과거 일본은 독자적인 노선을 선택해 수직적 통합 형태의 산업 체제를 구축했지만 글로벌 시장은 그와 달리 분업 형태로 변화했다. 타이완 컴퓨터 산업의 발전은 인텔, MS와의 분업 덕분이었고, TSMC가 파운드리 분야 세계 1위 기업이 된 것도 IC 설계와 제조가 분리되어 발전한 결과다. 또 IC 설계와 반도체 IP의 분업이 이루어졌기에 ARM이 스마트폰 칩 시장에서 인텔을 패배시킬 수 있었다.

스전룽은 "일본이 타이완과의 협력 필요성을 인식한 것은 좋은 일이며 아직 늦지 않았다. 타이완과 일본의 순조로운 협력을 통해 타이완 반도체 산업의 막강한 힘을 일본으로 확장해야 한다. TSMC 구마모토 공장, 줄기세포 제조 및 양산의 표준화 등 노력할 수 있는 분야가 많다"고 말했다.

궈쉬쑹도 타이완의 바이오메디컬 업계에 대해 의료산업화는 거스를 수 없는 흐름이라고 여러 번 강조했다. 양밍자오퉁대 통합 논의가 진행되고 있을 때 스전룽이 과학기술을 의료에 접목하면 의사들이 "잠을 자면서도 돈을 벌 수 있다"고 말하곤 했다. 일부 의사들이 너무 속물적인 말이라고 반발하자 그는 "그럼 '잠을 자면서도 환자를 치료할 수 있다'고 바꾸면 되겠습니까?"라고 말하며 웃었다.

궈쉬쑹은 양밍대와 자오퉁대가 통합될 때 이 통합이 양밍대에 어떤 의미를 갖는지 강조하며 이렇게 말했다. "최초에 양밍대는 취약 지역을 위한 공공의료를 위해 만들어졌고, 그 후 유전자 서열 연구 등 의학 연구에 매진했다. 자오퉁대와 통합하게 되면 의료산업화에 목표를 둘 것이다. 이는 타이완 전체에 매우 중요한 일이다. 그러지 않으면 타이완의 바이오메디컬 업계는 해외에서 값비싼 장비를 사 와야 하고 해외 의료기기 업체를 홍보해주는 역할밖에 할 수 없다."

나는 지금이 타이완과 일본이 협력하기에 최적의 시기라고 생각한다. 지정학적 상황으로 보든 산업의 상호보완성으로 보든, 타이완과 일본은 최고의 협력 파트너다. 폭스콘의 샤프 지분 인수, TSMC와 소니, 덴소의 합자기업 설립에 이어 앞으로 줄기세포 양산을 계기로 양국이 바이오메디컬 분야에서 밀접한 파트너십을 맺게 될 것이다. 이것은 타이완과 일본은 물론이고, 더 나아가 전 세계 바이오메디컬 산업의 역사에 한 획을 긋는 중요한 사건이 될 것이다.

문화 차이, 전문경영인 vs. 스타트업

〈니혼게이자이신문〉에 실린 '일본 반도체 산업이 실패한 4가지 원인'이라는 칼럼을 읽은 적이 있는데 문제의 핵심을 정확히 분석한 글이라고 생각한다. 나도 타이완 반도체 산업의 발전 과정에 비추어 일본 반도체 산업에 관한 몇 가지 관점을 얘기해 보고자 한다.

〈니혼게이자이신문〉의 칼럼에서 분석한 일본 반도체 산업의 4가지 실패 원인은 첫째, 일본 기업의 조직 및 전략상의 실패, 특히 재벌 기업의 너무 느린 의사 결정, 둘째, 글로벌화되지 못한 경영자의 인맥 및 능력 부족, 셋째, 경직된 폐쇄주의로 인한 기술 정체 및 인수합병에 대한 반감으로 퀄컴 같은 팹리스가 등장할 수 없는 분위기, 넷째, 과도한 기술 중시 및 마케팅 경시 성향이다.

1980년대만 해도 일본은 최첨단 반도체 공장을 보유한 나라였다. 메모리 산업이 고속 성장하던 당시에 세계적인 반도체 공장은 모두 일본에 있었다. 하지만 그 후 일본의 시장 점유율은 계속 내리막길을 걸었다. 지금은 키옥시아의 플래시메모리 생산 라인만 일부 남아 있을 뿐이고 로직 IC 분야의 공정 기술은 여전히 40나노에서 더 앞으로 나가지 못하고 있다.

그런데 일본이 비록 반도체 생산 분야에서는 시장 점유율이 급락했지만, 반도체 장비, 실리콘 웨이퍼, 화학, 소재 등 분야에서는 여전히 세계 시장에서 우위를 점하고 있다. 개별 제품을 살펴보아도 이미지 센서, 플래시 메모리, 마이크로프로세서는 2021년 글로벌 시장 점유율이 각각 49퍼센트, 19퍼센트, 17퍼센트였다.

따라서 정확히 말하면 일본의 반도체 업계는 공정 기술이 낙후되었을 뿐, 제품 설계, 장비, 화학소재 등 분야에서는 여전히 훌륭한 성과를 내고 있다. 다만 공정 기술이 난관에 부딪히면서 산업의 전반적인 발전 속도가 더딘 데다가 몇 년간 심각한 반도체 공급 부족으로 전자 산업의 발전이 지연된 것은 사실이다. 이것이 바로 현재 일본 반도체 산업이 직면한 문제점이며, 그들이 적극적으로 TSMC의 투자를 유치하고 UMC, 윈본드 등 다른 타이완 기업과의 협력에 나서는 이유다.

〈니혼게이자이신문〉이 지적한 네 가지 원인에 나도 전적으로 동의한다. 이 칼럼의 분석을 타이완 반도체 산업의 발전 과정을 비추어보며 내가 발견한 몇 가지 사항을 공유하고자 한다.

타이완에 적합한 반도체 산업의 흐름 : 수직적 통합에서 수평적 분업으로의 발전

우선 수직적 통합에서 수평적 분업으로의 전환이라는 반도체 산업의 흐름이 타이완의 상황과 잘 맞아떨어졌다고 생각한다. 타이완 경제는 중소기업이 큰 비중을 차지하고 창업이 활발한 편이다. 수평적 분업이란 원래 대기업에서 하던 일을 여럿으로 쪼개서 각자 하나씩 맡아서 수행하는 개념이다. 작은 기업이 모든 자원과 에너지를 한 가지 일에 집중적으로 투입해 최대한의 성과를 내면 결과적으로 개미군단이 코끼리를 옮기듯 산업의 생태계 자체를 변화시킬 수 있다.

창업이 활성화된 타이완은 누구든 기회만 있으면 직장을 그만두고 창업을 하려고 하기 때문에 자연스럽게 창업지원 제도가 발달해 있다. 정부의 세제 혜택이나 기업 배당 등 지원 정책도 있지만 그보다 중요한 건 자본시장의 활발한 투자로 인해 풍부한 창업 자금이 제공된다는 사실이다. 특히 앞에서 말한 '종업원주식배당제도'는 일본 기업에 없는, 타이완의 독특한 인센티브 방식이다. 타이완 반도체 산업이 가장 가파르게 성장한 1990년대, 신주과학단지에 거의 매일 새로운 반도체 기업이 탄생했다. 증시에 상장되기도 전에 주식이 거래되어 신생 기업들이 순조롭게 자금을 조달할 수 있고, 나중에 주식이 상장되면 주가가 날개 달린 듯 상승했다. 이런 호황기에는 직원이 배당주를 조금 더 받든, 주주가 대가를 조금 더 지불하든, 정부가 세금을 조금 덜 받든, 어느 쪽도 불만이 없으므로 반도체 불모지였던 타이완에서 반도체 산업이 빠르게 뿌리를 내리고 성장했다.

일본에서는 타이완과 같은 창업지원 시스템을 거의 찾아볼 수 없다. 대다수 일본 반도체 기업들은 재벌 그룹의 투자로 설립되었다. 그룹에서 일하는 직원들은 전문관리자이기 때문에 회사 경영에 대한 참여도와 주인의식이 창업가에 비해 약할 수밖에 없다. 이것이 타이완과 일본 반도체 산업의 근본적인 차이점이다. 일본 대기업의 전문관리자들은 직급과 연차에 따른 서열이 분명하고 논공행상이 이루어지기 때문에 임원으로 승진하려면 아주 오랜 시간을 버텨야 한다. 그래도 대부분 한 직장에서 정년퇴직할 때까지 일하고, 회사를 나와 창업하는 사람은 많지 않다.

게다가 대기업에서 중간관리자나 임원까지 올라가더라도 재벌 그룹이 반도체 산업에 투자할 때 단독으로 회사를 설립하는 경우가 거의 없기 때문에 직원은 회사의 주식을 받기 힘들고 대부분은 월급만 받는다. 반면 타이완 기업에는 직원들이 창업할 수 있는 기회가 상당히 많다. 중대형 전자 기업이 사업부를 독립시키거나 지분을 출자해 회사를 설립할 때 자사의 임원에게 창업 기회를 주고 모기업이 투자하는 방식이 보편적이다. 타이완 전자 업계에서 창업이 활성화된 주된 원인이 바로 이것이다.

둘째, 타이완과 일본 반도체 산업에 본질적인 문화 차이가 존재한다. 타이완인들은 대체로 일본을 좋아해서 휴가 때마다 일본 여행을 가서 일본 구석구석을 돌아다닌다. 나도 일본에 많이 가보았는데 일본의 시골 마을이 가장 인상적이었다. 시골집의 양철지붕조차도 똑같은 색깔로 단정하게 이어져 있어서 지저분하거나 조악하다는 느낌이 전혀 들지 않았다.

일본 문화에 '남에게 폐를 끼치지 않는' 특징이 있는 것 같다. 일본인들은 여러 사람이 한 가지 일을 같이 할 때 너무 튀거나 남들과 다른 행동을 하지 않는 게 좋다고 생각하는 것 같다. 대기업에 취업해 오랫동안 한 가지 일을 하는 것이 그들의 성향에 잘 맞는 셈이다. 전 세계에서 100년 역사를 가진 기업이 일본에 가장 많은 것도 그 때문인 것 같다. 오랫동안 묵묵히 한 가지 일을 하며 자기 분야에서 탄탄한 기술을 제련해 내는 일본인의 장인정신은 전 세계에서 누구도 따라갈 수가 없다.

하지만 타이완인은 다르다. 민주적이고 다양성이 강한 문화의 영향으로 각자 자기만의 생각이 뚜렷하다. 이런 기질 때문에 포용력이 강한 사회적 분위기가 만들어졌고, 저마다 회사를 차려 새로운 분야에 도전하려고 한다. 새로운 흐름이 감지되면 타이완인들은 매우 빠르게 달려든다. 성공하면 좋지만, 실패해도 상관없다. 툭툭 털고 나와 새로운 분야에 도전하면 된다고 생각하기 때문이다. 물론 이런 특징에는 단점도 있다. 잘 안되면 금세 포기해버리기 때문에 얇은 접시처럼 깊이가 없고 허약한 경제가 되고, 끈기가 부족해서 장기간 꾸준한 노력이 필요한 기초과학이 취약하다.

일본 반도체 산업의 실패는 수평적 분업의 추세를 따라가지 못한 결과라고 생각한다. 앞으로 일본 산업은 타이완과의 협력 강화를 통해 이 약점을 보완할 필요가 있다. 반면 장기적인 노력이 필요한 반도체 정밀기계, 장비, 광학, 소재 등 분야에서는 일본이 큰 성과를 거두었다. 모두 대기업이 뚝심 있게 계획을 세우고 꾸준히 노력한 결과인데, 일본 문화의 특성이 산업에도 자연스럽게 반영되었을 것이다.

TSMC가 설립된 1987년은 일본에게도 매우 특별한 해였다. 바로 전해인 1986년 일본과 미국이 미·일반도체협정을 체결했기 때문이다. 미·일반도체협정은 당시 NEC, 도시바, 히타치 등 일본의 메모리 대기업이 세계 반도체 시장을 휩쓸자 위협을 느낀 미국이 일본을 상대로 내놓은 암살 무기였다.

이 협정이 글로벌 반도체 산업에 던진 충격은 미국의 히로시마 원폭 투하와 맞먹는 것이었다. 높은 관세를 떠안은 일본 반도체는 한국, 미국 기업과의 경쟁에서 속수무책으로 밀려났고 일본 메모리 산업은 치명적인 타격을 입었다. 미국은 이 협정을 체결한 뒤 수평적 분업으로 방향을 틀어, 돈이 많이 들면서 부가가치는 낮은 웨이퍼 제조는 아시아 기업에 넘기고 IC 설계에 집중했다. 타이완 하이테크 업계는 이 거대한 변화에 따라올 엄청난 기회를 포착한 뒤 재빠르게 변화에 부응했고, 마침내 최종적인 승리자가 되었다.

일본 반도체 산업은 비록 공정 기술 분야에서 낙후되었지만 많은 영역에서 여전히 강한 저력을 갖고 있다. 타이완은 파운드리 실력은 강하지만 세계 각국의 산업망과 결합해야 하며, 특히 일본과 협력을 강화함으로써 취약한 부분을 보완해야 할 필요가 있다.

11 │ TSMC는 몰락한 도시바의 전철을 밟을 것인가?

미국의 일본 반도체 제재의 역사가 재연될 것인가?

　TSMC의 미국 투자에 대해, 타이완의 첨단 공정 기술이 고스란히 미국에 이전되고 TSMC는 몰락한 도시바의 전철을 밟게 될 것이라고 우려하는 목소리가 있다. 일본의 도시바도 한때 글로벌 업계 1위였지만 미국의 '국가 안보'를 위협했다는 이유로 미국의 강력한 제재 대상이 되었다.[*] 최근 "TSMC에 대한 과도한 의존은 국가 안보에 관한 문제"라는 미국 정부 고위 관계자의 발언이 알려지자 저절로 과거의 도시바를 떠올린 사람이 많은 듯하다.

　내가 정치평론가는 아니지만 30년간 반도체 산업을 취재해 온 기자로서의 관점에서 볼 때 그런 우려에 동의할 수 없다. 나는 TSMC가 제2의 도시바가 될 것이라고 생각하지 않는다. 1980년대 일본은 미국의 이익을 심각하게 위협하는 바람에 미국의 공격 대상이 되었지만, 현재 미국을 심각

---

[*] 냉전 시기였던 1987년 코콤COCOM(대공산권수출통제위원회) 소속 회원국인 일본의 도시바가 잠수함 프로펠러 소음저감용 공작 기계를 소련에 몰래 판매한 사실이 발각되어 3년간 도시바 제품의 대미 수출이 금지당하고 일본 정부가 미국에 공개 사과했다.

하게 위협하는 나라는 중국이다. 타이완은 미국이 중국에 대응하기 위해 같은 편으로 끌어들인 아우이므로 과거 일본과는 상황이 다르다. TSMC가 이번 미·중 반도체 전쟁에서 다소 타격을 입기는 하겠지만 일본 반도체 산업처럼 '소멸되는' 지경에 이르지는 않을 것이다.

우선 미·중 대립으로 피해를 입게 되는 기업들을 살펴보자. 중국에 대한 하이엔드 칩 수출 금지 조치로 인해 엔비디아, AMD 등이 그들의 칩을 중국에 판매할 수 없게 되었다. 이들의 칩을 위탁생산하는 TSMC의 매출에도 당연히 영향이 있을 것이다.

TSMC와 비슷하게 어플라이드 머티어리얼즈, 램 리서치, KLA 등 미국 반도체 장비 업체들도 중국 수출길이 막혔다. 네덜란드의 ASML, 일본의 니콘, 캐논, 도쿄일렉트론 등도 미국의 요구에 따라 하이엔드 노광기 등 장비를 중국에 판매할 수 없다.

타이완 파운드리 업체뿐 아니라 한국 기업들도 미·중 반도체 전쟁의 영향을 받을 수밖에 없다. 한국이 받는 타격도 타이완보다 적지 않을 것이며 그 여파가 더 크고 광범위할 수 있다. 삼성과 하이닉스가 중국 시장에 적극적으로 투자해 중국 정부의 각종 우대혜택을 받은 데다가 한국 반도체 산업 전체 매출 중 중국 수출이 40퍼센트를 차지하기 때문이다. 반면 TSMC의 중국 수출은 전체 매출의 10퍼센트도 되지 않고 미국 비중이 60퍼센트 이상이다. 중국 시장 의존도가 타이완보다 훨씬 높은 한국이 이번 중국 제재로 인한 타격이 더 클 것으로 보인다. 게다가 한국과 일본 근해로 계속 미사일을 발사하는 북한 때문에 남북한 긴장 관계도 타이완해협에 못지않은데 삼성의 파운드리 공장이 대부분 한국에 있으므로, 미국에 공장을 건립하라는 미국 정부의 압력이 적지 않을 것이다. 하지만 삼성이나 하이닉스도 제2의 도시바가 될 정도로 큰 타격을 입지는 않을 것이다.

원인 1: TSMC와 미국 고객사는 운명 공동체다

1980~1990년대 미국이 일본에 공세를 펼칠 때 어떤 상황이었는지 살펴보자. 모두 알다시피 당시 일본은 철강, 조선 등 전통 산업은 물론이고 자동차, 반도체 산업까지 비약적인 성장세를 보였다. 일본 경제는 단숨에 세계 2위로 도약했고 1인당 평균 소득은 세계 1위에 올랐다. 주가와 부동산이 급등해 도쿄의 부동산 가격을 다 합치면 미국을 통째로 살 수 있는 정도였다. 실제로 일본인이 뉴욕의 랜드마크인 록펠러센터를 사들이기도 했다.

반도체 산업만 본다면 1980년대에는 산업의 구조가 지금과 달랐다. 로직 칩 시장은 걸음마 단계였고 메모리가 산업의 중심이었다. 처음에는 인텔, 텍사스 인스트루먼트 등이 D램 시장을 주도했지만 파죽지세로 치고 올라온 일본의 D램 산업이 미국을 코앞까지 따라잡았다. 어떤 해에는 NEC, 도시바, 히타치, 후지쯔, 미쓰비시, 파나소닉이 세계 반도체 기업 상위 10위 안에 모두 들면서 반도체 산업의 패권을 쥐고 있던 미국을 충격에 빠뜨렸다.

일본은 반도체뿐만 아니라 각종 산업이 기세등등하게 발전하며 전방위적으로 미국 경제의 입지를 흔들었다. 위기감을 느낌 미국은 일본산 반도체에 높은 관세를 물리고 의도적으로 한국 기업을 키우기 시작했다. 그중에서도 가장 큰 직격타는 엔화 가치를 인위적으로 상승시킨 1985년의 플라자합의*다. 그 후 일본산 제품의 수출이 어려워지자 일본 경제가 휘청이며 내리막길로 들어섰다.

당시 일본에 대한 미국의 공세는 일본의 경제 성장세가 미국의 지위를 위협했기 때문이다. 미국과 소련의 냉전과 비슷한 국가 대 국가의 경제 대

---

* 1980년대 중반 미국의 달러화 강세로 재정 적자 및 심각한 경기 침체가 나타나자 레이건 미 행정부가 1985년 9월 22일 프랑스, 독일, 일본, 영국의 재무장관을 뉴욕 플라자호텔로 불러 각국이 외환시장에 개입해 인위적으로 달러 가치를 하락시키고 일본 엔화와 독일 마르크화의 가치를 올리는 데 합의하게 했다.

결로 미국이 받아들였던 것이다. 현재 미국을 경제적으로 위협하는 나라는 중국이므로 미국의 칼날은 중국을 향하고 있다. 미국의 목표는 중국이지 타이완이 아니고, 또 TSMC는 고객사인 미국 반도체 기업들과 운명 공동체이므로 당시 일본 상황과는 크게 다르다.

다시 반도체 산업만을 두고 보자면, 그때 일본과 지금의 타이완은 전체 반도체 산업에 대한 영향력도 다르다. 당시 일본은 D램뿐만 아니라 광학, 장비, 화학, 소재 등 전후방 업종에 걸쳐 세계 1위를 차지하며 전방위적으로 미국을 위협했다. 반면 TSMC는 파운드리 분야에서는 강하지만 장비, 소재, 화학 사업에 진출하지 않았기 때문에 글로벌 반도체 산업의 패권은 여전히 미국이 쥐고 있다. TSMC의 강세는 전체 반도체 공급망 가운데 제조에만 국한되어 있다. 따라서 타이완 반도체 산업에 제재를 가해서 미국에 득이 될 게 없고, 오히려 웨이퍼 공급이 원활하지 못하면 미국의 IC 설계 및 반도체 산업이 더 큰 피해를 입을 수 있다.

원인 2: '미국의 제재'는 일본 반도체 산업 몰락의 유일한 이유가 아니다

일본 반도체 산업의 쇠퇴는 미국의 제재 때문일까, 스스로 경쟁력이 부족해 한국과 타이완에 추월당해서일까? 이 문제도 생각해 보아야 한다.

미국이 관세를 비롯한 정책적 수단으로 일본 반도체 산업에 공세를 펼친 것은 사실이지만, 일본 반도체 산업이 무릎을 꿇은 데는 또 하나의 이유가 있었다. 일본 반도체 업계가 지속적인 R&D와 투자에 소홀한 틈을 타, 한국이 일본 추월을 목표로 대대적인 투자를 통해 경쟁력을 길렀던 것이다.

글로벌 반도체 산업이 IDM에서 IC 설계와 파운드리 분업 체계로 전환되고 있을 때 일본 IDM들은 변화의 흐름에 부응하지 못했고, 빠르게 성장하는 로직 칩 분야에도 적극적으로 투자하지 않았다. 스스로 변화하지 못한 일본 대기업들이 차례로 시장에서 밀려난 것은 당연한 결과였다.

그러므로 일본 반도체 산업의 실패를 미국 탓으로만 돌릴 수는 없다. 산업은 본래 끊임없이 변화하면서 발전하고, 시대의 흐름에 빠르게 대응해야만 시장에서 살아남을 수 있다. D램 시장을 한국과 일본에 빼앗긴 뒤 신속하게 마이크로프로세서 사업으로 전환한 인텔의 사례나, IDM이었지만 분업 체계로의 변화에 부응해 설계와 제조 사업을 분리한 UMC의 사례를 보아도 알 수 있다. 타이완 반도체 산업은 부단한 변화와 환경 적응 속에서 발전했다. 파운드리 분야의 TSMC와 UMC, IC 설계 분야의 미디어텍, 노바텍, 리얼텍 등도 이 원칙에 충실했기 때문에 세계 무대에서 탄탄한 입지를 구축할 수 있었다.

요컨대 TSMC가 현재의 지정학적 리스크를 가볍게 생각해서는 안 되지만, TSMC를 포함한 타이완 반도체 산업은 40년간 꾸준한 노력으로 글로벌 반도체 공급망 속에서 대체할 수 없는 위치에 올랐다. 오늘날 가장 큰 위협은 미국의 압력이 아니라 타이완해협 너머의 무력 통일 야욕이다. 타이완해협의 전쟁 리스크야말로 타이완의 아킬레스건이자, TSMC가 정치적 압력에서 자유로울 수 없는 가장 큰 이유다. 타이완해협의 평화는 해협 양쪽 지도부의 지혜에 달려 있다. 특히 공격 버튼을 누를지 결정하는 '그 사람'이 바로 TSMC의 운명을 좌우하는 가장 큰 변수이다.

선전 공세와 무력 위협, 피아식별을 확실히 하다

2022년 8월 미·중 반도체 전쟁의 불길이 계속 번져나갔다. 어떤 나라든 전시 상황에서 국가를 배반하는 행동은 절대로 용납하지 않으며, 적에게 충성하는 사람은 일급 전범으로 간주하고 적과 내통하는 자는 엄벌에 처한다. 여러모로 볼 때 미·중 반도체 전쟁이 일촉즉발의 상황으로 치닫고 있었고, 두 나라는 과감한 숙청과 소탕으로 피아를 확실히 구분하고 다음 전투를 위한 준비 태세에 들어갔다.

중국은 반도체 산업에 대한 과감하고 단호한 숙청에 나섰다. 중국은 8년간 반도체 산업의 발전 성과를 검토한 뒤, 법을 어기거나 규율을 어지럽힌 책임자들을 적발해 처벌하는 등 대대적인 고강도 쇄신 작업을 벌였다. 샤오야칭肖亞慶 공업정보화부장 부장[우리나라의 장관에 해당]이 낙마하고 진좡룽金壯龍 전 항공우주국 부국장이 후임으로 임명되었고, 오랫동안 국가집적회로산업투자기금을 총괄해 온 딩원우丁文武 총재가 체포되었으며, 그 산하 투자운용사인 시노IC캐피탈Sino IC Capital, 華芯投資의 루쥔路軍 총재와 전 사장 및 부사장 세 명도 직위를 박탈당하고 조사를 받았다. 1,000억 위안의 채무를 남긴 칭화유니그룹^{Tsinghua Unigroup, 紫光集團}의 자오웨이궈^{趙偉國} 전 회장과 그의 친구 리루위안^{李祿媛}, 댜오스징^{刁石京} 전 칭화유니 D램 사업부 회장은 행방불명됐다.[*]

중국 IT 업계에 비리가 만연한 것은 어제 오늘 일이 아니다. 이런 일련의 조치는 각 지역에서 일어난 무분별한 반도체 공장 건설 붐을 철저히 조사해 비리를 적발한 것이었고, 미국이 유럽 및 아시아 칩4^{Chip4} 동맹을 규합해 중국을 상대로 전면 공세를 펼치는 상황에서 중국도 인적 쇄신을 통해 전열을 가다듬은 것이다.

중국 반도체 제조 대기업 SMIC는 이미 2021년 11월 고위 임원을 대대적으로 물갈이한 바 있었다. 장상이 전 TSMC R&D 사업부 책임자가 SMIC 부회장으로 임명된 지 1년도 안 되어 부회장 및 집행이사직에서 물러났다는 소식이 업계를 놀라게 했다. 또 량멍쑹 공동 CEO가 집행이사직을 내려놓고, 양광레이 사외이사도 사임했다. 세 건의 굵직한 인사 조정은 SMIC가 TSMC 출신의 타이완계 고위 임원을 이사회에서 퇴출시키고 중국 인사로만 이사회를 구성하겠다는 강력한 메시지인 듯했다.

미국 진영의 방식은 조금 달랐다. 정치적 숙청이라는 '무력'을 사용한 중국과 달리 미국의 가장 강력한 무기는 언론을 이용한 선전이었다. 미국은 반도체 지원법을 통과시키고 칩4 동맹^{**}을 제안했던 중요한 시기에, 또 한편으로는 아군과 적군을 확실히 구분하고 대대적인 언론플레이를 통해 여론의 거센 압박을 유도했다. 장상이가 언론 인터뷰에서 과거 중국에서

---

[*] 세 사람은 중국 정부 당국에 연행된 뒤 연락이 끊겼고 2023년 9월 자오웨이궈는 국가 경제에 약 13억 6,000만 위안의 손실을 끼친 혐의로 재판을 받았다.

^{**} 2022년 미국의 주도로 한국, 타이완, 일본이 참여해 만들어진 반도체 동맹. 중국을 배제한 4개국이 각각 자국의 전문성이 강한 분야를 중심으로 협력 관계를 맺어 안정적인 반도체 공급이 가능하게 하는 것을 목적으로 한다.

겪은 일을 공개하고 〈월스트리트 저널〉이 량멍쑹을 중국 칩의 마술사로 표현한 것은 모두 이런 전략의 일환이었다.

장상이는 반도체 업계에서 사람 좋기로 유명한 인물이고 TSMC의 기술 개발에 크게 기여한 공신이다. 그가 TSMC를 떠나 중국에 가서 일했던 시기, 즉, 그가 회고했던 SMIC 시기와 그가 언급조차 꺼리는 우한훙신 시기에 그는 존중받기는커녕 번번이 굴욕을 삼켜야 했다. 장상이는 국영기업의 색채가 강한 SMIC가 미국 시민권을 가진 자신을 타이완인으로 간주하고 조금도 신뢰하지 않았다면서, 그로 인한 모멸감에 1년도 안 되어 SMIC 부회장직을 그만두고 미국으로 돌아왔다고 밝혔다.

전운이 감도는 미·중 반도체 전쟁, 누구 편에 설 것인지 선택하라

〈월스트리트 저널〉은 장상이 인터뷰 기사 외에도 량멍쑹에 관한 특집 기사를 썼다. 표면적으로 그를 치켜세우는 듯하지만 실제로는 량멍쑹에게 상당히 불리한 기사였다. 기사를 자세히 들여다보면 과거에 타이완 매체가 보도했던 내용이 대부분이고 새로운 얘기는 없다. 하지만 미국 유명 매체 기사이기 때문에 더 많은 이목이 집중되었고, 그 때문에 량멍쑹은 미국 주류 매체의 헤드라인을 통해 영어로 전 세계에 이름이 알려졌다.

다만 량멍쑹에게는 결코 좋은 일이 아니었다. 기사의 끝부분에 있는 이 문장 때문이다. 량멍쑹이 SMIC의 기술 도약을 가능하게 했지만 "아이러니하게도 량멍쑹은 타이완 출신이며, 타이완은 중국의 무력 통일 위협을 받고 있는 자치 민주주의 체제의 섬이다". 얼핏 보면 그를 중국 반도체 산업의 민족영웅으로 치켜세운 듯하지만, 사실상 미국, 유럽, 칩4 동맹의 입장에서 그는 일급전범이라는 식으로 분명하게 선을 그은 것이다.

SMIC는 창업자인 리차드 창을 시작으로 왕닝궈, 추츠원, 량멍쑹 등 역대 CEO가 모두 타이완 사람이었다. 당시는 중국과 타이완의 밀월기였고 인적 교류가 활발했으므로 아무런 문제가 없었다. 하지만 미·중 간 무역 전쟁이 발발한 뒤 타이완계는 모두 회사를 떠나야 했다. 칭화유니에서 일했던 가오치촨^{高啟全}, 쑨스웨이^{孫世偉}, SMIC와 우한홍신에 영입되었던 장상이, SMIC 이사였다가 나중에 인텔로 옮겨 간 양광레이, 일본인 사카모토 유키오 등이 잇따라 사임했다. SMIC의 이사직을 9년이나 지낸 튜더 브라운^{Tudor Brown} 전 ARM 회장도 이사직 사임을 발표했다. 튜더 브라운은 ARM을 20년 만에 10배로 성장시킨 최대 공신이고 중국이 한때 ARM에 적극적으로 러브콜을 보내기도 했지만, 미국과 중국 진영으로 점점 갈라지고 있는 상황에서 튜더 브라운도 SMIC를 떠날 수밖에 없었다.

중국 기업을 떠난 가장 대표적인 외국인은 사카모토 유키오다. 전 일본 엘피다 CEO이자 일본 D램 산업 부흥의 주역으로 불리는 거물이 2019년 칭화유니에 합류한 것은 그의 오랜 친구 가오치촨의 추천 때문이었다. 그가 2021년 말 칭화유니를 떠난 것은 많은 친구들이 먼저 떠났기 때문만이 아니었다. 더 중요한 이유는 칭화유니의 경영주도권이 중국 정부로 넘어가면서 외국인의 개입을 허락하지 않는 정치적 분위기가 만들어져서였다. 미·중 반도체 산업이 전운에 휩싸이며 IT 업계 인사들 개인도 어느 편에 설지 선택해야 하는 상황이 되었다.

13 런정페이는 패배했을까?

회웨이가 선봉에 서다
중국 반도체 산업의 우회 전진

2018년 트럼프 미국 대통령이 중국을 상대로 무역 전쟁을 도발하고 기술 패권을 둘러싼 대립이 심화되자, 5G 이동통신 네트워크 장비, 스마트폰, 하이엔드 칩 대기업인 화웨이가 미국의 최대 표적이 되었다. 미국의 잇따른 공세에 직면한 화웨이는 어떤 상황이었을까?

화웨이를 상대로 한 미국 정부의 각종 제재를 돌이켜 보면 2020년 9월이 중요한 분수령이었다. 당시 미국 정부가 화웨이를 겨냥해 내놓은 강력한 반도체 수출 금지 조치로 인해 화웨이는 TSMC와 미국 기업들로부터 반도체 부품을 공급받을 수 없게 되었다. 부품 공급 중단은 스마트폰, 통신 장비 등 화웨이의 모든 제품이 출하될 수 없음을 의미했으므로 이 수출 규제는 화웨이에게 엄청난 타격이었다.

화웨이의 팹리스 자회사 하이실리콘의 TSMC 발주량 변화를 보면 미국의 금수 조치가 얼마나 큰 타격이었는지 알 수 있다. 2019년 하이실리콘은 TSMC의 전체 매출 중 약 14퍼센트를 차지해 TSMC에게 두 번째로 큰 고객이었다. TSMC의 최대 고객인 애플은 TSMC의 전체 매출 중 약 23

퍼센트를 차지했다.

미디어텍, 삼성, UNISOC^{紫光展銳}를 제치고 퀄컴의 스냅드래곤에 이어 시장 2위였던 하이실리콘의 모바일 칩 기린^{Kirin}은 부품 공급이 끊기며 시장 점유율이 거의 0퍼센트에 가깝게 급전직하했다. 시장조사기관 카운터포인트^{Counterpoint}가 발표한 자료에 따르면, 하이실리콘은 2020년 9월 부품 공급이 중단된 뒤 2021년 2분기 출하량 기준 시장 점유율이 3퍼센트로 추락했고, 2022년 1분기에는 1퍼센트였다가 마침내 3분기에 물량 출하가 완전히 중단되어 0퍼센트로 떨어졌으며, 화웨이에 남았던 재고가 완전히 소진되었다고 발표했다.

2020년 11월 화웨이는 스마트폰 브랜드 '아너'의 부품을 확보하기 위해 국영 업체인 선전즈신신정보기술공사^{深圳智信新資訊技術公司, Shenzhen Zhixin New Information Technology}에 브랜드를 매각한 뒤, 미국 정부의 승인을 받아 수입할 수 있는 퀄컴 4G 칩을 탑재한 저사양 4G 스마트폰 생산만 유지하기로 했다.

한편 시장에서는 화웨이가 5G 스마트폰 신제품을 다시 설계해 출시할 것이라는 소문이 돌았다. 영국 〈파이낸셜 타임스^{Financial Times}〉는 화웨이가 첨단 칩 사용을 줄인 신제품을 다시 설계해 빠르면 2023년 5G 스마트폰을 다시 출시할 것이라고 보도했고, 〈블룸버그^{Bloomberg}〉도 화웨이가 선전시의 신생 업체 PXW^{鵬芯微}를 통해 파운드리 생산장비를 확보한 뒤 5G 칩을 생산하려는 것으로 보인다고 보도했다.

화웨이가 미국의 규제를 우회해 5G 스마트폰을 다시 출시할 수 있든 없든[*], 미국의 반도체 수출 규제로 화웨이가 크게 휘청거린 것은 사실이다. 하지만 화웨이의 글로벌 시장 영향력이 줄어들기는 하겠지만 치명적인 타격은 아니다. 화웨이의 핵심 사업인 5G 기지국 시장에서는 여전히 강한

---

[*] 화웨이는 4G 스마트폰만 생산한 지 약 3년 만인 2023년 8월 5G 기술을 탑재한 스마트폰 신제품 '메이트^{Mate}60'을 출시했다.

경쟁력을 유지하고 있기 때문이다.

〈닛케이신문〉의 2023년 초 보도에 따르면, 화웨이의 5G 소형 기지국 부품 가운데 중국산 부품이 55퍼센트를 차지해 2020년에 비해 7퍼센트포인트 증가하고, 미국산 부품은 1퍼센트에 불과했다. 다만 대형 기지국 부품 가운데 미국산의 비중은 여전히 약 27퍼센트였다. 화웨이의 가장 핵심 분야인 통신장비 가운데 소형 기지국은 미국산 반도체 부품의 영향력에서 빠르게 벗어났고, 대형 기지국도 적극적으로 '탈미국화' 하고 있는 중이라고 볼 수 있다.

화웨이는 5G 통신장비 산업 글로벌 1위 기업이다. 통신장비용 반도체는 스마트폰만큼 첨단 공정 기술이 필요하지 않고 한 해 수요도 약 50만 개밖에 되지 않는다. 스마트폰 기업이 1년 동안 1~2억 개의 칩이 필요한 것에 비하면 수요가 훨씬 적다. 따라서 중국 반도체 업체를 통해 충분한 물량을 확보할 수 있으므로 화웨이의 통신장비 사업은 스마트폰에 비해 미국 금수 조치로 인한 타격이 훨씬 적었다.

런정페이의 경영이념, '두려워하는 사람만이 생존할 수 있다'

2023년 2월 화웨이 창업자 런정페이任正非가 한 강연에서 2022년 화웨이의 R&D 투자액이 238억 달러였으며, 지난 3년간 미국의 무역 제재로 수입이 중단된 부품 3,000여 개를 중국산으로 교체하고 회로기판 4,000여 개를 다시 설계했다고 밝혔다. 또 화웨이의 ERP 소프트웨어인 MetaERP도 자체 개발한 운영체제, 데이터베이스, 컴파일러, 언어로 완전히 대체할 것이라고 말했다.

그는 또 젊은 시절 자신은 과학기술이 발달한 서방을 동경했고, 화웨이가 미국의 제재를 받고 있는 지금도 미국에 반감을 갖고 있지 않다면서

"현재 화웨이는 어려움을 겪고 있지만 전진을 멈추지 않았다"고 했다.

화웨이는 스스로 반도체 기술을 확보해야 한다는 사실을 알고 있지만, 미국의 규제를 피하기 위한 궁여지책으로 PXW를 지원하는 방법을 선택했다. PXW는 화웨이의 전직 임원이 화웨이 본사 부근에 설립한 업체로 광둥廣東-홍콩-마카오 경제권의 자동차 전장, AIoT(지능형 사물인터넷), 모바일단말기 반도체 증가세에 부응해 2025년까지 생산능력을 2만 개 이상으로 확충한다는 목표를 가지고 있다.

또 화웨이는 최첨단 공정 기술을 사용하지 않는 칩을 새로 설계해 중국 파운드리 업체에 발주하는 동시에, 이 파운드리 업체들에게 자금, 관리, 경영 등에 걸쳐 전반적인 지원을 해주었다. 중국 파운드리 업체를 통해 생산하는 칩은 대부분 통신장비 및 자동차 전장 관련 제품이다. 화웨이는 반도체를 새로 설계하고 생산하기까지 많은 인내와 시간이 필요할 것이며, 당분간은 자사의 제품이 에릭슨, 삼성 등과 경쟁할 수 없을 것이라고 인정했다.

화웨이는 과거에도 협력사인 JHICC福建晉華의 메모리 사업을 지원한 적이 있지만, JHICC는 2018년 미국 마이크론의 기술을 탈취한 사건으로 미국 정부의 제재 대상이 된 뒤 아직도 재기하지 못하고 있다.[*] 현재 화웨이가 집중적으로 지원하는 협력사는 NSI Ninngbo Semiconductor International Corporation, 中芯寧波다. NSI는 SMIC가 지분을 출자하고, 중국 정부의 반도체 '빅 펀드'로 불리는 국가집적회로산업투자기금의 투자도 받았으며, 화웨이의 통신장비 및 자동차 전장 제품에 들어가는 RF Radio frequency 부품과 고전압 아날로그 반도체를 주로 생산하고 있다.

---

[*] 2018년 마이크론이 중국 JHICC와 타이완 UMC가 자사의 기술을 몰래 베꼈다며 미국 법원에 소송을 제기하자 미국 정부가 JHICC에 대한 부품 수출 및 기술 이전을 금지하고 JHICC 임원들을 산업스파이 혐의로 기소했다. UMC는 2020년 관련 혐의를 인정하고 사과했지만 JHICC에 대한 재판은 계속 진행되다가 2023년 말 마이크론과 JHICC 양사가 합의하고 모든 소송을 취하했다. 2024년 2월 미국 법원은 미국 검찰이 JHICC 임원의 마이크론 기술 탈취를 입증하지 못했다며 무죄 판결을 내렸다.

화웨이의 협력사 중에는 선전 등 여러 지역의 소규모 반도체 생산업체도 있다. 화웨이는 반도체 생산업체들과 협력하기 위해 2022년 15개 반도체 업체의 지분을 대량으로 인수했다.

화웨이는 하드웨어뿐 아니라 소프트웨어 분야에도 많은 투자를 했다. 미국의 제재로 안드로이드 운영체제를 사용할 수 없게 되자 독자 개발한 운영체제 '하모니 OS HarmonyOS'를 발표했다. 화웨이의 중국 시장 점유율이 높고 자사의 어플리케이션도 있기 때문에 중국 시장에서는 하모니 OS를 쉽게 보급할 수 있지만, 구글, 아마존, 유튜브가 없는 스마트폰을 글로벌 시장에 판매하기란 결코 쉽지 않은 일이다.

비록 매출 감소는 피할 수 없었지만 그럼에도 요즘 화웨이는 차츰 위기에서 벗어나는 듯하다. 2022년 화웨이의 매출은 6,369억 위안(약 915억 달러)으로 전년 대비 0.02퍼센트 증가했다.** 화웨이 내부적으로도 미국의 수출 규제로 인한 충격이 어느 정도 잠잠해지고 차츰 안정을 찾아가고 있다고 평가하고 있다.

2019년부터 2022년까지 화웨이의 매출은 각각 8,588억 위안, 8,914억 위안, 6,368억 위안, 6,369억 위안으로 전년 대비 증가율이 19퍼센트, 3.8퍼센트, -28.6퍼센트, 0.02퍼센트를 기록했다. 2021년 매출이 전년 대비 28.6퍼센트 급감했지만 다른 해는 매출이 비교적 안정적이었다고 할 수 있다.

화웨이와 TSMC의 R&D 비용을 비교해 보면 화웨이가 얼마나 적극적으로 R&D를 진행하는지 실감할 수 있다. 2022년 화웨이의 R&D 비용은 알파벳, 메타, MS에 이어 세계에서 네 번째로 많았다. 2022년 화웨이의 매출 915억 달러 가운데 R&D 비용이 238억 달러로 26퍼센트를 차지했

** 이 수치는 2023년 1월 신년사에서 에릭 쉬 화웨이 순환회장이 밝힌 전망치이고, 3월에 발표된 확정치는 전년 동기 대비 0.9% 상승한 6,423억 위안이다.

는데, 이렇게 높은 비중은 세계적으로도 매우 드문 것이다. TSMC, 삼성, 인텔은 한 해 매출 가운데 5~8퍼센트를 R&D 비용으로 지출한다. 2022년 TSMC의 매출이 780억 달러였고 R&D 비용은 56억 2,000만 달러로 매출의 약 7.2퍼센트였다.

중국의 거물 기업인 화웨이는 그 자체만으로도 상징적인 의미가 있기 때문에 미·중 반도체 전쟁에서 미국의 첫 제재 대상으로 지목되었지만, 사실 중국의 수많은 기업 가운데 화웨이는 매우 특별한 기업이다. 중국 기업계에서 보기 드문 저력과 구조를 지니고 있으며 상당히 성숙한 기업 관리 시스템을 갖고 있는데, 이 모든 것은 창업자 런정페이가 다져놓은 탄탄한 기반 덕분이다.

런정페이는 매우 실리적이고 원대한 안목을 가진 기업인이다. 미국이 화웨이를 상대로 강력한 규제를 가하고 있을 때, 그는 내부 임직원들에게 전쟁, 미국의 제재, 코로나19 등 불확실성으로 인해 글로벌 경제가 향후 3~5년간 침체를 면치 못할 것이라며 화웨이가 부품 수급 문제와 시장의 압력이라는 두 가지 시련에 맞닥뜨렸다고 여러 차례 말했다.

그는 경제 상황이 혹독할수록 규모보다 수익과 자금 순환$^{money\ flow}$에 더 집중해야 한다고 말했다. 혹한기를 버틸 수 있는 가장 큰 무기는 수익과 자금 순환이며, 끝까지 자금이 마르지 않고 순환되어야만 살아남을 수 있다고 강조했다.

사실 런정페이의 이 발언은 처음 나온 것이 아니었다. 2000년 화웨이가 순이익 29억 위안으로 중국 전자 업계 1위에 올랐을 때, 그는 내부에서 〈화웨이의 겨울華爲的冬天〉이라는 글을 통해 실패와 위기감에 대해 논하며 임직원 전체의 경각심을 환기했다. 과연 얼마 안 가서 글로벌 시장에서 IT 거품이 붕괴되자 화웨이는 996근무제(오전 9시 출근, 밤 9시 퇴근, 주6일 근무제), 하위도태제 등을 잇따라 시행하며 위기에 대응했다.

런정페이의 경영이념은 '두려워하는 사람'만이 생존할 수 있다는 것이다. 화웨이는 언제든지 무너질 수 있으며 늘 '살아남을' 방법을 생각해야 한다는 것이 그의 지론이다. "편집광만이 살아남는다"는 인텔 창업자 앤디 그로브의 말과도 비슷하다. 런정페이는 '살아남는 것'을 목표로 기준을 낮추고 허리를 굽혀 모든 임직원이 추위에 대비해야 한다고 주장했다.

이밖에도 화웨이는 중국 반도체 업계에 두 가지 중요한 영향을 미쳤다. 하나는 하이실리콘의 우수한 인재들이 다른 회사로 퍼져나간 것이고, 또 하나는 전기차와 자율주행차 시장에 진출한 것이다.

미국의 규제로 인해 하이실리콘을 떠난 고위 임원과 연구원들이 산업계 전반으로 퍼져 나간 뒤 중국 IC 설계 산업이 본격적으로 성장하기 시작했다. 중국 모바일 칩 업계를 선도하는 UNISOC도 하이실리콘의 인재들이 옮겨 간 뒤에 눈에 띄게 성장했는데, 현지 매체들은 이를 두고 화웨이의 부러진 팔이 UNISOC를 높이 날아오르게 한 날개가 되었다고 표현했다.

화웨이는 큰 규모만큼이나 광범위한 분야에 진출해 있는데 전기차와 자율주행차 분야도 그중 하나다. 중국은 이미 세계 1위 생산량과 판매량을 자랑하는 글로벌 전기차 대국이다. 화웨이는 직접 자동차를 생산하지는 않지만, 전기차와 자율주행차에 탑재되는 반도체, 부품, 소프트웨어 분야에서 상당한 실력을 가지고 있다. 앞으로 화웨이가 글로벌 전기차 업계에 어떤 영향을 미칠지 관심 있게 지켜보아야 한다.

사람들은 미·중 반도체 전쟁을 두고 미국이 중국 반도체 산업을 석기시대로 되돌리려 한다고 말한다. 하지만 화웨이는 기업계 대부 런정페이의 통솔 아래 역경에 무너지지 않고 꿋꿋이 버텨내고 있다. 물론 모든 중국 기업이 화웨이 같은 저력을 가진 것은 아니며, 각 기업이 처한 상황이 다르고 심각한 타격을 입은 기업도 적지 않다.

중국 반도체 산업이 미국의 강력한 제재에 부딪혀 적어도 3~5년은 성장이 지체되겠지만, 5~10년 뒤에는 대대적인 물갈이를 거쳐 약한 기업은 도태되고 화웨이 같은 기업은 더 강해질 것이다. 특히 화웨이는 IC 설계, 웨이퍼 생산, 장비, 소재 등 분야에서 분명히 괄목할 만한 성과를 거둘 것이다. 화웨이 같은 기업이 든든한 뒷배로서 떠받치고 있으므로 중국 반도체 산업은 여전히 가볍게 볼 수 없는 위협적인 존재다.

14 │ 우리는 왜 싸우는가? 누구를 위한 싸움인가?

미국 반도체 지원법으로 본 타이완의 보조금 정책

미·중 반도체 전쟁이 발발한 뒤 타이완에서도 미국의 반도체 지원법에 관심이 집중되었다. 특히 보조금을 받는 기업은 중국의 첨단 공정에 투자할 수 없도록 제한하는 미국의 조치를 비난하는 여론이 많았다. 하지만 정작 타이완의 반도체 보조금 정책에는 별로 관심이 없다. 특히 글로벌 대기업과 타이완 본토 기업에 대한 보조금 정책이 어떻게 다른지에 대해 자세히 들여다볼 필요가 있다.

2022년 초 타이완 경제부 기술처가 '네비게이터 기업R&D 지원프로그램'을 발표하고 엔비디아와 마이크론을 보조금 지원 대상으로 최종 결정했다. 이에 따라 엔비디아의 AI혁신R&D센터 건립에 67억 타이완달러, 마이크론의 D램 첨단 기술 및 고대역폭 메모리 R&D에 47억 타이완달러의 보조금이 지급될 예정이다. 총 100억 타이완달러가 넘는 보조금은 경제부가 그동안 타이완 기업에게 지급해 온 보조금보다 훨씬 많은 액수다.

일반적으로 타이완 경제부가 지급하는 보조금은 3~5년에 나누어 지급된다. 엔비디아의 67억 타이완달러는 5년간 분할 지급하고 마이크론의

47억 타이완달러는 3년간 분할 지급하기로 했으므로 한 해 평균 13억 타이완달러와 15억 타이완달러씩 지급하게 된다.

과거 타이완 반도체 업체에 지급한 보조금을 보면, 최고 금액을 받은 미디어텍이 3년간 6억 6,000만 타이완달러로 한 해에 2억 2,000만 타이완달러씩 받았고, 노바텍과 리얼텍이 받은 보조금도 한 해 최고 1억 타이완달러에 그쳤다. 해외 기업에 비하면 훨씬 적은 액수다.

타이완 IC 설계 산업은 글로벌 시장에서 미국에 이어 2위 경쟁력을 갖추고 있다. 미디어텍은 현재 글로벌 4위로 엔비디아와 어깨를 나란히 할 수 있는 위치에 있고, 노바텍과 리얼텍도 글로벌 상위 10위 안에 든다. 보조금 액수를 보면 타이완 기업들이 해외 기업에 비해 홀대받고 있는 셈이다. 타이완 정부는 본토 IC 설계 산업을 중요하게 여기지 않는 것인가? 자원분배가 적당하다고 할 수 있을지 논의해 볼 만한 문제다.

지정학적 긴장 상황에서 각국 정부는 자국 기업에 대해 각종 지원을 아끼지 않고 있다. 미국, 일본, 유럽 등의 반도체 지원법, 중국의 빅펀드, 한국의 적극적인 삼성 지원 등이 모두 자국 기업에 대한 지원책이다. 다른 나라들은 자국 기업을 열심히 지원하고 있는데 타이완은 자국 기업보다 외국 기업을 더 우대하고 있는 것이다.

또 엔비디아와 마이크론의 타이완 투자 계획이 정말로 '네비게이터'의 의의를 가진다고 할 수 있는지도 역시 검토해 볼 만한 문제다.

타이완 경제부 기술처가 제시한 신청조건을 보면 제조형 투자와 R&D형 투자가 구분되어 있다. 제조형 투자는 5년간 투자액이 1,000억 타이완달러를 넘거나, 신규 채용 인력이 1,000명을 넘거나, 매년 100억 타이완달러 이상 부품을 구입해야 한다는 세 가지 조건 중 하나를 충족해야 한다. R&D형 투자는 5년간 100억 타이완달러 이상 투자하거나, 신규 채용 인력이 200명 이상이거나, 생산 및 제조에 대한 투자금액이 300억 타이완

달러를 넘어야 한다. 마이크론과 엔비디아는 각각 제조형과 R&D형에 해당하며, 물론 기본 자격요건을 충족했기 때문에 신청이 통과되어 보조금 지급이 결정되었다.

경제부가 발표한 통계자료에 따르면, 마이크론은 차량용 및 AI 등 하이엔드 분야의 성장에 필요한 10나노급 D램을 생산할 예정이고, 엔비디아는 GPU, AI시스템, 옴니버스Omniverse 플랫폼 등 AI와 소프트웨어 및 하드웨어 핵심기술 등에 투자하고, 타이베이-1 Taipei-1 슈퍼컴퓨터도 구축하기로 했다. 이 두 기업의 투자프로젝트는 약 4,000억 타이완달러 규모의 부품 구매 효과와 360억 타이완달러 규모의 R&D 투자 효과를 유발할 것으로 예상된다. 문제는 마이크론의 투자프로젝트가 타이완에 D램 생산 라인을 확충하는 것으로 알려져 있는데, 그것이 타이완 D램 산업에 얼마만큼의 R&D 효과를 유발할 수 있을지, 타이완의 차량용 및 AI용 반도체 산업 발전에 네비게이터 역할을 할 수 있을지 불확실하다는 점이다.

엔비디아는 AI데이터센터와 슈퍼컴퓨터를 구축할 계획이지만 이 프로젝트에 투입될 예산 중 대부분은 엔비디아 자사의 GPU 구입에 사용될 예정이고, 향후 타이완이 이를 통해 얼마만큼의 효과를 얻을 수 있을지 의문이다. 엔비디아는 학술기관과 중소기업이 사용할 수 있도록 제공하겠다고 약속했지만, 타이완에서 그렇게 강한 연산력이 필요한 연구기관은 중앙연구원, 중산과학연구원中山科學研究院, 공업기술연구원 정도밖에 없다. 엔비디아의 슈퍼컴퓨터가 그 외 다른 분야에 어떤 혜택을 줄지 아직 미지수다. 타이완의 중소기업, AI 스타트업 등이 엔비디아로 인해 수혜를 볼 수 있을지, 엔비디아의 이 투자 프로젝트가 타이완의 AI 산업 발전에 얼마나 도움을 줄지는 더 지켜볼 필요가 있다.

본토 기업보다 외국 기업에 더 많은 보조금을 지원하는 것은 외국 기업에 대한 우대 정책이다. 지정학적 긴장이 고조된 상황에서 강대국들은 자국 기업을 적극적으로 지원해 경쟁자를 압박하고 있다. 타이완 정부는 장기적인 안목도 필요하지만, 우리가 왜 싸우는지, 누구를 위해 싸우는지 철저히 검토하고 고민할 필요가 있다.

외국 기업 우대 정책과 마인드는 바람직하지 않다

보조금 액수 차이의 문제만 있는 것이 아니다. 더 큰 문제는 외국 기업을 치켜세우고 우대하는 정책과 마인드다. 여기에는 최소한 두 가지 중요한 문제가 있는데 하나는 지식재산권이고 또 하나는 인재다.

우선 지식재산권 문제를 보자. 각국 정부의 보조금 지원책에는 보통 각종 규제가 포함되어 있다. 보조금을 받아 R&D를 진행함으로써 얻은 특허 IP에 대해서는 정부가 적절한 요구를 하는 것이 당연하다. 하지만 마이크론과 엔비디아에 대한 타이완 경제부의 보조금 지원 방법을 살펴보면 향후 창출될 특허 IP에 대한 조건이나 제한이 명시되어 있지 않다.

외국 기업이 얻은 IP에 대해 아무런 제한을 두지 않으면 두 가지 큰 문제가 나타날 수 있다. 첫째, 《양안*인민관계조례兩岸人民關係條例》에 양안 간 기술 라이센싱(특허 포함)은 반드시 심사를 받아야 한다고 규정되어 있고 타이완 기업은 이 규정을 반드시 준수해야 하지만, 외국 기업은 그 규정에 적용받지 않는다. 따라서 외국 기업이 타이완 정부의 보조금을 받아서 개발한 IP를 라이센싱을 통해 중국 기업에 이전해 주어도 타이완 정부는 그걸 막을 근거가 없다.

둘째, 외국 기업이 보조금을 받아서 개발한 IP를 내세워 나중에 타이완 본토 기업을 고소할 수도 있다. 과거 타이완 정부는 공업기술연구원이 꽤

---

*타이완해협을 사이에 두고 마주보고 있는 중국과 타이완을 지칭함.

많은 보조금을 받아서 개발한 특허 IP에 대해 그 IP를 내세워 본토 기업을 고소할 수 없도록 제한했다. 외국 기업이 타이완 정부의 보조금을 받아서 개발한 IP를 이용해 타이완 기업을 고소하거나 공격한다면 심각한 논쟁을 불러일으킬 것이다. 외국 기업을 우대하면서 명확한 규범과 제한을 두지 않는 타이완의 보조금 정책이 결과적으로 본토 기업의 발목을 잡는 상황이 벌어진다면 얼마나 우스운 일인가?

타이완에 비하면 미국의 반도체 지원법은 훨씬 엄격하다. 미국 정부의 보조금을 받은 기업은 10년 내에 중국 내 첨단 공정에 투자할 수 없다. 하지만 타이완 정부가 지급하는 보조금에는 이런 제한이 없기 때문에 타이완이 돈을 대고 타이완의 인재를 이용해 얻어낸 성과가 결국 타이완 본토 기업을 공격하는 상황이 연출될 수 있다. 이보다 황당한 산업정책을 가진 나라가 있을까?

게다가 인재 부족은 더 큰 문제다. 최근 타이완 반도체 산업이 발전하면서 인재 부족 문제가 이미 심각한 데다가 향후 몇 년간은 계속 심해질 것으로 예상된다. 인재 양성을 위해 타이완 반도체 기업들이 타이완 명문대의 반도체 관련 학과를 적극적으로 후원하고, 심지어 대기업들은 수억 타이완 달러를 쾌척하기도 했지만 인재난을 해결하기에는 역부족이다.

더 심각한 것은 타이완 기업의 후원금으로 길러낸 인재들을 외국 기업에 빼앗기고 있다는 사실이다. 인재 양성에 돈 한 푼 내지 않은 외국 기업들이 타이완에서 적극적으로 인재를 채용하고 있다. 엔비디아만 해도 앞으로 5년간 타이완에서 1,000명을 채용할 예정이다. 물론 인재 시장은 자유경쟁 시장이고 글로벌 기업의 아우라와 높은 연봉이 더 매력적인 것은 당연하다. 하지만 타이완 기업의 후원으로 길러낸 인재들이 외국 기업에 가버린다면 씁쓸하지 않을 수 없다.

타이완 반도체 업계를 취재하면서 정부의 인재 정책을 비판하는 현장의 목소리를 많이 들었다. 특히 가장 인재에 목말라하는 IC 설계 업계가 정부에 가장 불만이 많다. 그들은 정부가 중국 기업의 타이완 인재 스카우트는 국가 안보의 문제라며 규제하지만, 다른 외국 기업의 인재 스카우트는 규제하지 않고 오히려 두 팔 벌려 환영하고 있다고 볼멘소리를 냈다. 외국 기업들이 타이완에서 그토록 융숭한 대우를 받고 정부로부터 거액의 보조금을 받는 것도 모자라, 반도체 관련 학과에 돈 한 푼 내지 않고도 가성비 높은 타이완 엔지니어들을 쉽게 가로채고 있으니 본토 기업들이 상실감을 느끼는 것도 당연하다.

타이완의 IT 경쟁력이 빠른 속도로 성장하고 있으므로 그에 맞는 새로운 마인드를 가지고 산업정책을 수립해야 한다. 타이완은 정치대국이 아니지만 기술강국이다. 미국이나 중국 같은 강대국과 같은 수준의 산업정책을 기대할 수는 없더라도, 자국 기업을 더 보호하거나 최소한 외국 기업과 차별하지 않고 동등하게 대해야 한다.

싱가포르와 한국의 산업정책을 비교해 보면 타이완의 산업정책을 어떻게 변화시켜야 할지 알 수 있을 것이다.

싱가포르는 자국 내에 반도체 기업이 거의 전무하기 때문에 외국 기업의 투자 유치를 위해 적극적인 보조금 정책을 펼쳐왔다. 그런데 싱가포르와 달리 반도체 산업이 발달한 타이완이 싱가포르처럼 자국 기업보다 타이완에 투자하는 외국 기업을 왜 더 우대하는지는 이해하기 힘들다. 과거에는 이런 정책이 적절했을 수 있지만 지금은 상황이 바뀌었으므로 서둘러 검토하고 개선해야 한다.

한편 탄탄한 산업 기반을 갖고 있는 한국은 정책적으로든 환경적으로든 외국 기업에게 그리 우호적이지 않다. 반도체 업계의 한 선배는 지금은 한국의 반도체 장비 산업이 강한 경쟁력을 갖고 있지만, 과거에는 역공학 등 특허침해에 가까운 방법으로 타국 기업의 장비를 베껴 생산했다고 했다.

특허를 보유한 미국 기업이 한국 기업을 특허침해로 고소하면 한국 법원은 전적으로 자국 기업을 보호하고 자국 기업의 손을 들어주었고, 그런 방법으로 반도체 장비 산업을 발전시켰다는 것이다.

남의 특허를 교묘히 가로채는 과거 한국의 방식이 옳다는 뜻은 아니지만, 싱가포르식의 파격적인 외국 기업 우대 정책은 타이완에 적합하지 않다. 한국의 방식을 따르지 않은 것은 괜찮아도 싱가포르 방식을 본받을 필요는 없다. 타이완은 미국 기업만 떠받들어 우대하지 말고 공평하고 투명한 경쟁 환경을 조성해 자국 기업을 공평하고 합리적으로 대우해 주어야 한다. 그럴 수만 있어도 큰 진전이라고 생각한다.

이제는 타이완 산업이 세계적인 수준으로 발전했으므로 여러 도전에 더 자신 있게 맞설 수 있다. 타이완에는 우수한 기업이 많은데, 정치인들이 아직 구시대적인 마인드를 벗어나지 못하고 '남에게 굽실거려 주문을 받아야 했던' 시대에 머물러 있다. 그들은 외국 기업의 투자를 유치해 일자리를 늘리는 것을 최고의 업적으로 여기고 있다. 스스로 강대국의 기술식민지라고 착각하는 이런 관념과 정책을 이제는 다시 점검하고 고쳐야 하지 않을까?

15 | 타이완 반도체는 정말 글로벌 1위일까?

다른 각도에서 자신을 바라보자

타이완이 자랑으로 여기는 타이완 반도체 산업은 2020년 세계 파운드리 시장 점유율 77.3퍼센트로 세계 1위를 차지하고, 패키징 및 테스트 시장 점유율도 57.7퍼센트로 세계 1위였으며, IC 설계 시장 점유율은 20.1퍼센트로 미국에 이어 세계 2위였다. 미·중 양국의 IT 패권 경쟁, 지정학적 리스크, 코로나바이러스 창궐로 반도체 공급 부족이 심각했던 시기에 타이완은 호국군산으로 둘러싸인 무적의 기술강국이 되었다.

아마 타이완인이라면 많이 들어 보았을 얘기다. 정부도 민간도 시장 점유율과 글로벌 순위를 줄줄 외며 타이완 반도체 산업을 자랑하고 홍보한다.

물론 이 수치와 순위는 왜곡이나 과장이 없는 정확한 통계자료다. 하지만 관점을 달리해서 우리가 더 자주 쓰는 제품의 시장 점유율을 들여다보면 사뭇 다른 결과를 마주하게 된다.

2021년 말 리궈딩기념포럼에서 차이밍제 미디어텍 회장이 우리에게 익숙지 않은 다른 관점을 제시했다. 통계자료에 따르면, 타이완 반도체 산업의 총생산액은 4조 566억 타이완달러로 매우 놀라운 수치임이 분명하다.

타이완의 모든 산업을 통틀어 생산액이 압도적으로 많다.

하지만 차이밍제는 반도체 최종 제품을 기준으로 보면 타이완은 아직 분발해야 할 부분이 많다고 지적했다.

타이완의 3대 반도체 제품 세계 시장 점유율을 보면, 로직 IC는 7퍼센트, 메모리는 4퍼센트밖에 되지 않고, 개별소자, 아날로그칩, 광학칩, 센서용 칩은 그보다 더 낮은 3퍼센트이다. 3대 제품을 모두 합쳐도 타이완의 세계 시장 점유율은 5퍼센트밖에 되지 않는다. 파운드리 세계 시장 점유율은 77.3퍼센트인데 최종 제품의 세계 시장 점유율은 5퍼센트에 불과한 것이다. 어째서 이런 엄청난 차이가 나타난 걸까?

물론 가장 큰 이유는 파운드리와 패키징 및 테스트 기업들이 자체 제품을 보유하지 않고 IC 설계 기업의 발주를 받는 공급업체이기 때문이다. 반도체 최종 제품은 자체 제품의 생산액을 기준으로 계산한다. 그러므로 타이완의 반도체 최종 제품 생산액은 IC 설계 기업의 생산액 1조 2,002억 타이완달러와 IDM의 생산액 2,936억 타이완달러를 합친 1조 4,938억 타이완달러가 된다. 타이완 반도체 산업 총생산액 4조 566억 타이완달러와는 엄청난 차이가 있다.

여기까지 들으면 아마 이런 궁금증이 생길 것이다. 타이완 IC 설계업의 세계 시장 점유율이 20.1퍼센트나 되는데 어떻게 제품으로 계산한 시장 점유율은 고작 7퍼센트일 수가 있을까? 20.1퍼센트는 순수한 IC 설계 기업만을 계산한 수치이기 때문이다. 제품을 기준으로 세계 시장 점유율을 계산하면 다른 IDM의 제품도 모두 포함되어야 한다.

쉽게 말해서 퀄컴, 브로드컴, 엔비디아, 미디어텍 등 IC 설계 기업 외에 인텔, 텍사스 인스트루먼트, 유럽, 한국, 일본 등의 IDM까지 모두 계산에 넣어야 한다는 뜻이다. 이렇게 계산하면 타이완의 시장 점유율이 뚝 떨어진다.

로직 IC의 시장 점유율도 타이완은 세계 3위밖에 되지 않는다. 1위는 물론 시장 점유율 67퍼센트인 미국이다. 미국은 IC 설계 기업 외에도 인텔 같은 대형 IDM을 보유하고 있기 때문이다. 2위는 8퍼센트인 EU다. EU의 반도체 대기업은 거의 모두 자기 생산 공장은 보유한 IDM이다. 타이완 다음은 캐나다(5퍼센트)와 일본(5퍼센트)이고 그다음은 한국(3퍼센트)이다.

메모리는 예전부터 타이완이 취약한 분야다. 난야 테크놀로지, 매크로닉스, 윈본드 등 IDM과 에트론, ESMT 등 IC 설계 기업 등의 세계 시장 점유율이 4퍼센트밖에 되지 않는다. 개별소자, 아날로그칩, 광학칩, 센서 칩 분야의 시장 점유율은 그보다 더 낮은 3퍼센트다. 1위는 미국(37퍼센트)이고, 그다음으로 일본(24퍼센트), EU(19퍼센트), 캐나다(7퍼센트), 한국(6퍼센트)순인데 모두 타이완과는 큰 차이가 있다.

그러므로 타이완이 세계 1위라고 말하는 것은 파운드리와 패키징 및 테스트 분야를 모두 포함해서 파운드리 관점에서 계산한 것임을 직시해야 한다. 타이완 기업의 자체 제품 경쟁력은 아직 글로벌 대기업에 크게 못 미치는 수준이다.

TSMC 등 타이완 반도체 기업이 오랫동안 지금 같은 위치에 오르지 못한 이유도 바로 여기에 있다. 파운드리 자체가 무대 뒤 보이지 않는 곳에서 그림자 같은 역할을 하는 것이기 때문이다. 다만 타이완의 공정 기술이 압도적인 우위에 있고, 미·중 반도체 전쟁과 코로나19의 영향이 맞물리며 타이완이 글로벌 기업들의 기술전쟁에 무기를 공급하는 무기공장의 역할을 하게 되면서 갑자기 무대 중앙에 나와 세계적으로 이름을 날리게 된 것이다.

파운드리 비즈니스 모델은 메모리 분야에서 성공하기 어렵다

제품과 파운드리의 두 가지 관점에서 타이완의 반도체 산업을 관찰해보았다. 타이완 산업을 평가절하하려는 의도는 아니다. 국가마다 자국에게 적합한 산업이 있고, 타이완이 파운드리 비즈니스 모델로 큰 성과를 낸 것은 물론 경축할 만한 일이다. 다만 파운드리 산업을 잘한다고 해서 파운드리 산업에만 몰두할 필요는 없고, 오랫동안 자체 브랜드를 구축하고 경영해 온 기업들을 무시해서도 안 된다. 자체 브랜드 제품으로 더 큰 발전을 추구해야 비로소 반도체 산업이 건전하게 발전할 수 있다.

예를 들어 보자. 최근 내 주위에서 타이완 메모리 산업에 대해 얘기하는 사람들이 많아졌다. 메모리 분야의 최대 기업은 현재 한국, 미국, 일본에 있다. 한때 타이완 D램 기업들의 세계 시장 점유율이 20퍼센트를 웃돈 적도 있었지만, 그 역시 대기업의 수주를 받는 파운드리 방식이었고, 얼마 못 가서 모두 파산하거나 인수됨으로써 메모리 분야에서는 파운드리 비즈니스 모델이 힘을 쓰기 힘들다는 사실이 증명되었다. 현재 타이완은 틈새형 메모리 분야에서나 경쟁해 볼 수 있지만 세계 시장 점유율이 4퍼센트밖에 되지 않는다.

하지만 4퍼센트밖에 되지 않아도 이노테라, 매크로닉스, 윈본드, ESMT, 에트론 등 타이완 메모리 기업들은 매우 소중한 자산이다. 만약 이 기업들이 타이완이 아닌 중국 기업이었다면 지금보다 더 주목받았을 것이다. 독자적인 기술과 제품을 보유한 이 기업들이 미·중 IT 패권 경쟁 속에서 미국 글로벌 대기업에 틀어 잡힌 중국의 숨통을 조금 틔워주는 역할을 할 수 있을 것이기 때문이다. 어쩌면 중국 증시에 상장되어 지금보다 훨씬 높은 시가총액을 보유하고 있을 수도 있다.

또 타이완 IC 설계 업계 최대 기업인 미디어텍을 보자. 2021년 미디어텍의 매출이 175억 달러로 타이완 IC 설계 산업 총생산액 1조 2,000억 타이완달러 중 약 40퍼센트를 차지했고, 전 세계에서 매출 100억 달러 이상인 다섯 개 IC 설계 기업 중 하나였다.

하지만 나머지 네 개 미국 IC 설계 기업의 시가총액과 비교하면 새 발의 피다. 2021년 말 주가 기준으로, 미디어텍의 시가총액은 약 650억 달러로 엔비디아(7,410억 달러), 브로드컴(2,744억 달러), 퀄컴(2,046억 달러)과 비교조차 할 수 없고 AMD(1,764억 달러)와 비교해도 3분의 1밖에 안 된다.

2021년에는 타이완 IC 설계 산업의 총생산액이 1조 2,000억 타이완달러를 돌파했다. 타이완에서 생산액 1조 타이완달러를 달성한 몇 안 되는 산업 중 하나이고 물론 우수한 IC 설계 기업도 많지만, 세계 반도체 산업과 비교하면 이 정도 생산액은 아주 적은 수준이다. 타이완이 세계 IC 설계 업계 2위라고 하지만 사실 1위인 미국과는 현격한 차이가 있다.

타이완이 미국 IC 설계 산업에 비해 크게 뒤지는 가장 큰 원인은 HPC 시장에 있다. HPC 시장에서 가장 규모가 큰 분야는 CPU(마이크로프로세서)와 GPU(그래픽 칩)인데 이 시장은 인텔, 엔비디아, AMD 등 세 기업이 거의 독점하고 있다. 현재 미국이 HPC 시장에서 가장 많은 분야를 주도하고 있고, 타이완은 미국을 추격하기가 쉽지 않다. 다만 눈여겨볼 것은 미디어텍이 ARM 기반의 고속연산 시장에 주력하고 있다는 점이다. ARM은 현재 모바일칩 분야에서 절대적인 우위에 있을 뿐 아니라, PC, 서버, 차량용 및 사물인터넷IoT 등 분야에도 활용되고 있으므로 미래의 성장잠재력이 매우 큰 기업이다.

이 밖에도 개별소자, 아날로그칩, 광학칩, 센서칩 분야에서 타이완의 세계 시장 점유율이 3퍼센트밖에 안 된다고 앞에서 언급했지만, 이 분야도 역시 장기적인 전략을 가지고 꾸준히 노력해 볼 만하다. 현재 타이완에도 이 분야의 우수한 기업들이 있지만 EU와 일본 기업들과 경쟁하기에는 규모가 너무 작다. 이 시장이 후방 응용 업종과 긴밀하게 연계되어 있고 중국 기업들이 매우 빠른 속도로 성장하고 있기 때문에 타이완도 더 분발해야 한다.

또한 후방 응용 제품을 적극적으로 개발할 필요가 있다. 과거에도 반도체 산업은 항상 응용 제품 시장과 동반 성장했다. 반도체는 PC, 스마트폰, 자동차 등 모든 전자 산업의 기초가 되기 때문에 자국에 응용 제품을 만드는 기업이 없으면 반도체 생산 기업들은 세계 각국 고객들에게 주문을 받아야만 유지될 수 있다. 물론 그런 방식도 성과를 거두어도 나쁘지 않지만, 타이완 자체의 응용 산업이 발전한다면 더 큰 기회를 얻을 수 있다.

대표적인 예가 스마트폰 산업이다. 미디어텍이 고속 성장하던 때에 타이완 스마트폰 기업들은 미디어텍의 제품을 채택하지 않았다. 당시 HTC, 에이수스 등 스마트폰 기업들은 모두 애널로그 디바이시스, 텍사스 인스트루먼트, 퀄컴 등의 칩을 탑재했고, 그 결과 타이완의 스마트폰 산업은 사라져 버렸지만 미디어텍은 퀄컴과 어깨를 나란히 하고 있다. 미디어텍의 최대 수혜자는 중국 스마트폰 업계다. 타이완 스마트폰 업계는 본토의 실력 있는 반도체 기업을 활용하지 못한 뼈아픈 실수를 저지른 셈이다.

마지막으로 다시 한번 강조하겠다. 타이완의 반도체 산업이 파운드리 사업 위주로 발전한 것은 나쁜 일이 아니다. 이런 구조는 다른 경쟁자들과 차별화된 타이완의 특색이고, 또 타이완은 전 세계 산업망에서 이미 대체 불가능한 중요한 역할을 하고 있다. 하지만 더 높고 원대한 목표를 세우고 꾸준한 투자와 노력으로 자기 제품을 개발해야 한다. 제조와 제품이라는 두 가지 기초를 모두 탄탄히 다지고, 본토에서 후방 응용 산업을 육성한다면 타이완의 반도체 산업은 앞으로 더 힘찬 발걸음으로 빠르게 전진할 것이며, 훨훨 날아올라 더 높은 차원의 경쟁력을 갖출 수도 있다.

혁명은 아직 성공하지 않았고, 아직 더 노력해야 한다. 앞으로 타이완 반도체 업계는 반도체 최종 제품 분야에서 경쟁력을 끌어올리는 데 목표를 두어야 한다.

에필로그

어렵게 얻은 성과를 소중히 여기자

마침내 원고를 완성하고 이제 겨우 한숨 돌린다. 반년 동안 자료를 정리하고 원고를 집필하면서 일상적인 취재와 칼럼 작성은 대폭 줄였다. 크리스마스, 음력 설, 2·28기념일, 청명절까지 몇 번의 연휴를 서재에 틀어박혀 원고를 쓰고 고치며 보냈다. 제일 좋아하는 주말 등산과 영화 감상도 당분간 중단해야 했다.

이 책은 내 다섯 번째 책이다. 네 번째 책인 《거물기업 삼성》(2012년 출간)을 낸 후로 10년이 넘게 흘렀다. 너무 오래되어 책을 쓰는 게 얼마나 힘든 일인지 잊어버린 탓에 책을 쓰겠다고 덜컥 약속을 하고 말았다. 하겠다고 했으니 최선을 다할 수밖에. 마감일에 맞춰 원고를 완성하기는 했지만 이 세상은 멈추지 않고 계속 돌아가고 있다. 미국과 중국의 반도체 전쟁은 지금도 계속 진행 중이고 매일 굵직한 사건들이 터지고 있다. 지금도 신문을 볼 때마다 원고에 몇 단락을 더 써넣고 싶은 충동이 든다.

원고 마감일을 얼마 남겨두지 않았을 때도 미국이 반도체 지원법에 TSMC 등 기업에 대한 새로운 요구사항을 여러 개 추가하고, 중국도 마이크론의 제품에 대해 안보심사를 실시했다. 타이완에서도 모리스 창 선생과 《칩 워》의 저자 크리스 밀러가 만나 대담을 하고, 차이밍제 미디어텍 회장의 첫 저서 《타이완 IC 설계 산업정책 백서台灣IC設計產業政策白皮書》가 출간되었다. 어찌 내용을 더 추가하고 싶은 충동이 들지 않을 수 있겠는가.

드디어 원고를 완성하고 한숨 돌리기는 했지만 사실 마음이 조금 무겁다. 과거를 보면 미래를 알 수 있다는 말처럼 현재 타이완 반도체 산업의 눈부신 성과는 과거에 잘했던 여러 가지 일이 쌓여서 만들어진 결과다. 하지만 이 성과를 향후 10년, 20년 동안 유지하기 위한 우리의 노력이 충분하다고 할 수 있을까?

인재 부족 문제만 해도 질적으로든 양적으로든 걱정스러운 상황이다. 타이완의 이공계 학생이 점점 줄어들어 이미 인재 부족 현상이 나타나고 있고, 대학에 돈이 없어 교수 연봉이 대졸 초임보다 낮으니 우수한 교수를 데려오기 힘들다. '인재를 교육하는 인재'가 우수하지 못하면 인재의 수준이 전반적으로 하락할 수밖에 없으므로 국가가 시급하게 해결해야 하는 문제다. 그러나 문제의 심각성을 누구나 알면서도 이렇다 할 해결 방법이 없다는 게 더 문제다. 40여 년 전 타이완은 20대 청년들을 미국 RCA에 보내 교육시킴으로써 많은 인재를 길러냈고, 그들이 1980년대 타이완 반도체 산업을 고속 성장기로 이끌었다. 2002년 반도체산업육성프로젝트를 통해 배출된 IC 설계 인재들이 그 후 20년간 산업계를 탄탄하게 이끌었다.

앞으로 20년은 어쩔 것인가? 지금은 대규모 인재양성프로젝트도 없고 대학에서 배출하는 인재도 점점 줄어들고 있다. 앞으로 20년 동안 타이완 반도체 산업을 이끌어 갈 인재를 대체 어디서 구한단 말인가?

타이완의 반도체 산업은 세계 최고 수준인데 정부 정책이 여전히 과거에 머물러 있는 점도 우려스럽다. 세계 각국이 하이테크 산업에 적극적으로 투자하며 지원 정책을 계속 쏟아내고 있지만, 《타이완 IC 설계 산업정책 백서》에 따르면 타이완 정부는 반도체 산업 지원에 몹시 소극적이다. 책의 본문에서도 언급했지만 타이완 반도체 업계가 제조에는 강하지만 제품 개발 능력은 부족하다. IC 설계 업계 세계 2위라고는 하지만 1위인 미국과 상당한 차이가 있고, 중국이 빠른 속도로 추격해 오고 있다. 그런데도 반도체 산업이 이미 충분히 성공했다는 인식이 정부와 산업계에 만연하다. 얼마 안 되는 예산마저 미국 기업을 지원하는 데 써버리고 자국의 IC 설계 기업에게 돌아가는 지원금은 형편없이 적은 현실을 이해하기가 힘들다.

일선 업계를 취재하면서 정부가 중국 기업들이 타이완 인재를 빼가는 것만 걱정할 뿐 중국 이외 다른 외국 기업들의 인재 스카우트는 별로 개의치 않는다는 불평을 많이 들었다. TSMC가 미국에 투자할 때 미국 정부로부터 보조금을 받으려면 영업비밀과 관련된 정보를 제출해야 하고 초과이익을 미국 정부와 공유해야 한다. 그런데 타이완은 외국 기업에게 대문을 활짝 열어젖히고 까다로운 조건도 없이 보조금을 준다. 누구를 위한 것인지 알 수 없는 산업정책이 앞으로 심각한 후환을 부를 수 있음을 알아야 한다. 하지만 고위 공무원들은 현재 반도체 업계의 건의에 귀를 기울이지 않는다. 그들은 이미 성공했고 돈도 많이 벌었으면서 왜 또 정부의 협조를 요구하고 지원해 달라고 하는지 납득하지 못한다. 정부뿐만 아니라 일부 여론도 마찬가지다. 반도체 산업이 이미 강한데 뭣 하러 정책적 지원을 해주어야 하느냐고 반문한다.

타이완의 반도체 기업들이 세계 무대에 오르고 글로벌 시장에서 충분히 경쟁할 수 있는 실력을 가진 것은 사실이다. 이제는 R&D 투자든, 해외 시장 진출이든, 인재 채용이든 열심히 방법을 강구하면 해결책을 찾을 수 있다. 외국 기업이 인재를 가로챈다고 불평하기 전에 연봉을 올리고, 직원 복지를 개선하고 적극적인 교육을 실시하고 발전 기회를 부여하는 등 다양한 방법을 내놓으면 세계 일류 인재를 확보할 수 있다. 하지만 IT 업계는 하루가 다르게 변화하는 곳이다. 시가총액이 아무리 높고 기술력이 아무리 강해도 영원한 건 없으며 3년, 길어도 5년이면 또 다른 변수가 출현한다. 타이완은 어렵게 얻어낸 지금의 성과를 소중하게 여겨야 한다. 방심하다가 경쟁에 도태하면 다시 일어서기 힘들다.

타이완 기업들이 지금의 기반을 지키며 열심히 노력하고 성장하겠다는 마음만 있다면 외국 기업과의 경쟁에서 패배하지 않을 것이라고 믿는다. 스스로 무너지지 않고 퇴보하지 않는다면 누구도 우리를 추월하기 어렵다. 문제는 우리 자신에게 있다. 지금 우리는 빠르게 앞으로 나아가고 있는가?

tsmc

세계 1위의 비밀

내가 열아홉 살 때의 TSMC

허잉치 何英圻 ‖ 이커머스 플랫폼 91APP 사장,
‖ TiEA(타이완 온라인 및 전자상거래산업발전협회) 이사장

나는 신주新竹에서 나고 자란 신주 토박이다. 학생 시절 신주의 유명한 쉐푸루學府路를 오가며 신주초등학교, 젠화建華 중학교, 신주고등학교를 거쳐 국립 칭화淸華 대학교까지 다녔다.

1980년 타이완에 첫 과학기술단지인 '신주과학단지'가 들어섰을 때, 일반 시민들은 마음대로 출입할 수 없어서 길을 돌아서 지나가야 했다. 당시 중학생이었던 나는 그곳이 그저 멋지게 잘 꾸며놓은 공원 같은 곳이라고 생각했다.

1987년 TSMC가 설립됐을 때 나는 칭화대학교에 다니고 있었다. 당시 내가 살던 아파트 3층에 신주과학단지에서 근무하는 젊은 엔지니어 세 사람이 함께 살았는데 그중 한 사람이 TSMC에 다녔다. 하지만 그때 내게 가장 익숙한 기업은 TSMC가 아니라 UMC였다.

어느 날 TSMC에 다니는 엔지니어가 우리 어머니에게 TSMC가 반도체 부품 파운드리 회사이고 현재 주가가 15타이완달러라며 그 회사 주식에 관심을 가져보라고 권했다. 상승세를 탄 타이완 주가지수가 1만 포인트에

육박하고 부동산 가격이 급등해 타이완 거리에 돈이 낙엽처럼 굴러다닌다는 말까지 나오던 때였지만, 일반인에게 반도체 산업은 무척 낯선 분야인데다가 파운드리라는 말은 들어본 적도 없었으므로 어머니로서는 처음 보는 회사에 덜컥 투자할 수 없었다. 결과적으로 어머니는 백 배 넘는 수익을 올릴 수 있는 절호의 기회를 놓치고 말았다.

몇 년 뒤 타이완에 IT 기업이 점점 많아지고 종업원주식배당제도 덕분에 신주과학단지에서 벼락부자가 된 사람들이 속속 등장하자, 과학단지 입주기업들이 꿈의 직장으로 떠오르고 졸업 후 반도체 회사에 취직하겠다는 대학생들도 많아지는 등 반도체 산업에 대한 대중의 인식에 큰 변화가 생겼다. 1989년 타이완 최대 반도체회사 TI-에이서가 설립되었고, 그 설립 배경에 당시 타이완 최대 IT 브랜드인 에이서와 미국 텍사스 인스트루먼트가 있었다. 두 대기업이 합작 설립한 TI-에이서는 누가 봐도 막강했으므로 신흥 IT 부자를 꿈꾸는 칭화대학교와 자오퉁대학교 졸업생들이 가장 선망하는 기업이었다. 하지만 TI-에이서는 불과 10년 만에 냉혹한 시장 경쟁에 밀려 TSMC에 인수되었다.

성공할 기업을 고르는 것은 정말 어려운 일이다. 반도체의 향후 전망을 정확히 내다본다 해도 잘될 기업을 선택하지 못하면 헛수고가 된다.

흐름을 정확히 읽고 시장을 고르는 것도 중요하지만, 정확한 판단으로 업종을 잘 선택했어도 결국 경쟁에 도태되는 기업들을 많이 보았다. 그러므로 흐름을 잘 읽는 것만으로는 부족하다. 흐름을 제대로 읽는 사람은 많기 때문이다. 가장 중요한 것은 누가 최후의 승자가 되느냐에 있다.

수십 년이 지난 지금, 파운드리 방식을 누가 처음 시작했는지는 이미 중요하지 않다. 그보다는 TSMC가 세계 1위가 될 수 있었던 비결을 아는 것이 더 중요하다. 바로 이 책이 TSMC가 어떻게 성공했고, 어떻게 그 자리를 유지했는지를 정확히 분석하고 있다.

이 책의 저자 린훙원은 수십 년간 IT 업계에 깊숙이 파고들어 해박한 지식과 풍부한 인맥을 쌓은 베테랑으로, TSMC에 대한 그의 통찰과 분석은 독자들의 시야 확장에 큰 도움을 줄 것이다. 2018년 모리스 창이 회장직에서 은퇴하고 마크 리우와 웨이저자가 함께 TSMC를 이끌어 갈 것이라는 발표가 나왔을 때 대부분은 이런 공동 경영 체제에 대해 회의적이었다. 하지만 린훙원의 분석은 달랐고, 그 후 몇 년의 상황을 통해 그의 분석이 정확했음이 증명됐다. 물론 TSMC의 이인자인 쩡판청도 TSMC의 사세 확장과 UMC와의 파운드리 패권 경쟁에서 언제나 중요한 역할을 훌륭하게 수행했다. 이 책에서 자세히 소개된 그의 활약상을 읽으며 머릿속에 흩어져 있던 기억의 조각들이 이어져 온전한 이야기가 완성됐다.

린훙원은 30여 년간 TSMC를 관찰하고 밀착 취재하며 쌓은 자료를 바탕으로 반도체 산업의 역사를 생생하게 정리했다. TSMC 설립 과정에서 결정적인 역할을 한 리궈딩 전 타이완 경제부 장관, 물 밑에서 많은 노력을 기울인 뤄이창 전 필립스 부사장, 릭 차이 전 CEO의 취임과 퇴임 등 잘 알려지지 않은 비하인드 스토리도 발굴해 이 책에 실었다.

오늘날의 성공이 있기까지 TSMC가 걸어온 발자취를 되짚어 보면 사소해 보이지만 상당히 중요한 과정의 연속이었다. 방문객 명단이 외부에 유출되지 않도록 관리하고, 방문객 신분증의 유효기간 만료일을 철저히 확인하는 등 세심한 관리가 쌓여서 TSMC의 기업문화가 형성되고 작업 품질 및 효율이 독보적인 수준에 다다랐으며, 더 나아가 세계 일류의 수율을 자랑하는 기업으로 거듭나게 되었다.

어떤 기업 또는 어떤 산업의 역사를 기록할 때 이런 사소한 부분까지 놓치지 않는 것도 중요하지만, 사건의 경중에 따라 과거부터 현재까지 전체적인 맥락을 구성하는 것이 가장 어려운 일이다. 저자 린훙원은 TSMC가 시간이 지나며 어떻게 경쟁에서 승리할 수 있었는지의 전체적인 맥락을 독자들에게 물 흐르듯이 보여준다.

　TSMC는 기술, 제조, 서비스, 전략, 문화까지 전문적인 분업 체제를 구축하고, 고객 및 협력업체와 함께 새로운 경쟁의 룰을 만들어내 AMD와 함께 인텔과의 경쟁에서 승리했다.

　하지만 TSMC가 단 한 번의 실패도 없이 성장해 천하무적의 적수와 싸워 이겼을까? 그렇지 않다. TSMC는 D램 사업에서 좌절을 맛본 뒤 빠른 판단으로 과감하게 철수했다. 그리고 파운드리에 집중함으로써 파운드리 시장 점유율을 끌어올렸고, 그 덕분에 파운드리 시장에서 압도적인 승리를 거둘 수 있었다. 이것이 또 다른 형태의 역전승이 아니겠는가? TSMC 같은 대기업도 시장을 잘 선택해야만 경쟁에서 승리할 수 있다. MS, 알파벳 등 전 세계 시가총액 10위 안에 드는 기업도 TSMC와 마찬가지로 자신들이 경쟁력 있는 시장을 선택했기 때문에 경쟁에서 승리했다.

　최근 스타트업에 뛰어드는 젊은이들이 점점 많아지고 있는데, 혁신적인 비즈니스 모델도 중요하지만 시장을 잘 선택하는 것이 더 중요하고, 최종적으로는 어떻게 이길 것인가가 가장 중요하다. TSMC 같은 대기업도 시장을 잘 선택한 뒤 모든 역량을 집중해야만 그 위치를 유지할 수 있기 때문이다. 그런 점에서 볼 때 TSMC는 우리가 본받아야 할 본보기다.

TSMC의 길: 타이완의 기적을 이끈 성공 모델

린쿤시 林坤禧 ‖ 라파엘 마이크로Rafael Micro, 宏觀微電子 회장
‖ 네오솔라파워Neo Solar Power, 聯合再生能源 공동 창업자

린훙원을 처음 만난 것은 30년 전이다. 내가 TSMC에 다닐 때였는데 당시만 해도 파운드리에 대해 아는 사람이 많지 않았고 의류 위탁생산에서 조금 진보한 형태의 저이윤 노동집약적 산업으로 잘못 알려져 있기도 했다.

모리스 창 회장은 파운드리라는 비즈니스 모델에 대한 언론과 대중의 잘못된 인식을 바로잡기를 원했고, 나는 타이완의 주요 산업 전문기자들을 초청해 파운드리라는 혁신적인 개념에 대해 설명하는 포럼 자리를 마련했다. 당시 린훙원은 자오퉁대학교 정보통신공학과를 막 졸업한 후배이자 IT에 대한 전문지식을 가진 몇 안 되는 언론인 중 한 명이었기 때문 나는 그에게 특별히 관심을 가졌다.

그때 시작된 인연이 지금까지 오랫동안 이어지고 있다. 그 후 린훙원은 경제와 산업에 대한 분석력을 기르기 위해 중국 톈진天津 난카이南開 대학교에서 경제학 석사학위를 취득했고, IT와 경제에 대한 탄탄한 지식으로 심도 있는 글을 쓰며 타이완의 유명한 칼럼니스트로 자리매김했다.

린훙원은 내가 아는 언론인 중 타이완 반도체 산업과 글로벌 시장의 경

쟁 구도에 대해 독보적인 관점으로 깊이 있게 연구한 전문가로 손에 꼽는 사람이다. 2000년대 한국 삼성은 D램, LCD, 휴대폰, 반도체 등 여러 분야에서 타이완의 IT 산업을 위협하는 가장 막강한 상대였다. 린훙원은 수차례 한국을 방문해 삼성의 기업문화와 전략 및 경영방식을 직접 관찰하는 등 오랫동안 삼성을 연구했고, 그 연구 결과를 담아 《거물기업 삼성》이라는 책을 발표해 이른바 '삼성의 길'을 타이완에 소개했다. 내가 아는 한 삼성이 타이완 산업에 미친 영향을 그만큼 심도 있고 완전하게 분석한 책은 전무후무하다. TSMC와 삼성의 격차가 현저하게 나타나고 있는 지금은 한국 독자들이 TSMC의 길을 분석한 이 책에 관심을 가질 것 같다.

〈비즈니스 투데이〉 부편집장을 역임한 린훙원은 산업의 추세를 분석하는 데 남다른 강점을 지니고 있을 뿐 아니라 지난 30년간 타이완의 산업 발전을 꾸준히 관찰하며 자기 전문능력으로 타이완의 산업 발전에 기여하려고 노력했다. 특히 경영 능력과 국제경쟁력 강화가 시급한 타이완 중소기업들을 돕고자 했다. 그가 FM96.7 환위環宇 라디오에서 〈양밍자오퉁대가 도와드립니다〉라는 프로그램을 오랫동안 진행하며 IT 업계 진출을 꿈꾸는 자오퉁대학교 동문들에게 자신의 경험을 아낌없이 들려주는 것도 그런 노력의 일환이라고 할 수 있다. 내가 회장으로 있는 V5 테크놀로지V5 Technologies, 倍利科技는 전문적인 AI 반도체 검사 및 메디컬 이미징 분석에 주력하는 기업이다. 우리도 〈양밍자오퉁대가 도와드립니다〉를 통해 우리 회사의 경영이념과 전략을 홍보한 바 있는데 그때도 타이완 산업을 위한 린훙원의 진심 어린 노력에 무척 감동했다.

《TSMC, 세계 1위의 비밀》은 린훙원이 30년 동안 쌓은 전문적인 보도 경험과 남다른 통찰력 및 분석력을 바탕으로 써낸 책이다. TSMC의 기업문화, 경영전략, 경영제도, 기술 발전 등을 상세히 기술했을 뿐 아니라 모리스 창의 청렴과 공정성, 리더십에 대해서도 많은 분량을 통해 소개하고 있다.

모리스 창 회장과 TSMC를 중심으로 미·중 반도체 전쟁, 한국과 타이완 IT 산업의 경쟁 관계, 반도체 산업의 합종연횡, 타이완 반도체 산업의 경쟁력 등을 지정학적 흐름에 맞춰 거시적으로 탐색하고 분석한 것이 이 책의 가장 큰 강점이다. 아울러 업계의 여러 인물에 대한 자세한 인터뷰도 수록되어 있고, 복잡한 산업과 인물 관계를 이해하기 쉽게 설명해 흥미진진하게 읽을 수 있다.

모리스 창 회장은 TSMC 창업 이래 TSMC를 세계적인 기업World Class Company으로 키우겠다는 목표를 직원들에게 누누이 강조했다. 모리스 창 회장이 생각하는 '세계적인 기업'이란 '전 세계에 영향력을 가진 기업'이었고 오늘날 그 목표가 실현되었다. TSMC는 전 세계 IT 제품에 '영향력을 가졌을' 뿐 아니라 타이완을 글로벌 무대의 한가운데로 올려놓았다. 과거 2년간 글로벌 시장에서 차량용 반도체 공급 부족이 심해지자, 미국, 독일, 일본 등 주요 자동차 생산국의 장관급 인사들이 타이완과 공식적으로 접촉하지 않는다는 과거의 묵계를 깨고, 타이완 경제부 장관과 TSMC에게 잇달아 연락해 TSMC의 차량용 반도체 공급량을 늘려달라고 요청했으며, 심지어 각종 혜택을 제시하며 자국에 TSMC의 반도체 공장을 설립해 달라고 러브콜을 보냈다.

TSMC의 성공은 우연히 찾아온 행운이 아니라 모리스 창 회장의 원대한 안목과 글로벌 반도체 산업에서 그가 가진 풍부한 인맥, 혁신적인 비즈니스 모델, 정확한 비즈니스 및 기술 전략, 성실하고 우수한 직원들, 설립 초기 정부의 지원 등이 모두 합쳐진 결과다. 다시 말해 천시天時, 지리地利, 인화人和가 모두 갖춰졌기에 가능했던 일이다. 파운드리 모델을 가장 효과적으로 활용할 수 있었던 것은 타이완 직원들의 성실함 덕분이었다. 전 세계에서 웨이퍼 제조 기술 R&D 수준이 가장 앞서 있고, 수율이 가장 높으며 생산원가가 가장 낮은 곳이 바로 타이완의 TSMC다. 내가 TSMC에서 15년간 근무하며 모리스 창 회장의 지휘 아래 많은 인재들과 함께 일할 수 있었던 것은 크나큰 행운이자 영광스러운 일이다.

린훙원이 이렇게 가치 있고 의미 있는 책을 펴냈다는 사실에 무척 기쁘다. TSMC의 성공 비결과 TSMC 및 타이완 반도체 산업 앞에 놓인 기회와 도전, 지정학적 요인이 타이완 반도체 산업에 미칠 영향에 대해 알고자 하는 독자들에게 이 책이 필독서가 될 것임을 믿어 의심치 않는다.

TSMC 성공의 키워드 : 공동 번영이 가능한 산업 생태계를 구축하다

스전룽施振榮 ||| 에이서 그룹 창업자
즈룽智榮기금회 회장

이 책의 저자 린훙원은 베테랑 언론인이다. 이공계(자오퉁대 정보통신 공학과) 출신으로 타이완의 하이테크, 컴퓨터, 반도체 산업의 발전 과정을 깊이 있게 관찰하고 업계의 중요한 사건마다 직접 취재해 온 그가 자신의 풍부한 경험을 바탕으로 묵직한 책을 써냈다.

TSMC는 1987년 설립 이래 글로벌 반도체 산업의 패러다임 전환을 주도하며 산업의 중심을 수직적 통합에서 수직적 분업으로 이동시킨 기업이다.

파운드리는 높은 기술적 수준과 상당한 투자가 필요하기 때문에 문턱이 매우 높은 분야다. 특히 하이테크 산업의 추세에 따라 반도체 기술을 지속적으로 발전시키기 위해서는 장기적이고 안정된 투자가 필수적이지만 자본주의를 신봉하는 미국 기업들은 근시안적인 경영 때문에 D램 분야에서 한국, 일본 등 후발주자에 추월당했다.

1980년대 중반 실리콘밸리의 화교들이 IC(집적회로) 설계회사를 속속 창업한 뒤 분업을 위해 아시아에서 위탁생산할 공장을 물색했다. 하지만 수직적 통합 모델인 기존의 IDM은 유휴생산능력이 있을 때만 그들의 주문을 받을 수 있었기 때문에 IC 설계 업체의 특별한 수요에 신속하게 물량을 제공할 수 없는 경우가 종종 있었다.

TSMC 창업자 모리스 창은 미국 반도체 산업에서 잔뼈가 굵은 경영인이었다. 미국 텍사스 인스트루먼트에서 근무하고 IC 부문 사장까지 지낸 그는 IDM의 맹점을 발견하고 타이완으로 돌아와 공업기술연구원장으로 있다가 파운드리 업체인 TSMC를 설립했다.

그 당시 UMC도 IDM 비즈니스 모델을 따르고 있었지만, 미국에 IC 설계 업체들이 속속 생겨나면서 수요가 늘어나자 그들만을 위해 웨이퍼를 생산하는 회사를 새로 설립해 새로운 비즈니스 모델을 탄생시켰다.

TSMC가 차츰 성장하고 있을 때, UMC도 웨이퍼 위탁생산 자회사 네 곳을 합병하는 전략으로 한때 TSMC에 맞먹는 생산 규모를 이루며 웨이퍼 분야에서 두 기업의 막상막하의 경쟁 구도가 형성됐다.

당시 TSMC가 상대적으로 많은 고객사를 갖고 안정적인 성장세를 유지하고 있었지만, UMC가 합병을 통해 바짝 추격해 오자 TI-에이서와 WSMC를 합병해 UMC와의 격차를 벌렸다.

1990년대 초반까지만 해도 공정엔지니어들끼리 일하는 회사는 달라도 동종 업계 내에서 서로 활발하게 교류하는 분위기였고 지식재산권 보호라는 관념이 희박했다. 그러다가 TSMC가 지식재산권 보호 시스템을 구축하면서 이것이 TSMC와 UMC 간 기술 경쟁의 핵심이 되었다. 그 후 TSMC는 SMIC와 TSMC에서 퇴직한 임원 량멍쑹 등을 상대로 소송을 제기하는 등 지식재산권 전쟁을 통해 핵심기술 보호에 주력하면서 경쟁자들을 따돌리고 앞서 나갔다.

타이완은 한국, 중국, 일본과 달리, 세계의 친구를 자신의 포지션으로 정했다. 분업의 역할을 가장 충실하게 해냄으로써 전 세계의 환영과 신뢰를 얻겠다는 전략이다. 타이완 기업들은 고객을 위협하지 않기 때문에 글로벌 생태계의 수직적 분업 시스템 속에서 고객들이 흔쾌히 타이완과 손을 잡고 일하려고 한다.

TSMC의 성공 비결은 공동 번영의 산업 시스템 구축에서 찾을 수 있다. TSMC는 오픈 이노베이션 플랫폼을 구축하고 반도체 산업의 제고점을 확보한 뒤 왕도王圖의 마인드로 고객들과 공동으로 가치를 창출했으며 모든 이해관계자의 이익 균형을 추구했다. 이런 방식으로 생태계 전체를 이롭게 하고 발전시킬 수 있었다.

이 책의 저자는 30년 동안 반도체 업계의 굵직한 사건들을 직접 관찰하고, 기술을 이해하고 유려한 필력을 두루 갖춘, 보기 드문 기자다. 하이테크 산업에 대한 장기적인 관찰과 분석을 바탕으로 그 사건들을 통해 얻은 중요한 경험과 교훈, TSMC의 성공 비결에 대해 상세하게 기록했다. 반도체 산업 전반을 이해하는 데 중요한 참고 자료가 될 이 책을 독자들에게 자신 있게 추천한다.

고객 존중 및 과거를 통해 미래를 내다보는 혜안

청스자程世嘉 ‖ 인공지능전환 솔루션 제공업체 아이칼라iKala 공동창업자 겸 CEO

1984년, 내 외조부 린중리林鐘隸 옹과 외삼촌 린원보林文伯 선생은 지금의 SPIL을 공동 창업하고 타이완 반도체 산업이 본격적으로 성장하던 기적의 시대를 함께했다. 훗날 SPIL은 세계 3대 IC 패키징 및 테스트 기업으로 성장했지만 나는 성인이 된 후에야 그것이 얼마나 대단한 성과인지 알았다.

TSMC와 SPIL은 엔비디아의 파트너사라는 공통점을 갖고 있다. AI가 최대 화두가 된 이 시대에 엔비디아는 전 세계에서 가장 주목받는 반도체 기업으로 우뚝 섰으며 엔비디아의 GPU는 글로벌 시장에서 종종 품귀 현상이 나타날 정도다. 그 직접적인 수혜자는 TSMC를 비롯한 타이완 반도체업계이며, 타이완이 현재의 복잡한 지정학적 상황에서 안정을 유지할 수 있다면 타이완 반도체 산업의 호황이 수십 년은 지속될 것으로 보여진다.

20년 전 반도체와 하드웨어에 문외한이던 내가 AI 분야에 뛰어들 당시만 해도 비인기 분야인 AI를 전공해서 졸업 후 취업을 할 수 있을까 하는 걱정이 있었다. 그런데 20년이 흐른 지금 전 세계 사람들이 AI를 모르면 직업을 잃을 수 있다고 초조해하고 있다. 아무도 예상치 못했던 챗GPT의 탄생을 계기로 AI가 폭발적으로 보급되며 인류 문명에 일대 전환이 이루어지고 있다.

린홍원 선생의 훌륭한 책에 추천사를 쓸 수 있어서 무척 영광스럽다. 원고를 읽으며 타이완 반도체 산업에 관한 역사책을 읽는 것 같았고, 개인적으로는 내 가족과 반도체 산업이 함께 성장한 시절을 회상하며 집안 어른들에게 들었던 몇몇 이야기의 빠진 부분을 채워넣을 수 있었다.

린홍원 선생은 30년 넘게 반도체 산업을 연구하고 모리스 창 회장을 수차례 직접 인터뷰한 언론인이다. 반도체 산업에 대해 그보다 더 자세히 알고 있는 언론인은 없을 것이다. 그는 이 책에서 TSMC를 중심으로 반도체 산업을 전반적으로 조명하고, 40년 가까이 타이완 반도체 업계에 있었던 결정적인 순간들을 되돌아보았으며, 그 결정적인 순간에 모리스 창 회장이 보여준 경영의 지혜를 상세하게 서술했다. 반도체 산업의 세계적인 흐름을 알고자 하는 창업가와 나 같은 후배들이 꼭 읽어보면 좋을 책이다.

특히 책의 1부에 나오는 모리스 창 회장의 '국민의, 국민에 의한, 국민을 위한'이라는 경영이념이 내게 큰 울림을 주었다.

TSMC를 단순히 파운드리 기업으로서 공급망 가운데 한 가지 분야에만 꾸준히 집중해 성공을 거둔 B2B기업으로 알고 있는 사람들도 있고, 심지어 TSMC의 사업을 '따분하다'고 표현하는 사람들도 있다. 하지만 TSMC의 경영전략에 대한 린홍원 선생의 깊이 있는 분석을 읽고 TSMC가 이미 오래전에 '고객 중심'의 핵심 가치를 기업의 DNA 속에 심어놓았다는 사실을 알고 나도 무척 놀랐다.

지금도 '고객 중심'은 매주 중요한 경영이념이다. 이 경영이념을 가장 널리 알린 사람은 아마존 창업자 제프 베이조스 Jeff Bezos 일 것이다. 그는 1994년 아마존을 창업하면서 아마존을 '세계에서 가장 고객 중심적인 기업'으로 만들겠다고 공언했다. 재미있게도 1994년은 TSMC가 기업을 공개하고 상장한 해이기도 하다(두 달 차이였다). 그해에 TSMC는 이미 '고객 중심'이라는 경영이념 아래 고객이 가장 신뢰할 수 있는 파운드리 파트너사로 자리잡고 있었다. 고객이 원한다면 반드시 만족시킨다는 그들의 기업 정신 속에 타이완인의 근면성과 성실성이 녹아 있다.

베이조스의 영향을 받은 나도 AI 업체인 아이칼라ⁱKala를 창업한 뒤 '고객 중심'을 회사의 핵심 가치 중 하나로 삼았다. B2B든 B2C든 소프트웨어 회사의 성공은 절대적으로 고객의 요구를 만족시키고 고객과 공동으로 가치를 창출할 수 있느냐에 달려 있다. 이런 경영이념이 이미 TSMC의 DNA에 깊숙이 심어져 있었다는 사실에 역시 경영의 도는 결국 하나로 귀결된다는 사실을 새삼 깨달았다.

30년간 반도체 산업을 연구하고 보도한 저자의 내공을 고스란히 느낄 수 있는 책이다. 자세히 읽어보면 타이완 반도체 산업사의 결정적인 순간을 눈으로 직접 보는 듯 생생하게 돌아보고, 지정학적 요충지에 위치한 타이완의 미래를 내다보고 계획하는 시간이 될 것이다.

많은 독자에게 진심으로 일독을 권한다.